풍요로운 생활을 위한

基礎 統計學의 入門

김 병 무 저

도서출판 신 성

머 리 말

일상생활에서 대하는 문제의 해결에 통계의 필요성이 증대되고 있다. 상대방을 이해시키고 설득시키는데 통계적인 자료를 제시하는 것이 효과를 발휘하고 문제의 타당성을 입증하는데 도움을 준다. 제시된 여러 가지 자료를 읽고 해석하는 힘을 길러 문제 해결에 이용하는데 통계의 도움이 절실하다. 생활속에 숫자로 표현된 것이 엄청 많고 신문 지면을 넘길때마다 통계 자료의 제시가 지면을 가득채우고 있음을 매일 느끼고 있다. 지식 정보화 시대에는 숫자의 역할이 더욱 커질것이며 이들을 해석하여 자기것으로 만들어 이해하는 것이 생활에서 도움을 받게 된다.

이 책의 주요 목적은 기초통계학의 기본 개념을 제시하고 본문에서 설명을 자세히 하여 개념의 이해를 쉽게할 수 있도록 하였다. 예제를 적절히 제시하고 연습문제를 충분히 풀게하여 내용의 이해를 확실히 하도록 하였으며 수학의 기초가 부족하고 미분적분학을 다루지 않은 학생들도 쉽게 다룰 수 있도록 하였다.

기초통계학이라는 제목이 붙은 책중에서 이 책의 내용보다 더 쉽게 쓰여지고 이해를 돕는 책은 찾아보기 어려울 것이다. 지금까지 현장에서 학생들을 가르치고 대화를 하면서 얻은 경험을 바탕으로 '생활의 지혜를 얻기 위한 기초 통계의 이해'의 상당부분을 더 쉽게 수정보완하고 연습문제를 더 많이 수록하여 통계에 대해 아무것도 모르는 학생도 쉽게 접근하도록 심혈을 기울여 만들었다.

아무리 쉬워도 가까이 하지 않고 책장을 넘기지 않으면 아무 소용이 없다. 학생들이 최소의 시간을 투입하여 최대의 효과를 얻도록 구성했으니 학생스스로 터득하고 즐거움을 찾도록 노력하는 것이 필요하다.

물론 통계학은 대부분의 대학 신입생에게는 힘든 과목이지만 이 책은 친구처럼 논리적으로, 단계적으로 학생들이 쉽게 접근할 수 있도록 기본 내용을 엄선하여 수록하였으며 기초통계학 과정의 입문을 위한 징검다리 역할을 하도록 기술되었다. 수학적인 기초가 부족하거나 고등학교를 졸업하고 늦게 대학에서 기초통계학을 배우려는 학생들을 위한 배려로 사칙연산에 익숙하고, 계산기를 간단히 다룰 줄 알면 책의 순서에 따라 본문을 통해 통계적 기본 개념을 이해하고 예제를 통해 문제 해결력을 기르며 충분한 연습문제를 통해 본문의 내용을 다시 확인할 수 있도록 하였다. HomeWork는 해답이 주어지지 않아 협동으로 해결하거나 본인의 노력으로 스스로 해결하는 힘을 키우도록 하고 보고서나 시험문제로 활용하도록 하였다. 각 장이 비슷한 방법으로 기술된 이 책은 풍요로운 생활에 도움을 주도록 전체적으로 1장부터 8장까지 기술통계, 9장부터 13장까지는 통계적 추정으로 구성되었다.

다시 한번 강조하지만, 아무리 쉬운 내용이라도 노력을 게을리 하면 이 책의 내용이 어려워질 수 있다. 이 책의 내용이 모두 쉽지 않으므로 그런 부분에서 멈칫거려도 되지만 멈추거나 포기하여서는 안된다. 이 장벽만 넘으면 내리막 길이 된다고 확신한다.

책을 읽어가다 적절하지 못한 용어, 내용의 흐름이 부드럽지 못한 곳, 매끄럽지 않은 부분을 지적하여 주면 즉시 반영하여 수정, 보완하도록 노력을 하고 훌륭한 책이 되도록 심혈을 기울일 것이다.

이 교재를 준비하고 만드는데 도움을 준 모든 사람들에게 진심으로 감사의 뜻을 전한다. 특히 가족의 희생과 끊임없는 지원과 격려는 잊을 수 없다. Sydney의 좁은 공간에서 생활하며 불편을 감수하고 위로하며 토론에 응해주고 도서관을 안내해 준 University of Sydney 대학원생 김현수의 특별한 도움에 고마움을 전하고, 좋은 책이 나오도록 마무리를 해준 신성출판사 직원 여러분과 신동수 사장에게 감사의 마음을 전한다.

저 자

차례

제6장 이항분포 169

제7장 초기하분포 193

제 1 장

일변수자료

학습내용

1.1 줄기-잎 그래프

줄기-잎 그래프(간단히 줄기 그래프)는 자료를 나타내는 한 방법이다. 50개 이하의 자료에 대해 가장 적합하다. 다음 줄기-잎 그래프는 기초통계학을 수강하는 학생의 학번을 나타낸 것이다.

줄기	잎
1	6
2	2 2 3
3	0 2 4 6
4	2 3 6 7
5	3 7
6	1

학생들의 학번은 16, 22, 22, 23, 30, 32, 34, 36, 42, 43, 46, 47, 53, 57과 61이다. 줄기-잎 그래프는 자료의 수를 두 부분으로 나눈다. - 줄기는 첫 번째 숫자, 잎은 마지막 숫자.

[예제 1] (줄기-잎 그래프 그리기)

다음은 20주 동안 자동차 회사에서 판매한 대형 차의 수를 주 별로 나타낸 것이다. 줄기-잎 그래프로 차의 수를 나타내어라.

16 12 8 7 26 32 15 51 29 45
19 11 6 15 32 18 43 31 23 23

풀이 판매된 차의 수는 한 자리 또는 두 자리수이다. 최소값은 6, 최대값은 51에서 줄기의 수는 0-5를 이용하여 나타내면 다음과 같다.

줄기	잎
0	8 7 6
1	6 2 5 9 1 5 8
2	6 9 3 3
3	2 2 1
4	5 3
5	1

잎의 숫자를 순서대로 정리하면,

줄기	잎
0	6 7 8
1	1 2 5 5 6 8 9
2	3 3 6 9
3	1 2 2
4	3 5
5	1

▣

[예제 2] (줄기-잎 그래프 그리기)

어느 동아리 구성원의 몸무게(kg)는 다음과 같다. 줄기-잎 그래프로 나타내어라.

70.3	65.1	72.9	66.9	68.6	69.6	70.8
72.4	74.1	75.3	75.6	69.7	66.2	71.2
68.3	69.7	71.3	68.3	70.5	72.4	71.8

풀이 몸무게는 세 자리수로 표현된다. 최소값은 65.1, 최대값은 75.6에서 마지막 자리수를 잎, 줄기의 수는 65-75를 이용하여 나타내면 다음과 같다.

줄기	잎
65	1
66	9 2
67	
68	6 3 3
69	6 7 7
70	3 8 5
71	2 3 8
72	9 4 4
73	
74	1
75	3 6

잎의 숫자를 순서대로 정리하면,

줄기	잎
65	1
66	2 9
67	
68	3 3 6
69	6 7 7
70	3 5 8
71	2 3 8
72	4 4 9
73	
74	1
75	3 6

▣

자료가 한 데 모여있으면 자료의 변화에 대해 명확히 하는 데 어려움이 있다. 이 문제를 극복하기 위해 줄기를 나눌 수 있다. 줄기를 이등분 또는 5등분으로 나눌 수 있다.

[예제 3] (줄기-잎 그래프 그리기)

18홀 골프 코스에서 프로골퍼들의 점수를 줄기-잎 그래프로 나타낸 것은 다음과 같다.

줄기	잎
6	1 6 6 7 8 9 9 9
7	0 1 1 2 2 3 7

이 자료에 대해 줄기를 나누어 또 다른 줄기-잎 그래프로 나타내어라.

1) 줄기를 이등분 2) 줄기를 5등분

풀이 1) 줄기 6을 반으로 나누어 잎은 0-4, 5-9, 줄기 7도 같은 방법으로 나눈다.

줄기	잎
6	1
6	6 6 7 8 9 9 9
7	0 1 1 2 2 3
7	7

2) 줄기를 5등분으로 나타내기 위해 잎을 0-1, 2-3, 4-5, 6-7, 8-9로 나눈다.

줄기	잎
6	1
6	
6	
6	6 6 7
6	8 9 9 9
7	0 1 1
7	2 2 3
7	
7	7
7	

■

연습문제 1-1

1. 다음 자료를 줄기-잎 그래프로 나타내어라.

1) 1, 2, 5, 8, 12, 13, 16, 16, 17, 21, 23, 24, 25, 25, 26, 27, 30, 32

2) 10, 11, 23, 23, 30, 35, 39, 41, 42, 47, 55, 62

3) 101, 102, 115, 118, 122, 123, 123, 136, 136, 137, 141, 143, 144, 155, 155, 156, 157

4) 50, 51, 53, 53, 54, 55, 55, 56, 56, 57, 59

해 답

1.

1)

줄기	잎
0	1 2
0	5 8
1	2 3 3
1	6 6 7
2	1 3 4
2	5 5 6 7
3	0 2

2)

줄기	잎
1	0 1
2	1 3
3	0 5 9
4	1 2 7
5	5
6	2

3)

줄기	잎
10	1 2
11	5 8
12	2 3 3
13	6 6 7
14	1 3 4
15	5 5 6 7

4)

줄기	잎
5	0 1
5	3 3
5	4 5 5
5	6 6 7
5	9

5) 1, 4, 5, 8, 10, 12, 16, 19, 19, 21, 21, 25, 29

5)

줄기	잎
0	1 4
0	5 8
1	0 2
1	6 9 9
2	1 1
2	5 9

2. 18주일 동안 현수가 아르바이트를 하여 번 돈(단위: 만원)을 주별로 나타낸 것이다. 줄기-잎 그래프로 나타내어라.

5, 9, 11, 27, 23, 35, 18, 42, 29
31, 52, 43, 37, 41, 39, 45, 32, 36

2.

줄기	잎
0	5
1	1 8 9
2	3 7 9
3	1 2 5 6 7 9
4	1 2 3
5	2

3. 16명의 기초수학 학습 능력 검사 점수는 다음과 같다. 줄기-잎 그래프로 나타내어라.

39, 68, 51, 57, 63, 51, 37, 42
63, 49, 52, 61, 58, 59, 49, 53

3.

줄기	잎
3	7 9
4	2 9 9
5	1 1 2 3 7 8 9
6	1 3 3 8

4. 20주간 동물보호소에 가져온 고양이 수를 주별로 나타내면 다음과 같다. 줄기-잎 그래프로 나타내어라.

28, 18, 9, 16, 8, 30, 26, 41, 43, 54
32, 26, 29, 30, 21, 35, 45, 23, 19, 27

4.

줄기	잎
0	8 9
1	6 8 9
2	1 3 6 6 7 8 9
3	0 0 2 5
4	1 3 5
5	4

5. 다음 줄기-잎 그래프에 대해 자료를 나열하여라.

1)

줄기	잎
0	4
1	
2	2 7 8 9 9
3	0 1 4 6
4	11

2)

줄기	잎
2	3
2	5 8 8 9 9 9
3	0 0 2 2 2 3 3 4
3	5 5 7 8 9

5. 1) 4, 22, 27, 28, 29, 29, 30, 31, 34, 36, 41, 41
2) 32, 37, 29, 23, 29, 32, 25, 38, 39, 32, 28, 30, 33, 34, 28, 35, 35, 29, 33, 30

3)

줄기	잎
1	1
1	3
1	4 5
1	6 7
1	8 8 8 9 9 9 9
2	0 0 1 1 1
2	2 2 3 3 3
2	5
2	
2	

3) 14, 17, 19, 21, 18,
23, 16, 11, 25, 23,
20, 13, 15, 19, 21,
23, 29, 22, 18, 21,
19, 18, 19, 22, 20

1.2 히스토그램과 막대그래프

그래프 형태로 기둥그래프(histogram)와 막대그래프(bar chart)는 자료를 나타낸다.

기둥그래프

기둥그래프는 많은 자료(50개 이상)를 나타내는데 유용한 방법이다. 기둥그래프의 수직축은 도수를 나타내고 수평축은 변수(몸무게, 수입 등)의 구간을 나타낸다. 자료가 원래대로 주어질 때(특별한 순서로 숫자를 늘어놓지 않은 경우), 도수분포표(frequency table)를 우선 만드는 것이 도움이 된다. 다음 예제를 통해 알아보자.

[예제 1] (기둥그래프 그리기)

다음 자료는 60명의 학생의 몸무게(kg)를 나타낸 것이다. 자료의 상태를 분명히 알기 위해 기둥그래프로 나타내어라.

54.3	45.6	40.2	58.2	45.1	47.5	50.1	59.2	40.8	46.2	57.5	50.4
51.8	35.1	60.5	43.7	47.3	34.2	49.3	50.7	55.5	52.9	46.5	62.3
47.2	35.4	49.1	44.2	52.3	53.9	57.4	58.4	54.8	48.6	43.8	45.4
42.5	54.7	35.7	48.1	53.8	45.3	59.3	58.3	53.5	57.7	47.7	41.7
56.6	35.6	61.7	57.1	50.9	59.2	49.8	51.6	56.7	56.2	46.9	52.7

풀이 우선 도수분포표를 만든다. 최소값이 34.2이고 최대값이 62.3이다.
자료를 각 구간은 5kg, 7개의 구간으로 나누어 표로 나타내면 [도수분포표]와 같다. 이 표를 이용하여 기둥그래프를 그리면 다음과 같다.

[도수분포표]

계 급	도 수
30-35	1
35-40	4
40-45	7
45-50	16
50-55	15
55-60	14
60-65	3
계	60

[기둥그래프]

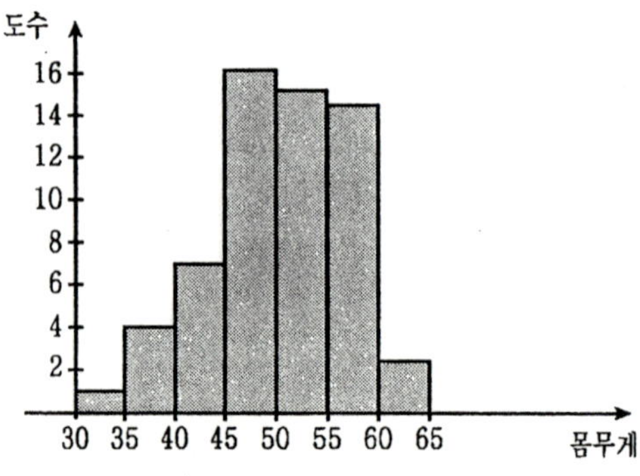

■

[예제 2] (기둥그래프 그리기)

30명의 학생이 제출한 리포트의 채점 결과를 도수분포표로 나타내면 다음과 같다. 이 자료를 이용하여 기둥그래프로 나타내어라.

점 수	12	13	14	15	16	17	18	19	계
도 수	2	7	6	5	4	2	3	0	30

풀이 이 자료는 정수값이므로 수평축은 계급 구간을 다음과 같이 나타낸다.

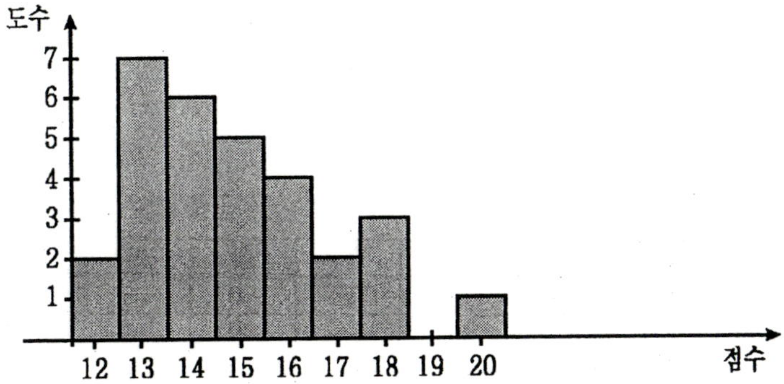

■

막대그래프

막대그래프는 기둥그래프와 유사하다. 막대의 폭은 일정하고 수평, 수직으로 나타낸다.

[학생들이 좋아하는 동물의 수] [자녀를 갖고있는 가정의 수]

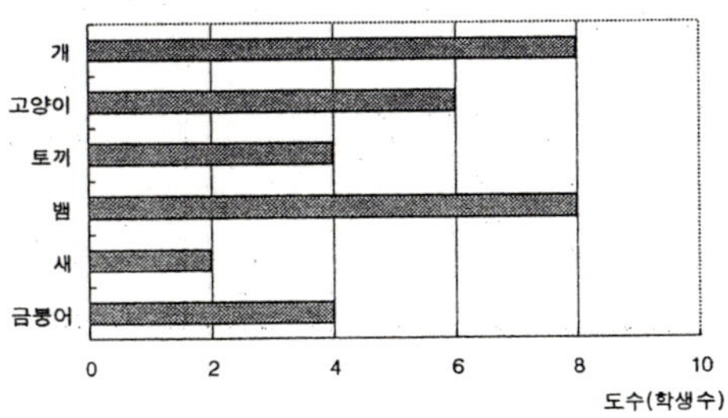

[그림1-1]

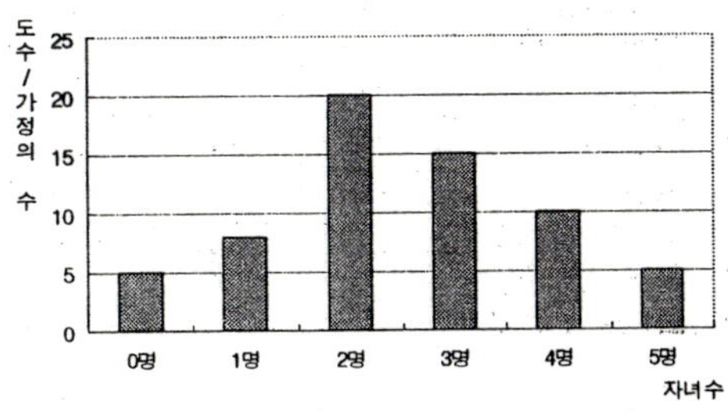

[그림1-2]

막대그래프에서 도수는 위에서 보여준 변수에 대한 그래프이다. 변수(계급)는 숫자일 수도 아닐 수도 있다. 여기서는 변수가 숫자일 경우만을 다루려고 한다. 숫자 변수는 이산변수이다. 즉, 범위로 나타내는 연속변수가 아닌 어떤 값만을 갖는다.(시간, 사람의 수) 막대사이에 간격이 있기 때문이다. 위의 막대그래프는 (그림1-1) 수평막대그래프와 (그림1-2) 수직막대그래프이다.

분할된 막대그래프

분할된 막대그래프(segmented bar chart)는 연구된(수집된) 모든 자료를 나타내는데 이용되는 하나의 막대그래프이다. 막대가 토막으로 나누어지고 각 토막은 특별한 그룹의 자료를 나타낸다. 일반으로 정보가 퍼센트로 나타내어지고 전체 막대의 길이는 자료 전체를 나타내므로 100%이다.

다음 표는 어떤 지역에서 일어난 교통사고의 건수이다.

년도	A	B	C	D	E	F	G	H	전체지역계
1998	585	435	362	166	187	65	60	16	1876
1999	578	365	364	142	171	56	42	18	1734
2000	518	381	357	191	190	47	40	11	1735
2001	557	346	367	145	195	51	36	15	1712
2002	563	371	408	163	194	53	56	14	1822
2003	544	383	338	162	220	53	58	17	1775

다음 표는 사망자 수이다.

년도	A	B	C	D	E	F	G	H	전체지역계
1998	663	503	395	184	207	75	67	17	2113
1999	649	396	416	165	200	74	54	20	1974
2000	581	435	396	218	209	58	44	12	1953
2001	647	378	422	159	211	59	41	17	1934
2002	620	418	456	181	209	57	61	15	2017
2003	587	418	385	181	247	64	72	23	1977

분할된 막대그래프로 지역별 교통사고 건수와 사상자 수를 나타내어 보아라. 여기서는 1998년도 교통사고 건수를 분할된 막대그래프로 나타내기 위해 지역별로 전체사건수에 대한 퍼센트를 구해본다.

지역	사건수	페센트
A	585	585 ÷ 1876 × 100 = 31.2%
B	435	435 ÷ 1876 × 100 = 23.2%
C	362	362 ÷ 1876 × 100 = 19.3%
D	166	166 ÷ 1876 × 100 = 8.8%
E	187	187 ÷ 1876 × 100 = 10.0%
F	65	65 ÷ 1876 × 100 = 3.5%
G	60	60 ÷ 1876 × 100 = 3.2%
H	16	16 ÷ 1876 × 100 = 0.9%

분할된 막대그래프를 그리는데 전체길이를 10㎝로 하면 1㎜는 1%를 나타낸다. 즉, 사건 A의 막대길이는 31.2㎜이고, B는 23.2㎜, …, H는 0.9㎜이다. 따라서, 이들을 나타내면 (그림1-3)과 같다.

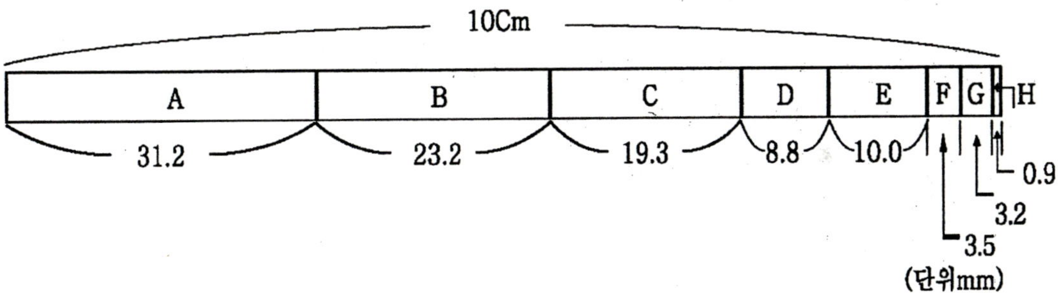

[그림1-3]

나머지에 대해서도 같은 방법으로 분할된 막대그래프를 그릴 수 있다.

연습문제 1-2

해 답

1. 다음 자료에 대한 도수분포표를 만든다음, 기둥그래프(histogram)를 그려라. 또 막대그래프를 그려라.

   1) 3, 4, 4, 5, 5, 6, 7, 7, 7, 8, 8, 9, 9, 10, 10, 12
   2) 4.3, 5.3, 4.7, 4.9, 5.1, 5.3, 5.5, 5.6, 5.2, 3.6, 2.5, 4.3, 2.5, 3.7, 4.5, 6.3, 1.3
   3) 11, 13, 15, 15, 16, 18, 20, 21, 22, 21, 18, 19, 20, 16, 18, 20, 16, 10, 23, 24, 25, 27, 28, 30, 35, 28, 27, 26, 29, 30, 31, 24, 28, 29, 20, 30, 32, 33, 29, 30, 31, 33, 34
   4) 0.4, 0.5, 0.7, 0.8, 0.8, 0.9, 1.0, 1.1, 1.2, 1.0, 1.3, 0.4, 0.3, 0.9, 0.6

1. 생략

2. 40명의 학생이 매주 도서관에서 보낸 시간수는 다음과 같다. 막대그래프로 이들을 나타내어라.

2	5	2	0	8	7	8	5	1	0
2	1	8	0	4	2	2	9	8	5
7	5	4	2	1	2	9	8	1	2
8	5	8	10	0	3	4	5	2	8

2. 생략

1.3 그래프의 모양

대칭분포(symmetric distribution)

오른쪽 기둥그래프(그림1-4)에서 보여진 자료는 대칭으로 기술될 수 있다.

줄기	잎
0	7
1	2 3
2	2 4 5 7 9
3	0 2 3 6 8 8
4	4 7 8 9 9
5	2 7 8
6	1 3

[그림1-4]

왼쪽 줄기-잎 그래프에서 자료의 분포는 대칭으로 기술될 수 있다. 이들 자료에 대한 봉우리(single peak)는 줄기 3에서 일어난다. 봉우리의 양쪽에서 자료의 수가 비슷한 모양으로 줄어든다.

치우친 분포(skewed distribution)

다음 기둥그래프 각각은 치우친 분포의 예들이다(그림1-5). 왼쪽의 자료는 음의 왜도(negatively skewed)이고 이 경우에 봉우리는 오른쪽에 있고 왼쪽으로 꼬리가 뻗는다. 오른쪽의 자료는 양의 왜도(positively skewed)이고 이 경우에 봉우리는 왼쪽에 있고 오른쪽으로 꼬리가 뻗는다.

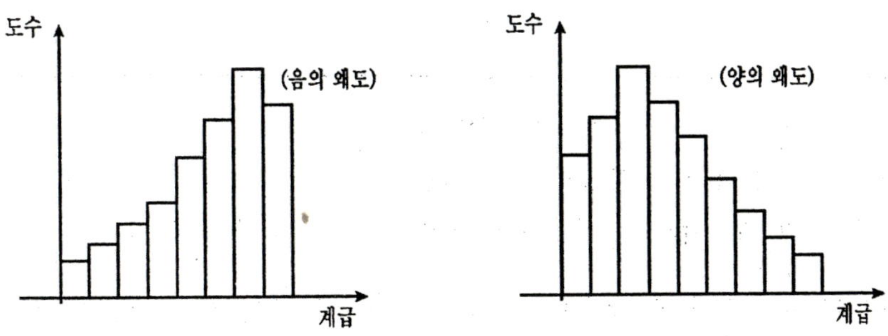

[그림1-5]

이상점

한 자료가 다른 자료들로부터 멀리 떨어져 있을 때 그것을 이상점(outlier)이라고 한다. 때때로 자료를 잘못 읽거나 틀리게 얻은 경우 이상점이 생긴다. 예를 들면(그림 1-6)의 기둥그래프는 5살 아이의 몸무게를 나타낸 것이다.

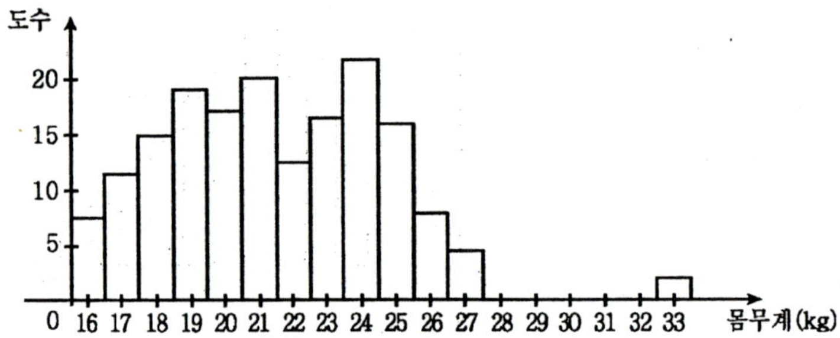

[그림1-6]

이상점 33은 23을 33으로 잘못 보았거나 건강에 이상이 있어 나타날 가능성이 있다. 이상점이 생겼을 때 그 이유를 조사해 보아야 한다.

[예제 1] (그래프의 모양 알아보기)

다음 줄기-잎 그래프는 처음으로 돈을 빌린 나이를 나타낸 것이다. 이들 자료의 분포의 모양을 설명하고 이상점이 있는가 알아보아라.

줄기	잎
1	9 9
2	1 2 4 6 7 8 8 9
3	0 1 1 2 3 4 7
4	1 3 5 6
5	2 3
6	
7	7

풀이 분포가 대칭인가 치우쳤는가 알아보자.

자료의 봉우리가 줄기 2에서 일어나고 나이가 들어감에 따라 자료가 줄어들므로 양의 왜도(positively skewed)이다. 이상점은 77이다. ▣

77살에 처음으로 돈을 빌린 다는 것은 보통이 아니다. 아마 이 관찰은 잘못 기록되었거나 예외적인 경우일 것이다.

연습문제 1-3

1. 다음 줄기-잎 그래프에 대해 자료의 분포의 모양을 설명하고 이상점이 있는가 알아보아라.

1)

줄기	잎
0	1 3
1	2 4 7
2	3 4 4 7 8
3	2 5 7 9 9 9 9
4	1 3 6 7
5	0 4
6	4 7
7	1

2)

줄기	잎
1	3
2	6
3	3 8
4	2 6 8 8 9
5	4 7 7 7 8 9 9
6	0 2 2 4 5

3)

줄기	잎
2	3 5 5 6 7 8 9 9
3	0 2 2 3 4 6 6 7 8 8
4	2 2 4 5 6 6 6 7 9
5	0 3 3 5 6
6	2 4
7	5 9
8	2
9	7
10	
11	
12	
13	5

해 답

1.

1) 대칭,
이상점 없음

2) 음의 왜도,
이상점 없음

3) 양의 왜도,
이상점 135

4)

줄기	잎
1	
1	5
2	1 4
2	5 7 8 8 9
3	1 2 2 3 3 3 4 4
3	5 5 5 6
4	3 4
4	

4) 대칭,
이상점 없음

5)

줄기	잎
3	1
3	
3	
3	
3	8 9
4	0 0 1 1 1
4	2 3 3 3 3 3
4	4 5 5 5
4	6 7
4	8

5) 대칭,
이상점 31

6)

줄기	잎
60	2 5 8
61	1 3 3 6 7 8 9
62	0 1 2 4 6 7 8 8 9
63	2 2 4 5 7 8
64	3 6 7
65	4 5 8
66	3 5
67	4

6) 양의 왜도,
이상점 없음

2. 다음 기둥그래프에 대해 자료의 분포의 모양을 알아보고 이상점에 대해 알아보아라.

1) 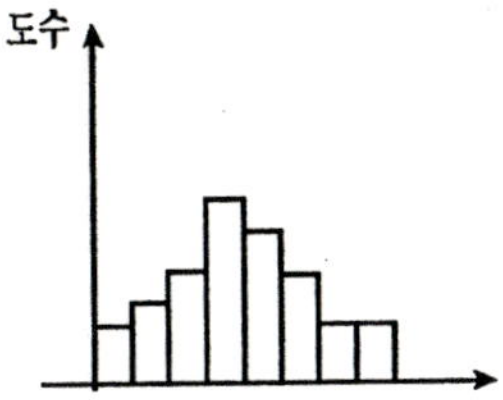

2) 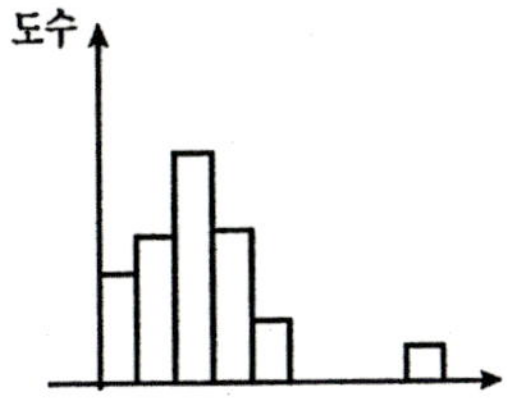

3) 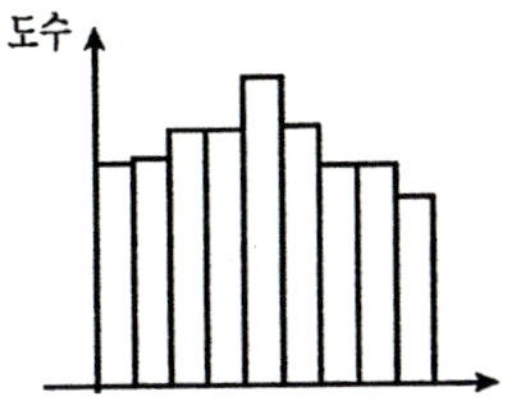

4) 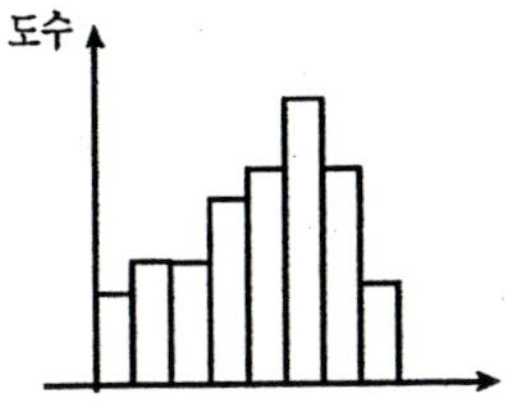

5) 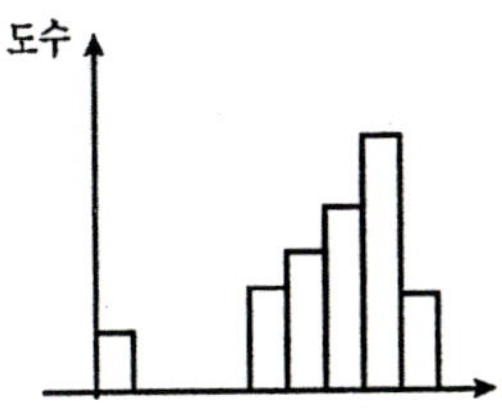

6) 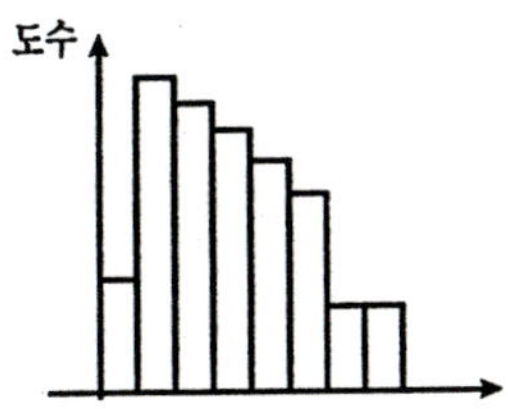

2.

1) 대칭,
이상점 없음

2) 대칭,
이상점 1개

3) 대칭,
이상점 없음

4) 음의 왜도,
이상점 없음

5) 음의 왜도
이상점 1개

6) 양의 왜도
이상점 없음

1.4 중앙값, 사분편차, 범위

기둥그래프나 줄기-잎 그래프를 이용하여 자료를 나타낸 다음 요약통계값에 대한 계산을 하면 자료에 대해 더 이해할 수 있다. 요약통계값은 다음 이유 때문에 이용된다.

1) 분포의 중심이 어디에 있는가?

2) 분포가 어떻게 흐트러져 있는가?

우선 세 개의 요약 통계값을 알아보려고 한다.

중앙값

중앙값(median)은 자료 집합의 가운데 값이다. 자료의 반은 중앙값 보다 작거나 같다. 자료 2, 5, 6, 8, 11, 12, 15에 대해 알아보자. 이들 자료는 순서대로 늘어놓은 것이다.(즉, 작은것에서 큰 것으로) 7개의 관찰값이다. 이 경우에 중앙값은 가운데 값 또는 네 번째 값, 즉, 8이다. 자료 1, 3, 5, 6, 7, 8, 9, 10, 12에 대해 알아보자. 이들 자료 또한 순서대로 늘어놓은 것이다. 이 경우에 자료는 짝수개이다. 중앙값은 5번째 값 7과 6번째 값 8 사이에 있다. 따라서 중앙값은 7.5이다.

순서대로 늘어놓은 n개의 자료가 있을 때 중앙값은 $\frac{n+1}{2}$번째 값이다. 앞의 예에 대해 이것을 알아보자.

$n = 10$일 때, 중앙값은 $\frac{10+1}{2} = 5.5$번째 값이다. 즉 5번째와 6번째 값의 평균이다.

줄기-잎 그래프는 자료를 이미 순서대로 나타내었으므로 중앙값의 위치를 빨리 알게 한다.

[예제 1] (줄기-잎 그래프에서 중앙값 구하기)

22개의 관찰값을 줄기-잎 그래프로 나타낸 것이다. 중앙값을 구하여라.

줄기	잎
2	3 3
2	5 7 9
3	1 3 3 4 4
3	5 8 9 9
4	0 2 2
4	6 8 8 8 9

풀이 $n=22$에서 중앙값은 $\frac{n+1}{2}=\frac{22+1}{2}=11.5$번째 값으로 11번째 값과 12번째 값의 평균이다.

11번째 값 35, 12번째 값 38에서 중앙값은 36.5이다. ▣

사분편차(interquartile range)

중앙값은 자료를 반으로 나누어 구하는 것을 보았다. 같은 방법으로 사분위 값은 자료를 4등분한다. 이들 사분위수를 Q_1, Q_2와 Q_3로 나타낸다. Q_2는 중앙값이다.

사분편차 $IQR = Q_3 - Q_1$이다.

사분편차(interquartile range)는 자료의 집합에서 가운데 50%의 범위를 알려준다. Q_1과 Q_3를 구하는 방법을 알아보자.

우선 자료를 작은것에서 큰 것으로 나열하고, 중앙값 Q_2를 구한다. 자료의 첫 번째 반에서 가운데 값을 구한다. 이것이 Q_1이다. 다음 자료의 나머지 반에서 가운데 값을 구한다. 이것이 Q_3이다. 다음 자료에 대해 Q_1, Q_3를 구해보자.

1) 6개의 관찰값 3, 6, 10, 12, 15, 21이 있다.
   중앙값은 11이다. 첫 번째 자료의 반 3, 6, 10에서 가운데 값은 6, 즉, $Q_1 = 6$이고 나머지 반 12, 15, 21에서 가운데 값은 15, 따라서 $Q_3 = 15$이다.

2) 7개의 관찰값 4, 9, 11, 13, 17, 23, 30이 있다.
   중앙값은 13이다. 첫 번째 자료의 반 4, 9, 11에서 가운데 값은 9이므로, $Q_1 = 9$이고 나머지 반 17, 23, 30에서 가운데 값은 23이므로 $Q_3 = 23$이다.

3) 8개의 관찰값 1, 23, 9, 10, 15, 17, 21, 26이 있다.
   중앙값은 12.5이다. 첫 번째 자료의 반 1, 3, 9, 10에서 중앙값은 6이므로, $Q_1 = 6$이고 나머지 반 15, 17, 21, 26에서 중앙값은 19이므로 $Q_3 = 19$이다.

4) 9개의 관찰값 2, 7, 13, 14, 17, 19, 21, 25, 29가 있다.
   중앙값은 17이다. 첫 번째 자료의 반 2, 7, 13, 14서 중앙값은 10이므로, $Q_1 = 10$이고 나머지 반 19, 21, 25, 29에서 중앙값은 23이므로 $Q_3 = 23$이다.

[예제 1] (사분편차 구하기)

공원에 다니는 사람들의 나이를 조사해 보니 다음과 같다.
14 3 27 42 19 17 73 60 62 21 23 25 58 33 19 81 59 25 17 69
이 들 자료에 대해 사분편차(IQR)를 구하여라.

풀이 자료를 순서대로 늘어놓으면,

2 3 5 14 17 17 19 19 21 23
25 27 33 42 58 59 60 62 69 73 81

중앙값은 25이고,

자료의 첫 번째 반에서 2, 3, 5, 14, 17, 17, 19, 19, 21, 23,

중앙값은 17, 즉, $Q_1 = 17$이고,

나머지 반에서 27, 33, 42, 58, 59, 60, 62, 69, 73, 81,

중앙값은 59.5, 즉 $Q_3 = 59.5$이다.

따라서, 사분편차(IQR) $= Q_3 - Q_1$

$= 59.5 - 17 = 42.5$이다. ▣

[예제 2] (사분편차 구하기)

부모들은 자녀들이 쓰는 용돈 때문에 놀란다. 수학여행에서 학생들이 가져온 용돈(단위: 만원)은 다음과 같다.
15 12 17 23 21 19 16 11 17 18 23 24 25 21 20 37 17 25 22 21 19
이들 자료에 대한 사분편차를 구하여라.

풀이 자료를 순서대로 늘어놓으면,

11, 12, 15, 16, 17, 17, 18, 19, 19, |20|, 21, 21, 21, 22, 23, 23, 24, 25, 25, 37

중앙값은 20이다.

첫 번째 반에서 $Q_1 = 17$이고 나머지 반에서 $Q_3 = 23$이다.

따라서, 사분편차(IQR) $= Q_3 - Q_1 = 23 - 17 = 6$ 이다. ▣

범위

범위(range)는 요약통계값 중에서 구하기가 제일 쉽다. 자료의 집합에서 범위는 가장 큰 값과 가장 작은 값의 차이이다.

예제2에서 가장 큰 값은 37이고, 가장 작은 값은 11이므로,

범위는 37-11 = 26이다.

범위는 자료의 흐트러짐에 대해 알려주지만 가장 큰 값과 작은 값 사이에 있는 자료가 어떻게 분포되었는지에 대해서는 알려주는 것이 없다.

연습문제 1-4

1. 다음 줄기-잎 그래프에서 중앙값과 범위를 구하여라.

1)

줄기	잎
0	7
1	2 3
2	2 4 5 7 9
3	0 2 3 6 8 8
4	4 7 8 9 9
5	2 7 8
6	1 3

2)

줄기	잎
0	0 0 1 1
0	2 2 3 3
0	4 4 5 5 5 5 5 5 5 5
0	6 6 6 6 7
0	8 8 8 9
1	0 0 0 1
1	3 3
1	5 5
1	7
1	

3)

줄기	잎
0	1
0	2
0	4 4 5
0	6 6 6 7
0	8 8 8 8 9 9
1	0 0 0 1 1 1 1
1	0 0 0 3 3 3
1	4 4 5 5
1	6 7 7
1	8 9

해 답

1.

	중앙값	범위
1)	37	56
2)	5	17
3)	11	18
4)	42.5	18
5)	628	72

4)

줄기	잎
3	1
3	
3	
3	6
3	8 9
4	0 0 1 1 1
4	2 2 3 3 3 3
4	4 5 5 5
4	6 7
4	9

5)

줄기	잎
60	2 5 8
61	1 3 3 6 7 8 9
62	0 1 2 4 6 7 8 8 9
63	2 2 4 5 7 8
64	3 6 7
65	4 5 8
66	3 5
67	4

2. 다음 자료 집합에 대해 중앙값과 범위를 구하여라.

1) 2, 4, 5, 7, 9
2) 12, 15, 17, 19, 21
3) 3, 4, 5, 6, 7, 8, 9
4) 3, 5, 7, 8, 12, 13, 15, 16
5) 12, 13, 15, 16, 18, 19, 21, 23, 24, 26
6) 3, 8, 4, 2, 1, 6, 5
7) 16, 21, 14, 28, 23, 15, 11, 19, 25
8) 7, 4, 3, 4, 9, 5, 10, 32, 11
9) 29, 23, 22, 33, 26, 18, 37, 22, 16

2.

	중앙값	범위
1)	6	7
2)	17	9
3)	6	6
4)	10	13
5)	18.5	14
6)	4	7
7)	19	17
8)	4.5	9
9)	23	21

3. 다음 자료에 대해 중앙값, 사분편차와 범위를 구하여라.

1) 16 12 8 7 26 32 15 51 29 45
19 11 6 15 32 18 43 31 23 23

2) 22 25 27 36 31 32 39 29 20 30
23 25 21 19 29 28 31 27 22 29

3) 12 23 41 24 15 37 61 24 36 12
61 37 54 37 52 38 63 71 49

4)

줄기	잎
2	3 5 5 6 7 8 9
3	0 2 2 3 4 6 6 7 8 8
4	2 2 4 5 6 6 6 7 9
5	0 3 3 5 6
6	2 4
7	5 9
8	2
9	7
10	
11	4

줄기	잎
1	4
1	
2	1 4
2	5 7 8 8 9
3	1 2 2 2 4 4 4 4
3	5 5 5 6
4	3 4
4	

3.

	중앙값	사분편차	범위
1)	21	18	45
2)	27.5	8	20
3)	37	30	59
4)	42	21	91
5)	32	7	30

1.5 상자그래프

앞절에서 배운 요약 통계값은 상자그래프(box plot)와 같은 특별한 도표로 쉽게 설명될 수 있다. 상자와 상자 양쪽으로 이어진 선분으로 상자그래프는 만들어진다.

상자그래프는 자료의 최소값, 최대값과 사분위수를 나타낸다. 상자의 길이는 사분편차를 나타낸다. 상자그래프는 자료가 어떻게 흩어졌는가를 시각적으로 분명하게 알려준다(그림1-7).

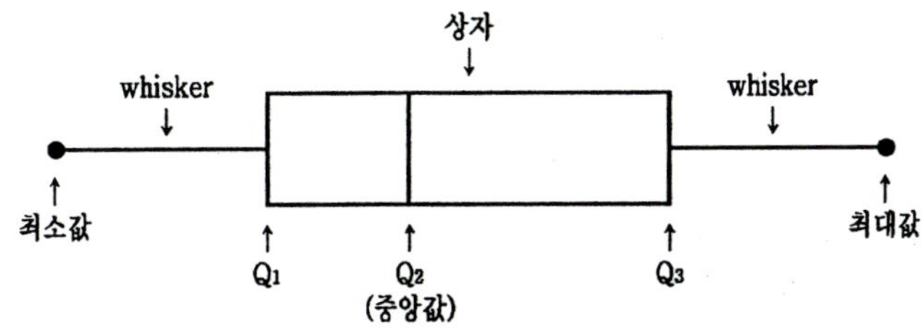

[그림1-7]

상자 그래프는 수평으로 또는 수직으로 나타낼 수 있다(그림1-8).

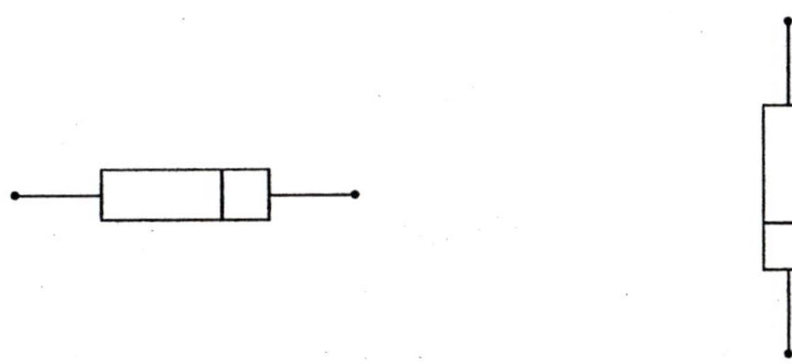

수평상자그래프　　　　수직상자그래프

[그림1-8]

[예제 1] (범위, 중앙값, 사분편차 구하기)

아르바이트를 하는 학생들의 월급(단위: 만원)을 상자그래프로 나타낸 것이다. 이들 자료에 대한 범위, 중앙값, 사분편차를 구하여라.

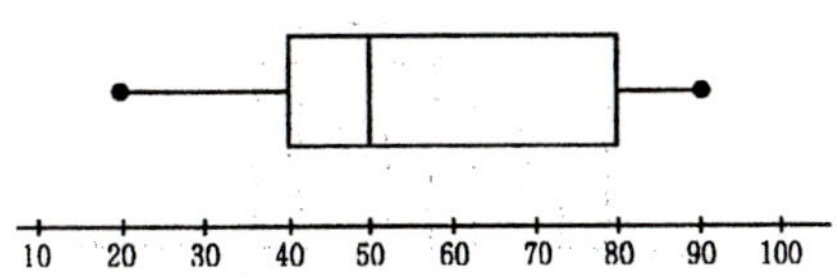

풀이 범위 = 최대값 - 최소값 = 90-20 = 70이고,
중앙값은 상자안의 bar에 해당되는 값 50이다.
상자의 양끝 값은 40, 80에서
사분편차(IQR) $= Q_3 - Q_1 = 80 - 40 = 40$ 이다. ▣

앞에서 기둥그래프와 줄기-잎 그래프에 대해 세 개의 일반적인 모양(대칭, 음의 왜도와 양의 왜도)에 대해 언급했다. 이러한 모양에 대해 상자그래프와 비교하는 것이 도움이 된다.

대칭인 분포(그림1-9)를 기둥그래프와 상자그래프로 나타낸다.

상자그래프의 특징은 whisker가 똑같은 길이이고 중앙값이 상자 가운데 위치한다.

[대칭인 기둥그래프] [대칭인 상자그래프]

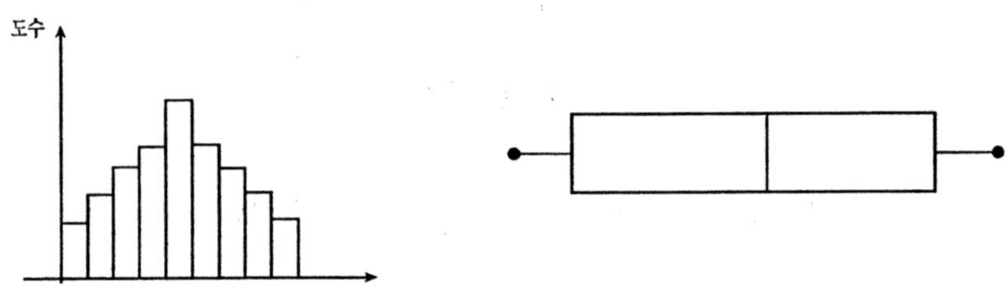

[그림1-9]

음의 왜도(negatively skewed)를 나타내는 분포(그림1-10)는 다음과 같다. 이 분포에서 봉우리는 기둥그래프의 오른쪽에 위치하고 꼬리는 왼쪽으로 뻗는다. 상자그래프에서도 같은 모양이다. 왼쪽 whisker가 더 길고 오른쪽 whisker가 더 짧다.

[음의 왜도 기둥그래프] [음의 왜도 상자그래프]

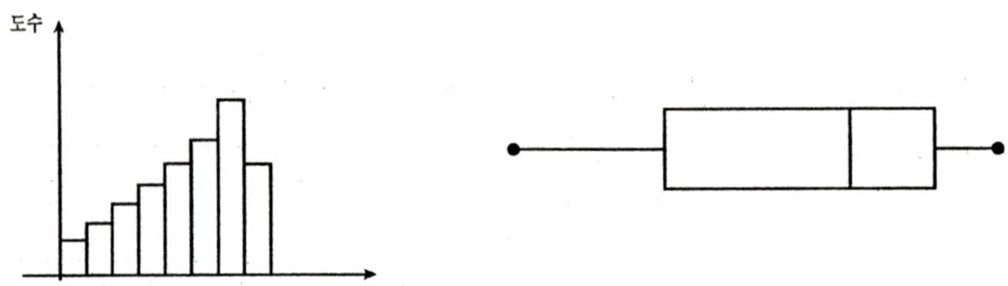

[그림1-10]

아래쪽 자료의 25%는 넓게 흩어져 있고 위쪽 자료의 25%는 뭉쳐있다. 중앙값은 상자의 오른쪽으로 치우쳐 있다.

양의 왜도(positively skewed)를 나타내는 분포(그림1-11)는 다음과 같다.

이 분포에서 봉우리는 기둥그래프의 왼쪽에 있고 꼬리는 오른쪽으로 뻗는다. 대응하는 상자그래프에서 왼쪽 whisker는 짧고 오른쪽 whisker는 길다. 아래쪽 자료의 25%는 뭉쳐있고 위쪽 자료의 25%는 흩어져 있다. 중앙값은 상자의 왼쪽으로 치우쳐 있다.

[양의 왜도 기둥그래프]

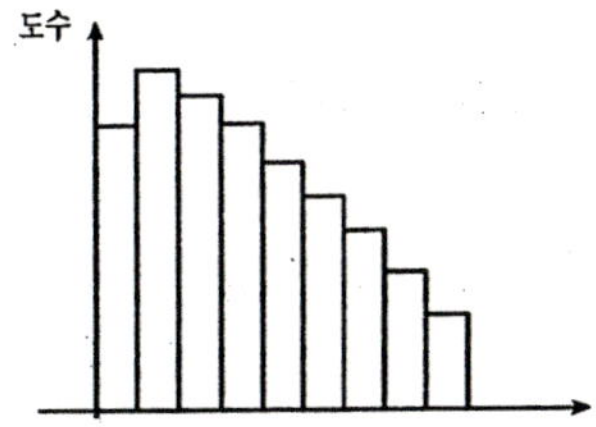

[양의 왜도 상자그래프]

[그림1-11]

[예제 2] (상자그래프의 표현)

기둥그래프와 상자그래프가 같은 자료를 표현하고 있는지를 설명하여라.

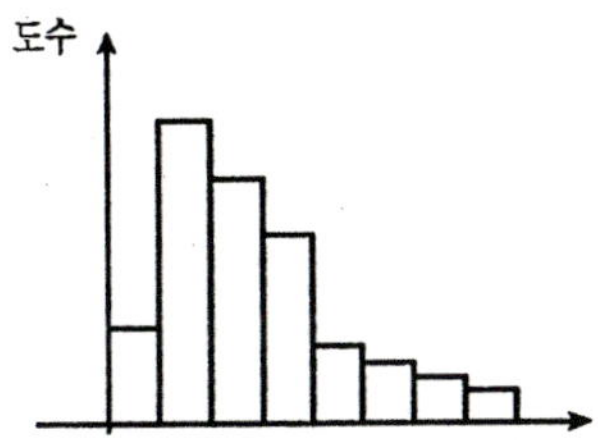

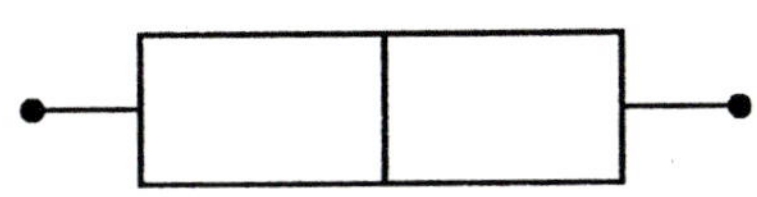

풀이 기둥그래프는 분포가 양의 왜도임을 나타내고,
상자그래프는 분포가 거의 대칭임을 보여준다.
따라서, 기둥그래프와 상자그래프는 같은 자료를 표현하고 있다고 볼 수 없다. ▣

[예제 3] (상자그래프 그리기)

20점 만점의 리포트 성적을 기초통계학 수강학생들은 다음과 같이 받았다. 상자그래프를 이용하여 나타내어라.

15, 12, 17, 8, 13, 18, 14, 16, 17, 13, 11, 12

풀이 우선 성적을 순서대로 정리하면,

8, 11, 12, 12, 13, 13, 14, 15, 16, 17, 17, 18이고

중앙값은 13.5이다.

첫 번째 반은 8, 11, 12, 12, 13, 13에서 $Q_1 = 12$이고,

나머지 반은 14, 15, 16, 17, 17, 18에서 $Q_3 = 16.5$이다.

최소값은 8이고, 최대값은 18이다.

다섯 개의 값을 이용하여 상자그래프(그림1-12)를 그리면 다음과 같다.

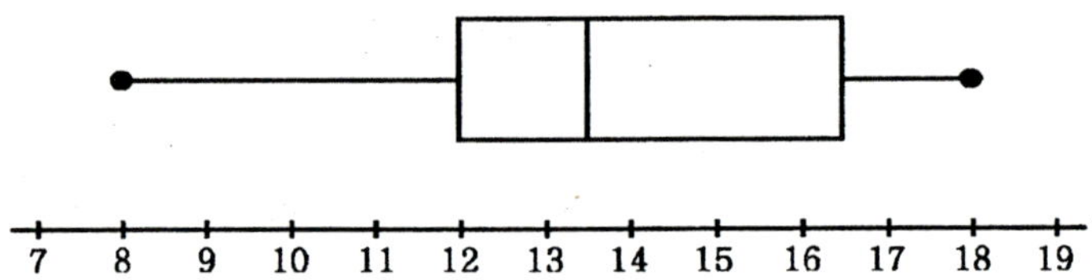

[그림1-12] ▣

연습문제 1-5

해 답

1. 다음 상자그래프에 대해 분포의 범위, 사분편차와 중앙값을 구하여라.

1)

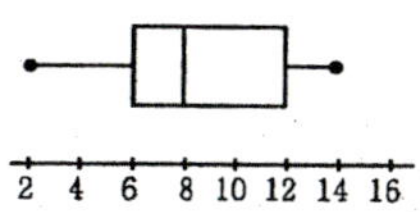

2)

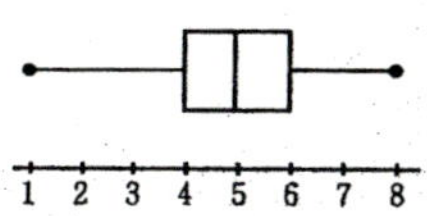

3)

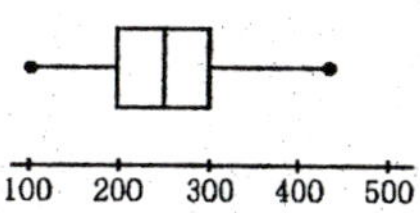

4)

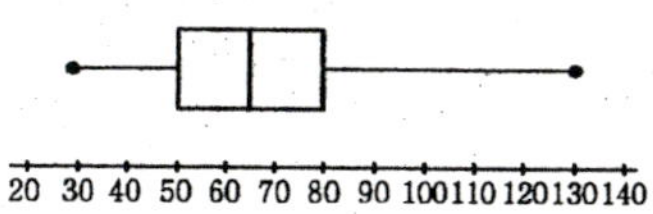

5)

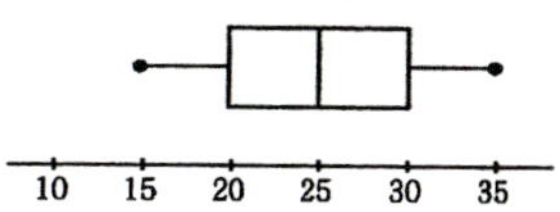

2. 다음 기둥그래프를 상자그래포 나타내어라.

1)

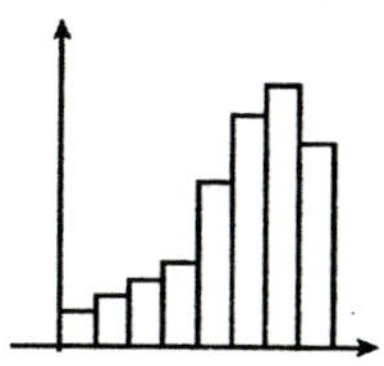

2)

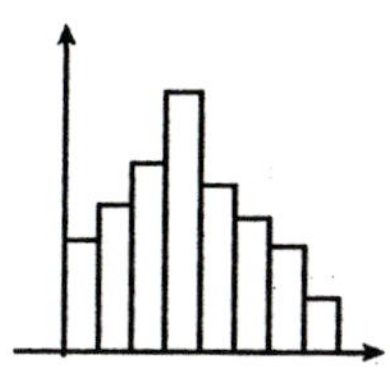

3)

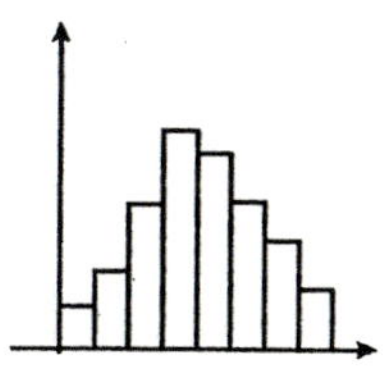

4)

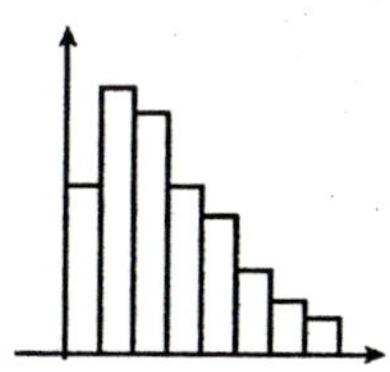

3. 다음 자료에 대해 상자 그래프를 그려라.

1) 3, 5, 6, 8, 8, 9, 12, 14, 17, 18
2) 3, 4, 4, 5, 5, 6, 7, 7, 7, 7, 8, 8, 9, 9, 10, 10, 12
3) 4.3, 4.5, 4.7, 4.9, 5.1, 5.3, 5.5, 5.6
4) 11, 13, 15, 15, 16, 18, 20, 21, 22, 21, 18, 19, 20, 16, 18, 20

1.

	범위	사분편차	중앙값
1)	12	6	8
2)	7	2	5
3)	350	100	250
4)	100	30	65
5)	20	10	25

2.

1)

2)

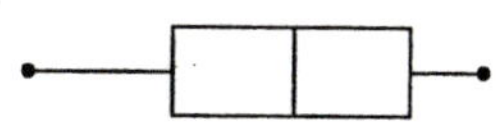

3)

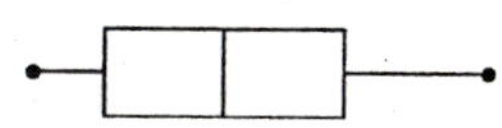

4)

3.

	최소값	Q_1	중앙값	Q_3	최대값
1)	3	6	8.5	14	18
2)	3	5	7	9	12
3)	4.3	4.6	5	5.4	5.6
4)	11	15.5	18	20	22

1.6 평균

자료집합의 평균(mean)은 일상생활에서 쓰는 산술평균(average)과 같다. 자료값 4, 7, 9, 12, 18에서 평균 $= \frac{4+7+9+12+18}{5} = 10$이다. 평균을 나타내는데 이용하는 기호는 $\bar{x}$이다. 이 경우에 $\bar{x} = 10$이다.

평균의 정의는 $\bar{x} = \frac{\sum x}{n}$이다. 즉, n개의 자료값을 모두 더하여 n으로 나눈 것이다. 평균도 요약통계값으로 여겨지고 분포의 중심측도이다. 평균은 분포가 균형을 이루는 점이다. 7개의 고구마의 무게(g)는 다음과 같다. 100, 120, 130, 145, 160, 170, 190. 평균은 145이다. 130과 160, 120과 170, 100과 190은 평균에 대해 균형을 이룬다. 이 자료에 대해 평균과 중앙값은 같으므로 분포는 대칭이다.

대칭이 아닌 분포의 예를 들어본다.

1) 7개의 다른 무게(g)를 갖는 고구마가 다음과 같다.

   100, 105, 110, 115, 120, 160, 200

   이 분포의 중앙값은 115g이고 평균도 130g이다. 이들 중 5개는 평균보다 가볍고 2개만 평균보다 무겁다. 다른 말로하면 평균은 이 분포의 중심으로 좋은 값이 아니다. 그러나 평균보다 작은 값과 큰 값에 대해 여전히 균형을 이룬다. 따라서, 평균은 분포의 중심경향측도로서 유용하지만 이 경우에 분포는 치우쳐져 있다. 중앙값이 보다 좋은 중심값을 나타낸다. 양의 왜도인 분포에서 평균은 중앙값보다 크다. 음의 왜도인 분포에서 평균은 중앙값보다 작다.

2) 10명의 직장인의 봉급(단위: 만원)이 다음과 같다.

   300, 670, 680, 690, 700, 710, 710, 730, 750.

이 경우에 평균은 $\bar{x} = \frac{6660}{10} = 666$이고 중앙값은 705이다.

이 자료에서 한 값은 300이다. 이것은 이상점(outlier)이다. 결과적으로 평균이 9명의 봉급보다 작다. 평균이 중심을 나타내는데 유용하지 않다. 그러나 음의 왜도인 분포에서 균형은 여전히 남는다. 평균은 관찰값을 이용하여 계산된다. 분포가 치우쳐져 있거나 이상점이 있는 경우 분포의 중심측도로서 믿을만하지 않다. 중앙값은 관찰값의 순서에 기반을 두므로 이와 같은 분포에서 더 좋은 중심측도가 된다.

[예제 1] (평균 구하기)

다음 자료에서 평균을 구하여라.
10, 12, 15, 16, 18, 19, 22, 25, 27, 29

풀이 평균 $\bar{x} = \dfrac{10+12+15+16+18+19+22+25+27+29}{10} = \dfrac{193}{10} = 19.3$

이다. ▣

도수분포표에서 평균을 구하는 공식은 $\bar{x} = \dfrac{\sum fm}{\sum f}$ 이다. (단, f는 도수, m은 계급의 가운데 값이다.)

[예제 2] (도수분포표에서 평균 구하기)

다음 도수분포표에서 평균을 구하여라.

계급	20-29	30-39	40-49	50-59	60-69	70-79
도수	1	6	13	6	3	1

풀이 도수의 합 $\sum f = 30$이고,

계급값의 합 $\sum fm = 24.5 \times 1 + 34.5 \times 6 + 44.5 \times 13 + 54.5 \times 6$
$+ 64.5 \times 3 + 74.5 \times 1 = 1405$이다.

따라서, 평균 $\bar{x} = \dfrac{\sum fm}{\sum f} = \dfrac{1405}{30} = 46.8$이다. ▣

연습문제 1-6

1. 다음 자료에서 평균을 구하여라.

   1) 3, 4, 4, 5, 5, 6, 7, 7, 7, 8, 8, 9, 9, 10, 10, 12
   2) 0.4, 0.5, 0.7, 0.8, 0.8, 0.9, 1.0, 1.1, 1.2, 1.0, 1.3
   3) 15, 12, 15, 11, 14, 8, 14, 15, 11, 10
      7, 11, 12, 14, 15, 14, 15, 9, 10, 11

2. 다음 분포에 대해 중심값으로 평균과 중앙값 어느 것이 좋은가?

   1) 양의 왜도인 분포
   2) 대칭분포
   3) 이상점이 있는 분포
   4) 음의 왜도인 분포

3. 다음 도수 분포표에서 평균을 구하여라.

1)

계 급	도 수
0-9	1
10-19	3
20-29	6
30-39	17
40-49	12
50-59	5

2)

계 급	도 수
0-4	2
5-9	5
10-14	7
15-19	13
25-29	8
30-34	6

3)

계 급	도 수
0-49	2
50-99	7
100-149	8
150-199	14
200-249	12
250-299	5

4)

계 급	도 수
1-6	14
7-12	19
13-18	23
19-24	22
25-30	20
31-36	14

해 답

1.

1) 7.125
2) 0.8818
3) 12

2.

1) 중앙값
2) 평균
3) 중앙값
4) 중앙값

3.

1) 36.09 2) 18.34

3) 168.25 4) 18.55

1.7 표준편차

표준편차(standard deviation)는 평균을 중심으로 자료가 얼마나 흩어졌나를 알게 한다. 자료 8 10 11 12 12 13의 평균 $\overline{x} = 11$이다. 각 자료값의 평균에서 흩어짐(편차)을 계산한 표는 다음과 같다.

자료값 x	평균으로부터 흩어짐 $x-\overline{x}$
8	8-11 = -3
10	10-11 = -1
11	11-11 = 0
12	12-11 = 1
12	12-11 = 1
13	13-11 = 2

평균에서 흩어짐은 양, 음을 갖는다. 편차를 모두 더하면 0이된다. 편차를 제곱하면 편차를 더해 0이되는 것을 막을 수 있다. 따라서, 표본분산 (s^2)이 정의된다.

$$s^2 = \frac{\sum (x-\overline{x})^2}{n-1}$$

자료집합이 모집단의 부분집합일 때, 분산에 대한 이 공식이 이용된다. 분산(variance)은 편차의 제곱의 평균이고 또한 흩어짐의 측도이다. 흩어짐의 더 유용한 측도는 표준편차이다.

왜 더 유용한가의 이유는 관찰값(자료값)과 같은 단위를 갖기 때문이다.(이를 테면 ㎝, 사람수 등) 분산은 단위를 제곱한다. 이를 테면 Cm^2 또는 사람수의 제곱 등 - 매우 실용적이지 못하다. 표준편차의 또 다른 이익은 이 절의 끝에서 다루게 될 것이다.

요약하면, $s = \sqrt{\frac{\sum (x-\overline{x})^2}{n-1}}$ 이다. s는 표본표준편차를 나타낸다.

[예제 1] (표준편차 구하기)

15주동안 주유소의 기름값이 리터당 다음과 같이 매주 금요일 조사되었다. 표준편차를 구하여라.

762, 801, 798, 843, 807, 783, 824, 813, 805, 782, 795, 801, 813, 842, 834

풀이 우선 평균을 구하면 $\bar{x} = \dfrac{\sum x}{n} = \dfrac{12103}{15} = 806.87$이고, 표를 이용하여 구하면,

x	762	801	798	743	807	783	824	813	805	782	795	801	813	842	834
$x-\bar{x}$	-44.87	-5.87	-8.87	36.13	0.13	-23.87	17.13	6.13	-1.87	-24.87	-11.87	-5.87	6.13	35.13	27.13
$(x-\bar{x})^2$	2013.32	34.46	78.68	1305.38	0.02	569.78	293.44	37.58	3.50	618.52	140.90	34.46	37.58	1334.12	736.04

$\sum(x-\bar{x}) = 7237.78$에서, 표준편차

$$s = \sqrt{\frac{\sum(x-\bar{x})^2}{n-1}} = \sqrt{\frac{7237.38}{14}} = \sqrt{516.38}$$

≈ 32.72이다. ▣

모표준편차와 표본표준편차

실제로 두 개의 다른 표준편차가 있다. 하나는 표본표준편차(sample standard deviation)이고 앞에서 이용했다. 이것이 전체 모집단에 대한 표준편차의 최선의 추정값이다. 이 경우에 모집단에 대한 모든 자료가 알려지지 않는다. 앞의 예제에서 전체모집단은 15주 동안의 금요일이라기 보다 일년의 모든 금요일이 될 수 있다. 모든 자료가 알려지지 않기 때문에 표준편차가 단지 최선의 추정량이라는 것이다. 또 다른 표준편차는 모표준편차(population standard deviation)라고 한다. 모든 자료가 알려진 경우에 적용된다. 모든 자료값 n개가 알려질 때, 모표준편차는 다음과 같이 계산한다. $\sigma = \sqrt{\dfrac{\sum(x-\bar{x})^2}{n}}$

모표준편차가 표본표준편차 보다 항상 크게 될 것이다. 거칠게 말하면 표본에 비하여 모집단의 자료가 더 많기 때문에 평균에서 흩어짐이 더 크다고 기대할 수 있다. 즉, 모표준편차가 더 크다.

[예제 2] (표준편차 구하기)

학생들이 동아리 모임에 참석한 날짜를 줄기-잎 그래프로 나타낸 것이다. 이 자료에 대한 표본표준편차를 구하여라.

줄기	잎		
0	4		
0	8	8	
1	1	3	4
1	5	6	8
2	3		
2	5		

풀이 자료값은 4, 8, 8, 11, 13, 14, 15, 16, 18, 23, 25이다.

평균을 구하면, $\bar{x} = \frac{155}{11} \approx 14.0909$

표본표준편차 $s = \sqrt{\frac{\sum (x-\bar{x})^2}{n-1}} \approx 6.36$이다. ▣

표준편차는 자료가 평균으로부터 흩어짐을 나타내는 측도이다. 다음 두 개의 그래프(그림1-13)를 알아보자.

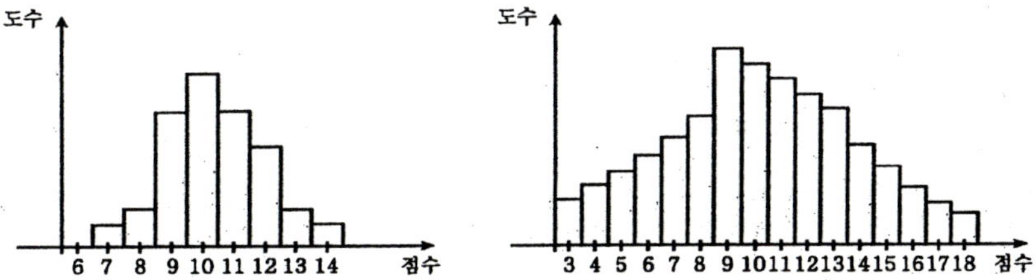

[그림1-13]

각 자료집합은 평균이 10이다. 왼쪽 자료값의 표준편차는 1이고 오른쪽 자료값의 표준편차는 3이다. 보는 것처럼 표준편차가 클수록 평균으로부터 자료는 더 흩어져 있다.

연습문제 1-7

	해 답
1. 다음 자료에 대해 표준편차를 구하여라.(소수 둘째자리까지 구한다.)	1.
1) 3, 4, 4.7, 5.1, 6, 6.2	1) 1.21
2) 7, 9, 10, 10, 11, 13, 13, 14	2) 2.36
3) 12.9, 17.2, 17.9, 20.2, 26.4, 28.9	3) 6.01
4) 41, 43, 44, 45, 46, 47, 49	4) 2.45
5) 0.30, 0.32, 0.37, 0.39, 0.41, 0.43, 0.45	5) 0.06
6) 2.3, 0.8, 1.6, 2.1, 1.7, 1.3, 1.4, 1.9	6) 0.48
7) 1.8, 1.95, 1.87, 1.77, 1.75, 1.79, 1.81, 1.83, 1.76 1.80, 1.92, 1.87, 1.85, 1.83	7) 0.06
2. 100m 달리기가 끝난 후 맥박수를 측정한 결과를 줄기-잎 그래프로 나타내면 다음과 같다. 이 자료값에 대한 표준편차를 구하여라.	2. 0.51

줄기	잎		
11	0		
11	2	3	
11	4	4	5
11	6	6	
11	8	8	9
12	0	1	
12	2	2	3
12	4	4	
12	6		
12	9		

3. 다음 줄기-잎 그래프에서 표준편차를 구하여라.

1)

줄기	잎
0	8 9
1	3 4 7 9
2	0 1 3 7 7
3	3 4
4	1 5 6 7 8
5	3 8

2)

줄기	잎
0	2 4
0	7 7 9
1	0 1 4 4 4 4
1	5 6 6 7 8 8 9
2	1 2 2 3 3 3
2	7

3.

1) 15.49

2) 6.47

1.8 68-95-99.7% 규칙

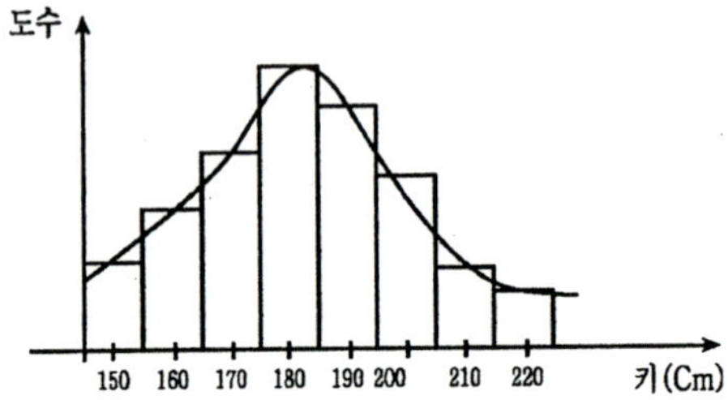

[그림1-14]

졸업식에 참석한 많은 학생들의 키를 기둥 그래프로 나타내면 (그림1-14)와 같다. 자료의 집합은 거의 대칭이고 종모양이다. 많은 집합이 이 범주에 속하고 흔히 정규분포라고 한다.

예는 출생시 몸무게와 사람들의 키 등이다. 정규분포된 자료는 대칭이고, 종모양이고 평균 x가 가운데 있는 분포이다. 이런 종류의 분포는 표준편차의 1, 2, 3배인 경우 평균을 중심으로 자료가 얼마나 속해 있는지 알 수 있다. 아는 경험 규칙을 68-95-99.7% 규칙이라 한다. 종모양의 곡선에 대한 68-95-99.7% 규칙은 거의 다음과 같다(그림1-15).

1) 자료의 68%가 평균으로부터 1표준편차 내에 있다. $(\bar{x}-s,\ \bar{x}+s)$

2) 자료의 95%가 평균으로부터 2표준편차 내에 있다. $(\bar{x}-2s,\ \bar{x}+2s)$

3) 자료의 99.7%가 평균으로부터 3표준편차 내에 있다. $(\bar{x}-3s,\ \bar{x}+3s)$

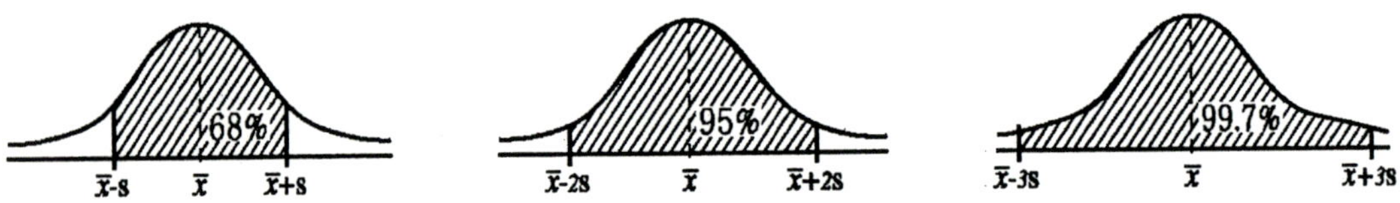

[그림1-15]

[예제 1] (경험규칙 알아보기)

사람들의 손목 둘레를 조사하여 히스토그램으로 나타내었다. 자료값의 평균은 17.7이고 표준편차는 0.9이다. 손목 둘레가 다음의 경우 거의 얼마라고 할 수 있는가?

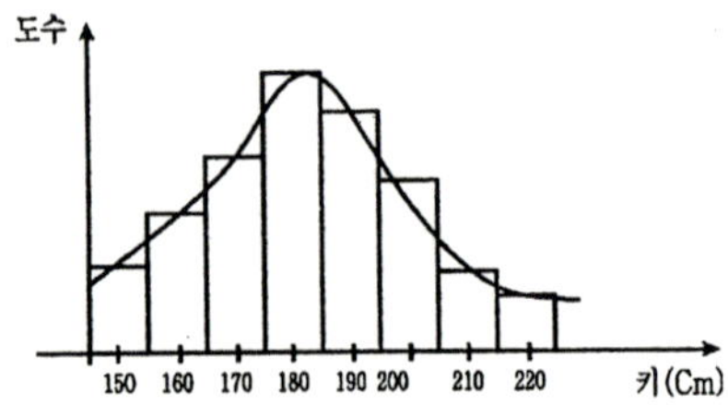

1) 사람들의 68%　　2) 사람들의 95%　　3) 사람들의 99.7%

풀이 1) $\bar{x}-s=17.7-0.9=16.8$, $\bar{x}+s=17.7+0.9=18.6$
따라서, 16.8cm와 18.6cm 사이에 있다.
2) $\bar{x}-2s=17.7-1.8=15.9$, $\bar{x}+2s=17.7+1.8=19.5$
따라서, 15.9cm와 19.5cm 사이에 있다.
3) $\bar{x}-3s=17.7-2.7=15.0$, $\bar{x}+3s=17.7+2.7=20.4$
따라서, 15.0cm와 20.4cm 사이에 있다. ▣

68-95-99.7% 규칙을 이용하면, 평균으로부터 s, 2s, 3s 거리에 있는 자료의 %를 알 수 있다(그림1-16).

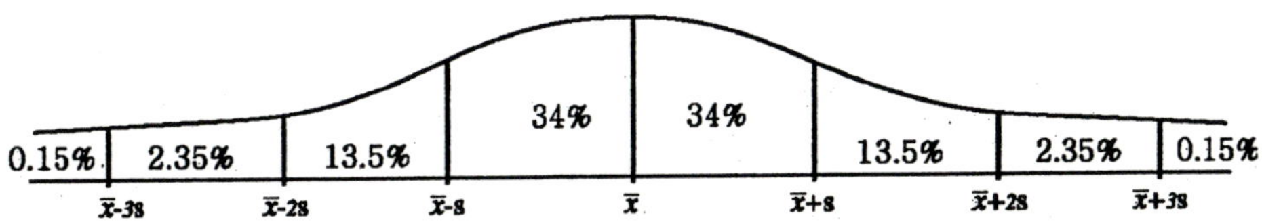

[그림1-16]

[예제 2] (경험규칙 이용하기)

한 봉지의 과자의 무게가 평균 250g이고 표준편차 5g인 분포를 이룬다. 무게가 다음과 같을 때, 몇 %라고 할 수 있는가?
1) 260g보다 작다 2) 245g보다 작다 3) 240g과 255g 사이

풀이 1) $260g=250g+2\times5g$에서,
$13.5\%+34\%+50\%=97.5\%$
2) $245g=250g-5g$에서,
$50\%-34\%=16\%$
3) $240g=250g-2\times5g$, $255g=250g+5g$에서,
$13.5\%+34\%+34\%=81.5\%$ ▣

[예제 3] (경험규칙 이용하기)

성냥갑의 성냥개비의 수는 같지 않다. 성냥개비의 수는 평균 50, 표준편차 2인 정규분포를 이룬다고 한다. 200상자의 표본에서 성냥개비의 수가 48개 이상이라고 기대할 수 있는 상자수는?

풀이 $48 = 50 - 2$에서

$34\% + 50\% = 84\%$가 48개 이상이라고 기대할 수 있다.

따라서, $200 \times \frac{84}{100} = 168$상자. ▣

연습문제 1-8

해 답

1. 사람들의 집중력을 조사한 집중시간(초)에 대한 분포는 그림과 같다. 평균 $\bar{x} = 49$초, 표준편차 $s = 14$초일 때, 다음 기대되는 값을 구하여라.
   1) 68%의 사람들의 집중시간
   2) 95%의 사람들의 집중시간
   3) 99.7%의 사람들의 집중시간

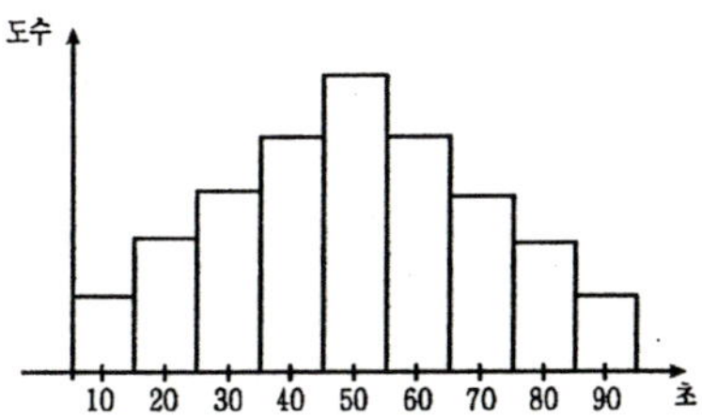

해답 1.
1) 35초-63초
2) 21초-77초
3) 7초-91초

2. 어떤 동물의 자라는 털의 길이를 조사하여 기둥그래프로 나타내었다. 매주 평균 털의 길이가 1.9㎜, 표준편차 0.6㎜일 때, 다음에 해당되는 털의 길이는?
   1) 68%의 동물
   2) 95%의 동물
   3) 99.7%의 동물

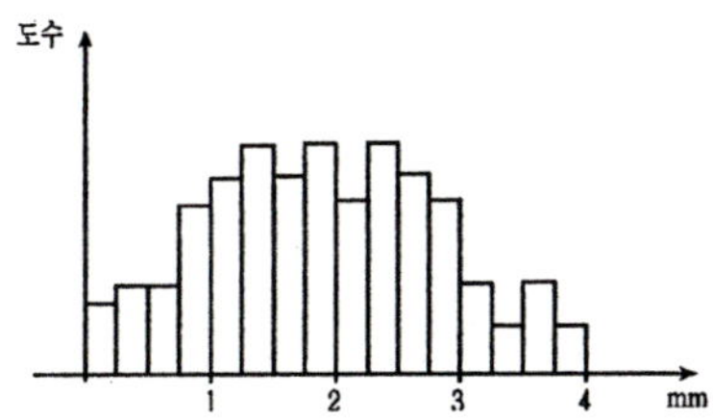

해답 2.
1) 1.3㎜-2.5㎜
2) 0.7㎜-3.1㎜
3) 0.1㎜-3.7㎜

3. 점수의 분포가 종모양이고 평균은 26이다. 점수의 95%는 21과 31사이에 있다. 이 때, 표준편차를 구하여라.

해답 3. 2.5

4. 어떤 직장의 직장인의 키의 분포는 종모양이다. 평균이 160㎝이고 표준편차가 10㎝일 때, 다음에 답하여라.
   1) 키가 170㎝보다 작은 직장인은 몇 %인가?

해답 4.
1) 84%
2) 2.5%

2) 키가 140㎝보다 작은 직장인은 몇 %인가?
3) 키가 150㎝보다 큰 직장인은 몇 %인가?
4) 키가 130㎝와 180㎝ 사이인 직장인은 몇 %인가?

3) 84%
4) 97.35%

5. 특별한 볼트가 생산되는데 크기는 항상 같지 않다. 볼트의 길이의 분포는 거의 종모양이고, 평균 길이는 2.5㎝이고, 표준편차는 1㎜이다. 2000개의 볼트중 길이가 다음과 같은 경우는 몇 개라고 기대할 수 있는가?

1) 2.4㎝와 2.6㎝ 사이
2) 2.7㎝보다 작다
3) 2.6㎝와 2.8㎝ 사이

5.

1) 1360
2) 1950
3) 317

1.9 모집단과 표본추출

모집단

대학 신입생들에게 지난 일년동안 그들 가족을 위해 크리스마스와 생일선물로 쓴 비용을 조사하는 통계 숙제를 내어 기초통계의 기반을 다지도록 할 예정이다. 처음에 정해야 하는 것은 조사대상 전체 모집단(population)을 무엇으로 하는가이다. 즉, 전국의 대학신입생, 충청북도의 대학신입생, 그들이 다니는 대학의 신입생 등에서 어느 것으로 정하는가? 물론 여러분이 이용한 자원이 충분하지 않다면 실제로 큰 모집단을 조사하는 것은 힘들다. 학생들은 그들이 다니는 학교의 신입생을 모집단으로 정하기로 했다. 이것은 조사결과 이끌어낸 결론이 그들 대학의 신입생에 대한 것임을 의미한다.

표본

95명의 신입생이 있다면 그들 모두와 대화를 통해 조사하는 것은 큰 일이 될 것이다. 모집단에서 선택되는 조그만 그룹을 표본(sample)이라고 한다. 이 조그만 그룹이 선택되는 방법은 매우 중요하다. 믿을 만한 조사가 되기 위해 표본은 모집단에서 임의로 뽑아야 하고 모집단의 구성원이 표본으로 골고루 선택될 기회를 가져야 한다. 또한, 모집단에서 한명의 선택은 다른 사람이 선택되느냐 안되느냐에 영향을 주어서는 안된다. 즉, 선택은 독립적이어야 한다. 단순한 임의표본(simple random sample)이 이런 표본을 제공한다.

조사를 시행하는 학생들은 12명의 표본을 정하기로 결정했다. 표본으로서 한과에서 12명을 정하는 것은 단순한 반면, 이것은 전체 모집단을 대표한다고 볼 수 없으므로 좋은 표본이 될 수 없다고 결정했다. 학생들은 신입생 95명의 명단을 얻었다. 각 학생에게 1에서 95까지 번호를 부여하고 임의로 두 자리수를 01, 01, …, 95를 적은 카드를 만들었다. 모두 상자에 넣고 섞어서 임의로 12장의 카드를 뽑아 해당되는 번호의 학생을 표본 명단에 적었다. 이들 12명에게 지난 일년동안 가족에게 선물을 사 주는데 사용한 돈을 조사했다. 조사를 하는 학생은 자료를 기록할 수 있다.

자료의 제시

원래의 자료가 다음과 같이 주어진다. 단위는 만원이다.

25, 30, 35, 38, 34, 22, 30, 40, 35, 25, 32, 40

많은 자료가 없으므로 줄기-잎 그래프가 자료를 나타내는 적절한 방법이다. 자료에 대해 요약하고 더 많이 언급하려고 앞에서 배운 요약 통계값을 이용하는 것이 유용하다. 이들 자료에 대한 요약통계값을 구하면, $\bar{x} = 32.2$, $s = 6$, $Q_1 = 27.5$, 중앙값 $= 33$, $Q_3 = 36.5$이다.

줄기	잎
2	2
2	5 5
3	0 0 2 4
3	5 5 8
4	0 0

분포의 중심값을 정하기 위해 중앙값과 평균이 이용된다. 이상점이 없으므로 분포는 거의 대칭이고, 평균이 분포의 중심값의 좋은 측도가 된다. 또한 평균과 중앙값은 거의 일치한다.

분포의 흩어짐을 측정하기 위해 표준편차와 사분편차가 이용된다. $s = 6$이고 분포는 거의 종모양이므로 자료의 거의 95%가 32.2+12 = 44.2와 32.2-12 =20.2 사이에 있다.

95%의 학생이 가족의 선물구입으로 202,000원과 442,000원 사이에서 지출함을 알 수 있다. 학생들이 사용한 것에 큰 차이가 있다고 기대할 수 있다. 그런 의미에서 자료는 한 묶음이 된다. 사분편차는 36.5-27.5 = 9이다. 이것은 학생들의 가운데 50%가 가족선물을 구입하는데 서로 9만원 차이이내에 있음을 의미한다.

학생들은 그들이 지출한 것에 대해 협의하고 지출한 돈을 아는 것은 흥미있는 일이다.

같은 조사가 또 다른 대학에서 이루어지고 결과가 오른쪽 줄기-잎 그래프와 같다. 이들 자료에 대한 요약 통계값은 $\bar{x} = 47.5$, $s = 16.3$, $Q_1 = 35$, 중앙값 $= 50$, $Q_3 = 60$이다. 분포는 거의 대칭이고 매우 흩어져 있음에도 불구하고 평균과 중앙값은 상당히 가깝고 분포의 중심값으로 인정된다. 이 자료에 대한 평균은 다른 대학에서 얻은 자료에 대한 평균보다 높다. 이것은 이 학교 학생의 수준이 다름을 지적하고, 일반으로 다른 학교 학생들보다 더 많이 지출했음을 보여준다. 이러한 이유를 찾아보면 경제사정이 좋은 학생, 용돈을 많이 받는 학생, 선물에 대해 즐거움을 많이 얻는 가정의 학생일 수 있다.

줄기	잎
2	0
2	5 5
3	
3	5
4	
4	5 5
5	0 0
5	5 5
6	0 0
6	5
7	
7	5

이 학교에서 가족의 선물 구입에 사용한 돈의 범위는 55만원이다. 이것은 확실히 다른 대학생들보다 많다. 이 학교의 사분편차는 25만원이다. 즉, 가운데 50%가 가족 선물 구입에서 25만원의 차이가 나는 것은 다른 학교 학생들보다 크다.

연습문제 1-9

해 답

1. 학생들이 용돈으로 한달에 얼마나 사용하는 가를 알기 위해 표본을 선택하여 조사하고 그 결과를 요약 통계값을 구하여 알아보아라.

   해답 1. 생략

2. 학생들의 고등학교때 성적과 대학 1학년에서의 성적을 비교하는데 표본을 선택하여(실업계 출신, 인문계 출신) 수능성적과 대학수학 기초능력 시험을 보고 그 결과에 대해 조사하고 다음을 확인하여라.
   1) 모집단
   2) 표본선택방법
   3) 조사한 원래자료
   4) 줄기-잎 그래프나 기둥그래프 표현
   5) 자료에 대한 요약통계값

   해답 2. 생략

Home Work

1. 15명의 학생이 방학동안 아르바이트로 번 돈(단위:만원)은 다음과 같다.

   78, 84, 61, 73, 71, 83, 87, 65, 60, 67, 71, 82, 84, 79, 78

   다음 지시에 따라 줄기-잎 그래프를 그려라.

   1) 줄기 6, 7, 8
   2) 줄기 6, 7, 8이고 줄기를 2등분
   3) 줄기 6, 7, 8이고 줄기를 5등분

2. 다음은 경찰이 조사한 차의 속도이다. 제한속도는 60㎞/h이다. 다음 도수분포표를 이용하여 기둥그래프(histogram)를 그려라.

계급	50-51.9	52-53.9	54-55.9	56-57.9	58-59.9	60-61.9	62-63.9	64-65.9	66-67.9	68-69.9	70-71.9	72-73.9	74-75.9
도수	3	5	6	7	9	10	9	10	8	5	3	4	2

3. 다음 줄기-잎 그래프에 대해 범위, 중앙값, 사분편차를 구하고, 또 분포의 모양을 설명하고 이상점이 있으면 구하여라.

1)

줄기	잎
0	8 9
1	2 3 4 7
2	1 2 2 3 5 7 9
3	0 1 4 5 8
4	3 5 6 7
5	1 3 5
6	4 6
7	
8	6

2)

줄기	잎
0	2
0	5 6 6 8 9
1	0 2 2 4 4 4
1	5 5 7 8 8 9
2	1 3
2	6

4. 다음 자료에 대해 상자그래프를 그려라.

   2, 5, 4, 6, 3, 7, 9, 8, 5, 3
   1, 4, 6, 8, 7, 5, 2, 9, 5, 6

5. 음악회에 참가하는 사람들의 나이에 대한 도수분포표에서 평균을 구하여라.

계급	40-44	45-49	50-54	55-59	60-64	65-69	70-74	75-79
도수	4	6	11	16	23	18	10	2

6. 정수기의 휠터가 걸러낸 어떤 성분의 양을 20주동안 관찰하여 줄기-잎 그래프로 나타낸 것이다. 이 자료에서 표준 편차를 구하여라.

줄기	잎
2	1 2 2 4 4 4
2	5 6 6 8 8 9 9
3	0 2 2 4
3	5 6 8

7. 개의 수명은 종모양의 분포를 따른다고 한다. 개의 평균 수명은 12년이고 표준편차는 1.2년이라고 한다. 다음의 경우 개의 수명의 기대값을 구하여라.

1) 68%의 개　　2) 95%의 개　　3) 99.7%의 개

8. 20점 만점의 시험과목 A, B에서 학생들이 받은 성적은 다음과 같다.

A과목	4, 7, 7, 9, 9, 10, 10, 11, 12, 13, 14, 14, 15 15, 15, 16, 17, 17, 17, 17, 18, 18, 18, 19, 19
B과목	8, 9, 10, 11, 11, 12, 12, 12, 13, 13, 13, 13, 13 14, 14, 14, 14, 14, 14, 15, 15, 15, 16, 16, 19

이들 자료에 대해 다음에 답하여라.

1) 기둥그래프와 줄기-잎 그래프로 나타내고 분포의 모양을 설명하여라.
2) 중앙값, 사분편차, 범위를 구하여라.
3) 상자그래프를 그려라.
4) 평균과 표준편차를 구하여라.
5) 분포에 대한 중심값으로 평균, 중앙값 어느 것이 좋은가 설명하여라.
6) 68-95-99.7% 규칙을 분포에 적용하여라.

9. 다음 줄기-잎 그래프에 대해 7의 2)-6)에 답하여라.

1)

줄기	잎
7	6
8	
9	5
10	6 7
11	0 2
12	0 1 2 4 6 7 9
13	0 0 4

2)

줄기	잎
6	2 4 8 8 9
7	2 2 3 5 7 9
8	2 8
9	6
10	8

제2장

이변수자료

학습내용

- 2.1 자료의 형태
- 2.2 이변수 줄기-잎 그래프
- 2.3 평행 상자그래프
- 2.4 이원도수표
- 2.5 산포도
- 2.6 q-상관계수
- 2.7 Pearson 상관계수
- 2.8 r과 결정계수

2.1 자료의 형태(Types of data)

이 절에서는 두 변수를 포함하는 자료의 집합을 알아보려고 한다. 자료를 나타내는 방법과 두 변수 사이의 관계를 측정하는 방법을 알아본다. 방법은 다루는 변수의 형태에 완전히 달려 있다.

수 자료와 범주 자료

수 자료(numerical data)의 예는 다음과 같다.

① 10대들의 키

② 기초통계학 시험 성적

③ 충청북도에 있는 대학교의 수

④ 충주대학교 재학생의 나이

⑤ 아르바이트 하는 A과 학생의 봉급

이름이 말하는 것처럼 수 자료는 양을 포함한다. 넓게 말하면 측정할 수 있거나 셀 수 있다.

범주 자료(categorical date)의 예는 다음과 같다.

① 성(남, 여)

② 프로야구팀

③ 한국에 있는 종교

④ 냉장고 생산회사

⑤ 직할시(행정구역)

⑥ A회사에서 생산되는 자동차 이름

⑦ 결혼하는 나이 그룹(18-20, 21-24, 25-30, 31-35)

⑧ 머리색

이름이 말하는 것처럼 범주 자료는 성에 대해서는 남·여, 종교에 대해서는 천주교, 기독교, 천도교, 불교, 유교 등과 같다.

이 절에서는 다음과 같은 관계를 측정하는 방법을 알아본다.

1. 수 변수와 범주 변수(예를 들면 몸무게와 국적)
2. 두 개의 범주 변수(예를 들면 성과 종교)
3. 두 개의 수 변수(예를 들면 키와 몸무게)

종속과 독립변수

두 변수의 관계가 조사될 때 한 변수가 다른 변수에 종속되는 가를 아는 것은 유용하다. 자주 이것을 판단할 수 있지만, 어떤 경우에는 판단할 수 없다. 봉급생활자의 연봉과 키는 어떤 관계가 있는가 알아보자.

상식적으로 봉급생활자의 연봉과 키는 아무런 관계가 없다. 이 경우에 한 변수는 독립으로 한 변수는 종속으로 지정하는 것은 적절하지 못하다. 봉급생활자의 나이와 연봉은 어떤 관계가 있는가 알아보자. 합리적으로 생각하면 연봉은 나이에 달려있다고 볼 수 있다. 이 경우에 나이는 독립변수(independent variable)이고 연봉은 종속변수(dependent variable)이다. 자료를 나타낼 때 독립변수를 수평축에 종속변수를 수직축에 나타내는 것이 유용하므로 가능하면 독립과 종속변수를 구별하는 것이 유용하다.

연습문제 2-1

1. 다음 자료가 수 자료인가 범주 자료인가 구별하여라.
   1) 아이들의 키를 ㎝로 나타내기
   2) 볼 베어링의 지름의 길이를 ㎜로 나타내기
   3) 매일 전시회에 방문하는 사람 수
   4) 학생들이 학교에 타고 다니는 차의 종류
   5) 일주일에 시청률이 높은 프로그램 이름 10개
   6) 30살인 사람들의 직업
   7) 대학교 1학년 학생이 수강하는 교양과목의 수
   8) 평균수명 9) 물고기 종류
   10) 혈액형 11) 출생 년도
   12) 출생 국가 13) 세금의 종류

2. 다음 두 변수는 어느 것이 독립이고 어느 것이 종속인가? 구별할 수 없다면 적절하지 못함이라고 써라.
   1) 프로야구 선수의 나이와 연봉
   2) 식물의 크기와 비료의 양
   3) 일주일동안 읽은 책의 수와 눈색
   4) 집에 사는 사람수와 집의 크기

해 답

1.
수 자료 :
1), 2), 3), 7), 8)
범주 자료 :
4), 5), 6), 9), 10), 11), 12), 13)

2.
1) 독립변수-나이
   종속변수-연봉
2) 독립변수-비료의 양
   종속변수-크기
3) 적절하지 못함
4) 독립변수-사람 수
   종속변수-집의 크기

2.2 이변수 줄기-잎 그래프

앞에서 변수가 한 개인 경우 줄기-잎 그래프를 어떻게 만드는지 알아보았다. 여기서는 줄기-잎 그래프를 두 개의 변수에 대해 나타내는 것을 알아보자. 특히 수 변수와 범주 변수 사이의 관계를 나타내는 줄기-잎 그래프를 만들려고 한다. 단 두 개의 범주 예를 들면, 성에 대한 범주로 여기서는 제한할 것이다. 두 범주는 이변수 줄기-잎 그래프(back to back stems plot)를 제공하는데 이용된다.

[예제 1] (이변수 줄기-잎 그래프 그리기)

20점 만점의 시험에서 남학생과 여학생이 받은 성적은 다음과 같다.

여학생	16	17	19	15	12	16	17	19	19	16
남학생	14	15	16	13	12	13	14	13	15	14

이 자료를 이변수 줄기-잎 그래프로 나타내어라.

풀이 줄기를 기준으로 한쪽에 남학생, 여학생을 표시하고 다음과 같이 그린다(그림2-1).

남학생 잎	줄기	여학생 잎
3 3 3 2	1	2
5 5 4 4 4	1	5
6	1	6 6 6 7 7
	1	9 9 9

(그림2-1) ▣

이변수 줄기-잎 그래프는 두 분포의 시각적 비교를 제공한다. 위의 예제에서 여학생에 대한 분포의 중심이 남학생에 대한 분포의 중심보다 높다. 각 분포의 흩어짐은 같아 보인다. 남학생의 성적은 12-15점 주변에 모여있고 여학생의 성적은 16-19점 주변에 모여있어서 대체로 여학생이 남학생보다 더 좋은 점수를 얻었다고 결론을 내릴 수 있다. 중심의 정확한 그림과 분포의 각각의 흩어짐을 알기 위해 앞에서 배운 요약 통계값을 이용할 수 있다. 특히 다음에 관심이 있다 :

① 평균과 중앙값

② 사분편차와 표분편차

[예제 2] (이변수 줄기-잎 그래프의 이용)

선거운동기간동안 A, B 두 당의 자원봉사자의 수를 나타낸 것이다.

A당	180	233	246	252	263	270	229	238	226	211
	193	202	210	222	257	247	234	226	214	204
B당	204	215	226	253	263	272	285	245	267	275
	287	273	266	233	244	250	261	272	280	279

이 자료를 이변수 줄기-잎 그래프로 나타내고, 각 분포에 대해 비교 설명하여라.

풀이 이변수 줄기-잎 그래프를 그리면 다음과 같다(그림2-2).

A당에 대한

평균 = 227.9,

중앙값 = 227.5,

사분편차 = 36,

표준편차 = 23.9이고

B당에 대한

평균 = 257.5,

중앙값 = 264.5,

사분편차 = 29.5,

표준편차 = 23.4이다.

A당 잎	줄기	B당 잎
	18	
3	19	
4 2	20	4
4 1 0	21	5
9 6 6 2	22	6
8 4 3	23	3
7 6	24	4 5
7 2	25	0 3
3	26	1 3 6 7
0	27	2 2 3 5 9
	28	0 5 7

(그림2-2)

줄기-잎 그래프에서 A당은 분포가 대칭이고 따라서 평균과 중앙값이 매우 가깝다. 반면 B당은 분포가 음의 왜도이다. 분포가 치우쳐져 있으므로 중앙값이 평균보다 더 좋은 중심값이다.

중앙값을 비교하면 A당은 228, B당은 265로 차이가 크다. 표준편차나 사분편차가 비슷하므로 자료의 흩어짐에서 큰 차이는 없다. B당의 자원봉사자가 A당의 자원봉사자 보다 더 많다. ▣

연습문제 2-2

1. 50점 만점의 기초수학 학습능력 검사에서 A, B, 두 반 학생의 성적은 다음과 같다. 이 자료를 이변수 줄기-잎 그래프로 나타내어라.

A	20	38	45	21	30	39	41	22	27	33	30	21	25	32	37	42	26	31	25	37
B	23	25	26	46	44	39	38	24	25	42	38	34	28	31	44	30	35	48	43	34

2. 10명씩의 남자아기와 여자아기의 출생시 몸무게(단위: kg)는 다음과 같다. 이 자료를 이변수 줄기-잎 그래프로 나타내어라.

남자	3.4	5.0	4.2	3.7	4.9	3.4	3.8	4.8	3.6	4.3
여자	3.0	2.7	3.7	3.3	4.0	3.1	2.6	3.2	3.6	3.1

3. 두 슈퍼마켓 A, B에 대해 2주동안 매일 상품을 운반한 트럭의 수를 조사한 표는 다음과 같다.

A	11	15	20	25	12	16	21	27	16	17	17	22	23	24
B	10	15	20	25	30	35	16	31	32	21	23	26	28	29

1) 이변수 줄기-잎 그래프로 나타내어라.
2) 요약통계값과 그래프를 이용하여 각 분포에 대해 비교 설명하여라.

4. 다음 표본 2003, 2004학년도 신입생 각각 10명에 대해 기초통계 학습능력 시험에서 받은 성적을 나타낸 것이다.

2003	30	31	35	37	39	41	41	42	43	46
2004	22	26	27	28	30	31	31	33	34	36

1) 이 자료를 이변수 줄기-잎 그래프로 나타내어라.
2) 그래프와 요약통계값을 이용하여 각 분포에 대해 비교 설명하여라.

해 답

1. 생략

2. 생략

3. 생략

4. 생략

5. 두 유치원 K, P에 다니는 원생 10명의 게임 성적은 다음과 같다.

K	3	13	14	25	28	32	36	41	47	50
P	5	12	17	25	27	32	35	44	46	52

1) 이 자료를 이변수 줄기-잎 그래프로 나타내어라.
2) 그래프와 요약통계값을 이용하여 각 분포에 대해 비교하여라.

5. 생략

2.3 평행 상자그래프

앞에서 수 변수와 범주 변수 사이의 관계를 이변수 줄기-잎 그래프를 이용하여 나타낼 수 있음을 알아보았다. 두 범주 이상의 경우 수 변수와 범주 변수 사이의 관계를 나타내려고 할 때, 평행 상자그래프(parallel box plot)가 이용될 것이다. 평행 상자그래프는 공통의 척도를 이용하여 각 분포에 대한 개별 상자그래프를 만들어 얻어진다. 개별 상자그래프를 만드는 방법은 일변수 자료에 대해 앞에서 자세하게 배웠다. 여기서는 여러 개의 상자그래프에 의해 나타내어진 분포를 비교하는데 관심을 두려고 한다. 예제를 통해 이를 확인하여 보자.

[예제 1] (평행 상자그래프 그리기와 그 이용)

A, B, C, D 네 학과 학생들의 기초수학 능력시험 성적을 나타낸 것이다.

A	40	43	45	47	50	52	53	54	57	60	69	63	63	68	70	75	80	85	89	90
B	60	62	63	64	70	73	74	76	77	77	78	82	85	87	89	90	92	95	97	97
C	50	51	53	55	57	60	63	65	67	69	70	72	73	74	76	80	82	82	85	89
D	40	42	43	45	50	53	55	59	60	61	69	73	74	75	80	81	82	83	84	90

이 자료들을 평행 상자그래프로 나타내고 네 학과 사이의 점수의 분포에서 유사성이나 차이점을 설명하여라.

풀이 상자그래프를 만들기 위한 요약통계값을 구하여 네 개의 상자그래프를 같은 척도로 나타내면 다음과 같다(그림2-3).

B과는 중앙값이 제일 크고 분포의 범위는 37이다. 최저점수는 60점이다.

A과의 중앙값은 약 60점 정도이며 50%의 학생이 60점 이하의 점수를 받았다. 이것은 A과의 반정도가 B반의 최저점수보다 못함을 의미한다.

A과의 점수의 범위는 D과의 점수의 범위와 거의 같고 최저, 최고점수도 같다.

그러나 D과의 중앙값이 A과의 중앙값보다 높으므로

D과의 학생들이 A과의 학생들보다 높은 점수를 받았다.

한편, D과의 최고성적은 C과의 최고성적보다 높으나 C과의 중앙값이 D과의 중앙값보다 높고 D과의 25%이하 성적은 C과의 최소성적보다 낮다.

요약하면, B과의 성적이 제일 우수하고 다음 C과 D과 A과 순서이다.

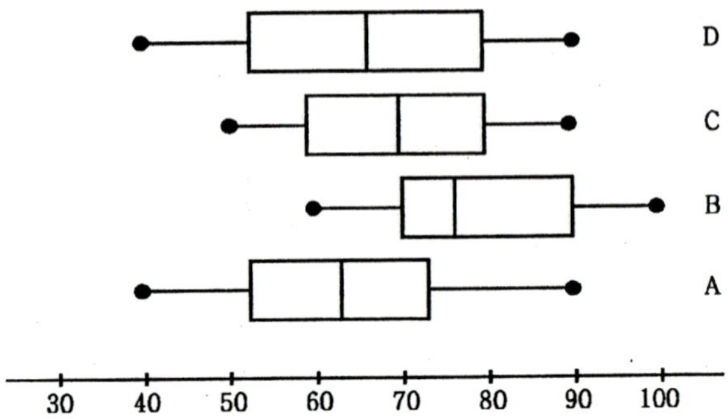

(그림2-3)

▣

연습문제 2-3

해 답

1. A, B, C 세 학년의 학생들의 키를 나타낸 것이다.

A	12	12	13	13	14	14	14	14	15	15	15	15	15	16	16	16	16	17
B	14	14	14	14	14	15	15	15	16	16	16	16	16	17	17	17	17	18
C	15	15	15	15	16	16	16	16	16	16	16	17	17	18	18	18	19	19

1) 이 자료를 보고 평행 상자그래프를 만들어라.
2) 세 학년의 키의 분포를 상자그래프를 이용하여 비교하여라.

2. 세 그룹의 연령에 대한 연봉을 나타낸 것이다.

20-29	2000	3100	5000	5500	6200	6500	6700	7000	9200	10000
30-39	4000	5200	6000	6300	6800	7000	8000	9000	10300	12000
40-49	10000	11200	12000	13300	13500	13700	13900	14000	14300	15000

1) 이 자료를 보고 평행 상자그래프를 만들어라.
2) 상자그래프를 이용하여 분포에 대해 설명하여라.

3. 약국에서 팔린 비타민 A, B, C와 복합비타민의 병의 개수를 나타낸 것이다.

비타민A	5	6	7	7	8	8	9	11	13	14
비타민B	10	10	11	12	14	15	15	15	17	19
비타민C	8	8	9	9	9	10	11	12	12	13
복합비타민	12	13	13	15	16	16	17	19	19	20

이 자료에 대한 평행 상자그래프를 만들고 판매된 네 종류의 비타민에 대해 비교 설명하여라.

1. 생략

2. 생략

3. 생략

2.4 이원도수표

두 범주 변수 사이의 관계를 조사할 때 이원분류표(two-way frequency table) 또는 이원도수표가 매우 유용한 도구가 된다. 다음 예제를 통해 만드는 방법을 알아보자.

[예제 1] (이원분류표 나타내기)

어떤 지역에서 34명의 여자와 23명의 남자에게 어느 정당(A, B)을 지지하는지를 조사하였다. 18명의 여자와 12명의 남자는 A당을 지지했다. 이들 자료를 이원분류표로 나타내어라.

풀이 이원분류표는 다음과 같이 만든다.

	여자	남자	계
A당	18	12	30
B당			
계	34	23	57

→

	여자	남자	계
A당	18	12	30
B당	16	11	27
계	34	23	57

■

위의 예제에서 자료가 분명해짐을 알 수 있다.

각 당을 지지하는 남자, 여자 또 합쳐서 몇 명임을 알 수 있고 어느 당을 지지하는 남자, 여자 또 합쳐서 더 많은지 비교할 수 있다. 각 당을 지지하는 남자, 여자의 수만을 비교하면 여자의 수가 많아 보이는 것은 전체여자수 34명이 남자수 23명보다 많은 것이 이유가 될 수 있으므로 이것을 극복하기 위해 %로 다시 나타내어 비교할 수 있다.

[예제 2] (이원분류표 나타내기)

어떤 지역의 57명의 사람들에게 A, B 두 당중 어느 당을 지지하는가를 조사한 표는 다음과 같다. 이 표를 %로 고쳐라.

	여자	남자	계
A당	18	12	30
B당	16	11	27
계	34	21	57

풀이 %로 고쳐서 표를 만들면,

	여자	남자
A당		
B당		
계		

→

	여자	남자
A당	52.9	52.2
B당	47.1	47.8
계	100	100

▣

위의 예제는 행에 대해 %로 나타내었다. 열에 대해 %로 나타내면 다음과 같다.

	여자	남자	계
A당	60.0	40.0	100
B당	59.3	40.7	100

여기서 A당을 지지하는 여성과 남성은 60%, 40%이고, B당을 지지하는 여성과 남성은 59.3%, 40.7%임을 알 수 있다. 다른 방법으로 %를 계산하면 다른 결과가 나옴을 알 수 있다. 일반으로 독립변수(성)는 표의 열에 있고 %는 열로 계산된다.

[예제 3] (이원도수표 %로 고치기)

67명의 초등학생과 47명의 중학생에게 그들이 다니는 학교의 휴일에 대해 많은지, 적은지, 같은지를 조사하였다. 그 결과를 표로 나타내면 다음과 같다. 초등학생과 중학생을 비교하기 위해 이원도수표를 %로 고쳐라.

	초등학생	중학생	계
적다	5	2	7
같다	29	9	38
많다	33	36	69
계	67	47	114

풀이 다음과 같이 %로 고친다.

	초등학생	중학생
적다	7.5	4.3
같다	43.3	19.1
많다	49.2	76.6
계	100.0	100.0

중학생이 초등학생보다 휴일이 더 많다고 예민한 반응을 보였음을 알 수 있다.

연습문제 2-4

1. 139명의 여자와 102명의 남자에게 아파트의 재건축에 대해 찬성하는지, 반대하는지를 조사하였다. 37명의 여자와 79명의 남자가 찬성하였다. 이 자료를 이원 도수표로 나타내어라.

2. 중고등학교 학생들에게 수업시간이 45분, 1시간중 어느 것이 좋은지를 조사하였다. 93명의 고등학생은 60명이 1시간을 택하였고 86명의 중학생은 36명이 1시간을 택하였다. 이 자료를 이원도수표로 나타내어라.

3. 다음 이원도수표의 빈칸을 채워라.

1)

	여자	남자	계
찬성	25	a	47
반대	b	c	d
계	51	e	92

2)

	여자	남자	계
찬성	f	g	21
반대	h	21	i
계	j	30	63

3)

	여자	남자
찬성	k	42%
반대	53%	l
계	m	n

4. 60명의 여자와 남자에게 혼자 살 것이냐 친구와 함께 살 것이냐를 조사한 결과는 다음과 같다.

	남자	여자	계
혼자산다	12	23	35
친구와 산다	9	16	25
계	21	39	60

이원도수표를 %로 나타내어라.

해 답

1. 생략

2. 생략

3.
1) 22, 26, 19, 45, 41
2) 12, 9, 21, 42, 33
3) 47%, 58%, 100%, 100%

4. 생략

5. 낙태법안의 찬성, 반대를 조사하였다. 62명의 남자중 40명이 반대하였고, 71명의 여자중 43명이 반대하였다. 이 자료를 %로 이원도수표로 나타내고 남자, 여자의 반응의 차이를 알아보아라.

6. 61명의 노동자에게 공휴일을 줄이는 것에 대해 찬반을 조사하였다. 35명은 줄이는 것을 지지했다. 한편 59명의 경영자에게 같은 질문을 하였더니 31명은 줄이는 것을 지지했다. 이 자료를 %로 이원도수표로 나타내고 노동자와 경영자 사이의 반응을 설명하여라.

5.

	남자	여자
찬성	35.5	39.4
반대	64.5	60.6
계	100.0	100.0

6.

	노동자	경영자
찬성	57.4	52.5
반대	42.6	47.5
계	100.0	100.0

2.5 산포도

두 수 변수 사이에 어떤 종류의 관계가 있는지 알려고 한다. 두 변수 사이의 관계를 시각적으로 보여주는 산포도(scatter plot)가 좋은 출발점이 된다. 지난해 29명의 신입생들에게 일주일 동안 공부한 시간과 성적을 알아본 것은 다음과 같다.

공부시간	18	16	22	27	15	28	18	19	22	30	14	17	14	19	20	10	28	25	18	19	17	16	14	29	30	30	23	26	22
성적	59	67	74	90	62	89	71	60	84	95	54	72	63	72	58	47	85	75	63	61	59	76	59	89	93	96	82	35	78

(그림2-4)는 산포도에 나타낸 자료를 보여준다. 일주일 동안 공부한 시간이 성적에 영향을 끼쳤다고 생각하는 것이 합리적이다. 공부시간은 독립변수이고 수평축에 나타낸다. 산포도에 29개의 점이 표시되었다. 각 점은 한 학생의 공부시간과 성적을 나타낸다. 산포도를 분석하는데 점들이 놓인 경향을 조사한다.

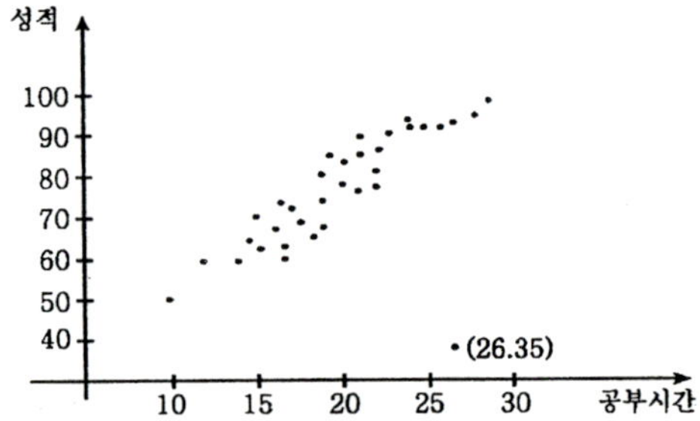

(그림2-4)

어떤 경향은 두 변수 사이에 어떤 관계를 보여준다. 이것을 상관관계(correlation)라고 한다. 어떤 종류의 상관관계가 존재하고 얼마나 강한지를 알아본다. (그림2-4)에서 어떤 경향을 본다 : 점들이 아래 왼쪽에서 오른쪽 위로 어떤 띠를 따라 흩어져 있다. 점(26, 35)는 이상점이다. 이 점은 다른점들로부터 멀리 떨어져있고 어떤 띠 위에 있지 않다. 이 학생은 열심히 공부했으나 좋은 성적을 받지 못했거나 거짓으로 공부한 시간을 늘렸을 수도 있다. 또는 잘못된 기록일 수도 있다. 이것은 다시 조사해 볼 필요가 있다.

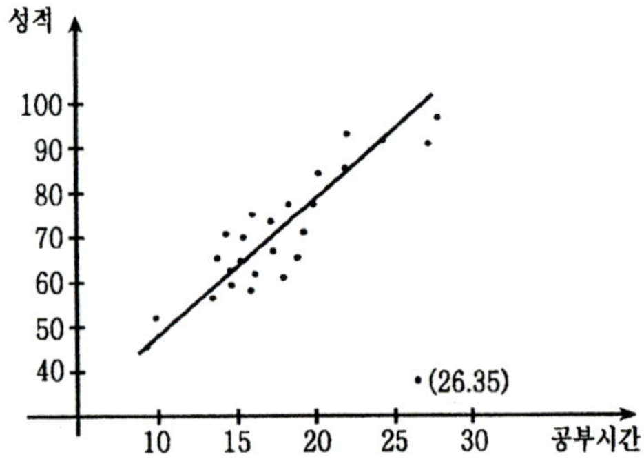

(그림2-5)

(그림2-5)의 도표에 직선을 그려넣어 자료의 나머지가 선형관계임을 설명할 수 있다. 산포도에 나타난 두변수 사이의 관계를 기술할 때, 다음과 같이 언급할 필요가 있다.

(a) 방향(direction) : 양 또는 음

(b) 모양(form) : 선형 또는 비선형

(c) 강약(strength) : 강함, 보통 또는 약함

여러 가지 경향의 산포도를 다음(그림2-6)에서 알아보자.

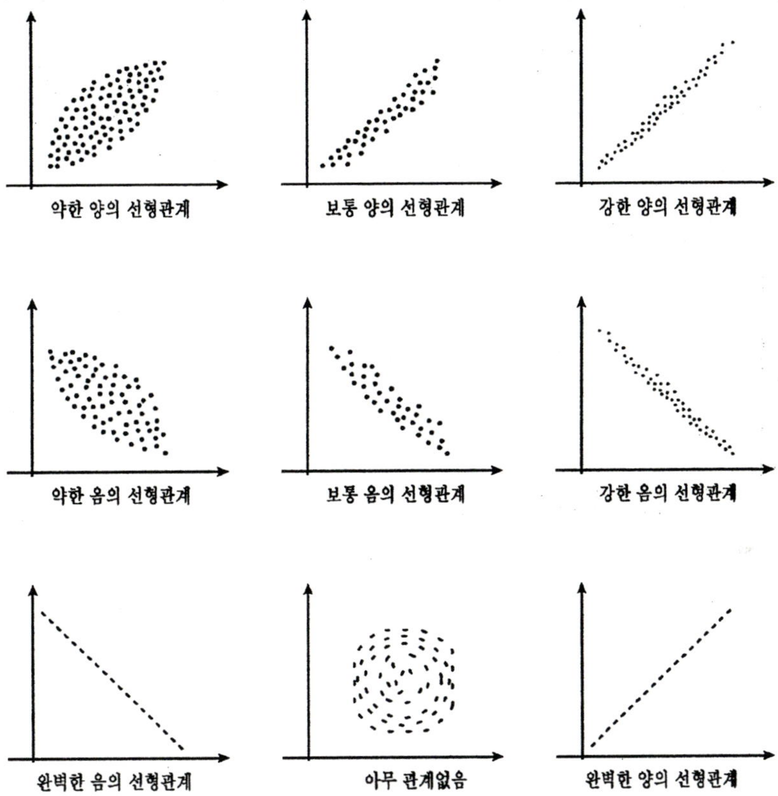

(그림2-6)

[예제 1] (산포도 해석하기)

산포도는 일주일 동안 일한 시간과 놀이시간을 나타낸 것이다. 변수 사이에 관계가 있는지 없는지를 결정하고 있다면 양, 음과 강약과 선형, 비선형을 말하여라.

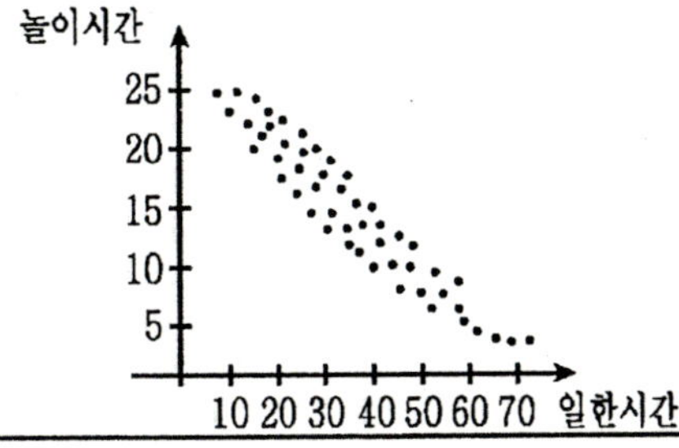

풀이 두 변수 사이에 보통, 음의 선형관계이다. ▣

[예제 2] ——(산포도를 그리고 관계 설명하기)

8명의 운동선수들이 일주일 동안 공부한 시간과 키를 나타낸 것이다.

공부시간	18	22	15	18	22	14	14	20	28	18	17	14	30	23
키	1.5	1.7	1.9	2.1	1.9	1.5	1.8	1.9	1.5	1.8	2.1	1.9	1.8	1.5
공부시간	16	27	28	19	30	17	19	10	25	19	16	29	30	22
키	1.9	2.0	1.8	2.0	1.6	1.7	1.7	1.9	1.7	1.8	1.6	1.7	1.5	2.1

이 자료에 대한 산포도를 그리고 운동선수들의 공부시간과 키의 관계를 기술하여라.

풀이 산포도를 그리면 다음과 같다.

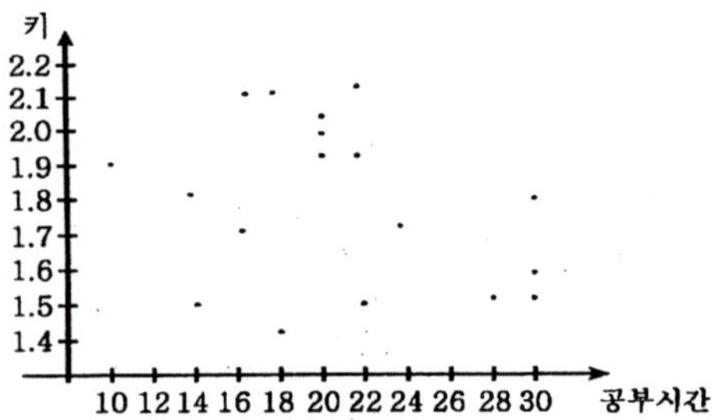

점들이 임의로 흩어져 있으므로 아무 관계가 없다. 모양, 선형, 비선형, 강약이 없다. ▣

연습문제 2-5

1. 다음 두 변수에 대해 합리적으로 판단하여 관계가 있는지 알아보고 관계가 있다면 양, 음을 구별하여라.
   1) 슈퍼마켓에서 보낸시간과 사용한 돈
   2) 소득과 운전하고 있는 차의 가격
   3) 한 집에 살고 있는 사람수와 집을 청소하는데 걸리는 시간
   4) 나이와 주당 즐기는 운동시간
   5) 매주 사용하는 휘발유의 양과 운전한 거리
   6) 매주 컴퓨터 앞에서 보낸 시간과 공부를 한 시간 (대학생의 경우)
   7) 매주 식료품점에서 보낸 시간과 정원가꾸기에 보낸 시간

2. 다음은 도시의 인구(단위 1000명)와 초등학교의 수를 나타낸 것이다.

인구	110	130	130	140	150	160	170	170	180	180	190
초등학교의 수	4	4	6	5	6	8	6	7	8	9	8

이 자료에 대해 산포도를 그리고 인구와 초등학교의 수와의 관계에 대해 기술하여라.

3. 다음 자료에 대해 산포도를 그리고 두 변수의 관계를 기술하여라.

1)

시간	5	7	5	8	10	13	15	20	18	25	23
비용	1000	1000	1500	1200	2000	2500	2800	3200	2800	4000	3000

2)

예약기간	5	6	7	7	8	11	13	14	14	17	20	21	22	24	25	28	29	30	31
좌석수	15	15	15	14	14	13	13	12	10	11	10	8	5	4	3	2	2	1	1

해 답

1.
1) 예, 양
2) 예, 양
3) 예, 양
4) 예, 음
5) 예, 양
6) 예, 음
7) 아니오

2. 보통 양의 선형관계

3.
1) 강한 양의 선형관계
2) 강한 음의 선형관계

2.6 q-상관계수

q-상관계수는 두 변수 사이의 관계의 강도(strength)의 측도이다. 앞에서 산포도를 보고 관계의 강함을 추정하고, 두 변수 사이의 상관관계가 양 또는 음, 약함, 보통 또는 강함을 판정했다. q-상관계수(q-correlation coefficient)의 계산은 판단을 하는데 상당히 도움을 준다.

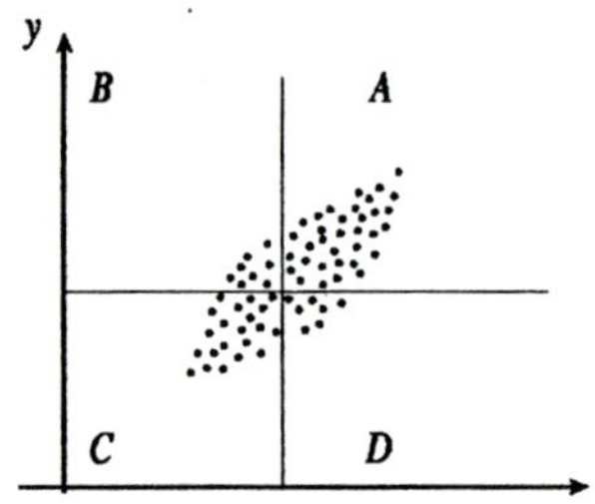

(그림2-7)

q-상관계수를 계산하기 위해

step 1. 자료의 산포도를 그린다(그림2-7).

step 2. x값의 중앙값을 구하고(n개의 점이면 중앙값은 $\frac{n+1}{2}$번째 값이다) 이 점에서 수직인 직선을 그린다.

step 3. y값의 중앙값을 구하고 이 점을 지나 x축에 평행한 직선을 그린다.

step 4. 산포도를 4개의 부분으로 나누고(quadrants)

i) A, B, C, D의 이름을 정한다.

ii) 각 부분의 점의 수를 센다.

iii) 직선위의 점은 세지 않는다.

iv) A, B, C, D에 있는 점의 수를 각각 a, b, c, d라고 한다.

v) q-상관계수를 구하는 공식, $q = \frac{(a+c)-(b+d)}{a+b+c+d}$ 를 이용하여 계산한다.

[예제 1] (q-상관계수 구하기)

산포도의 자료에 대해 q-상관계수를 구하여라.

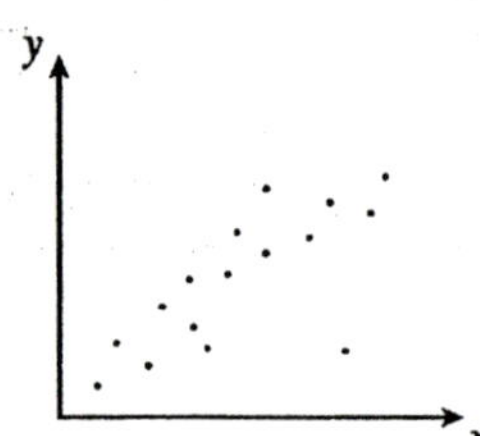

풀이 15개의 점이므로, $\frac{15+1}{2}=8$번째 x값, y값이 중앙값이다.

중앙값을 지나는 수직인 두 개의 직선을 그리고(그림2-8) 직선위의 점을 제외하고 A, B, C, D 지역을 정한 다음,

$a=6$, $b=0$, $c=6$, $d=1$를 구한다.

$$q = \frac{(a+c)-(b+d)}{a+b+c+d} = \frac{(6+6)-(0+1)}{6+0+6+1}$$

$$= \frac{11}{13} = 0.85\text{에서},$$

q-상관계수는 0.85이다. ▣

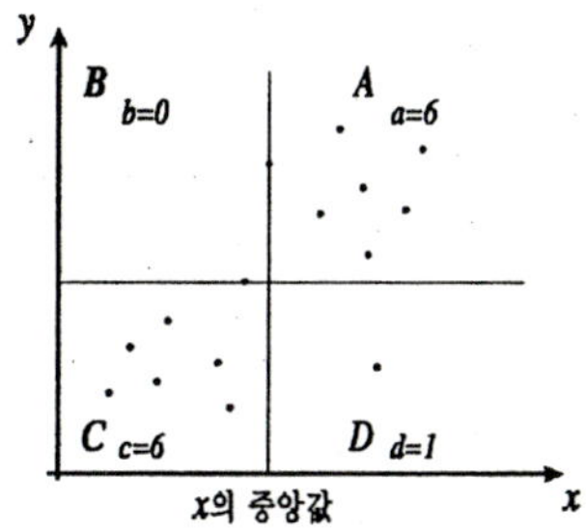

(그림2-8)

앞의 예제에서 q-상관계수의 값은 강한 관계를 보여준다.

(그림2-9)는 q값에 의한 상관계수의 강도를 보여준다.

다음 (그림2-10)은 q-상관계수의 세 개의 특별한 값을 보여준다.

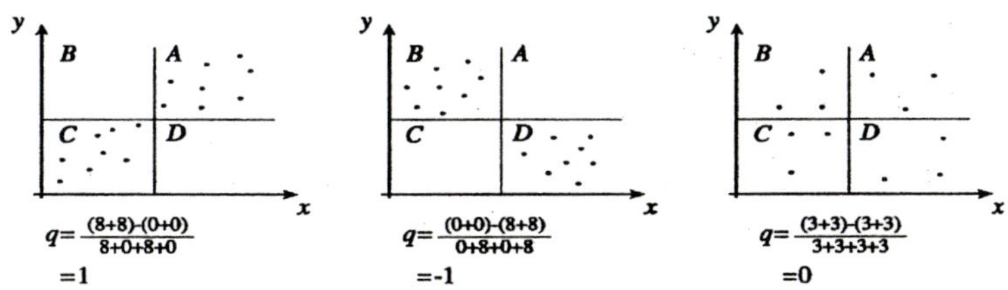

(그림2-10)

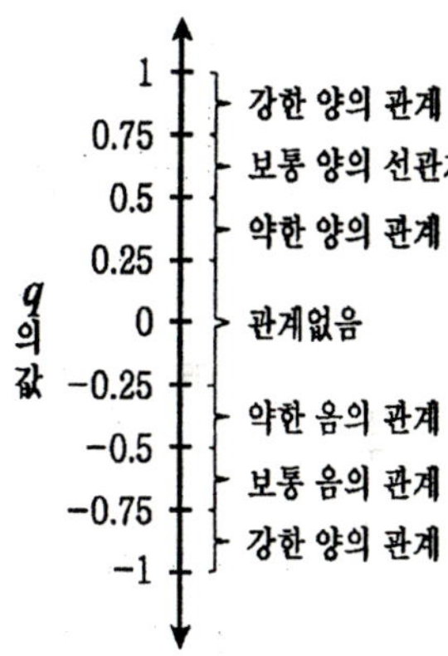

(그림2-9)

q값의 부호는 관계의 방향을 정한다. 즉, 음 또는 양의 관계를 보여준다. $q=1$, $q=-1$은 q값이 모두 극값인 경우로 매우 강한 관계를 보여준다고 말하지만 위 그림의 점들은 강한 선형 관계를 보여주지 못한다. q-상관계수는 단지 사분면(quadrant)이 대부분의 점들을 포함한다는 것을 보여주나, 점들이 사분면의 어느 위치에 있을 수 있다. 이런 의미에서 q-상관계수는 다소 애매한 도구이다.

[예제 2] (q-상관계수를 구하고 해석하기)

수학 시험을 앞두고 주당 TV를 본 시간과 수학성적 사이의 관계를 조사한 것은 다음과 같다.

시간	4	5	5	10	15	10	20	5	15	15	12	5	20	15	20
성적	15	16	20	12	8	8	5	12	4	12	10	8	8	10	10

이 자료에 대해 산포도를 그리고 q-상관계수를 구하여라. 또, 두 변수 사이의 관계를 설명하여라.

풀이 산포도를 그리면 다음과 같다(그림2-11).

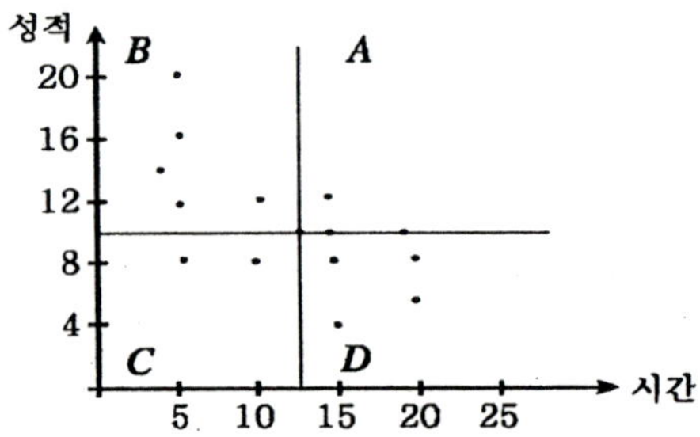

(그림2-11)

x, y의 중앙값을 구하여 그 점을 지나는 두 개의 수직인 직선을 그린다음 A, B, C, D 사분면을 정하고, 점의 수를 세어 $a=1$, $b=5$, $c=2$, $d=4$를 구한다.

$$q=\frac{(a+c)-(b+d)}{a+b+c+d}=\frac{(1+2)-(5+4)}{1+5+2+4}=-\frac{6}{12}=-0.5$$

TV를 본시간과 성적사이에는 보통 음의 관계이다.

음의 관계는 TV를 본 시간이 많을수록 수학성적은 낮아진다는 의미이다. 보통이라는 것은 관계를 더 조사할 가치가 있음을 지적한다. ▣

연습문제 2-6

해 답

1. 다음 산포도의 자료에 대해 q-상관계수를 구하여라.

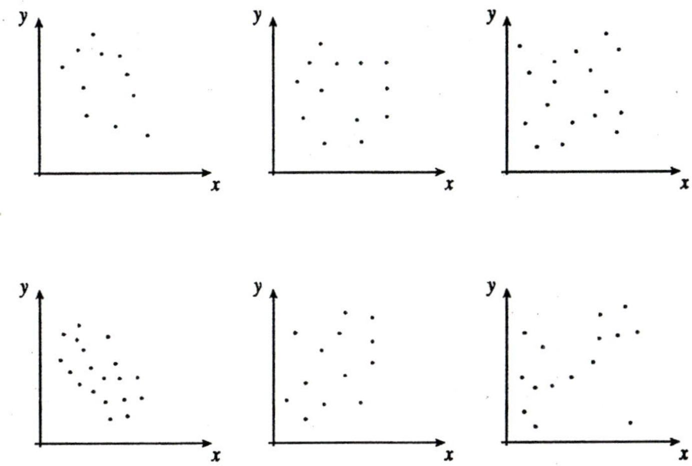

1. 생략

2. 어떤 종류의 개에 대해 몸무게(kg)와 키(cm)를 조사한 표는 다음과 같다.

키	41	40	35	38	43	44	37	39	42	44	31
몸무게	4.5	5	4	3.5	5.5	5	5	4	4	6	3.5

1) 산포도를 그리고 q-상관계수를 구하여라.
2) 키와 몸무게 사이의 관계를 기술하여라.

2. 1) 0.6

3. 타이핑을 배우는 학생의 배운 시간과 분당 타이핑 글자수를 조사하여 나타낸 표는 다음과 같다.

시간	20	33	22	39	40	37	46	44	24	36	50	48	29
글자수	34	46	38	53	52	49	60	58	36	42	65	63	40

1) 산포도를 그리고 q-상관계수를 구하여라.
2) 타이핑을 배운 시간과 타이핑 글자수의 관계를 기술하여라.

3. 1) 1

2.7 Pearson 상관계수

앞에서 q-상관계수는 두 변수 사이의 관계를 측정하는데 다소 애매한 도구라는 것을 알았다. 더 정확한 도구는 Pearson 상관계수이다. 이 계수는 변수 사이의 선형관계의 강도를 측정하는데 이용되는 반면 q-상관계수는 선형과 비선형(non-linear) 관계에 모두 이용될 수 있다. Person의 상관계수는 더 특별화된 것이고 두 변수 사이의 선형관계의 강도를 더 정확히 알려준다. Person 상관계수에 대한 기호는 r이다.

다음 산포도에 대응하는 r의 값을 표시한 것이다(그림2-12).

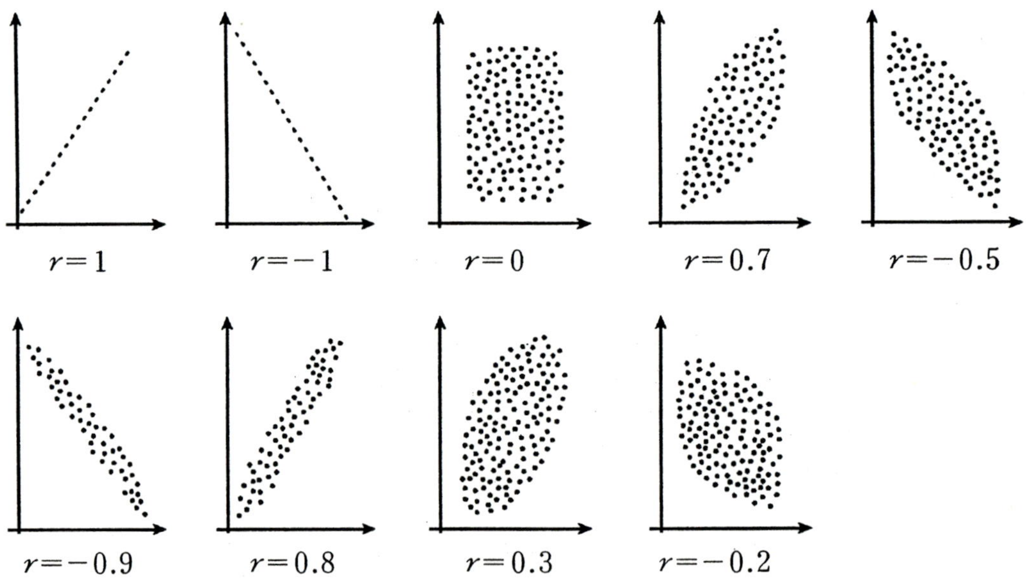

(그림2-12)

r의 두 극값(1과 -1)은 위의 그림의 처음 두 개에서 보여주었다. 이들 산포도와 q의 극값(-1과 1)을 보여주는 산포도를 비교하는 것은 흥미 있다(그림2-13).

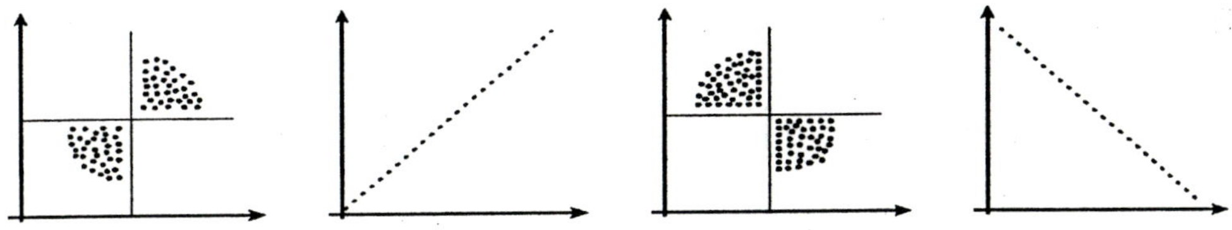

q=1 r=1 q=-1 r=-1

(그림2-13)

위의 네 개의 산포도는 q와 r의 값이 일치하는 것끼리 함께 나타낸 것이다. 산포도의 점들이 얼마나 다르게 흩어졌나를 보여주고 이것으로부터 r값이 변수 사이의 관계를 더 예리하게 제공함을 알 수 있다. 즉 $r=1$은 변수 사이에 완벽한 선형관계임을 의미한다.

$q=1$인 경우에는 반드시 그렇지는 않다. 변수 사이에 관계의 강도를 기술하는데 q-상관계수에서 이용한 거치른 안내가 Pearson 상관계수에 이용될 수 있다. 차이는 물론 r의 값이 특별히 선형관계의 강도의 측도를 제공한다는 것이다(그림2-14).

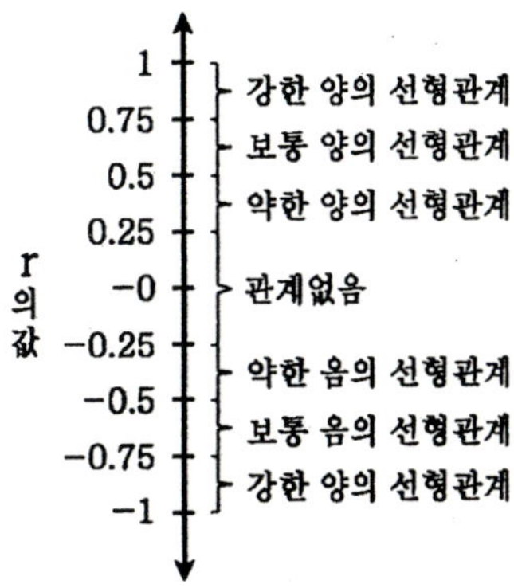

(그림2-14)

[예제 1] (Pearson 상관계수의 추정과 해석)

다음 산포도에 대해

1) Pearson 상관계수 r를 추정하여라.

2) r을 이용하여 두 변수 사이의 관계의 강도와 방향을 기술하여라.

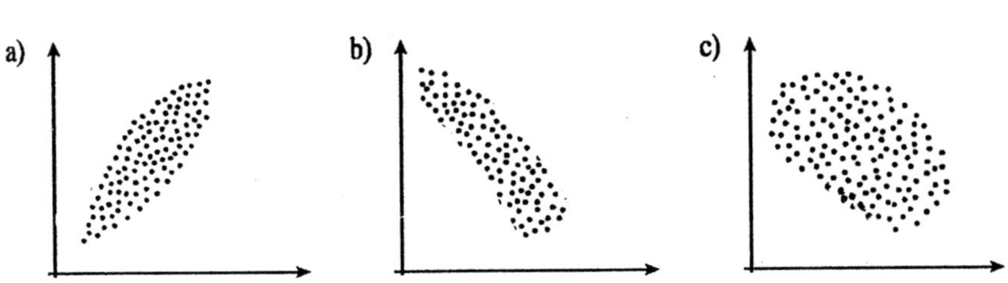

풀이 1) a) $r \approx 0.9$ b) $r \approx -0.7$ c) $r \approx -0.1$

2) a) 강한 양의 선형관계

b) 보통 음의 선형관계

c) 거의 관계가 없다. ▣

기호 $\approx$는 거의 같다는 것을 의미한다. 단지 추정의 경우에 = 대신에 사용한다. 산포도를 보고 r의 값을 추정하는 것은 다소 부정확한 추정일 수 있다. 다음에 r의 값을 어떻게 구하는가를 알게 될 것이다.

연습문제 2-7

1. 다음 r의 값은 어떤 종류의 선형관계인가?

1) 0.21	2) 0.65	3) -1	4) -0.78
5) 1	6) 0.9	7) -0.34	8) -0.1

2. 다음 산포도에 대해

   1) Pearson 상관계수 r를 추정하여라.

   2) r을 이용하여 두 변수 사이의 관계의 강도와 방향을 기술하여라.

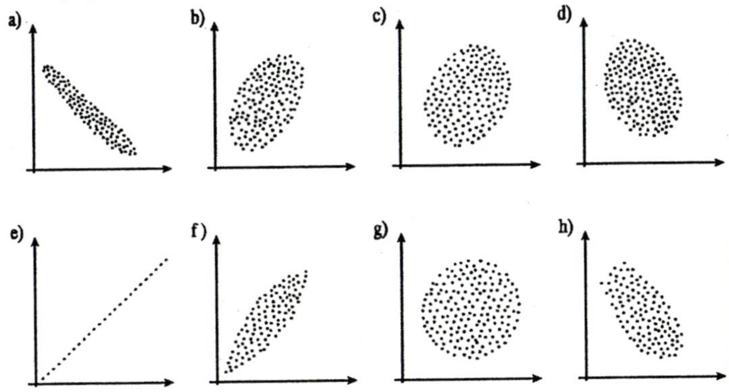

해 답

1.

2) 보통, 양 4) 강함, 음
6) 강함, 양 8) 약함, 음

2.

1) 차례대로
-0.8, 0.6, 0.2, -0.2
1, 0.8, 0, -0.7

2.8 r과 결정계수

Pearson 상관계수

Pearson 상관계수 r은 다음과 같이 구한다.

$$r=\frac{1}{n-1}\sum_{i=1}^{n}\left(\frac{x_i-\bar{x}}{s_x}\right)\left(\frac{y_i-\bar{y}}{s_y}\right)$$

단, n은 자료의 쌍의 수, s_x는 x-값의 표준편차, s_y는 y-값의 표준편차, $\bar{x}$는 x-값의 평균, $\bar{y}$는 y-값의 평균이다.

r의 이용에 두 가지 중요한 한계가 있다. 첫째는 r은 선형관계의 강도를 측정하므로 선형이 아닌 자료에 대해 r을 계산하는 것은 부적절하다. 예를 들면 산포도가 이차식으로 표현되는 경우,

두 번째는 이상값이 r의 값을 치우치게 할 수 있다. 선형자료가 이상점을 포함하면 r은 선형관계의 강도를 측정하는데 신뢰할 수 없다.

r의 계산은 선형의 모양이고 이상점이 없는 이변수자료에 적용된다. 두 가지 지적에 따라 r을 계산하기 전에 자료가 선형관계인가 이상점이 없는가 산포도를 그려 보는 것이 좋은 습관이다.

[예제 1] (산포도 그리기와 상관계수 구하기와 해석)

21명의 럭비선수의 키와 게임에서 얻은 득점수를 조사하여 나타낸 것은 다음과 같다.

키	184	194	185	175	186	183	174	200	188	184	188	182	185	183	191	177	184	178	190	193	204
득점수	6	11	3	2	7	5	4	10	9	7	6	7	5	9	9	3	8	4	10	12	14

1) 이 자료에 대한 산포도를 그려라.
2) r을 추정하고 키와 득점수의 관계를 기술하여라.
3) r을 계산하고 r을 이용하여 키와 득점수의 관계를 설명하여라.

풀이 1) 산포도를 그리면 (그림2-15)와 같다.

2) $r\approx 0.6$ 보통 양의 선형관계

3) $r\approx 0.86$ 강한 양의 선형관계

즉, 키가 클수록 득점을 많이 한다고 볼 수 있다.■

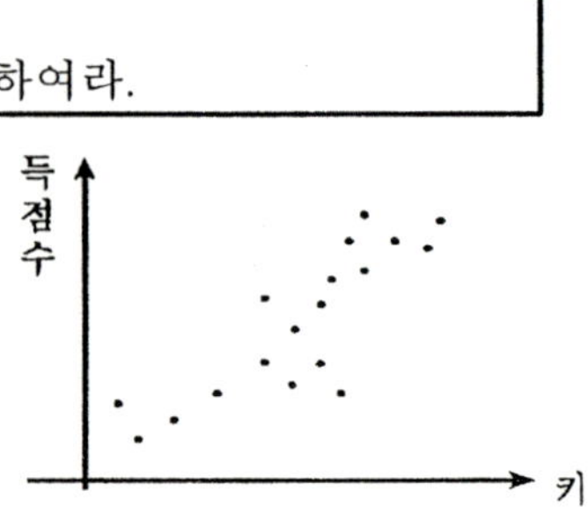

(그림2-15)

상관계수와 우연

앞의 예제에서 $r=0.86$을 얻었다. 럭비선수의 키와 득점 사이에는 강한 관계가 있다고 말할 수 있지만 럭비 선수의 키가 많은 득점을 얻게 했다고 단언할 수 없다. 키가 큰 것은 득점을 하는데 도움이 될 수 있지만 게임을 잘 하는데 많은 다른 요인들이 있다. 이를 테면 기술수준, 패스의 정확성 상대방의 능력 등. 두 변수 사이에 높은 상관관계를 구한 것은 매우 흥미있는 일이고 더 자세한 조사를 필요로 할 수 있지만 한 변수가 다른 변수에 대해 특별한 값을 초래하는 지에 대해 언급하게 되는 기본적인 방법을 제공하지 않는다.

결정계수

결정계수(coefficient of determination)는 r^2으로 주어진다. 분명히 r이 주어지면 r^2의 계산도 쉽다.

(1) 결정계수는 선형관계를 갖는 두 변수에 대해 유용하다. 결정계수는 한 변수의 변화의 비율이 다른 변수의 변화의 비율에 대해 설명할 수 있다.

(2) 결정계수는 두 변수(x 와 y)가 관련된 선형 규칙이 잘 작용한다. 즉 x의 값이 주어질 때, y의 값을 예측하게 된다.

[예제 2] (결정계수의 해석)

어떤 지역의 교통 경찰의 수와 교통사고 건수의 상관계수 $r=-0.8$이라고 한다. 결정계수를 구하고 그 값을 설명하여라.

풀이 결정계수 $r^2=(-0.8)^2=0.64$이다.

교통경찰의 수가 교통사고의 건수를 예측하는데 주요 요인이다. ▣

연습문제 2-8

1. 10명의 운동 선수의 연봉과 인기 투표에서 얻은 표수를 조사한 것은 다음과 같다.

연봉	180	200	160	250	190	210	170	150	140	180
표수	24	15	33	10	16	23	14	21	31	28

1) 이 자료에 대해 산포도를 그려라.
2) 연봉과 투표수의 상관계수 r을 추정하여라.
3) r을 계산하고 연봉과 투표수의 관계를 기술하여라.

2. 40명의 흡연자에 대해 매일 피우는 담배의 양과 매년 의사에게 진료받는 사람수를 조사하였더니 Perason 상관계수 $r=0.87$이었다. 이 자료에 대한 결정계수를 구하고 그 의미를 설명하여라.

3. 8개 회사의 매년 광고료와 이익의 증가율(%)을 조사한 것은 다음과 같다.

광고료	11	14	15	17	20	25	25	27
이익	2.2	2.2	3.2	4.6	5.7	6.9	7.9	9.3

1) 이 자료에 대한 산포도를 그려라.
2) Pearson 상관계수 r을 추정하여라.
3) r를 계산하여라.
4) 결정계수를 구하여라.
5) 두 변수 사이의 관계를 기술하여라.

4. 9가구에 대해 사람수와 식료품비를 조사한 표는 다음과 같다.

사람수	2	5	6	3	4	5	2	6	3
식료품비	60	180	210	120	150	160	65	200	90

1) 이 자료에 대한 산포도를 그려라.
2) Pearson 상관계수 r을 추정하여라.
3) r를 계산하여라.
4) 결정계수를 구하여라.
5) 두 변수 사이의 관계를 기술하여라.

해 답

1.
2) $r \approx -0.6$
3) $r \approx -0.66$

2.
$r^2 = 0.7659$

3.
2) $r \approx 0.8$
3) $r \approx -0.98$
4) $r^2 \approx 0.96$

4.
2) $r \approx 0.9$
3) $r \approx 0.98$
4) $r^2 \approx 0.96$

Home Work

1. 다음 물음에 답하여라.

   1) 다음 각 쌍의 변수는 수 자료 또는 범주 자료의 예인가?

   2) 종속인가, 독립인가 또는 변수를 구별하기에 적절하지 않은가?

      a) IQ와 몸무게

      b) 교외에 사는 가구당 부채의 크기

      c) 농구시즌에 농구선수의 나이와 환자의 수

2. 9개 그룹의 소방수원의 구성은 전임자와 자원봉사자로 구성된다.

전임	2	4	3	5	2	4	6	1	3
자원봉사자	8	10	11	11	12	13	13	14	15

   1) 이 자료를 이변수 줄기-잎 그래프로 나타내어라.

   2) 이들 분포에 대해 기술하여라.

3. 세 팀 A, B, C의 8명의 선수에 대한 IQ를 조사한 것이다.

A	120	105	140	116	98	105	130	102
B	110	104	120	109	106	95	102	100
C	121	115	145	130	120	114	116	123

   이 자료에 대한 평행 상자그래프를 그려라.

4. A, B 두 당의 지지율을 조사하는데 45명중 15명은 A당을 지지하지 않는다. 53명중 43명은 B당을 지지하지 않는다.

   1) 이원도수표를 %로 나타내어라.

   2) A, B 두 당의 지지율의 차이에 대해 설명하여라.

5. 다음은 나이와 맥박수를 조사한 것이다.

나이	15	17	18	16	19	19	17	15	17
맥박수	79	74	75	85	82	76	77	72	70

   1) 이 자료에 대해 산포도를 그려라.

   2) 두 변수 사이의 관계를 기술하여라.

6. 문제5의 자료에 대해 q-상관계수를 구하고 이를 이용하여 두 변수 사이의 관계를 기술하여라.

7. 다음 상관도에 대해 r의 값을 추정하고 이를 이용하여 두 변수 사이의 관계에 대해 설명하여라.

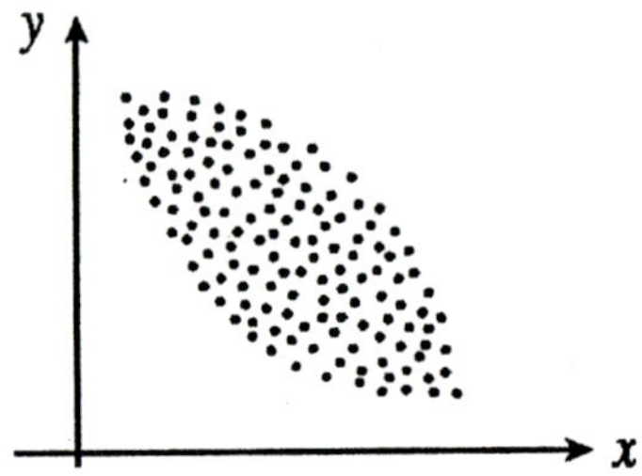

8. 학생들의 출석률(%)과 기말고사 성적을 나타낸 것이다.

출석률	70	59	85	93	78	85	84	69	70	82
성 적	80	62	89	98	84	91	83	72	75	85

1) 이 자료에 대해 산포도를 구하여라.
2) 두 변수 사이에 상관계수 r을 추정하고 관계를 설명하여라.
3) r을 계산하여라.
4) 결정계수를 구하여라.

9. 나이와 연봉(단위: 100만원)을 조사하여 나타낸 것이다.

나이	20	20	30	35	50	45	35	45	55	55	42	50	25	30	40
연봉	20	40	20	30	40	80	40	60	100	70	45	85	30	60	60

1) 두 변수가 수 자료인가 범주 자료인가?
2) 이 자료에 대한 산포도를 그려라.
3) 두 변수 사이의 관계를 방향, 형태, 강도로 나타내어라.
4) q-상관계수를 구하여라.
5) 두 변수 사이의 상관관계를 설명하는데 Pearson 상관계수를 이용하는 것이 절절한지 아닌지를 설명하여라.
6) 산포도에서 Perason 상관계수를 추정하여라.
7) r을 계산하여라.
8) 결정계수를 구하여라.

제3장

회귀직선

학습내용

3.1 추세선

이변수 자료에 적합한 직선을 만드는 과정은 자료 사이의 관계를 분석하게 하고 주어진 자료를 기반으로 예측을 가능하게 한다.

자료에 적합한 추세선 찾기

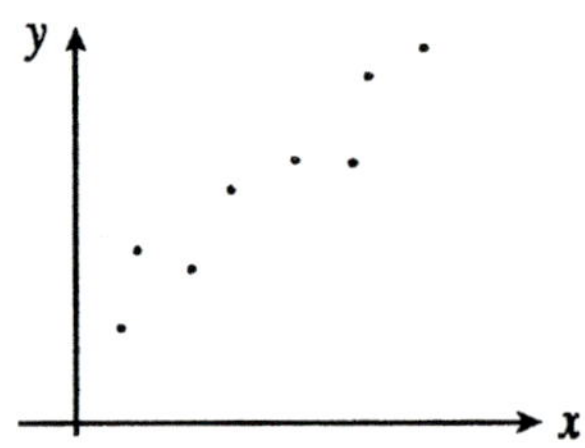
(그림3-1)

(그림3-1)의 이변수 자료의 점들을 나타낸 것을 알아보자. 이 경우 x-값은 결혼한 여성의 키이고 y-값은 그들 남편의 키라고 하자. 이들 두 변수 사이의 선형관계를 결정하고 싶다. 물론 모든 점을 지나는 직선은 없다. 따라서 어떤 직선을 추정할 뿐이다. 더욱이 직선 가까이 또는 직선 위에 점들이 더 가까울수록 더 직선 관계가 존재하고 알맞은 직선이 더 정확해 진다.

(그림3-2)

(그림3-2)는 눈으로 추정하여 그린 것이다. 대부분의 점들이 직선에 가깝거나 위에 있다. 점들이 분명한 선형관계이므로 이 직선은 쉽게 그려진다. 그러나 어떤 점은 직선아래, 어떤점은 직선위에 있다. 더욱이 x가 부인의 키이고 y가 남편의 키라면, 일반으로 남편들이 부인들보다 키가 크다.

회귀분석(regression analysis)은 직선 위, 아래의 많은 점들이 균형을 이루도록 여러 가지 방법을 이용하여 이들 직선을 찾는데 관심이 있다.

추세선 찾는 방법

눈으로 알맞은 직선을 구하는 여러 가지 다른 방법이 있다. 그들은 논리적이거나 분명해 보이지만 눈으로 맞추는 것이므로 상당한 실수가 있을 수 있다. 눈으로 직선을 맞추는 방법은 기본적으로 두 가지 방법이 있다.

1) 점들의 수의 균형을 맞추기

2) 오차의 균형을 맞추기

방법 1 : 점들의 수의 균형

첫 번째 방법은 직선 위와 아래 점들의 수를 같도록 직선을 정하는 것이다.

[예제 1] (추세선 정하기)

점들의 수를 위, 아래 같게 하는 직선을 정하여라.

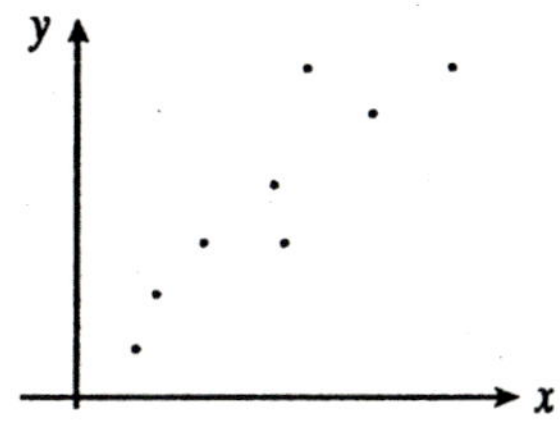

풀이 점의 수는 8개이다(그림3-3). 위의 점들은 직선에 가깝고 아래 점들은 가깝지 않다. 위, 아래의 점이 균형을 맞추도록 다시 시도하여 본다. ▣

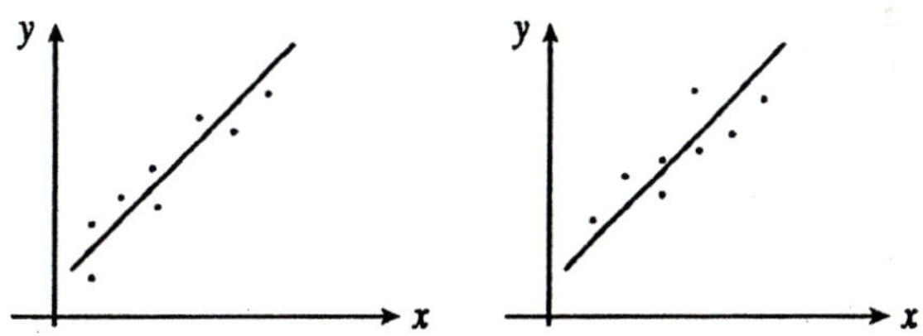

(그림3-3)

방법 2 : 오차의 균형 맞추기

두 번째 방법은 오차의 균형을 맞추는 점들이 더 흩어져 있고 적합한 직선이 분명해 보이지 않을 경우 더 적합하다.

오차는 점과 직선 사이의 x축에 수직으로 내릴 때 거리이다. 다음 예제에서 오차가 오차막대기(error bar)를 이용하여 표시될 것이다. 목적은 직선 위와 아래의 오차막대기의 합이 균형을 이루는 것이다. 이것은 직선 위의 오차 막대기의 합과 직선아래의 오차막대기의 합이 같다는 것이다.

[예제 2] (오차의 균형 맞추기 이용 하기)

환자가 입원실에서 지내는 시간과 회복하는데 걸리는 시간은 관계가 있는지 병원당국자는 알고 싶어한다. 오차방법을 이용하여 직선을 그리려고 한다. 그림의 점들은 다소 흩어져 있다. 분명한 직선은 없다. 그렇다고 비선형관계는 아니다.

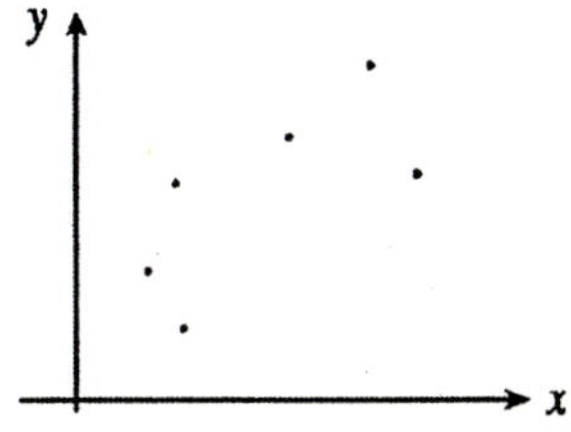

풀이 가장 적합하다고 생각하는 직선을 그리고 오차막대기를 그려본다(그림3-4). 직선 위의 막대기가 아래 막대기보다 길다.

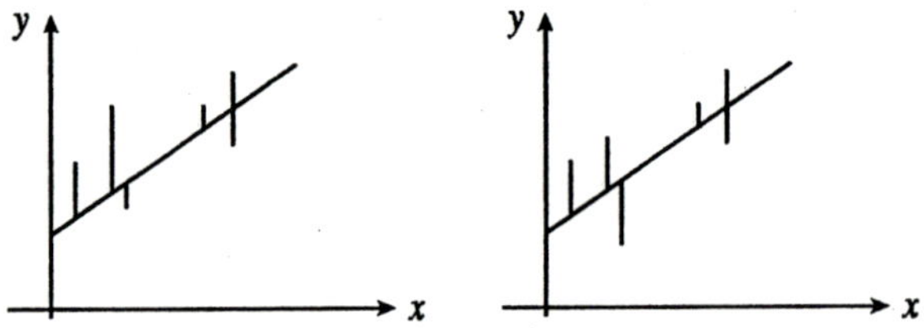

(그림3-4)

다시 시도하여 오차막대기가 균형을 이루도록 한다. 직선 위 4점, 아래 2점이지만 균형을 이루기 때문에 적합한 직선이다. ▣

연습문제 1-9

해 답

1. 점의 수를 같게하는 방법을 이용하여 산포도에 적합한 직선을 그려라.

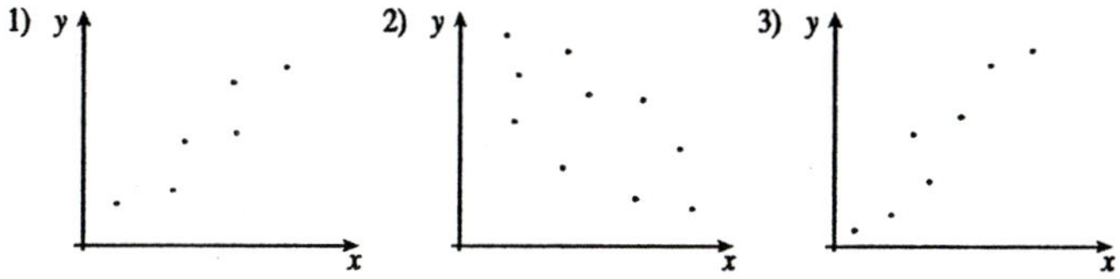

2. 오차의 균형을 이용하여 산포도에 적합한 직선을 그려라.

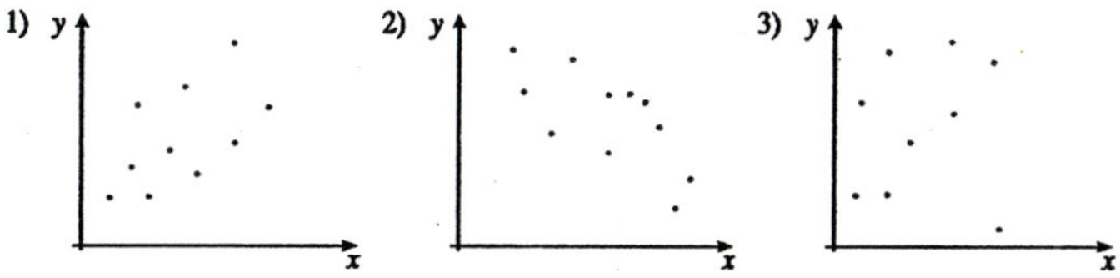

3. 같은 점의수 또는 오차의 균형을 이용하여 산포도에 가장 적합한 직선을 그려라.

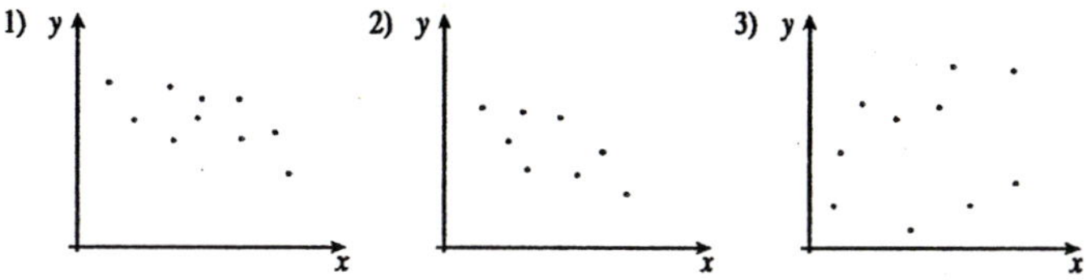

1. 생략

2. 생략

3. 생략

3.2 중앙값 이용한 추세선

눈으로 적합한 직선 그리기는 유용하지만 가장 정확한 방법은 아니다. 자료의 엄밀한 분석을 통해 더 정확함이 달성된다. 엄밀한 분석에서 $y = mx + b$ 꼴의 가장 적합한 직선을 찾는 것이 가능하다. 여러 가지 수학적 방법이 더 적합한 직선을 찾는데 제공된다. 이들 방법중의 하나는 3-중앙값 방법이라 불리고, 자료의 집합을 3개의 그룹으로 나누고 이들 그룹의 중앙값을 구하여 적합한 직선을 정하는 것이다. 자료가 선형관계를 나타낼 때 이용된다. 자료가 이상점을 포함할 때도 이용될 수 있다.

3-중앙값 방법은 단계적인 방법으로 기술된다.

step 1. (그림3-5)와 같이 점들을 산포도로 나타낸다.

step 2. 수선을 이용하여 점들은 3개의 그룹으로 나눈다. 점들의 수가 3으로 나누어질 경우, 나누어지지 않는 경우 (3, 3, 3), (3, 4, 3), (4, 3, 4)와 같이 나눈다.

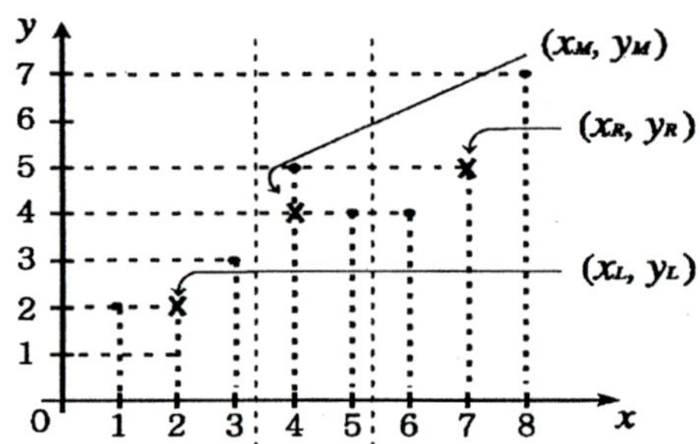

(그림3-5)

step 3. 3그룹의 각각에 대해 중앙값을 구한다.

(x_L, y_L), (x_M, y_M), (x_R, y_R)

우선 x값 순서대로 정하고 필요하면 y값에 따라 정한다.

step 4와 5를 완수하기 위해 두 가지 다른 접근이 이루어질 수 있다.

그래프 접근

그래프 접근(graphical approach)은 빠르고 보통 선호하는 방법이다(그림3-6).

step 4. 가장 적합한 직선을 그려라. (x_L, y_L)과 (x_R, y_R)을 지나는 직선을 그리도록 한다. (x_M, y_M)이 직선 위에 없으면 적절히 직선을 이용하여 적합

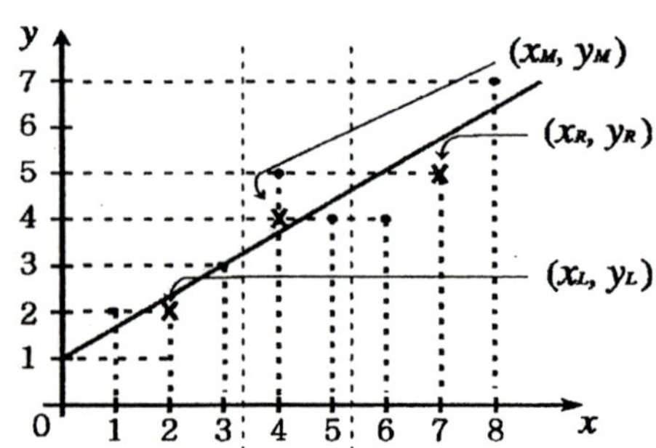

(그림3-6)

한 직선을 그린다.

step 5. 직선의 방정식 ($y = mx + b$)을 구한다. 두 가지 방법이 있다. 하나는 직선 위의 두 점을 이용하여 직선의 방정식을 구하고, 또 하나는 직선이 y축과 만나는 점을 y절편으로 하고 직선의 기울기를 계산한다.

산술적 접근

산술적 접근(arithemetic approach)을 이용할 때, 다음과 같이 구한다.

step 4. $m = \dfrac{y_R - y_L}{x_R - x_L}$을 이용하여 직선의 기울기를 구한다.

step 5. $b = \dfrac{1}{3}\ [y_L + y_M + y_R) - m\,(x_L + x_M + x_R)]$를 이용하여 직선의 y절편을 계산한다.

따라서, 회귀직선의 방정식은 $y = mx + b$이다.

[예제 1] (회귀 직선의 방정식 구하기)

다음 자료에 대한 회귀직선의 방정식을 3-중앙값 방법을 이용하여 구하여라.

x	1	2	3	4	5	7
y	1	3	2	6	5	6

풀이 이들 점을 산포도로 나타내고 3개의 그룹(2, 2, 2,)으로 나눈다(그림3-7).

각 그룹의 중앙값을 구하면,

$(x_L,\ y_L) = (1.5,\ 2)$

$(x_M,\ y_M) = (3.5,\ 4)$

$(x_R,\ y_R) = (6.5,\ 5)$이다.

그래프 접근을 이용하면 y절편은 1이고,

기울기 $(m) = \dfrac{5-1}{5-0} = \dfrac{4}{5} = 0.8$이다.

따라서, $y = 0.8x + 1$이다.

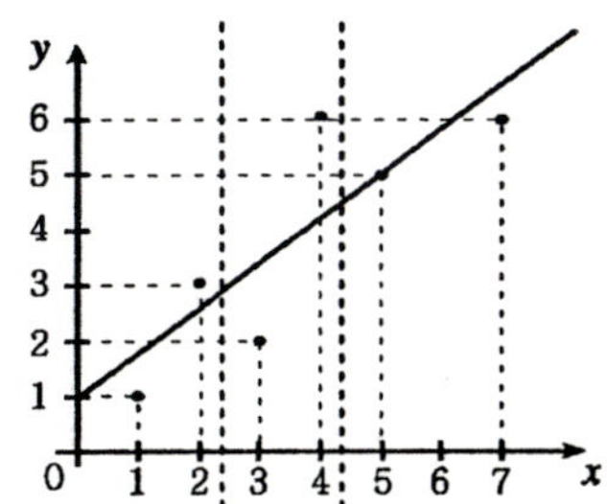

(그림3-7)

산술적 접근을 이용하면 $m=\dfrac{y_R-y_L}{x_R-x_L}=\dfrac{5.5-2}{6-1.5}=\dfrac{7}{9}\approx 0.78$이고

$$b=\frac{1}{3}\left[(y_L+y_M+y_R)-m(x_L+x_M+x_R)\right]$$

$$=\frac{1}{3}\left[(2+4+5.5)-\frac{7}{9}(1.5+3.5+6)\right]\approx 0.98$$

따라서, 회귀직선의 식은 $y=0.78x+0.98$이다. ▣

연습문제 3-2

1. 다음 자료에 대해 3-중앙값 방법을 이용하여 회귀직선의 식을 구하여라.

x	2	3	3	4	4	5	5	7
y	1	3	5	3	6	6	7	8

2. 다음 자료에 대해 물음에 답하여라.

x	5	10	20	20	30	40	50	55	60	65	75
y	80	60	50	70	40	55	40	30	10	25	15

1) 3-중앙값 방법을 이용하여 회귀직선의 식을 구하여라.
2) $x = 25$일 때 y값
3) $y = 65$일 때 x값
4) x절편

3. 3-중앙값 방법을 이용할 때, 자료의 수가 다음과 같이 주어질 때, 각 그룹의 자료의 수를 빈칸에 채워라.

자료전체의 수	왼쪽 그룹	가운데 그룹	오른쪽 그룹
10			
11			
12			
13			
14			
26			
43			
58			
698			

4. 다음 자료는 10개월간 판매금액을 조사한 것이다. 물음에 답하여라.

x	1	2	3	4	5	6	7	8	9	10
y	85	77	81	73	68	72	64	57	53	49

1) 3-중앙값 방법을 이용하여 회귀직선의 식을 구하여라.
2) 회귀직선에 의하면 몇 개월 후 판매량이 0이 될 것인가?

해 답

1. $y = 2x - 3.2$

2.
1) $y = -0.95x + 78.8$
2) 55.05
3) 14.5
4) 82.9

3.
3, 4, 3
4, 3, 4
4, 4, 4
4, 5, 4
5, 4, 5
9, 8, 9
14, 15, 14
19, 20, 19
233, 232, 233

4.
1) $y = -4x + 90$
2) 22.5개월

3.3 최소제곱법을 이용한 추세선

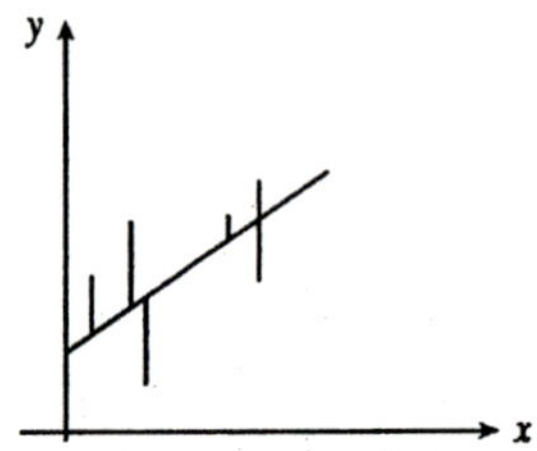

(그림3-8)

자료에 알맞은 적합한 직선의 방정식을 구하는 또 다른 방법은 최소제곱법(least-square regression)으로 알려져 있다(그림3-8). 자료가 선형관계이고 분명한 이상점이 없을 때, 이 방법이 이용된다. 최소제곱법에 숨어있는 이론을 이해하기 위해 앞에서 배운 회귀직선을 여기서 다시 알아보자.

수직인 선분의 합 또는 오차의 합을 최소가 되게 하고 싶다. 예를 들면 오차의 합을 최소화 하기 위해 직선 위와 아래의 오차에 대해 균형을 맞추었다. 이것은 합리적이지만, 합리적인 수학적 이유 때문에 이들 오차 각각의 제곱의 합을 최소화하는 편이 더 낫다. 최소제곱법에 의한 회귀직선 구하는 계산은 전자계산기를 이용하면 간단하다. 계산에 대한 산술적 계산은 관심을 위해 여기에 제시한다.

최소제곱법 공식

다른 회귀직선 구하는 방법처럼 (x, y)값의 집합을 생각한다. 이런 값의 수가 n이다. $\overline{x}$, $\overline{y}$는 x-값과 $y-$값의 평균이다. 앞에서 배운 분산공식 s_x^2을 확인하고 공분산(covariance) s_{xy}의 식을 알아보자.

$$s_x^2 = \frac{\sum(x-\overline{x})^2}{n-1} = \frac{\sum x^2 - n\overline{x}^2}{n-1},$$

$$s_{xy} = \frac{\sum(x-\overline{x})(y-\overline{y})}{n-1} = \frac{\sum xy - n\overline{x}\,\overline{y}}{n-1}$$

$\sum$는 자료 집합의 모든 점에 대해 더하는 것이다.

최소제곱법을 이용한 회귀직선의 식을 구할 때, 기울기와 y-절편을 구하는 공식은 더 높은 수준의 수학실력이 요구된다. 여기서는 간단히 공식만 언급한다.

회귀직선 $y = mx + b$에서 $m = \dfrac{s_{xy}}{s_x{}^2} = \dfrac{\sum(x-\overline{x})(y-\overline{y})}{\sum(x-\overline{x})^2} = \dfrac{\sum xy - n\overline{x}\,\overline{y}}{\sum x^2 - n\overline{x}^2}$ 이

고, y절편 $b=\bar{y}-m\bar{x}$이다.

최소제곱법에 의한 회귀직선의 식 계산

다음 자료에 대해 최소제곱법을 이용하여 회귀직선의 식을 구해보자.

x	5	8	9	11	12	15	17
y	1	2	3	2	4	3	6

$\bar{x}$와 $\bar{y}$를 구하면 $\bar{x}=\frac{77}{7}=11$, $\bar{y}=\frac{21}{7}=3$이다.

계산에 도움을 주는 표를 만들어보자.

마지막 줄은 합을 나타낸 것이다.

x	y	$x-\bar{x}$	$(x-\bar{x})^2$	$y-\bar{y}$	$(y-\bar{y})^2$	$(x-\bar{x})(y-\bar{y})$
5	1	-6	36	-2	4	12
8	2	-3	9	-1	1	3
9	3	-2	4	0	0	0
11	2	0	0	-1	1	0
12	4	1	1	1	1	1
15	3	4	16	0	0	0
17	6	6	36	3	9	18
77	21	0	102	0	16	34

공식을 이용하여 m, b를 구하면,

$$m=\frac{\sum(x-\bar{x})(y-\bar{y})}{\sum(x-\bar{x})^2}=\frac{34}{102}=\frac{1}{3},$$

$$b=\bar{y}-m\bar{x}=3-\frac{1}{3}\times 7=-\frac{2}{3}\text{이다.}$$

따라서, 회귀직선은 $y=\frac{1}{3}x-\frac{2}{3}$이다.

[예제 1] (회귀직선의 식 구하기)

다음 자료에 대해 최소제곱법을 이용하여 회귀직선의 식을 구하여라.

x	1	3	4	7	10	12	14	15
y	11	9	10	6	8	4	3	1

풀이 $\bar{x}$, $\bar{y}$를 구하면, $\bar{x} = \frac{66}{8} = 8.25$, $\bar{y} = \frac{52}{8} = 6.5$이다.

계산에 도움을 주는 표를 만들면 다음과 같다.(맨 마지막 줄은 합)

x	y	$x-\bar{x}$	$(x-\bar{x})^2$	$y-\bar{y}$	$(y-\bar{y})^2$	$(x-\bar{x})(y-\bar{y})$
1	11	-7.25	56.5625	4.5	20.25	-32.625
3	9	-5.25	27.5625	2.5	6.25	-13.235
4	10	-4.25	18.0625	3.5	12.25	-14.875
7	6	-1.25	1.5625	-0.5	0.25	0.625
10	8	1.75	3.0625	1.5	2.25	2.625
12	4	3.75	14.0625	-2.5	6.25	-9.375
14	3	5.75	3.0625	-3.5	12.25	-20.125
15	1	6.75	45.5625	-5.5	30.25	-37.125
66	52	0	195.5	0	90	-124

$$m = \frac{\sum(x-\bar{x})(y-\bar{y})}{\sum(x-\bar{x})^2} = \frac{-124}{195.5} = -0.6343$$

$b = \bar{y} - m\bar{x} = 6.5 - (-0.6343) \times 8.25 = 11.733$이다.

따라서, 회귀직선의 식은 $y = -0.6343x + 11.733$이다. ▣

연습문제 3-3

해 답

1. 최소제곱법을 이용하여 다음 자료에 대한 회귀직선의 식을 구하여라.

1)

x	4	6	7	9	10	12	15	17
y	10	8	13	15	14	18	19	23

2)

x	1	2	3	4	5	6	7	8	9
y	35	28	22	16	19	14	9	7	2

3)

x	-4	-2	-1	0	1	2	4	5	5	7
y	6	7	3	10	16	9	12	16	11	21

2. 어느 회사에서 개발한 소프트웨어 교재의 가격과 팔린 양은 다음 표와 같다. 물음에 답하여라.

가격	60	80	100	120	140	160	200	220	240	260
팔린양	400	300	275	250	210	190	150	100	50	0

1) 최소제곱법을 이용하여 회귀직선의 식을 구하여라

2) 교재의 가격이 95라면 팔린 양은?

3. 다음 자료는 원래 자료와 x와 y를 서로 바꾸어 놓은 자료이다. 최소제곱법을 이용하여 회귀직선의 식을 구하고 비교하여라.

x	1	2	3	4	5	6	7	8	9	10
y	20	18	16	14	12	10	8	6	4	2

x	20	18	16	14	12	10	8	6	4	2
y	1	2	3	4	5	6	7	8	9	10

해답

1.

1) $y = 1.04x + 4.57$

2) $y = -3.72x + 35.47$

3) $y = 1.2x + 9.06$

2.

1) $y = -1.718x + 463.9945.$

2) 300.785

3. $y = -2x + 22,$ $y = -0.5x + 11$
서로 역함수 관계이다.

3.4 보간법과 외삽법

기울기와 y절편 설명

최소제곱법에 의해 회귀직선의 식을 구하면 기울기와 y절편이 자료에 대한 중요한 정보를 줄 수 있다. 기울기 m은 자료가 증가 또는 감소하는 비율을 나타내고 y절편은 $x=0$일 때, 자료의 근사값을 알려 준다.

[예제 1] (추세선을 이용 추정하기)

박테리아의 성장을 연구하는데 성장은 선형이라고 가정한다. 표본으로 많은 박테리아 수를 측정하는 것은 비용이 많이 든다. 다음 자료에 대해 물음에 답하여라.

실험한 수	1	4	5	9	11
박테리아	500	1000	1100	2100	2500

1. 박테리아가 성장하는 비율
2. 실험이 시작될 때 박테리아 수

풀이 최소제곱법에 의해 회귀직선의 식을 구하면,

$y=206.25x+202.5$이다.

1) 박테리아는 매일 206마리씩 증가한다.

2) 처음 박테리아수는 y절편이므로 약 202마리로 볼 수 있다. ▣

보간법과 외삽법

앞에서 배운 것처럼 어떤 회귀직선을 구하는 방법도 $y=mx+b$ 꼴의 식을 얻는다. 이 직선은 주어진 x값에 대해 자료 값을 예측(predict)하는데 이용될 수 있다. 회귀직선은 두 변수 사이의 참 관계의 추정값이므로 물론 이들은 근사값이다. 그러므로 어떤 경우에 자료 집합에 대한 여분의 정보를 제공하는데 이용될 수 있다. 두 종류의 예측이 있다: 보간법과 외삽법

보간법

보간법(interpolation)은 이미 자료집합에 있는 두 값 사이에 값을 예측하는데 회귀직선을 이용하는 것이다. 자료가 매우 선형적 ($r\approx 1$ 또는 $r\approx -1$)이면 보간법에

의해 구한 값은 매우 정확하다고 신뢰할 수 있다. 자료가 아주 선형적이지 않으면 ($r \approx 0$) 신뢰수준은 감소된다. 예를 들면, 3일마다 환자로부터 수집한 의학 정보는 3, 6, 9, … 등에 대해 기록될 것이다.

회귀분석(regression analysis)을 시행한 후 4일째에 대해 보간법은 좋은 r값이 주어지면 정확할 것이고 실제 그 날의 자료일 수 있다.

외삽법

외삽법(extrapolation)은 자료 집합이 이미 작은값보다 더 작은값에 대해 또는 큰 값보다 더 큰 값에 대해 값을 예측하는데 회귀직선을 이용하는 것이다.

자료집합에서 외삽법을 시도하는데 두 가지 문제점이 발생한다. 우선 주어진 자료값에서 너무 멀리 떨어진 값에 대한 외삽법의 시도는 합리적이지 못하다. 예를 들면 5일간의 날씨 자료가 있다고 하자. 그것이(미래의 15일간의 날씨를 예측하는데 이용되는) 매우 선형적 ($r \approx 1$ 또는 $r \approx -1$)인 회귀직선이라고 하더라도 매우 위험하다.

날씨는 임의로 변하는 습관이 있고 거의 오랜기간 동안 안정된 상태를 유지하지 않는다. 두 번째, 자료가 주어진 자료집합의 좁은 범위내에서는 매우 선형적일 수 있다. 예를 들면 30과 60㎞/h 사이의 속도에서 기차의 제동거리에 관한 자료일 수 있다. 이 범위에서 자료는 매우 선형적이지만 저속 0-15㎞/h 또는 고속 100㎞/h 이상의 경우에는 유사하지 않다.

따라서, 일반으로 외삽법보다 보간법이 예측의 정확성에 더 신뢰감을 느끼게 된다. 물론 상관계수 r에 달려있다. 자료가 선형에 더 가까울수록 모든 경우에 예측을 더 신뢰할 수 있다.

[예제 1] (보간법 이용)

다음 자료에 대해 8살 아이의 키를 예측하여라.

나이(살)	1	3	5	7	9	11
키(cm)	60	76	115	126	141	148

풀이 회귀직선의 식을 구하면 $y = 9.23x + 55.63$이다.

따라서, $x = 8$일 때, $y = 129.5$㎝이다. ▣

[예제 2] (외삽법 이용)

앞의 예제에서 15살일 때, 키를 예측하고 예측의 신뢰성을 알아보아라.

풀이 $y = 9.23x + 55.63$에서

$x = 15$를 대입하면 $y = 9.23 \times 15 + 55.63 = 194.08$cm가 된다. 이것은 자료 집합의 11살 때보다 더 큰 키이다. 따라서, 이 예측은 믿을 수 없다. ▣

연습문제 3-4

해 답

1. 적혈구가 작은 사람에게 약을 투여하여 적혈구 수를 증가시키려고 제약회사에서 개발한 약에 대한 실험 결과는 다음과 같다. 물음에 답하여라.

투여일 수	4	5	6	7	8	9
적혈구 수	210	240	230	260	260	290

1) 적혈구 수가 변하는 비율을 구하여라.
2) 실험의 첫 날 적혈구 수를 예상하여라.

2. 신기한 동물의 수와 입장객의 수를 조사한 것은 다음과 같다. 물음에 답하여라.

동물의 수	6	4	8	5	7	6
입장객 수	311	220	413	280	379	334

1) 동물의 수가 증가함에 따라 방문객의 수의 증가율을 구하여라.
2) 동물이 없다면 방문객 수는?

3. IQ 성적과 수학시험 성적과의 관계는 다음과 같다. 빈칸을 채워라.

IQ	80	a	92	102	105	c	107	111	115	121
수학	56	60	68	65	b	74	71	73	d	92

4. 최소제곱법에 의해 구한 회귀직선의 식은 s(봉급), n(학교 재학년 수)일 때, $s = 18500 + 900n$이라고 한다. 다음 물음에 답하여라.

1) 10년을 학교다닌 사람의 봉급
2) 12년을 학교다닌 사람의 봉급
3) 15년을 학교다닌 사람의 봉급
4) 30400인 봉급을 받는 사람은 몇 년 학교를 다녔는가?

해답

1.

1) 14
2) 157

2.

1) 48.5 또는 49
2) 31.8 또는 32

3.

87. 73. 106. 80

4.

1) 27500
2) 29300
3) 32000
4) 약 13년

3.5 잔차분석

어떤 자료에 대한 회귀직선의 적합성이 자료집합이 참으로 선형이라는 것을 충분히 확신시켜주지 못하는 경우가 있다. 상관계수가 1 또는 -1에 가깝다 하더라도 여전히 충분한 확인이 안될 수 있다. 다음 단계는 직선으로부터 각 자료점의 잔차(residual) 또는 편차(deviation)를 분석하는 것이다. 앞에서 배운 오차막대기를 다루는 것이다.

잔차는 회귀직선과 각 자료점 사이에 수직인 차이를 다루는 것이다.

잔차계산

다른 인종 배경에서 가족의 형제와 자매의 키에 대한 자료를 모은 것은 다음과 같다.

x	2	3	5	8	9	9
y	3	7	12	10	12	16

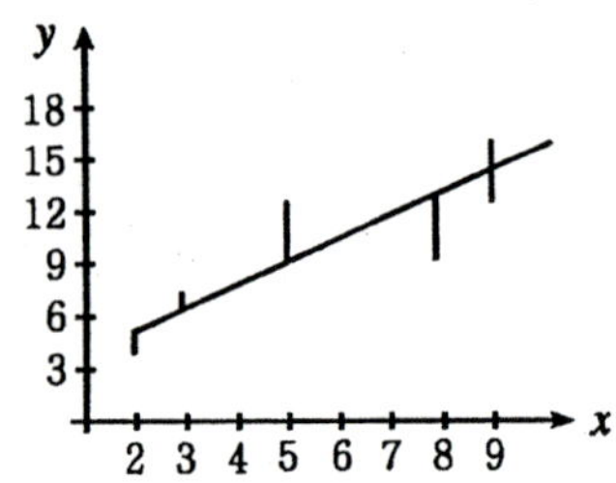

(그림3-9)

각 점을 나타내고 회귀직선을 그린 것은(그림3-9)와 같다.

잔차는 직선과 점의 단지 수직거리이다. 마지막으로 각 자료점에 대한 잔차를 계산한다. 두 단계를 거친다.

1) 회귀직선에서 y의 예측값을 계산한다.

2) 이 예측값과 본래의 자료값 사이의 차이를 계산한다.

잔차 $= y-$(y의 예측값)

[예제 1] (잔차 구하기)

다음 자료에 대해 잔차를 구하여라.

x	1	2	3	4	5	6	7	8	9	10
y	5	6	8	15	24	47	77	112	187	309

풀이 최소제곱법을 이용하여 회귀직선의 식을 구하면 $y=28.7x-78.7$이고, 잔차 $= y-$(y의 예측값)을 계산하면 다음과 같다.

x	1	2	3	4	5	6	7	8	9	10
y	5	6	8	15	24	47	77	112	187	309
y의 예측값	-50.05	-21.38	7.3	35.98	64.66	93.34	122.02	150.7	179.38	208.06
잔차	55.05	27.38	0.7	-20.98	-40.66	-46.34	-45.02	-38.7	7.62	100.94

■

잔차분석의 도입

앞의 예제에서 관찰한 바에 의하면 자료와 회귀직선 사이에 실제로 적합하지 않음을 알 수 있다. 어떻게 잔차에 대한 경향을 더 자세히 관찰할 수 있을까? 답은 원래 x-값에 대해 잔차를 나타내는 점을 그려보는 것이다. 경향이 있다면 점으로 나타낸 다음 분명해질 것이다.

[예제 2] (잔차분포 나타내기)

예제1의 자료에 대해 잔차를 표로 나타내고 그래프로 그려라.

풀이 잔차를 표로 나타내면 다음과 같다.

x	1	2	3	4	5	6	7	8	9	10
잔차	55.05	27.38	0.7	-20.98	-40.66	-46.34	-45.02	-38.7	7.62	100.94

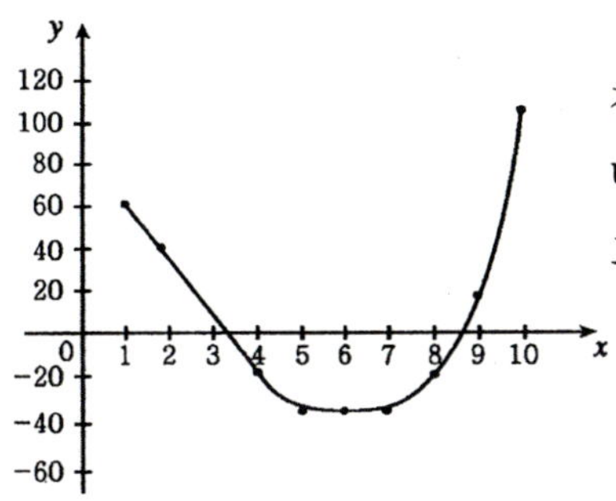

(그림3-10)

잔차를 그래프로 나타내면 (그림 3-10)과 같다. 다소 포물선 모양이다. 자료가 선형적이지 않고 이차식이다. ■

연습문제 3-5

1. 다음 자료에 대해 잔차를 구하고 잔차분포를 그래프로 나타내어라.

x	1	2	3	4	5	6
y	1	9.7	12.7	13.7	14.4	14.5

2. 어떤 컴퓨터회사에서 생산한 이후 결함율을 나타낸 표에 대해 다음 물음에 답하여라.

날(x)	2	4	5	7	8	9	10	11
결함율(y)	15	10	12	4	9	7	3	4

1) 회귀직선을 구하여 y의 예측값(결함)을 구하여라.
2) $y-(y$ 예측값)을 구하여라.
3) 잔차를 그래프로 나타내어라.

3. 다음은 어느 호텔의 예약자 수를 요일별로 나타낸 것이다.

요일(x)	월(1)	화(2)	수(3)	목(4)	금(5)	토(6)	일(7)
예약자(y)	158	124	74	56	31	35	22

최소제곱법에 의한 회귀직선의 식은
$y=-22.5x+161.3$이고 $r=-0.94$이다.
1) 회귀직선에 대해 y의 예측값을 구하여라.
2) $y-(y$ 예측값)=잔차를 구하여라.
3) 잔차에 대한 그래프를 그려라.

해답

1.

x	1	2	3	4	5	6
잔차	-4.1	2.24	2.88	1.52	-0.14	-2.4

2. 생략

3. 생략

3.6 선형식으로 변형

회귀직선이 자료 집합에 대해 매우 적합(r이 크다) 하더라도 자료 집합이 선형이 아닐 수 있다. 비선형성을 제거하기 위해 자료를 변형시킬 수 있다. x-값, y-값 또는 모두 변형된 자료가 더 선형이 되도록 어떤 방법으로 고칠 수 있다. 이것이 회귀직선에서 더 정확한 예측을 하게 된다. 수준 높은 수학을 이용하여 세 가지 변형이 이루어진다.

1) 로그 변형 : $y \to \log_{10} x$

2) 이차식 변형 : $y \to x^2$

3) 역수 변형 : $y \to \frac{1}{x}$

올바른 변형의 선택

이용할 변형을 아는 최선의 방법은 자료 추세를 보는 것이다.

1. y를 x^2으로 변형(그림3-11)

2. y를 x^2으로 변형(그림3-11)

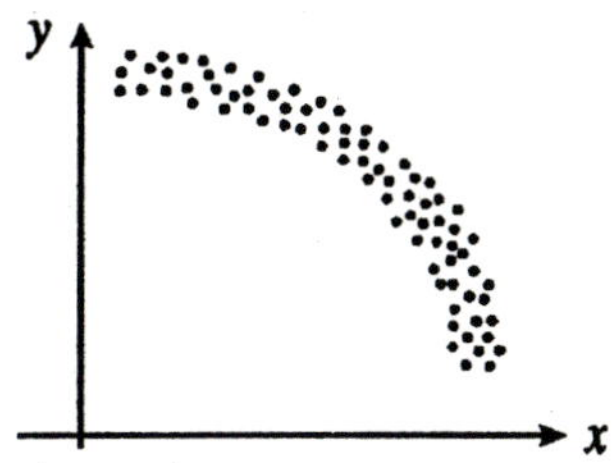

(그림3-11)

3. y를 $\log_{10} x$ 또는 y를 $\frac{1}{x}$로 변형(그림3-12)

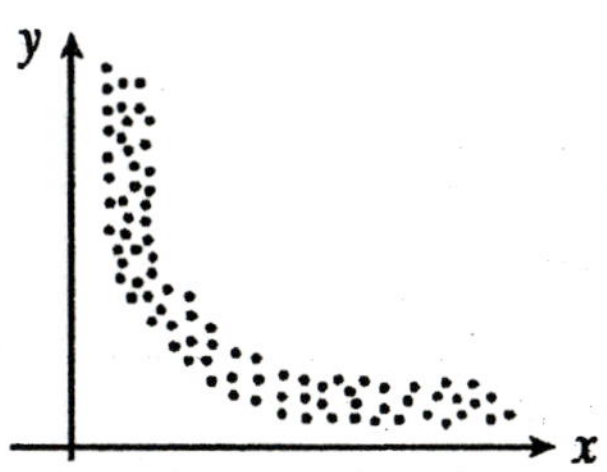

4. y를 $\log_{10} x$ 또는 y를 $\frac{1}{x}$로 변형(그림3-12)

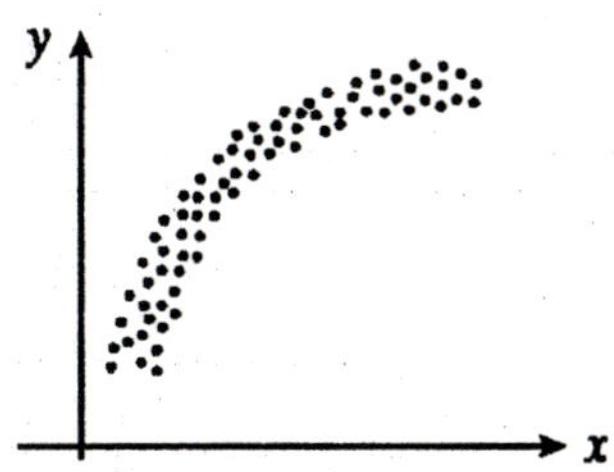

(그림3-12)

기울기가 x가 증가할 때 x^2크기로 증가하면 x^2 변형이 적절할 수 있다. 기울기가 x가 증가할 때 $\log_{10}x$ 또는 $\frac{1}{x}$크기로 감소하면 $\log_{10}x$ 또는 $\frac{1}{x}$ 변형이 적절할 수 있다. 각 변형의 예를 알아보려고 한다.

[예제 1] (선형식으로 변형하기)

앞의 예제에서 회귀직선이 $y=28.7x-78.7$이고 $r=0.87$이었다. 이차식 변형을 이용하여 관계를 다시 알아보자.

x	1	2	3	4	5	6	7	8	9	10
y	5	6	8	15	24	47	77	112	187	309

풀이 x값을 제곱하여 표를 다시 만들면 다음과 같다.

x^2	1	2	3	4	5	6	7	8	9	10
y	5	6	8	15	24	47	77	112	187	309

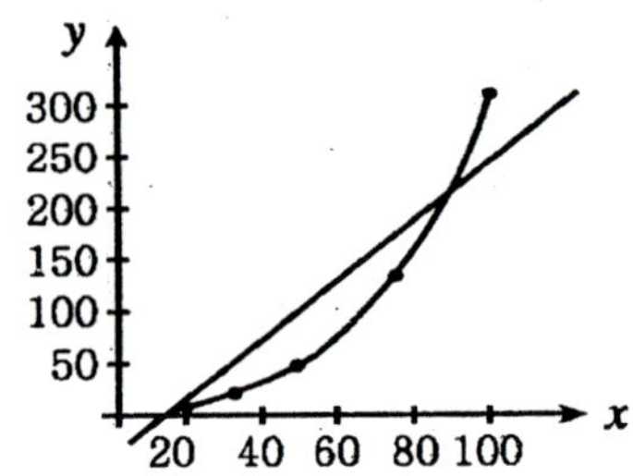

(그림3-13)

$x^2=x_T$로 놓고 최소제곱법을 이용하여 회귀직선의 식과 r을 구하면,

$y=28.7x_T-28$이고, $r=0.95$이다.

새로 변형된 자료에 대해 회귀직선을 그려보자(그림 3-13). ▣

[예제 2] (변형 회귀직선의 식 구하기)

회귀직선이 $y=-6.97x+93.2$이고 $r=-0.90$이다. 로그 변형을 이용하여 환자의 수술후 맥박수를 나타낸 다음 자료에 대해 회귀직선의 식을 구하고 그래프로 나타내어라.

수술후 시간 (x)	1	2	3	4	5	6	7	8
맥박수 (y)	100	80	65	55	50	51	48	46

풀이 $\log_{10}x=x_T$로 놓고 표를 다시 만들면 다음과 같다.

$\log_{10}x=x_T$	0	0.301	0.477	0.602	0.699	0.778	0.845	0.903
y	100	80	65	55	50	51	48	46

최소제곱법을 이용하여 회귀직선의 식과 r을 구하면,

$y = -61.26x_T + 97.14$이고, $r = -0.98$이다.
이들을 그래프로 나타내면 (그림3-14)와 같다. ▣

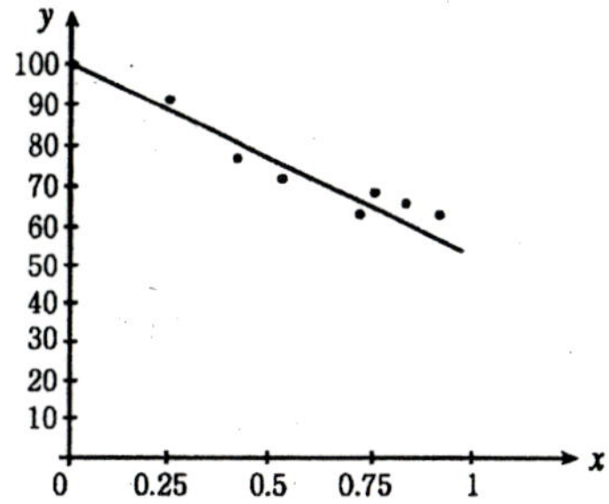

(그림3-14)

예측을 위해 변형된 직선 이용

x^2 또는 $\log_{10}x$의 변형을 이용하여 y-값을 예측할 때, 우선 본래 x-값을 변형한 것을 기억하라. 예를 들면 앞의 예제에서 $x = 2.5$일 때, y값을 알려고 하면 우선 x를 제곱하여(6.25) 이 값을 변형된 선형 회귀직선에 대입해야 한다.

[예제 3] (변형식 이용 예측하기)

다음 자료에 대해 역수 변형을 하고 12℃일 때, y를 예측하여라.

온도(x)	1	2	3	4	5	6	7
잠바입은 학생 수(y)	18	10	16	5	3	2	2

풀이 $x_T = \dfrac{1}{x}$로 변형하여 회귀직선의 식을 구하면,

$y = 94.583x_T - 0.4354$이다.

$x_T = \dfrac{1}{x} = \dfrac{1}{12}$을 대입하면,

$y = 98.583 \times \dfrac{1}{12} - 0.4354 = 7.447$

약 7명의 학생이 잠바를 입는다. ▣

연습문제 3-6

1. 다음 자료를 x^2 변형을 이용하여 회귀직선의 식과 r을 구하여라.

x	2	3	4	5	7	9
y	96	95	92	90	14	-100

2. 50명의 여자 학생들의 키를 측정하여 평균을 구한 것을 나이별로 나타내면 다음과 같다.

나이(x)	9	10	11	12	13	14	15	16	17	18
키(y)	128	144	148	154	158	161	165	164	166	167

이 자료에 대한 회귀직선의 식은 $y = 3.76x + 104.7$이고, $r = 0.92$이다.

1) 이 자료와 회귀직선을 그래프로 나타내어라.
2) $\log_{10}x$로 변형하여라.
3) 변형된 자료에 대해 회귀직선의 식과 r을 구하여라.
4) 변형된 자료를 이용하여 7살, 10.5살, 20살의 키를 구하여라.

3. 다음 자료에 대해 $\frac{1}{x}$변형을 이용하여 회귀직선의 식과 r을 구하여라. 또, $x = 20$일 때, y를 예측하여라.

x	1	2	3	4	5	10
y	90	60	28	22	20	12

해 답

1. $y = -2.62x + 128$
   $r = -0.97$

2.
   3) $y = 117.2x_T + 24.21$
   $r = 0.95$
   4) 123.3㎝, 143.9㎝
   176.7㎝

3.
   $y = 90.867x_T + 2.572$
   $r = 0.9788$, $y = 7.1$

Home Work

1. 다음 자료에 대해 최소제곱법을 이용하여 회귀직선의 식과 r을 구하고 또, x^2-변형을 이용하여 회귀직선의 식을 구하여라.

x	1	2	3	4	5	6	7	8
y	1	2	4	9	20	44	84	124

2. 지난 9개월동안 광산에서 캐낸 금의 양이다. 다음 물음에 답하여라.

x	1	2	3	4	5	6	7	8	9
y	3	8	10.8	12	11.6	14	15.5	15	18.1

1) 자료를 나타내고 눈으로 적합한 직선을 그리고 직선의 식을 구하라.
2) 또 y의 예측값, 잔차를 표로 나타내어라.
3) 3-중앙값 방법을 이용하여 자료에 대한 직선의 식을 구하고 또, y의 예측값, 잔차를 표로 나타내어라.

3. 다음 자료에 대해 최소제곱법을 이용하여 회귀직선의 식과 r을 구하고 y값을 예측하여 잔차를 구하여라.

x	1	2	4	8	9	10	11	15
y	23	21	20	14	16	9	12	5

제4장

시계열

학습내용

4.1 시계열과 추세선

앞에서 두 변수 또는 (x, y)자료에서 x, y가 독립적으로 변하는 것을 보았다. 여기서는 변수 x가 시간이고 일반으로 시간, 날, 주 또는 년과 같이 시간이 증가하는 경우에 대해 알아보려고 한다. 이들 경우를 시계열(time series)이라고 한다. 시계열의 주요 목적은 시간에 대해 어떤 양어 어떻게 변하는지를 알려고 하는 것이다. 예를 들면 회사가 지난 10일동안 매일 판매액을 기록하고 싶어할 수 있다.

시간	1일	2일	3일	4일	5일	6일	7일	8일	9일	10일
판매액	5200	5600	6100	6200	7000	8100	7500	7700	7700	8000

이 시계열의 자료를 그래프로 나타낼 수 있다(그림4-1). 이 그래프에서 볼 수 있는 것처럼 위로 증가하는 추세이다. 분명히 이 회사는 판매액이 증가하고 있다.

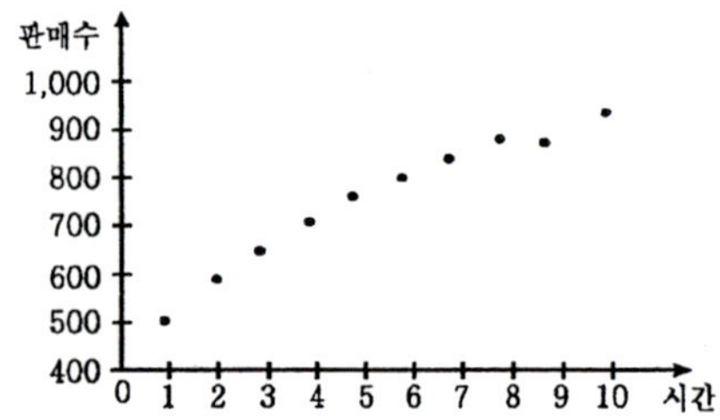

(그림4-1)

추세의 모양

여러 가지 모양의 추세가 존재하지만 수학에서는 추세를 다음과 같이 분류한다. 장기적(secular), 계절적(seasonal), 순환적(cyclic), 임의적(random)추세이다.

장기적추세

상당히 긴 기간동안 방향의 큰 변화없이 추세가 견고하게 증가 또는 감소하면 장기적추세(secular trend)라고 한다. 오랜 기간 동안 자료를 보는 것이 중요하다. 위의 그림의 추세가 30일 동안 계속되었다면 회사는 정말로 많은 이익을 얻을 것이라고 결론 내릴 수 있다. 단기간 견고하게 증가하는 것처럼 보이는 것도 증권 시장의 예에서 결국 꽤 다른 변화를 보일 수 있다.

계절적추세

어떤 자료는 계절이 변할 때 일년동안 오르락내리락 하는 것처럼 보인다. 결과적으로 이것을 계절적추세(seasonal trend)라 한다. 계절적 추세의 분명한 예는 일년간 매달 평균 최대기온이다. 이런 종류의 추세의 예는 (그림4-2)와 같다. 이들 자료는 어느 지역의 기온이라고 생각하는가?

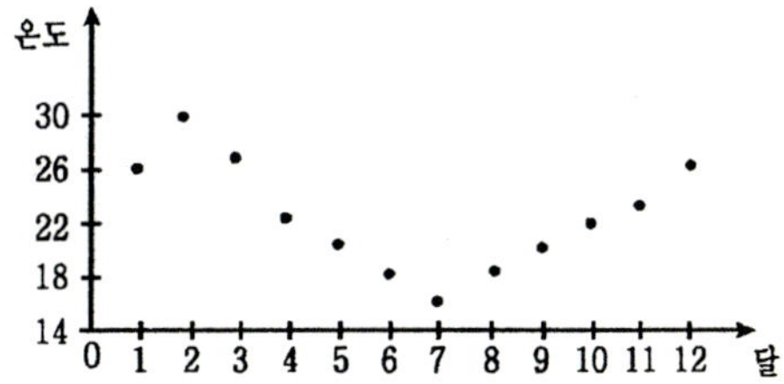

(그림4-2)

순환추세

계절적추세와 같이 순환추세(cyclic trend)는 오르락내리락 변화를 보이나 계절에 따르지 않는다. 회사는 순환추세를 갖는다. 어떤 때는 이익이 증가했다 감소하고 또 다시 증가하고를 반복한다. 이런 추세의 좋은 예는 워드프로세스와 같은 새로운 큰 소프트웨어 생산품의 판매일 수 있다. 처음에는 판매가 저조하다가 인기가 있으면 증가한다. 충분히 많은 사람들이 이 제품을 샀을 때, 새로운 버전의 상품이 다음 시장에 나올때까지 판매량이 급감한다. 다시 판매량이 증가한다. 이러한 순환은 여러번 반복될 수 있다. 이것이 소프트웨어 상품의 버전이 많은 이유이다.

임의 추세

추세가 임의로 일어날 수 있다. 홍수, 전쟁, 새로운 기술개발 또는 혁신 또는 임의적인 원인 때문에 일어나는 그 밖의 다른 일과 같이 외부적인 사건에 의해 이러한 추세가 초래될 수 있다. 이러한 추세를 임의추세(random trend)라 한다. 추세의 방향 또는 방향이 변할 때를 예측하는 분명한 방법이 없다. (그림4-3)에서 $t=6$이나 $t=8$에서 조금 변하고 $t=13$에서 많이 변했다. $t=13$에서 특별한 이유가 있었다고 볼 수 있다.

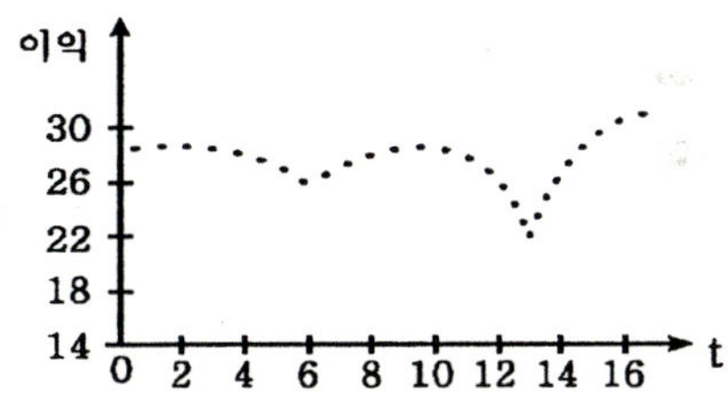

(그림4-3)

추세선

추세에서 미래값을 예측하길 원한다면 이미 알고 있는 자료에 대한 적합한 직선을 찾아내는 것이 중요하다. 추세선(trend line)을 결정하는데 이용될 수 있는 많은 기술이 있다. 앞에서 배운대로 눈으로 또는 점의수를 같게하는 기술을 이용하여 적합한 직선을 찾을 수 있다. 여기서는 두 개 이상의 수학적 방법이 제시될 것이다.

[예제 1] (추세선 그리기)

다음 시계열 자료에 대해 적합한 직선을 그려보아라.

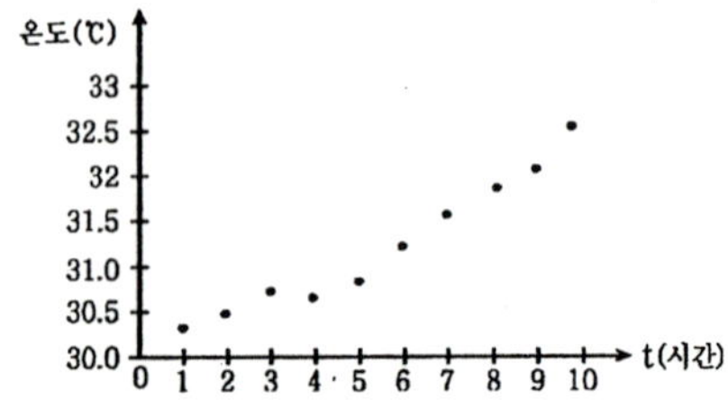

풀이 눈으로 대강 시행착오를 거쳐 추세선을 그려본다.(그림4-4)

온도가 일정하지 않게 올라가고 있는 것 같다. 그러나 직선은 단기간에 의미가 있을 수 있다. ▣

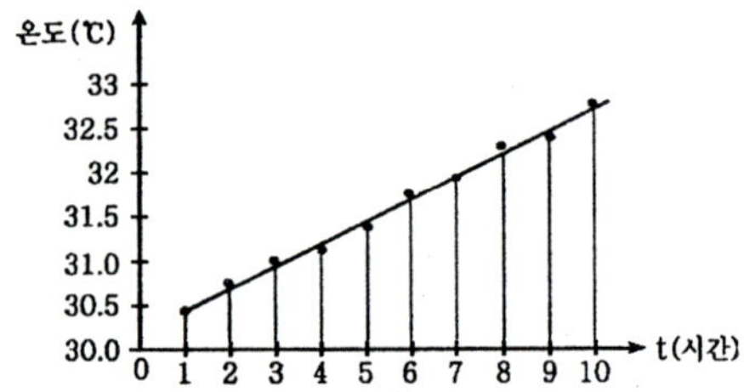

(그림4-4)

연습문제 4-1

해 답

1. 다음 시계열은 장기적, 계절적, 순환적 또는 임의적인가 알아보아라.
   1) 제주지역의 강우량
   2) 수도권에 사는 인구
   3) 월별 휘발유 가격
   4) 국회의 다수당의 의원수

2. 다음은 시간에 따라 관찰된 동물의 수이다. 이 자료에 대한 추세를 나타내고 어떤 추세인가 알아보아라.

t	1	2	3	4	5	6	7	8	9	10	11	12
y	6	9	13	8	9	14	15	17	14	11	15	19

3. 매달 판매되는 우산의 수를 나타낸 것이다. 이 자료에 대한 추세을 알아보아라.

월	1	2	3	4	5	6	7	8	9	10	11	12
판매수	5	10	15	40	70	95	100	90	60	35	20	10

4. 어느 은행의 직원수를 월별로 나타낸 것이다. 추세선을 그려보고 추세에 대해 알아보아라

월	3	4	5	6	7	8	9	10	11	12
직원수	6100	5700	5400	5200	4800	4400	4200	4000	3700	3300

해답

1.
   1) 계절적
   2) 장기적
   3) 임의

2. 장기적

3. 순환적

4. 직원이 줄어드는 추세

4.2 평균과 중앙값을 이용한 추세선

앞에서 배운 것처럼 눈으로 자료에 대한 적합한 직선을 찾는 것은 만족스럽지 못한 수학적 기술이다. 특별한 수학적 과정이 추세선의 방정식을 구하는데 이용되므로 여기서는 더 정확한 두 가지 방법을 알아볼 것이다. 두 가지 방법은 2-평균 방법과 3-중앙값 방법이다. 두 방법은 독립변수 t가 1, 2, 3, … 등 일정하게 증가한다는 사실 때문에 이익이 있다.

2-평균방법

이 방법은 사용하기에 단순하다.

step 1. t의 값에 따라 자료를 아래쪽 위쪽 반으로 나눈다.

step 2. t와 y값에 대해 각각 반의 평균을 구한다. 이들 평균을 아래쪽 반을 $\overline{t_L}$, $\overline{y_L}$, 위쪽 반을 $\overline{t_U}$, $\overline{y_U}$라 한다.

step 3. 적합한 직선의 기울기를 $m = \dfrac{\overline{y_U} - \overline{y_L}}{\overline{t_U} - \overline{t_L}}$로 계산한다.

이것은 $\dfrac{y\text{의 전체변화량}}{t\text{의 전체변화량}}$보다 크지 않다.

step4. 선형방정식 $y = mx + b$에서 $b = \overline{y_L} - m\overline{t_L}$를 계산한다.

[예제 1] (2-평균방법 이용하기)

2-평균 방법을 이용하여 다음 자료에 대한 직선 추세를 구하여라.

t	1	2	3	4	5	6	7	8	9	10
y	7	9	11	13	16	18	19	20	23	27

풀이 자료를 반씩 나누면 첫 번째 반에서 $t = 1, 2, 3, 4, 5$ 두 번째 반에서 $t = 6, 7, 8, 9, 10$ 각각의 평균을 구하면

$$\overline{y_L} = \frac{7+9+11+13+16}{5} = 11.2, \quad \overline{t_L} = \frac{1+2+3+4+5}{5} = 3$$

$$\overline{y_U} = \frac{18+19+20+23+27}{5} = 21.4,$$

$$\overline{t_U} = \frac{6+7+8+9+10}{5} = 8\text{이다.}$$

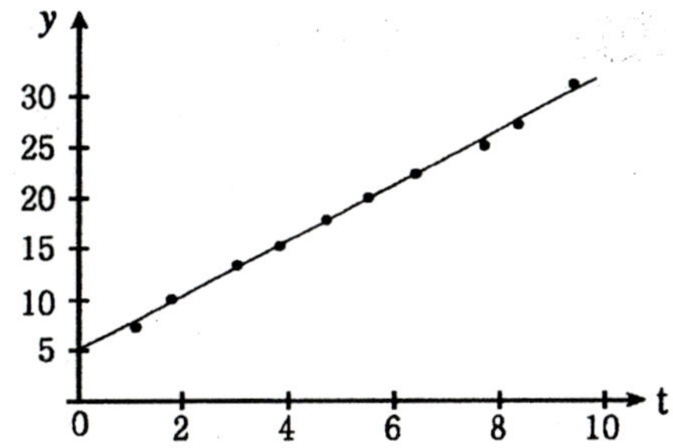

(그림4-5)

따라서,

$$m = \frac{\overline{y_U} - \overline{y_L}}{\overline{t_U} - \overline{t_L}} = \frac{21.4-11.2}{8-3}$$

$$= \frac{10.2}{5} = 2.04\text{이고,}$$

$$b = \overline{y_L} - m\overline{t_L} = 11.2 - 2.04 \times 3 = 5.08\text{이다.}$$

추세선의 식은 $y = mt + b = 2.04t + 5.08$

자료의 직선추세에 매우 적합한 직선이다(그림4-5). ▣

자료에 대한 방정식이 매우 적합하므로 $t > 10$인 경우 y값을 예측하는데 이용될 수 있다.

3-중앙값 방법

이 방법은 앞에서 배웠다. 3-중앙값 방법(3-median method)을 시계열 자료에 맞게 써보면 다음과 같다.

step 1. 자료를 3그룹으로 나눈다.(lower, middle, upper)

step 2. 3그룹의 중앙값을 각각 구한다. $(t_L, y_L), (t_M, y_M), (t_U, y_U)$

step 3. 공식 $m = \dfrac{y_U - y_L}{t_U - t_L}$ 을 이용하여 기울기를 계산한다.

step 4. 공식 $b = \dfrac{1}{3}[(y_L + y_M + y_U) - m(t_L + t_M + t_U)]$을 이용하여 y절편을 구한다.

[예제 2] (3-중앙값 방법 이용하기)

다음 자료에 대해 3-중앙값 방법을 이용하여 추세선의 방정식을 구하여라.

t	1	2	3	4	5	6	7	8	9	10
y	7	9	11	13	16	18	19	20	23	27

풀이 자료가 10개이므로 3그룹으로 3-4-3씩 나눈다.

각 그룹의 중앙값을 구하면,

$t_L = 2,\ y_L = 9,\ t_M = 5.5,\ y_M = 5.5,\ \ y_M = 17,\ t_U = 19, y_U = 23$

기울기 $m = \dfrac{y_U - y_L}{t_U - t_L} = \dfrac{23-9}{9-2} = \dfrac{14}{9} = 2$

y절편 $b = \dfrac{1}{3}[(y_L + y_M + y_U) - m(t_L + t_M + t_U)]$

$= \dfrac{1}{3}[(9+17+23) - 2(2+5.5+9)] = 5.33$

따라서, 추세선의 식은 $y = mt + b = 2t + 5.33$이다. ▣

앞의 예제에서 구한 두 가지 방법을 통해, 자료에 대한 만족스러운 추세선을 각각 얻었다. 자료값에 대해 보간법이나 외삽법을 이 직선의 식을 이용하여 계산할 수 있다.

$t = 5.5$일 때, $y = 2(5.5) + 5.33 = 16.33$(보간법)

$t = 12$일 때, $y = 2(12) + 5.33 = 29.23$(외삽법 또는 예측)

상당히 큰 t값에 대해 예측할 때 정확성이 떨어질 수 있다.

적합한 추세선의 한계

이러한 방법은 추세선이 분명히 선형적인 경우로 제한됨을 유의해야 한다. 이들은 순환적이거나 계절적인 추세에 적용될 수 없다. 예로서 의류점에서 판매되는 수영복의 경우를 생각해 보라.

[예제 3] (추세선 구하기)

다음 자료에 대한 추세선을 2-평균, 3-중앙값 방법을 이용하여 구하여라.

월(t)	1	2	3	4	5	6	7	8	9	10	11	12
판매량(y)	106	96	83	68	62	58	67	81	87	96	111	102

풀이 1) 2-평균 방법의 이용

자료의 반 $t = 1, 2, 3, 4, 5, 6$ 나머지 자료의 반

$t = 7, 8, 9, 10, 11, 12$

각 자료에 대해 평균을 구하면,

$$\overline{y_L} = \frac{106+96+83+68+62+58}{6} = 78.83, \quad \overline{t_L} = 3.5$$

$$\overline{y_U} = \frac{67+81+87+96+111+102}{6} = 90.67, \quad \overline{t_U} = 9.5$$

기울기 $m = \frac{\overline{y_U} - \overline{y_L}}{\overline{t_U} - batt_L} = \frac{90.68-78.83}{9.5-3.5} = \frac{11.84}{6} = 1.97$

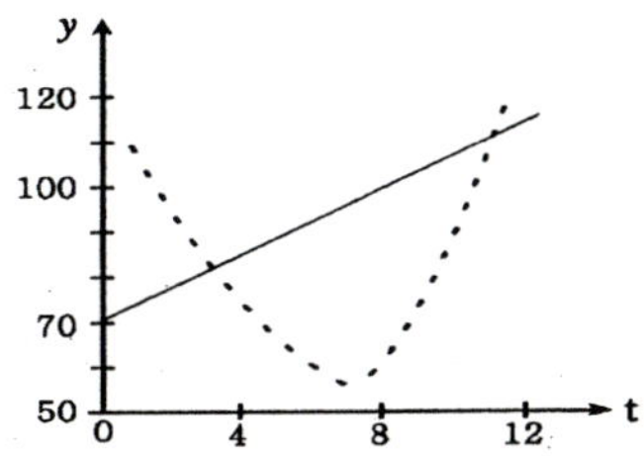

(그림4-6)

y절편 $b = \overline{y_L} - m\overline{t_L} = 78.83 - 1.97 \times 3.5 = 71.94$이다.

따라서, 추세선의 식은 $y = mt + b = 1.97t + 71.94$이다.

추세선은 자료의 순환적인 추세에 적합하지 못함을 알 수 있다(그림4-6).

2) 3-중앙값 방법의 이용

자료를 세그룹 4-4-4로 나눈다. 각 그룹의 중앙값을 구하면,

$t_L = 2.5$, $y_L = 89.5$, $t_M = 6.5$, $y_M = 64.5$,

$t_U = 10.5$, $y_U = 99$.

기울기 $m = \frac{y_U - y_L}{t_U - t_L} = \frac{99-89.5}{10.5-2.5} = \frac{9.5}{8} = 1.19$

$$y\text{절편 } b = \frac{1}{3}[(y_L + y_M + y_U) - m(t_L + t_M + t_U)]$$

$$= \frac{1}{3}(89.5+64.5+99) - 1.19(2.5+6.5+10.5)$$

$$= \frac{1}{3}(253 - 1.19(19.5)) = \frac{1}{3} \times 229.795 = 76.6$$

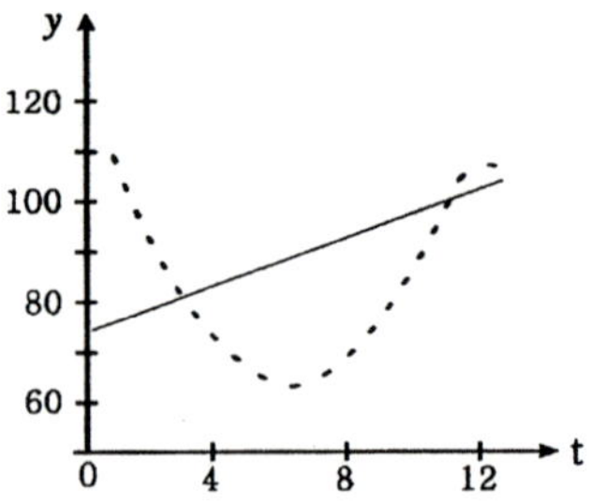

(그림4-7)

따라서, 추세선의 식은 $y = mt + b = 1.19t + 76.6$이다.

자료를 나타내고 추세선을 그리면 자료가 선형적이 아니므로 추세선을 구하는 효과적인 방법이 아님을 알 수 있다(그림4-7). ▣

자료를 우선 보고 장기적 또는 임의추세인 경우 2-평균, 3-중앙값 방법이 이용될 수 있다. 본질적으로 효과적인 추세선을 그리는데 이용되는 방법도 여러분에게 달려 있다.

연습문제 4-2

1. 다음 자료는 자동차 생산 공장에서 남아있는 차의 대수를 나타낸 것이다. 자료를 5개, 4개로 나누고 2-평균 방법을 이용하여 추세선의 식을 구하여라. 또, 3-중앙값 방법을 이용하여 추세선의 식을 구하여라.

시간(t)	1	2	3	4	5	6	7	8	9
차의수(y)	32	26	27	23	16	17	13	10	9

2. 다음은 주식시장에서 어느 회사 주식의 가격을 날짜별로 나타낸 것이다. 다음 물음에 답하여라.

날짜	1	2	3	4	5	6	7	8	9	10	11	12	13	14	15	16
가격	2.75	3.30	3.15	2.25	2.10	1.80	1.50	2.70	4.10	4.20	3.55	1.65	2.60	2.95	3.25	3.70

1) 2-평균 방법을 이용하여 추세선을 구하여라.
2) 3-중앙값 방법을 이용하여 추세선을 구하여라.
3) 어떤 종류의 추세인가?

3. 다음 자료에 대해 추세가 장기적 또는 임의적일 경우 2-평균 방법을 이용하여 추세선을 구하고 추세가 순환이나 계절적이면 추세선을 구하지 않는다.

1)

t	1	2	3	4	5	6	7	8	9	10
y	180	150	170	155	140	155	135	155	140	130

2)

t	1	2	3	4	5	6	7	8	9	10
y	10	50	40	15	25	55	45	15	30	15

3)

t	1	2	3	4	5	6	7	8	9	10
y	12	15	16	20	23	26	30	33	37	39

4)

t	1	2	3	4	5	6	7	8	9	10
y	35	33	37	34	38	36	39	41	38	40

해답

1. $y = -2.79t + 33.17$

$y = -2.83t + 32.15$

2.

1) $y = 0.1t + 1.99$
2) $y = 0.018t + 2.79$
3) 임의(또는 순환)추세

3.

1) $y = -3.2t + 168.6$ (임의)
2) 순환추세
3) $y = 3.16x + 7.72$ (장기적)
4) 임의추세 $y = 0.68x + 33.36$

4.3 최소제곱법 추세선

앞에서 배운것처럼 추세선을 구하는 가장 좋은 방법은 최소제곱법을 이용한 회귀직선이다. 자료가 합리적으로 선형적이면 이 방법이 효율적일 것이다. 따라서, 우선 자료를 나타내는 것이 좋은 생각이다. 실제로 시계열을 다루고 있으므로 선형 회귀직선이 단순화될 수 있다. 이 단순화(simplification)는 중심값 정하기(centring)라는 기술에 달려있다.

시간의 중심값 정하기

대부분의 시계열에서 일정한 순서 보통 1, 2, 3, 4, … 등으로 *t*자료가 주어진다. 이들 자료는 시간을 나타내고 어떤 실수를 나타내는 것이 아니므로 시간에 대해 어떤 값을 사용해도 실제로 문제는 없다. 마찬가지로 2, 4, 6 또는 -10, -9, -8을 이용할 수 있다.

중심값 정하기는 값이 작을수록 음수이고 값이 클수록 양수이며 가운데 자료는 0의 값을 갖도록 자료를 옮기는 것을 의미한다.

이런 방법이 이익을 얻을 수 있고 최소제곱법 회귀직선 공식을 단순화시킬 수 있다. 이것이 어떻게 완수되느냐는 자료점의 수가 짝수 또는 홀수를 갖느냐에 달려 있다.

홀수점의 중심값 정하기

다음 자료를 알아보자. 첫 번째 행은 전통적인 시간 자료 1, 2, 3, 4, …인 반면 두 번째 행은 중심화한 자료(centered data)를 포함한다.

t	1	2	3	4	5	6	7	8	9
t-중심값	-4	-3	-2	-1	0	1	2	3	4

중심화는 지극히 단순하다. 가운데 시간 값을 찾아 0으로 놓고 모든 다른 점들을 조정한다.

짝수점의 중심값 정하기

이번 경우에는 8개의 점이 있다. 중심값을 정하는 방법에서 차이점에 유의하라.

t	1	2	3	4	5	6	7	8
t-중심값	-3.5	-2.5	-1.5	-0.5	0.5	1.5	2.5	3.5

두 개의 가운데 값이 있다. 커질때는 0.5씩 커지고 작아질때는 0.5씩 작아진다. 왜 귀찮게 자료의 중심값을 정하는가? 그 이유는 t-중심값의 평균이 0이 되기 때문이다. 중심값 정하기에서 조사할 때 모든 t-중심값의 합은 0임을 유의 한다.

앞장에서 배운 회귀직선을 알아보자. x를 t로 바꾸면

$m = \dfrac{\sum ty - n\bar{t}\bar{y}}{\sum t^2 - n\bar{t}^2}$ 이고, $b = \bar{y} - m\bar{t}$이다. t값 대신 $t-$중심값을 이용하면 $\bar{t} = 0$ 이고 공식은 다음과 같이 단순화 된다.

$m = \dfrac{\sum ty}{\sum t^2}$ 이고 $b = \bar{y}$이다.

이것은 m과 b의 계산을 지극히 단순화시키고 빠르게 한다. m도 b도 자료의 수 n에 달려있지 않음에 유의한다.

[예제 1] (추세선의 식 구하기)

다음 자료에 대해 t-중심값에 대한 최소제곱법을 이용하여 추세선의 방정식을 구하여라.

t	1	2	3	4	5	6	7	8	9	10
y	7	9	11	13	16	18	19	20	23	27

풀이 t-중심값을 이용하여 자료를 정리하면 다음과 같다.

t(중심값)	-4.5	-3.5	-2.5	-1.5	-0.5	0.5	1.5	2.5	3.5	4.5
t^2	20.25	12.25	6.25	2.25	0.25	0.25	2.25	6.25	12.25	20.25
y	7	9	11	13	16	18	19	20	23	21
ty	-31.5	-31.5	-27.5	-19.5	-8	9	28.5	50	80.5	121.5

$\sum t^2 = 20.25 + 12.25 + 6.25 + \cdots + 20.25 = 82..5$

$\sum ty = -31.5 - 31.5 - 27.5 + \cdots + 125.5 = 171.5$

$m = \dfrac{\sum ty}{\sum t^2} = \dfrac{171.5}{82.5} = 2.08$

$$b=\bar{y}=\frac{7+9+11+13+16+18+19+20+23+27}{10}=16.3$$

따라서, $y=2.08t+16.3$ ▣

회귀직선을 나타내기

최소제곱법에 의해 얻은 방정식을 이미 논의한 다른 방법과 비교하면, 본래의 t값으로 회귀직선을 옮길 필요가 있다.

step 1. t-중심값을 t로 바꾼다.

앞의 예제에서 t-중심값 $=t-5.5$이다.

step 2. 회귀방정식에 대입한다.

$y=2.08(t-5.5)+16.3$

$y=2.08t-11.44+16.3$

$y=2.08t+4.86$

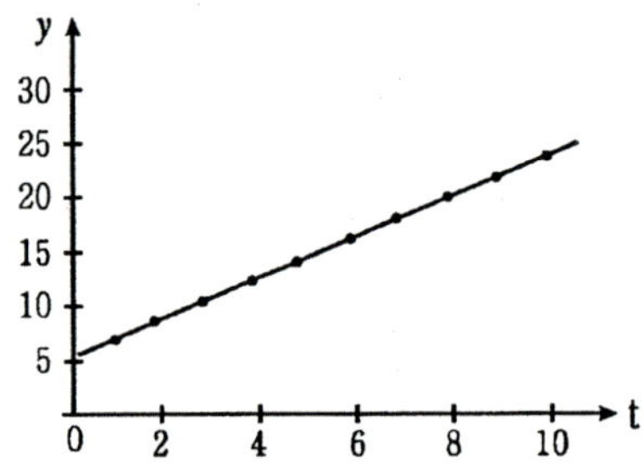

(그림4-8)

step 3. 이 방정식은 본래의 t값에 대해 나타낸다(그림4-8).

이 방정식은 미래의 추세를 예측하는데 이용될 수 있다.

최소제곱법에 의한 회귀직선은 순환 시계열을 조절할 수 있는가?

지중해성 기후를 갖는 어느 도시의 매달 최고 온도를 나타낸 것이다. 홀수점의 t-중심값을 이용하여 11개월의 순환추세만 보자.

월	1	2	3	4	5	6	7	8	9	10	11
온도	28	26	24	21	18	16	17	18	20	21	25

t-중심값을 이용하여 회귀직선의 식을 구해보자(그림4-9).

$m=-0.491$, $b=21.273$

회귀직선의 식은 $y=-0.491t+21.273$

본래 시간 자료로 고치면,

t-중심값 $=t-6$

$y=-0.491(t-6)+21.273$

$y = -0.491t + 24.22$

t	t-중심값	온도	t^2	ty
1	-5	28	25	-140
2	-4	26	16	-104
3	-3	24	9	-72
4	-2	21	4	-42
5	-1	18	1	-18
6	0	16	0	0
7	1	17	1	17
8	2	18	4	36
9	3	20	9	60
10	4	21	16	84
11	5	25	25	125
합		234	110	-54

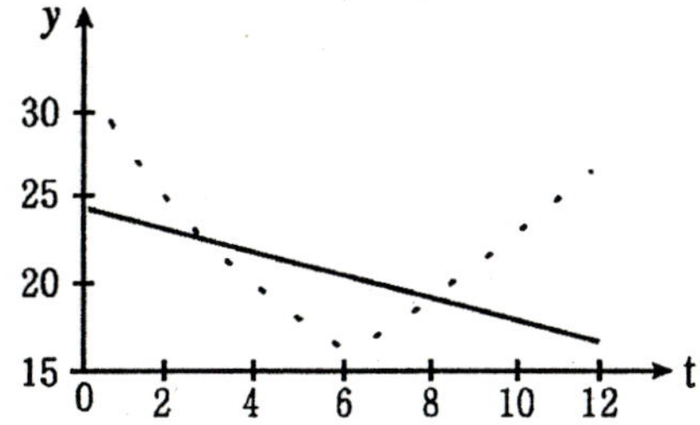

(그림4-9)

직선은 본래의 온도 자료에 따라 나타내어졌다. 이 방정식의 미래의 추세를 예측하는데 이용될 수 있다. 그래프는 추세선의 식이 빈약한 예언자일 것임을 나타낸다.

5월 ($t = 5$)의 관측값을 알아보아라. 방정식은 $y = -0.491(5) + 24.22 = 21.8$을 예측하지만 실제 관찰값은 단지 18이다. 대부분의 달, 자료점은 직선으로부터 멀어진다. 이것이 빈약한 예측선임을 지적한다. 실제로 앞장에서 상관계수가 -0.41임을 알았다.

이것은 시간 t가 온도에 대해 적당히 약한 관계임을 보일 것이다. 따라서, 최소제곱법이 선형적이 아닌 자료에 대한 적합한 추세선을 구하는데 앞의 다른 방법보다 낫지 않다.

연습문제 4-3

1. 다음 자료는 8개월동안 어느 회사의 장난감에 대한 판매액을 나타낸 것이다. 다음 물음에 답하여라.

월	1	2	3	4	5	6	7	8
판매액	65	95	130	115	145	170	190	220

1) t-중심값에 대한 최소제곱법을 이용하여 추세선의 식을 구하여라.
2) 자료점과 추세선을 나타내어라.
3) 12월의 예상판매액을 구하여라.
4) 추세선이 적합한지 의견을 제시하여라.

2. 다음 자료에 대해 다음 물음에 답하여라.

a)

주	1	2	3	4	5	6	7	8	9
판매액	1	3	5	17	11	25	28	27	26

b)

년	1993	1994	1995	1996	1997	1998	1999	2000
생산량	1.2	1.7	2.1	2.3	2.6	1.1	2.5	2.9

c)

시간	1	2	3	4	6	7
내용	4.55	4.05	3.95	3.95	3.25	2.95

1) t-중심값에 대한 최소제곱법을 이용하여 추세선의 식을 구하여라.
2) 자료점과 추세선을 나타내어라.
3) 다음 세 점에 대해 예측값을 구하여라.
4) 추세선이 적합한지 판정하여라.

3. 다음 자료에 대해 물음에 답하여라.

a)

시간	1	2	3	4	5	6	7	8	9	10
생산량	650	655	670	680	685	700	705	720	730	745

b)

날짜	1	2	3	4	5	6	7	8	9
가격	1.10	1.43	1.56	1.78	2.45	2.44	2.89	3.02	3.66

c)

날짜	1	2	3	4	5	6	7	8	9
가격	4.3	4.1	3.8	3.4	3.1	2.8	2.7	2.4	2.2

해 답

1.

1) $y = 20.36(t - 4.5) + 141.25$ 또는 $y = 20.36t + 49.63$
3) 294
4) 매우 좋은 예측

2.

a) $y = 3.77t - 1.85$
b) $y = 0.16t + 1.33$
c) $y = -0.24t + 4.71$

3.

a) 1) $y = 10.42t + 636.7$
b) 1) $y = 0.31t + 0.71$
c) 1) $y = -0.27t + 4.55$
d) 1) $y = 6.97t + 43.3$
e) 1) $y = 6.35t + 315.8$

d)

시간	1	2	3	4	5	6	7	8	9	10	11	12
생산량	43	56	63	79	83	88	92	99	105	110	118	127

e)

분기별	96/1	96/2	96/3	96/4	97/1	97/2	97/3	97/4	98/1	98/2	98/3	98/4
가격	358	323	316	336	369	333	328	351	389	387	393	402

1) 이들 자료에 대해 t-중심값에 대한 최소제곱법을 이용하여 추세선의 식을 구하여라.
2) 자료의 점들과 추세선을 동시에 나타내어라.
3) 추세선의 식을 이용하여 다음 값을 예측하여라.
4) 추세선이 적합한지 판정하여라.

4.4 시계열조정

지금까지 시계열에 대한 적합한 추세선이 실제로 선형적이 아니라는 사실이 수학의 잘못 적용이거나 방법을 적용하지 못하는 사실을 감상해야만 했다. 이런 시계열에 대해 추세선을 어떻게 조절하는 방법이 있는가 알아보자. 자료의 비선형성이 임의이면 조정(smoothing)이라는 기술을 이용할 수 있다. 비선형성이 계절적이라면 계절적 조정(seasonal adjustment)이라는 방법을 이용한다.

평균옮기기 방법

이 방법은 자료의 평균이 본래 자료를 나타낼 수 있다는 원리에 의존한다. 시계열에 적용될 때, 많은 자료점들이 평균이 계산되고 대칭적으로 다른 그룹의 점들로 옮기고 평균을 구하고 이런식으로 계속된다. 일반으로 매우 단순하다. 다음 예를 통해 알아보자. 계산을 어떻게 하는가 유의하자.

1. 처음 세 개의 t값 (1, 2, 3)에 대해 그들 (12, 10, 15)의 평균 12.3을 구한다.
2. 다음 세 개의 t값 (2, 3, 4)에 대해 그들 (10, 15, 13)의 평균 12.7을 구한다.
3. 마지막 세 개의 t값까지 평균을 구한다.
4. 마지막 t값 (7, 8, 9)에 대해 그들 (18, 21, 19)의 평균은 19.3이다.

시간(t)	자료값(y)	이동평균
1	12	
2	10	$\frac{12+10+15}{3}=12.3$
3	15	$\frac{10+15+13}{3}=12.7$
4	13	$\frac{15+13+16}{3}=14.7$
5	16	$\frac{13+16+13}{3}=14.0$
6	13	$\frac{16+13+18}{3}=15.7$
7	18	$\frac{13+18+12}{3}=17.3$
8	21	$\frac{18+21+19}{3}=19.3$
9	19	

평균을 구하는데 세 점을 이용하여 구하므로 이것을 세점 이동평균 조절하기(3-point moving average smoothing)라고 한다.

그래프를 조정하는데 자유롭게 여러점을 택한다. 이들 평균 조절하기에서 네점, 다섯점 11개의 점까지도 선택할 수 있다. 3 또는 5와 같이 홀수개를 택하는 것이 좋지만 방법에 조금 변화를 가져오기 위해 짝수개를 선택하는 것도 가능하다. 어느 경우에도 얼마나 많은 점이 선택되었는지는 문제가 되지 않는다.

홀수개의 점을 이용하여 이동평균값 구하기

앞에서 본 것처럼 홀수개(3, 5, …)로 조정하는 방법은 매우 단순하고 수직인 표에서 시행될 수 있다. 시간값이 같은 간격일 때, 이용되고 1, 2, 3의 시계열일 필요는 없다. 본래 자료보다 조절값이 적다. 3점-조절법에 대해 양끝에서 각각 한점을 잃는다. 반면 5점-조절법에서는 양끝에서 각각 2점을 잃는다.

[예제 1] (3점-이동평균조절 이용하기)

두시간마다 환자의 체온이 측정된다. 다음 자료에 대해 물음에 답하여라.

시간	2	4	6	8	10	12	14	16
온도	96.5	37.2	36.9	37.1	37.3	37.2	37.5	37.8

1) 3점-이동 평균 조절법을 이용하여 표를 만들어라.
2) 본래 자료와 조절한 자료를 동시에 나타내어라.
3) 조절자료를 이용하여 18시간 되었을 때 온도를 예측하여라.

풀이 1) 3점-이동평균 조절법이용 표를 만들면 다음과 같다.

시간	온도	조절온도
2	36.5	
4	37.2	$\frac{1}{3}(36.5+37.2+36.9)=36.87$
6	36.9	$\frac{1}{3}(37.2+36.9+37.1)=37.07$
8	37.1	$\frac{1}{3}(36.9+37.1+37.3)=37.10$
10	37.3	$\frac{1}{3}(37.1+37.3+37.2)=37.20$
12	37.2	$\frac{1}{3}(37.3+37.2+37.5)=37.33$
14	37.5	$\frac{1}{3}(37.2+37.5+37.8)=37.50$
16	37.8	

2) 본래 자료를 나타낸 것은 점선 …이고 조절자료를 나타낸 것은 실선 —

이다(그림4-10).

조절자료값이 본래 자료값보다 진폭이 작고 장기적추세이다.

3) 18시간 되었을 때 온도는 37.5° 라고 예측된다. ▣

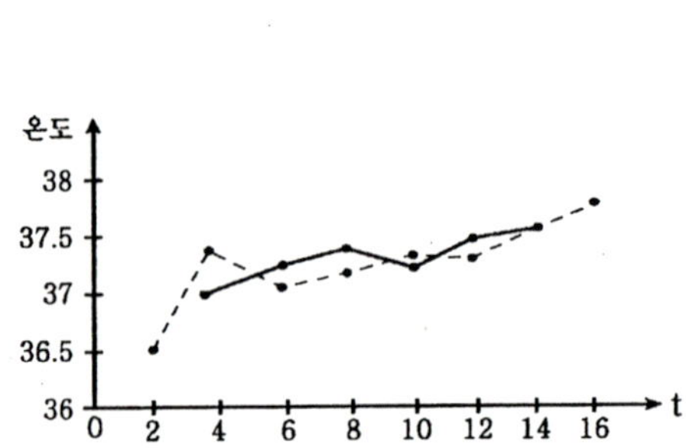

(그림4-10)

이동조정평균을 이용하여 예측하기

이동평균은 단 하나의 선형방정식을 만들지 않으므로 예측을 위해 조절된 자료를 이용하는 것은 제한적일 수 있다. 그러나 시행될 수 있는 두가지 일 들이 있다.

1) 다음시간 점을 예측하는데 마지막 조절값을 이용한다. 다음 값을 예측한다. 위의 예제에서 $t=18$일 때, 예측은 37.50이다. 이것은 반드시 정확한 예측은 아니다. 그러나 선형적 추세식 없이 할 수 있는 최선의 방법이다.
2) 조절된 자료 점에 단 하나의 직선을 그려라. 2-평균, 3-평균 또는 최소제곱법 방법을 이용하면 조절된 자료점에 대한 단 하나의 방정식을 구할 수 있다. 이것이 자주 선호하게되는 방법이다.

이동평균 구하기에 얼마나 많은 점들이 있어야 하는가?

자료를 조절할 때, 몇 개의 점이 이용되어야 하는가를 정하는 것은 중요하다. 3점, 5점 또는 11개의 점까지 이용되어야 하는가? 이것은 중요하지만 복잡한 질문이다. 기본적인 힌트가 있다(3점에 대해 $p=3$, 5점에 대해 $p=5$, 시계열의 점의 수 n이라 하자).

1) p의 값은 n보다 작아야 된다. 예를 들면, $n=7$이면 p는 4보다 크지 않아야 한다.
2) 조절해야 할 변수가 계절적 또는 순환적이면 $p=$ 순환의 길이라 놓는다. 그렇지 않으면 p는 순환의 길이보다 작아야 한다. 이동 평균값 조절법은 변수를 옮기는데 효과적이지 않을 수 있다. 예를 들면, 계절 변수를 갖는 분기별 자료라면 $p=4$를 이용한다.
3) n이 짝수이건 홀수이건 간에 p의 홀수값을 이용하는 것을 항상 선호하게 된다.
4) p의 값이 커질수록 조절된 자료의 추세선은 더 부드러워진다. 더 나아갈수록 많은 진동이 없어진다.

연습문제 4-4

1. 년도별 교과서의 판매량을 나타낸다. 다음 물음에 답하여라.

년도(t)	1996	1997	1998	1999	2000	2001	2002	2003
판매량(y)	2250	2600	2400	2750	2900	2450	3100	3400

1) 자료의 3점 이동평균값 조정을 하여라.
2) 본래 자료와 조정된 자료를 동시에 나타내어라.
3) 마지막 조절된 값을 이용하여 2004년도 판매량을 예측하여라.

2. 최근 차의 판매량이 줄어드는 것 같다. 3점-이동평균값 조정을 이용하여 이 추세가 계속되는지 판정하여라.

월	1	2	3	4	5	6	7	8	9	10	11	12
판매량	120	70	100	110	90	80	70	90	80	100	60	60

3. 다음 자료에 대해 3점-이동평균값 조정, 5점-이동평균값 조정을 하고 마지막 조정된 값을 이용하여 다음 시간의 값을 예측하여라.

1)

시간	1998-1	1998-2	1998-3	1998-4	1999-1	1999-2	1999-3	1999-4	2000-1	2000-2	2000-3	2000-4
강우량	100	50	65	120	90	50	60	110	85	40	50	100

2)

년도	1991	1992	1993	1994	1995	1996	1997	1998	1999	2000
출석율	75	72	69	74	66	72	61	64	69	64

3)

주	1	2	3	4	5	6	7	8	9	10	11	12	13
판매량	34	27	31	37	41	29	32	37	47	38	41	44	47

주	14	15	16	17	18	19	20	21
판매량	49	41	52	48	44	49	56	54

4)

월별	2	3	4	5	6	7	8	9	10	11	12
판매량	141	270	234	357	267	387	288	303	367	465	398

해 답

1.

3) 2983.3

2. 생략

3. 생략

4.5 짝수점 시계열조정

앞에서 언급한 것처럼 홀수개의 점을 이용하는 것을 보통 선호한다. 그러나 짝수개의 점이 이용될 때가 있다. 즉, 4점, 6점 또는 10점 이상 평균값 조정, 홀수개의 점을 이용할 때 결과는 자동적으로 중심값이 된다. 즉, 첫째와 마지막 점을 제외하고 y값을 본래 자료와 같이 t-값과 같다. 다음 예의 4점-이동평균값 조절에서 보여지는 것처럼 이것은 짝수개의 점으로 조절하는 경우에는 일어나지 않는다.

시간	y값	4점 평균값		4점 평균값 계산한 후 중심값	
		계산	결과	계산	결과
1992	6				
1993	10				
		(6+10+14+12)÷4	10.5		
1994	14			(10.5+11.75)÷2	11.125
		(10+14+12+11)÷4	11.75		
1995	12			(11.75+13)÷2	12.375
		(14+12+11+15)÷4	13		
1996	11			(13+13.5)÷2	13.25
		(12+11+15+16)÷4	13.5		
1997	15				
1998	16				

처음 구한 평균 10.5는 어느 년도에도 속하지 않는다. 7개의 값중 4개만 구해져 3개는 없어졌음을 유의하라. 자료를 정확히 할당하기 위해 또 다른 단계가 실행될 필요가 있다. 중심값 정하기이다.

자료의 중심값을 정하기 위해 다음 절차를 이용한다.

step 1. 처음 두 개의 조정값을 세 번째 년도에 할당한다.

step 2. 다음 두 조정값을 네 번째 년도에 할당한다.

step 3. 반복적으로 두 조정값을 다음 년도에 할당한다.

11.125는 1994년도에 12.375는 1995년도에 등과 같이 할당한다. 나머지 단계도 같은 방법으로 할당한다. 이러한 어려움을 줄이기 위해 홀수개의 점 조정법이 선호되는

것이다.

그러나 본래의 시계열이 계절적이면 4점 이동조정법을 취한다. 이와 같이 하여 자료의 계절적변동은 많이 제거될 수 있다.

[예제 1] (4점-이동평균값 조정법 이용하기)

옷가게에서 지난 2년동안 계절마다 옷의 판매량을 조사한 것이다. 4점-이동평균값 조정을 이용하여 표를 다시 만들고 추세에 대한 설명을 하여라.

시간	여름	가을	겨울	봄	여름	가을	겨울	봄
판매량	27	22	19	25	31	25	22	29

풀이 표를 만들면 다음과 같다.

시간	판매량	4점 이동값 평균	중심값 정하기
1	27		
2	22		
		27+22+19+25÷4 =23.25	
3	19		(23.25+24.25)÷2 =23.75
		(22+19+25+31)÷4 =24.25	
4	25		(24.25+25.02)÷2 =24.63
		(19+25+31+25)÷4 =25.00	
5	31		(25.00+25.75)÷2 =25.38
		(25+31+25+22)÷4 =25.75	
6	25		(25.75+26.75)÷2 =26.25
		(31+25+22+29)÷4 =26.75	
7	22		
8	29		

원래의 자료와 조정된 자료를 같이 나타내면 다음과 같다(그림4-11).

본래의 자료와 다르게 조정값은 증가추세이다.

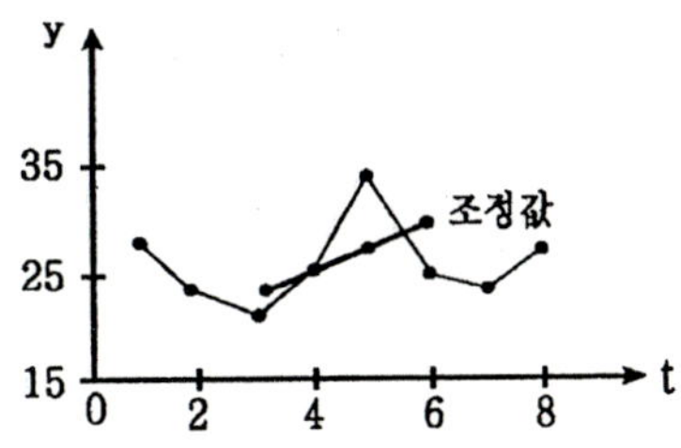

(그림4-11)

연습문제 4-5

해 답

1. 4점-이동평균값을 구하고 본래의 자료와 조정된 자료를 같은 그래프로 나타내어라.

t	1	2	3	4	5	6	7	8	9	10
y	75	54	62	60	70	45	54	59	62	64

2. 오렌지 가격이 계절적으로 변하고 있다. 3년동안의 자료에 대해 4점-중심값 이동을 구하고 자료를 그래프로 나타내고 추세에 대해 설명하여라.

t	여름	가을	겨울	봄	여름	가을	겨울	봄	여름	가을	겨울	봄
가격	45	67	51	44	52	76	63	48	58	80	66	52

3. 다음자료에 대해 4점, 6점-이동 평균값을 구하고 본래의 자료와 조정된 자료를 동시에 같은 그래프 위에 나타내어라.

1)

주	1	2	3	4	5	6	7	8	9	10	11	12	13	14	15
판매량	36.6	36.4	36.8	37.2	36.9	36.5	37.2	37.4	37.1	37.4	37.6	36.9	37.2	37.6	36.9

2)

계절	봄	여름	가을	겨울	봄	여름	가을	겨울	봄	여름	가을	겨울
판매량	78	92	90	73	62	85	83	70	61	78	74	59

3)

t	1	2	3	4	5	6	7	8	9	10
y	188	179	183	180	173	171	182	168	171	166

4)

t	1	2	3	4	5	6	7	8	9	10
y	678	762	692	714	689	687	772	685	688	712

1. 생략

2. 생략

3. 생략

4.6 중앙값 시계열조정

평균을 이용 자료값을 조정하는 대신 중앙값을 이용하여 자료값을 조정하여 보자. 특별한 수학적 이익은 없지만 계산을 하지 않고 빠르게 고치는 방법이다.(홀수개의 자료에서 중앙값 구하기) 이것은 흔히 시계열 그래프 위에서 이루어질 수 있다.

표로부터 중앙값 조정하기

다음 예제를 통해 중앙값 조정하기를 알아보자.

[예제 1] (3점-중앙값 조정하기)

표에 주어진 자료에 대해 3점-중앙값 조정을 시행하여라.

시간	1	2	3	4	5	6	7	8
비용	340	350	320	340	300	330	350	310

풀이 표를 다음과 같이 정리한다.

시간	비용	3점-중앙값 조정 비용
1	340	
2	350	(340, 350, 320)의 중앙값은 340
3	320	(350, 320, 340)의 중앙값은 340
4	340	(320, 340, 330)의 중앙값은 320
5	300	(340, 300, 330)의 중앙값은 330
6	330	(300, 330, 350)의 중앙값은 330
7	350	(330, 350, 310)의 중앙값은 330
8	310	

■

일반으로 중앙값조정의 효과는 임의로 진동하는 것을 제거하는 것이다. 주기적 또는 계절적 진동에서는 아마 잘 적용되지 않을 것이다.

그래프에서 중앙값 조정하기

그래프에 자료점이 분명히 표시된 경우에는 그래프에서 직접 중앙값조정을 할 수 있다.

[예제 2] (그래프에서 중앙값 조정하기)

다음 시계열의 그래프에 대해 3점-중앙값 조정을 시행하여라.

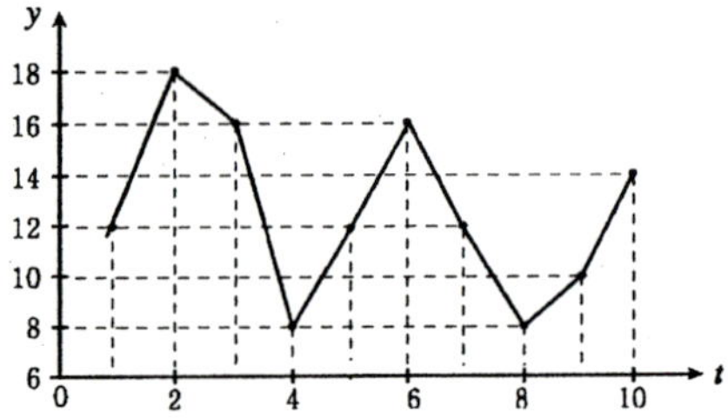

풀이 자료를 읽으면 다음과 같다.

t	1	2	3	4	5	6	7	8	9	10
y	12	18	16	8	12	16	12	8	10	14
3점 중앙값		16	16	12	12	12	12	12	10	10

그래프에서 확인하면 다음과 같다(그림4-12).

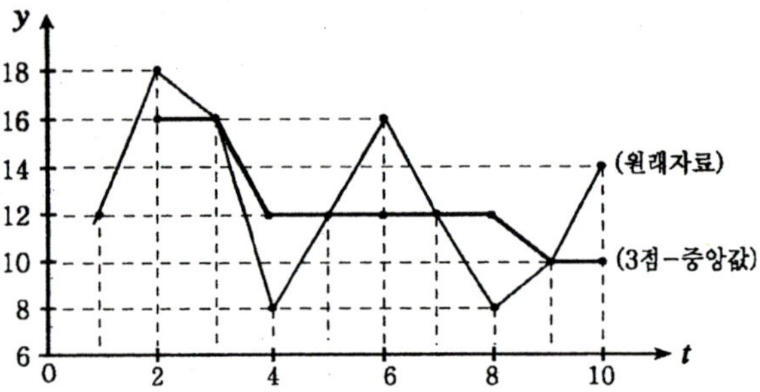

(그림4-12) ▣

연습문제 4-6

해 답

1. 다음 자료에 대한 3점-평균값 조정과 3점 중앙값 조정을 시행하고 조정자료와 본래 자료를 그래프로 나타내고 비교하여라.

t	1	2	3	4	5	6	7	8	9	10
y	75	54	62	60	70	45	54	59	62	64

2. 일년간 어느 지역의 매월 평균기온을 기록한 것이다. 3점-중앙값 조정을 하고 추세에 대해 설명하여라.

달	1	2	3	4	5	6	7	8	9	10	11	12
온도	31	29	27	24	21	20	22	21	23	25	27	26

3. 다음 자료에 대해 5점-중앙값 조정을 시행하여라.

1)

날	1	2	3	4	5	6	7	8
가격	1.45	1.67	1.56	1.72	1.58	1.71	1.67	1.82

날	9	10	11	12	13	14	15
가격	1.56	1.78	1.88	1.56	1.67	1.71	1.82

2)

날	1	2	3	4	5	6	7	8	9	10
가격	87	134	114	108	89	67	98	123	106	108
날	21	22	23	24	25	26	27	28	29	30
가격	101	98	112	107	123	132	145	156	167	178

날	11	12	13	14	15	16	17	18	19	20
가격	104	119	109	110	104	102	94	98	89	100
날	31	32	33	34	35	36	37	38	39	40
가격	189	175	155	135	115	130	120	117	107	87

1. 생략

2. 생략

3. 생략

4.7 계절변수조정

시계열에 대한 적합한 추세선에 대해 알아보았는데 이와 같은 자료에 대한 효과적인 선형방정식을 찾는 것은 어렵다. 이동 평균값이나 이동 중앙값의 기술을 이용하여 조정하는 것은 계절적 자료에 적합하지 않다. 자료가 계절에서 계절로 변화하는 것을 받아들여야 하고 각 기록을 개별적으로 다루어야 한다. 예를 들면, 실업률이 6.8%로서 인용되는 것은 계절요인이 조정된 것이다. 정부는 다른 계절에 다소 독립인 자체적인 계절에 대한 시계열을 받아들여야 한다.

시계열에서 어떻게 계절요인을 제거할 것인가? 계절적으로 조정하는 기술 또는 비계절화는 원래의 시계열을 수정하게 될 것이다. 계절변수를 제거하여 계절요인 뒤에 숨어있는 다른 추세(장기적, 순환적, 임의적)를 들어내는 것이다.

계절요인을 제거한 시계열

계절요인을 제거하는 시계열 방법은 예제를 가지고 잘 알아보려고 한다 순서대로 시행되어야 하는 여러 단계를 조심스럽게 관찰하여라.

[예제 1] (계절요인 조정하기)

5년간 실업률을 나타낸 것이다. 계절적 요인 이외에 다른 추세를 찾는 것은 어렵다.

계절	1994	1995	1996	1997	1998
여름	6.2	6.5	6.4	6.7	6.9
가을	8.1	7.9	8.3	8.5	8.1
겨울	8.0	8.2	7.9	8.2	8.3
봄	7.2	7.7	7.5	7.7	7.6

1) 계절적 지표(평균)를 계산한다.
2) 계절적 지수를 이용하여 계절적 요인을 제거한다.
3) 본래의 자료와 조정된 자료를 나타낸다.
4) 수학적 증거를 가지고 추세에 대해 알아본다.

풀이 1) 계절적 지표를 계산하기 위해 매년 4계절의 평균을 구한다.

1994 : (6.2+8.1+8.0+7.2) ÷ 4 = 7.375

1995 : (6.5+7.9+8.2+7.7) ÷ 4 = 7.575

1996 : (6.4+8.3+7.9+7.5) ÷ 4 = 7.525

1997 : (6.7+8.5+8.2+7.7) ÷ 4 = 7.775

1998 : (6.9+8.1+8.3+7.6) ÷ 4 = 7.725

이것을 표로 나타내면 다음과 같다.

년도	1994	1995	1996	1997	1998
평균	7.375	7.575	7.525	7.775	7.725

본래 자료의 각 항을 매년 평균으로 나눈다. 이를테면,

1994 여름 : 6.2 ÷ 7.3750 = 0.8407

1994 가을 : 8.1 ÷ 7.3750 = 1.0983

1994 겨울 : 8.0 ÷ 7.3750 = 1.0847

1994 봄 : 7.2 ÷ 7.3750 = 0.9763

표로 나타내면 다음과 같다.

	1994	1995	1996	1997	1998
여름	0.8407	0.8581	0.8505	0.8617	0.8932
가을	1.0983	1.0429	1.1030	1.0932	1.0485
겨울	1.0847	1.0825	1.0498	1.0547	1.0744
봄	0.9763	1.0165	0.9967	0.9904	0.9838

이 표에서 계절 평균을 구한다. 이를테면 여름은

(0.8407+0.8581+0.8505+0.8617+0.8932) ÷ 5 = 0.8608

정리하면 다음과 같다. 이들이 계절지수이다.

계절	여름	가을	겨울	봄
계절지수	0.8608	1.0772	1.0692	0.9927

2) 본래 자료의 각 항을 계절지수로 나누면 이것이 계절요인을 제거한 조정된 시계열이다.

조정된 시계열

	1994	1995	1996	1997	1998
여름	7.202	7.551	7.435	7.783	8.015
가을	7.520	7.334	7.705	7.891	7.520
겨울	7.482	7.669	7.385	7.669	7.763
봄	7.253	7.756	7.555	7.756	7.656

3) 본래의 자료와 조정된 자료를 나타내면 다음과 같다(그림4-13).

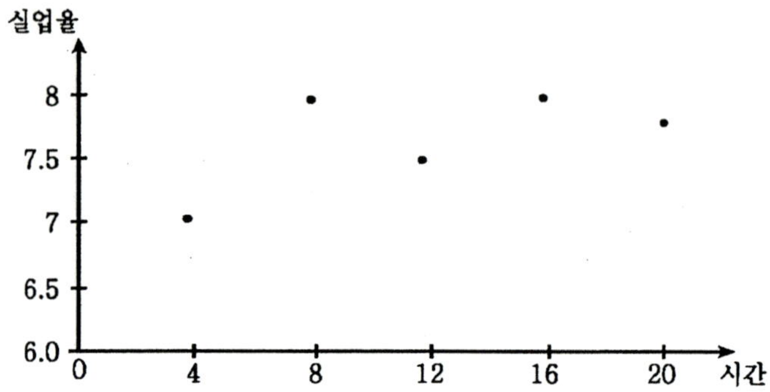

(**그림**4-13)

4) 실업율이 조금씩 위로 올라가는 추세가 보인다. ▣

연습문제 4-7

1. 3년간 설탕가격을 계절별로 나타낸 것이다. 다음 물음에 답하여라.

	1998	1999	2000
봄	1.03	0.98	0.95
여름	1.26	1.25	1.21
가을	1.36	1.34	1.29
겨울	1.14	1.07	1.04

1) 계절지수를 구하여라.
2) 계절지수를 이용하여 계절요인을 제거하여라.
3) 본래의 자료와 조정된 자료를 함께 나타내어라.
4) 수학적 증거를 가지고 추세를 설명하여라.

2. 6년간 어떤 지역의 강우량을 나타낸 것이다. 다음 물음에 답하여라.

	1995	1996	1997	1998	1999	2000
봄	103	97	95	117	118	120
여름	93	84	82	100	99	98
가을	143	124	121	156	155	151
겨울	123	109	107	125	122	124

1) 계절지수를 구하여라.
2) 계절지수를 이용하여 계절요인을 제거하여라.
3) 본래의 자료와 조정된 자료를 함께 나타내어라.
4) 수학적 증거를 가지고 추세를 설명하여라.

3. 다음 자료에 대해 문제 2와 같은 물음에 답하여라.

a)

	1994	1995	1996	1997	1998
봄	7.6	7.7	7.8	7.7	7.9
여름	10.9	11.3	11.9	12.6	13.1
가을	11.7	12.4	12.8	13.5	13.9
겨울	9.9	10.5	10.8	11.4	11.9

해 답

1.

1) 0.8504
1.0692
1.1467
0.9336

2.

1) 0.9394
0.8044
1.2274
1.0288

3.

a) 0.7141, 1.100
1.1832, 1.0027
b) 1.1143, 0.9183
0.6829, 1.2845
c) 1.0067, 0.8584
0.9169, 1.2180
d) 0.9078, 0.8498
1.1136, 1.1308

b)

	봄	여름	가을	겨울
1998	5.8	4.9	3.5	6.7
1999	6.1	5.1	3.2	6.5
2000	5.7	4.5	4.1	7.1

c)

	1998	1999	2000	2001
봄	104	103	109	111
여름	80	90	91	94
가을	91	99	98	101
겨울	121	127	131	138

d)

	1998	1999	2000	2001	2002
봄	4.4	4.6	4.8	4.2	3.9
여름	3.8	4.1	4.7	4.2	3.7
가을	5.3	5.7	5.8	5.1	4.9
겨울	5.5	5.9	6.0	5.1	4.8

Home Work

1. 문방구에서 매월 판매된 노트의 양이다. 이 들 자료에 대한 추세선을 구하고 추세에 대해 정확한 설명을 하여라.

1월	2월	3월	4월	5월	6월	7월	8월	9월	10월	11월	12월
118	92	53	20	47	102	90	42	35	26	12	58

2. 다음 자료에 대해 2-평균값을 이용한 추세선을 구하여라.

날	1	2	3	4	5	6	7	8
가격	2300	2200	2600	3100	2900	3200	3300	3500

3. 11일간 호텔의 예약방 수이다. 최소제곱법을 이용하여 추세선의 식을 구하고 12일, 13일의 예약 방수를 구하여라.

날	1	2	3	4	5	6	7	8	9	10	11
방수	12	18	15	20	22	20	25	24	26	28	30

4. 다음 적설량에 대한 3점-이동평균값을 이용하여 구하고 본래의 자료와 함께 나타내어라.

날	1	2	3	4	5	6	7	8
강우량	2	5	4	6	3	7	6	9

5. 4점-중심값 이동평균을 구하여라.

계절	봄	여름	가을	겨울	봄	여름	가을	겨울
판매가	690	500	400	720	780	660	550	440

6. 3점-중앙값 조정을 이용하여 마지막 조정값을 구하여라.

t	1	2	3	4	5	6	7
y	12	13	16	16	17	19	22

7. 다음 계절지수를 이용하여 계절요인을 제거하여라.

계절	봄	여름	가을	겨울
계절지수	1.7	0.6	0.5	1.2

→

계절	봄	여름	가을	겨울
가격	150	100	300	400

8. 다음 자료에 대해 물음에 답하여라.

계절	1	2	3	4	5	6	7	8	9	10	11	12
강우량	43	75	41	13	47	78	50	19	51	83	55	25

1) 자료를 나타내고 눈으로 추세선을 그려라.
2) 2-평균값 방법을 이용하여 추세선을 그리고 1)과 결과를 비교하여라.
3) 최소제곱법을 이용하여 추세선을 구하고, 앞의 결과와 비교하여라.
4) 계절변수를 조정하기 위해 3점, 5점-이동평균값 조정을 하고 조정된 자료와 본래 자료를 함께 나타내어라.
5) 5점-평균값 조정 자료에 대해 최소제곱법을 이용하여 추세선을 구하여라.
6) 4점-이동평균값 조정을 하고 최소제곱법을 이용하여 추세선을 그리고 앞의 것과 비교하여라.
7) 계절지수를 구하여 계절요인을 제거하여라.
8) 계절요인을 제거한 자료에 대해 최소제곱법을 이용하여 추세선을 구하여라.

제5장

이산확률분포

학습내용

5.1 임의변수

임의실험(random experiment)은 결과가 순전히 우연에 의해 결정되는 것이다. 다음과 같은 실험

- 공정한 동전을 3번 던지기
- 52장의 카드에서 5장의 카드를 임의로 뽑기
- 모임에서 임의로 5명 뽑기

등은 임의실험이다. 각 실험의 결과는 순전히 우연에 의해 결정되고 실험이 반복될 때마다 결과가 다를 수 있음을 의미한다.

다음과 같은 실험

- 산성용지가 리트머스 용지에 닿을 때 색이 변하는 관찰
- 물체가 2m 거리에서 떨어진 후 물체가 도달한 속도 측정 등은 임의 실험이 아니다.

결과는 어떤 물리적 성질이나 물리적 법칙에 의해 결정되고 단지 우연에 의해 결정되는 것이 아니다. 수 값이 임의실험의 가능한 각 결과에 대응되면 이것은 임의변수(random variable)를 준다. 예를 들면 공정한 동전을 세 번 던져 가능한 결과를 나타내는 앞면의 수의 식으로 표현될 수 있다. 이것은 앞면이 0, 1, 2, 3 각각 나타난 결과에 값 0, 1, 2, 3이 주어지는 임의변수이다.

임의변수를 나타내는데 X와 같이 기호 대문자를 사용하고 X가 가질수 있는 특별한 값에 같은 문자 x를 이용한다.

[예제 1] (임의변수 구하기)

공정한 동전을 5번 던질 때 앞면이 나온 수를 X라 하면, 임의변수 X는 어떤 값을 가질 수 있는가?

풀이 동전이 다섯 번 던져지면 각각 앞면 또는 뒷면이 될 수 있다.

따라서, 가능한 X의 값은 0, 1, 2, 3, 4, 5이다.

즉, $x \in \{0, 1, 2, 3, 4, 5\}$ ▣

[예제 2] (임의변수 구하기)

Y는 잘 섞어진 52장의 카드에서 임의로 5장의 카드를 뽑을 때 나오는 에이스의 수이다. 임의변수 Y가 갖는 값은 무엇인가?

풀이 카드를 5번 뽑을 때 각각 에이스 또는 에이스가 아니다
52장중 에이스는 모두 4장이 있으므로 Y의 가능한 값은 0, 1, 2, 3, 4이다.
따라서, $y \in \{0, 1, 2, 3, 4\}$ ▣

특별한 값만을 가질 수 있는 임의변수를 이산임의변수(discrete randon variable)라고 한다. 때때로 실험의 결과가 즉시 수값 형태로 표현될 수 없다. 그러나 각 가능한 결과에 수를 정하는 것이 가능할 수 있고 유용한 임의변수가 되게 한다.

[예제 3] (이산임의변수 값 정하기)

어떤 병원의 기록은 환자에게 특별한 약을 복용하게 하고 환자가 완전히 회복되나, 나아지나 변화가 없나, 더 악화되었나를 관찰한다. Z는 임의로 처방 후 환자의 상태를 나타내는 변수이다. Z에 가능한 값을 정의하는 방법을 제시하여라.

풀이 이 문제에 단 하나의 답은 없다. 가능한 결과에 어떤 수를 대응하는가에 달려 있다. 합리적으로 수값을 정하면,
완전회복 +2, 나아짐 +1, 변화없음 0, 더악화됨 -1
따라서, $z \in \{-1, 0, 1, 2\}$
그러나 위의 수 값이 최선과 최악의 결과에 충분한 차이를 보이지 못하므로 다른 대응을 해보면,
완전회복 +5, 나아짐 +1, 변화없음 0, 더악화됨 -2
따라서, $z \in \{-2, 0, 1, 5\}$ ▣

위의 각 경우에 임의변수는 특별한 값만을 가질 수 있다. 이와같은 변수를 이산변수라고 한다. 그러나 모든 임의변수가 이산은 아니다. 특히 측정과 관련된 많은 경우가 주어진 범위에서 어떤 실수값을 가질 수 있다. 모집단에서 임의로 소녀가 선택되고 키가 측정되는 경우를 생각하자. 측정을 하는 사람이 키를 161㎝로 기록했더라도

소녀의 실제 키는 구간 [160.5, 161.4)에 있을 수 있다. 측정도구가 cm의 $\frac{1}{10}$가까이 정확히 측정할 수 있다고 하더라도 같은 소녀가 160.7cm로 키가 측정될 수 있다.

X가 주어진 모집단에서 임의로 선택한 사람의 키를 cm로 나타낸 것이라면 사람이 임의로 선택되었으므로 X는 임의변수이다. 위에서 알아본 것처럼 이 변수가 가질 수 있는 무한개의 수 값이 있다.

따라서, 이 변수는 연속임의변수(continuous random variable)라고 한다. 연속 변수의 정의역에 대한 약간의 제한이 있을 수 있다. 예를 들면 가능한 최소와 최대키는 선택된 모집단에 달려있을 수 있으나 확실히 그것은 $x > 0$이고 기껏해야 $x < 300$이다. 주어진 정의역에서 무한개의 수 값을 가질 수 있는 임의변수를 연속임의변수라고 한다.

[예제 4] (연속임의변수 구하기)

다음 임의변수중 이산이 아닌 것은?

a) 어떤 지역의 주유소에서 리터당 휘발유 가격
b) 프로야구 시즌에 한 선수가 친 홈런수
c) 일년동안 매주 가정에서 구입한 우유병 수
d) 일년동안 매일 팔린 자동차 A의 수
e) 일년간 성장하는 사람의 키

풀이

1) 주유소에서 이용할 수 있는 가격은 리터당 1280원, 1290원 등이므로 특별한 값만을 갖는다. 따라서, 이산변수이다.
2) 홈런수는 0 또는 양의 정수이므로 이산변수이다.
3) 우유병 수는 0 또는 양의 정수이므로 이산변수이다.
4) 자동차 판매량은 0 또는 양의 정수이므로 이산변수이다.
5) 일년간 사람의 키가 최소와 최대사이의 값을 가질 수 있으므로 연속변수이다. ▣

연습문제 5-1

	해 답
1. 동전을 두 번 던질 때, A는 뒷면의 수인 임의변수라면 *a*의 가능한 값은?	1. {0, 1, 2}
2. 주사위를 두 번 던질 때, B는 6이 나오는 수인 임의변수라면 b의 가능한 값은?	2. {0, 1, 2}
3. 52장의 카드에서 7장의 카드를 임의로 뽑을 때, C는 검정색 에이스 카드의 수를 나타낸다. c의 가능한 값은?	3. {0, 1, 2}
4. 52장의 카드에서 7장의 카드를 임의로 뽑을 때, D는 에이스 카드의 수를 나타낸다. d의 가능한 값은?	4. {0, 1, 2, 3, 4}
5. 52장의 카드에서 7장의 카드를 임의로 뽑을 때, E는 클로버 카드의 수를 나타낸다. e의 가능한 값은?	5. {0, 1, 2, 3, 4, 5, 6, 7}
6. 52장의 카드에서 5장의 카드를 임의로 뽑을 때, F는 스페이드 카드의 수를 나타낸다. f의 가능한 값은?	6. {0, 1, 2, 3, 4, 5}
7. 공정한 주사위를 6번던질 때, G는 앞면이 짝수가 나온 회수이다. g의 가능한 값은?	7. {0, 1, 2, 3, 4, 5, 6}
8. 공정한 주사위를 5번 던질 때, H는 앞면이 홀수가 나온 회수이다. h의 가능한 값은?	8. {0, 1, 2, 3, 4, 5}
9. 어떤 사람이 임의로 선택되고 다음 변수가 조사된다. X-키(㎝) Y-구두 크기 Z-여동생의 수 W-몸무게(kg)	9. c, f

맞는 문장을 고르시오.

a) X, Y, Z, W는 이산임의변수이다.
b) X, Y, Z, W는 연속임의변수이다.
c) X와 W는 연속임의변수이고 Y와 Z는 이산임의변수이다.
d) Y와 Z는 연속임의변수이고 X와 W는 이산임의변수이다.
e) X와 Y는 연속임의변수이고 W와 Z는 이산임의변수이다.
f) $R = \frac{X}{Y}$는 연속임의변수이다.

5.2 이산확률분포

임의변수와 관련된 확률

임의실험의 각 결과가 우연히 결정되므로 각 결과와 관련된 확률이 있다. 실험이 시행될 때 확률은 특별한 결과가 일어날 것이라는 가능성이다.

임의변수 X가 값 $x_1, x_2, x_3, \ldots x_n$을 가질 수 있다면 각 x와 관련된 확률이 있다. 따라서, 예를 들면, 공정한 주사위를 한 번 던지는 임의 실험에서 임의변수 X는 여섯 개의 값의 수 일 수 있다. 따라서, 가능한 X의 값은 1, 2, 3, 4, 5, 6이다. 주사위는 공정하므로 확률은 다음과 같이 계산될 수 있다. 임의로 주사위를 던질 때, X의 값이 0인 확률은 0이고, 1일 확률은 $\frac{1}{6}$이다. 이것은 '임의변수 X가 1과 같은 확률'은 $\frac{1}{6}$로 표현될 수 있다.

기호

임의변수의 가능한 값에 대한 확률 문장은 수학적 기호를 이용하여 쓰여질 수 있다. '임의변수 X가 x와 같은 확률'은 $P(X=x)$로 쓴다. 주어진 가능한 X의 값에 대해 $x=2$라고 하면, 임의변수 X가 2와 같은 확률은 $P(X=2)$로 쓴다.

다음 경우를 알아보자.

공정한 주사위를 세 번 던질 때 X는 앞면의 수라고 정의하자. 수형도는 가능한 결과와 각 결과와 관련된 x-값을 보여준다(즉, 특별한 X의 값). 이 실험에 대해 어떤 x-값이 가능한 결과에 해당되는지 유의하라. 예를 들면, 1을 만드는 결과가 한가지 이상이다.

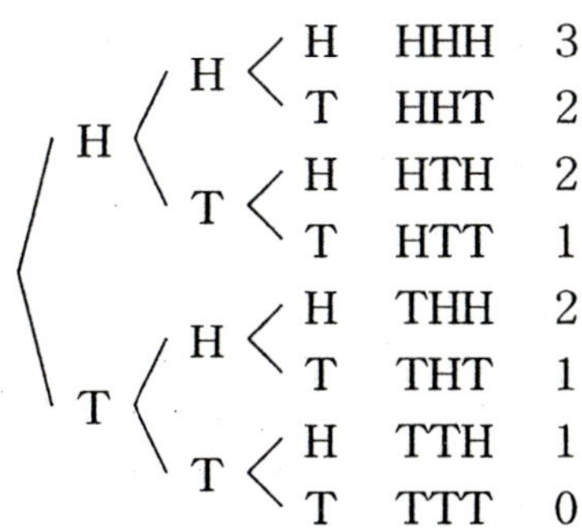

임의실험이 가능한 결과의 집합을 표본공간(sample space)이라고 부른다. 각 가능한 결과는 '표본공간의 표본점'으로서 기술될 수 있다. 따라서, x-값은 각 표본점에 대응하는 수 값이다. 위의 예에서, $x=\{0, 1, 2, 3\}$ 즉 임의변수 X는 값 0, 1, 2, 3을 가질 수 있다.

0은 표본공간의 한 점에 해당된다 -- 표본점(TTT)

1은 표본공간의 세 점에 해당된다 -- 표본점(TTH), (THT)와 (HTT)

2는 표본공간의 세 점에 해당된다 -- 표본점(HHT), (HTH)와 (THH)

3은 표본공간의 한 점에 해당된다 -- 표본점(HHH)

표본공간의 8점 각각은 똑같이 일어난다. 이것은 앞면이 일어나는 확률이 뒷면이 일어나는 확률 $\left(=\frac{1}{2}\right)$과 같기 때문이다. 따라서 두 앞면과 한 뒷면이 일어날 확률은 두 뒷면과 한 앞면 또는 세 앞면 등이 이어날 확률과 같다. 같게 일어나는 8개의 가능한 결과 또는 표본점들에 대해 각 점이 일어나는 확률은 $\frac{1}{8}$이다.

예를 들면, $P(T\,T\,T)=\frac{1}{2}\times\frac{1}{2}\times\frac{1}{2}=\frac{1}{8}$에서

$$\therefore P(X=0)=\frac{1}{8}=0.125\text{이다.}$$

$X=1$은 다음에 세 표본점이 일어나는 $-(HHH)$ 또는 (THT) 또는 (TTH) 확률과 같다. 이 확률은 세 점이 각각 일어나는 확률을 더함으로서 구해진다.

따라서, $P(X=1)=\frac{3}{8}=0.375$. 같은 방법으로

$P(X=2)=\frac{3}{8}=0.375$, $P(X=3)=\frac{1}{8}=0.125$이다.

이 예에서 $P(X=a)$는 앞면이 a번 일어날 확률이다.

임의변수 X에 대한 확률분포(probability distribution)는 X의 가능한 값과 실험이 한 번 시행될 때 이들 x-값 각각이 일어나는 확률을 나열한 값의 표이다. 앞의 예에 대한 확률분포는 다음과 같다 :

X	0	1	2	3
$P(X=x)$	$\frac{1}{8}$	$\frac{3}{8}$	$\frac{3}{8}$	$\frac{1}{8}$

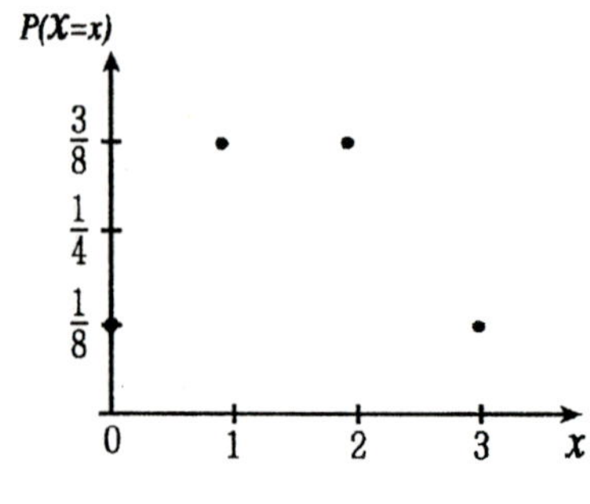

(그림5-1)

확률분포에서 주어진 것처럼

x와 $P(X=x)$의 사이의 관계에서 일어나는 순서쌍의 집합이 확률분포함수(probability distribution function)

이다. 앞의 주어진 예에 대한 확률그래프는 다음과 같이 네 점으로 이루어졌다(그림 5-1).

확률분포의 그래프는 '공정한 주사위를 세 번 던지는' 실험이 한 번 시행된다면 1을 얻을 확률은 $\frac{3}{8}$ 또는 0.375임을 지적한다. 또 이 실험이 반복적으로 시행되면 결국. 모든 결과의 $\frac{3}{8}$이 1회의 앞면일 것이라는 것을 지적한다.

유의할 것은

a) $a=0, 1, 2, 3$일 때, $0 < P(X=a) < 1$

b) 0, 1, 2, 3과 다른 a의 모든 값에 대해 $P(X=a)=0$

c) $\sum_{x=0}^{x=3} P(X=x) = P(X=0)+P(X=1)+P(X=2)+P(X=3)$

$$= \frac{1}{8}+\frac{3}{8}+\frac{3}{8}+\frac{1}{8} = 1 \text{이다.}$$

즉, 모든 확률의 합은 1이다. 확률 1은 결과가 일어나는 것이 확실함을 의미한다. 실험이 시행될 때 X에 대한 모든 가능한 값의 하나가 일어날 것이 확실하므로 모든 확률의 합은 1이다. 앞의 예는 모든 이산확률분포에 적용되는 일반규칙을 설명한다.

- 확률은 반드시 구간 [0, 1]에 있다. 즉 $0 \le P(X=x) \le 1$이다.
- 변수의 각 가능한 값에 대한 확률의 합은 1이다.

이산확률분포를 만들기 위해 :

- 변수 X가 가질 수 있는(즉 x-값) 특별한 값을 정한다.
- X의 각 가능한 값(즉, $P(X=x)$)과 관련된 확률을 계산한다.

확률분포에 대한 값의 표는 조건부확률을 포함하여 여러 가지 다양한 확률을 계산하는데 이용될 수 있다.

조건부확률(conditional probability)

때때로 확률에 대한 질문은 조건에 따를 경우가 있다. 예를 들면 X가 2보다 크다는 것을 알고있는 경우 X가 5보다 클 확률을 구하여라.

'X가 2보다 크다'는 문장이 조건이다.

이와 같은 조건부확률(conditional probability) 문제들은 두 가지 방법에 의해 풀릴 수 있다.

- 표본공간의 정리 환산
- 공식의 적용

$$P(A|B) = \frac{P(A \cap B)}{P(B)}$$ (B가 일어났다는 조건하에서 A가 일어날 확률)

이들 방법은 다음 예제에서 조사될 것이다.

[예제 1] (확률분포와 조건부확률 구하기)

두 개의 공정한 주사위를 던지고 임의변수 X가 각 주사위에 나타난 수의 곱이라고 하자.

1) 이 변수에 대한 확률분포를 만들어라.
2) X가 12보다 큰 값을 갖는 경우의 확률은 얼마인가?
3) $P(X \geq 20)$을 구하여라.
4) $X \geq 20$이라는 것을 알 때 $X > 25$일 확률을 구하여라.

풀이 1) 두 개의 주사위를 던지면 36가지 경우가 나온다. X에 대해 경우의 수를 구하면 다음과 같다.

X	1	2	3	4	5	6	8	9	10	12	15	16	18	20	24	25	30	36
경우의 수	1	2	2	3	2	4	2	1	2	4	2	1	2	2	2	1	2	1

확률분포표를 만들면 다음과 같다.

X	1	2	3	4	5	6	8	9	10
$P(X=x)$	$\frac{1}{36}$	$\frac{2}{36}$	$\frac{2}{36}$	$\frac{3}{36}$	$\frac{2}{36}$	$\frac{4}{36}$	$\frac{2}{36}$	$\frac{1}{36}$	$\frac{2}{36}$

X	12	15	16	18	20	24	25	30	36
$P(X=x)$	$\frac{4}{36}$	$\frac{2}{36}$	$\frac{1}{36}$	$\frac{2}{36}$	$\frac{2}{36}$	$\frac{2}{36}$	$\frac{1}{36}$	$\frac{2}{36}$	$\frac{1}{36}$

2) X가 12보다 큰 값을 갖는 경우의 비율은 위의 확률분포로부터 구할 수 있다.

$$P(X > 12) = P(X=15)+P(X=16)+P(X=18)$$
$$+P(X=20)+P(X=24)+P(X=25)$$
$$+P(X=30)+P(X=36) = \frac{13}{36}$$

약 36%가 된다.

3) $X \geq 20$인 경우는 (4, 5), (4, 6), (5, 4), (5, 5), (5, 6), (6, 4), (6, 5) (6, 6)의 8가지 이다.

$$\therefore P(X \geq 20) = 8 \times \frac{1}{36} = \frac{2}{9}$$

4) $X \geq 20$일 때 $X > 25$인 경우는 (5, 6), (6, 5), (6, 6)의 3가지이다.

$\therefore P(X > 25 | X \geq 20) = \frac{3}{8}$이다.

조건부확률을 구하는 공식을 이용하면,

$$P(X > 25 | X \geq 20) = \frac{P(X > 25 \text{ 이고 } X \geq 20)}{P(X \geq 20)}$$

$= \dfrac{\frac{3}{36}}{\frac{2}{9}} = \dfrac{3}{8}$이다. ▣

[예제 2] (확률분포와 조건부확률)

임의변수 X에 대한 확률분포표에 대해 다음 물음에 답하여라.

X	1	2	3	4	5	6
$P(X=x)$	k	01	k	0.2	$2k$	0.1

1) k의 값을 구하여라.
2) $P(X \geq 5)$를 구하여라.
3) $P(X > 5 | X \geq 4)$를 구하여라.

풀이 1) 확률을 모두 더하면 1 이므로,

$k+0.1+k+0.2+2k+0.1 = 1$에서 $4k = 0.6$ $\therefore k = 0.15$

2) $P(X \geq 5) = 2k+0.1 = 2(0.15)+1 = 0.4$

3) $P(X > 5 | X \geq 4) = \dfrac{\{P(X > 5) \cap (X \geq 4)\}}{P(X \geq 4)} = \dfrac{0.1}{0.6} = \dfrac{1}{6}$ ▣

연습문제 5-2

1. 두 개의 공정한 주사위를 던질 때 임의변수 X는 두 주사위의 눈의 합이다.
   1) X가 갖는 모든 값을 구하여라.
   2) X가 일어나는 가능한 각 값의 확률을 구하여라.
   3) 이 확률의 합이 1임을 확인하여라.
   4) 확률분포를 그려라.
   5) X가 12보다 클 확률을 구하여라.

2. 두 개의 공정한 주사위를 던질 때 임의변수 Y는 두 주사위의 눈의 차이 이다.
   1) Y가 갖는 모든 값을 구하여라.
   2) Y가 일어나는 각 값의 확률을 구하여라. 즉 $P(Y=y)=\ ?$
   3) 확률의 합이 1임을 확인하여라.
   4) 확률분포를 그려라.
   5) $P(4 < Y \leq 6)$을 구하여라.

3. 다음 중 확률분포인 것은?

a)

X	3	4	5	6	7
$f(x)$	0.1	0.7	−0.2	0.3	0.1

b)

X	3	4	5	6	7
$f(x)$	0.2	0.7	0.1	0.3	0.1

c)

X	1	4	5	7	10
$f(x)$	0.1	0.3	0.2	0.3	0.1

d)

X	3	4	5	6	7
$f(x)$	0.1	0	0.7	0.1	0.1

해 답

1.

5) $\frac{1}{36}$

2.

5) $\frac{1}{18}$

3. c), d)

4. 다음은 확률분포를 나타낸다. 빈 칸을 채워라.

a)

X	3	4	5	6	7
$P(X=x)$	0.1	0.2	0.3		0.1

b)

X	3	4	5	6	7
$P(X=x)$	0.2	0.1		0.3	0.1

c)

X	3	4	5	6	7
$P(X=x)$	0.1		0.2		0.1

d)의 답은 유일한가?

5. 다음 이산확률분포에 대해 물음에 답하여라.

X	2	3	4	5	6
$P(X=x)$	0.2	0.3		0.05	0.35

1) $P(X=4)$= ?

2) 가장 적게 일어나는 X의 값은?

3) $2 < X < 5$를 만족하는 X의 가능한 값의 비율은?

6. 이산확률분포에 대해 다음 물음에 답하여라.

X	7	8	9	14	25
$P(X=x)$	k	k	$2k$	$5k$	k

1) k의 값은?

2) $P(7 < X \leq 25)$

7. 이산확률분포에 대해 다음 물음에 답하여라.

X	7	8	9	14	25
$P(X=x)$	0.2	a	0.3	$5a$	0.2

1) a의 값은?

2) $P(8 \leq X < 25)$

8. 이산확률분포에 대해 다음 물음에 답하여라.

X	2	3	4	5	6
$P(X=x)$	0.2	0.1	0.4	0.1	0.2

4.

a) 0.3

b) 0.3

5.

1) 0.1

2) 5

3) 40%

6.

1) $k=0.1$

2) 0.9

7.

1) 0.05

2) 0.6

8.

1) 0.8

2) 0.6

3) 0.375

1) $P(X \geq 3)$은?
2) $P(2 < X \leq 5)$는?
3) $P(X > 4 | X \geq 3)$은?

9. 이산확률분포에 대해 다음 물음에 답하여라.

X	2	4	6	8	10
$P(X = x)$	0.1	0.1	0.2	0.2	0.4

1) $P(X$는 짝수) ?
2) $P(X$는 홀수) ?
3) $P(X$는 3의 배수) = ?
4) $P\left(\frac{X}{2}\text{는 홀수}\right)$ = ?
5) $P(3X > 10)$ = ?
6) $P(X \geq 8 | X > 5)$ = ?

9.

1) 1
2) 0
3) 0.2
4) 0.7
5) 0.9
6) 0.75

10. 이산확률분포에 대해 다음 물음에 답하여라.

X	2	4	5	6	7
$P(X = x)$	0.1	0.2	0.1	0.3	0.3

1) $P(X \geq 5)$ =?
2) $P(X < 7)$
3) $P(2 < X < 6)$
4) $P(X < 5 | X < 6)$

10.

1) 0.7
2) 0.7
3) 0.3
4) 0.75

11. 확률분포에 대해 물음에 답하여라.

X	5	7	9	11	13
$P(X = x)$	0.2	0.2	0.2	0.1	0.3

1) $P(X \geq 7)$
2) $P(7 < X < 13)$
3) $P(X$는 3의 배수)
4) $P(X$는 짝수)
5) $P(X$는 3의 배수 | $X \geq 7)$

5.3 기대값과 분산

특별한 실험의 결과를 나타내는 임의변수 X는 $x_1, x_2, x_3, \cdots, x_n$을 가질 수 있다. 즉, X에 대한 가능한 값은 n개다.

실험이 n번 반복되고 각 결과가 다른 수 값을 갖는다면 n번의 시행결과 값은 $x_1, x_2, x_3, \cdots, x_n$이 될 것이다. 이들 값의 평균은

$\bar{x} = \dfrac{x_1 + x_2 + x_3 + \cdots + x_n}{n} = \dfrac{x_1}{n} + \dfrac{x_2}{n} + \cdots + \dfrac{x_n}{n} = \sum_{i=1}^{n} \dfrac{x_i}{n}$ 이다. 같은 실험이 $N(N > n)$번 반복되면 한 값 이상은 같은 x-값을 가질 것이다. N번 시행의 결과 값은 다음 표와 같다. f_1은 값 x_1이 일어난 도수이다. $f_1 + f_2 + \cdots + f_n = N$

X	x_1	x_2	x_3	$\cdots$	x_n
도수	f_1	f_2	f_3	$\cdots$	f_n

결과에 대한 평균값은 다음과 같다.

$$\bar{x} = \frac{f_1x_1 + f_2x_2 + \cdots + f_nx_n}{N} = \frac{f_1x_1}{N} + \frac{f_2x_2}{N} + \cdots + \frac{f_nx_n}{N}$$

$$= \sum_{i=1}^{n} \frac{f_ix_i}{N} = \sum_{i=1}^{n} \frac{f_i}{N} x_i$$

x의 각 값에 대한 $\dfrac{f}{N}$는 N번의 반복 시행에서 x-값이 일어나는 도수에 대한 비율이다. N번 반복시행에서 일어나는 결과값의 집합을 표본(sample)이라고 하고 N은 표본의 크기이다.

$\bar{x}$는 표본평균이고 $\bar{x} = \sum_{i=1}^{n} \dfrac{f_i}{N} x_i$ (N은 표본크기)이다. 어떤 실험이 한 그룹에서 임의로 사람을 선택하는 것을 포함한다. 전체 그룹이 선택될 때까지 이런 종류의 실험이 계속된다면 결과 값은 그룹의 모든 구성원 또는 이 실험에 대한 전체 모집단(total population)에 대한 x-값을 포함할 것이다. 이들 값의 평균을 모평균(population mean)이라고 한다.

어떤 표본은 단지 전체 모집단에 대한 약간의 가능한 결과값 일 수 있다. 따라서

표본평균(sample mean)은 단지 모평균의 추정량이다. 임의로 선택한 16살 여학생의 키를 재는 실험을 생각하자.

왜냐하면 이 실험은 큰 모집단에 대해 반복해야 하기 때문에 모든 16살 여학생의 평균키를 구하는 것은 불가능한 일 일수 있다.

따라서, 합리적인 크기의 16살 여학생을 선택하여 표본평균을 구한 다음 모평균을 추정한다. 이런 과정이 다른 표본에 대해서도 반복될 수 있다. 16살 여학생의 전체 모집단을 측정하는 것이 가능하면 단 하나의 결과 모평균이 구해질 것이다. 그러나 표본평균의 값은 일반으로 다른 표본에 대해 다를 것이다.

따라서, 많은 다른 표본 평균이 가능하다. 그러나 각 표본평균은 고정된 모평균의 추정값이다.

실험의 반복의 수 N이 모집단의 크기와 같은 경우 $\frac{f_i}{N}$는 모집단에서 x_i가 일어나는 비율을 나타낸다. 즉 $\frac{f_i}{N} = P(x_i)$이다.

따라서 모평균에 대한 공식은 $\sum_{i=1}^{n} P(x_i) \times x_i$이다. 표본평균과 모평균을 구별하기 위해 모평균에 대해 그리스 문자 μ(뮤)를 이용한다.

$$\mu = \sum x\, p(x)$$

이런 종류의 임의실험에 대해 모집단에서 특별한 x-값이 일어나는 비율은 실험이 한 번 시행될 때 x-값이 일어나는 확률과 같다.

따라서, $p(x) = P(X = x)$

$$\therefore \mu = \sum x\, P(X = x)\text{이다.}$$

모평균은 특별한 실험의 한 결과에 대해 평균적으로 기대할 수 있는 어떤값을 알려준다. 따라서, 모평균은 기대값(expected value) 또는 X의 기대값이라 하고 μ와 마찬가지로 기호 $E(X)$가 이용된다.

X의 확률분포에서 나타나는 것처럼 임의변수 X의 값이 모집단에 대해 X의 기대값, $\mu = E(X) = \sum x\, P(X = x)$이다.

기대값에 대한 기호는 자주 이용되고 위의 공식은 일반으로 어떤 종류의 임의실험에서 나온 어떤 임의변수에 대해서도 적용된다.

즉, $\mu_Y = E(Y) = \sum yP(Y=y)$는 Y의 기대값이다.

[예제 1] (평균 구하기)

다음 자료에 대해 표본평균을 구하여라.

X	1	3	5	6	8
도수	7	10	4	3	2

풀이 $\bar{x} = \dfrac{(1\times7)+(3\times10)+(5\times4)+(6\times3)+(8\times2)}{26} = \dfrac{91}{26} = 3.5$

따라서, 표본평균은 3.5이다. ▣

[예제 2] (모평균 구하기)

다음 확률분포에서 모평균을 구하여라.

X	1	3	5	6	8
도수	0.2	0.1	0.3	0.25	0.15

풀이 $\mu = \sum xP(X=x) = (1\times0.2)+(3\times0.1)+(5\times0.3)$

$+(6\times0.25)+(8\times0.15) = 4.7$

따라서, 모평균은 4.7이다. ▣

[예제 3] (기대값 구하기)

어떤 지역에서 발견한 알의 수와 둥지의 수를 나타낸 표에 대해 물음에 답하여라.

알의수	0	2	3	4	5	6
새둥지의 수	12	41	82	116	164	85

1) 알의 수 각각에 대한 둥지의 비율을 구하고 3 또는 그 이상의 알을 갖는 둥지의 수의 비율을 구하여라.
2) 1알 보다 많고 5알 보다 작게 갖는 둥지의 비율을 구하여라.
3) 알의 수의 평균을 구하여라.

풀이 1)

알의수 (x)	0	2	3	4	5	6	계
새둥지의 수 (f)	12	41	82	116	164	85	500
비율 $\left(\frac{f}{N}\right)$	0.024	0.082	0.164	0.232	0.328	0.170	1

표에서 3 또는 그 이상을 갖는 둥지의 비율은

0.164+0.232+0.328+0.170 = 0.894

또는 $\frac{82+116+164+85}{500} = 0.894$이다.

2) $x = 2, 3, 4$일 때,

0.082+0.164+0.232 = 0.476이다.

3) $\mu = \sum x p(x)$

$= (0 \times 0.024) + (2 \times 0.082) + (3 \times 0.164) + (4 \times 0.232)$

$+ (5 \times 0.328) + (6 \times 0.170)$

$= 0 + 0.164 + 0.492 + 0.928 + 1.64 + 1.02 = 4.244$

알의 수의 평균은 둥지당 약 4.2개이다. ▣

확률분포의 성질

임의변수 X에 대해 x와 $\frac{f}{n}$ 사이의 관계는 표본에 대한 확률분포를 알려준다. x와 $P(X = x)$ 사이의 관계는 모집단 확률분포를 알려준다. 때때로 전체 모집단의 어떤 면의 측정을 포함하는 임의실험의 시행에서 각 $P(X = x)$를 계산하는 것이 가능할 수 있다. 대부분의 경우에 모집단 확률분포는 직접 $P(X = x)$을 계산하게 할 수 있는 실험에 대한 정보를 이용하여 정의된다.

모든 확률분포의 두 가지 중요한 성질은

(i) 분포의 중심이 어디에 있고 (ii) 이 중심값 주변에 x-값이 얼마나 넓게 흩어져 있는가이다. 평균은 중심의 측도이고 표준편차는 흩어짐의 측도이다.

모집단 분포의 표준편차와 표본분포의 표준편차를 구별하기 위해 기호 σ가 모표준편차로 s가 표본 표준편차로 이용된다.

확률분포의 모표준편차(population stardard deviation)에 대한 공식은

$\sigma = \sqrt{\sum (x-\mu)^2 p(x)}$이다.

확률분포에서 나타난 것처럼 X의 특별한 값과 모평균 사이의 차이는 $x-\mu$로 주어진다. σ는 분포에 대한 이들 차이의 평균의 측도이다. σ가 크면 클수록 x-값이 μ 주변에 더 넓게 흩어진다.

이 정의에서 제곱근의 불편함 때문에 흔히 다음과 같이 쓴다.

$$\sigma^2 = \sum_{i=1}^{N} (x_i - \mu)^2 p(x) = E(X-\mu)^2$$

σ^2은 분산(variance) 또는 $V(X)$라고 한다.

분산에 대한 공식을 이 절의 끝에서 $\sigma^2 = E(X-\mu)^2 = E(X^2) - \mu^2$이라고 쓸 것이다. 기대값의 정의에 의해 $\mu = E(X) = \sum x p(x)$이고, $E(X^2) = \sum x^2 p(x)$이므로 분산에 대한 공식을 다음과 같이 5개의 동차인 식으로 나타낼 수 있다.

$$\sigma^2 = \sum (x-\mu)^2 p(x)$$

$$\sigma^2 = \sum x^2 p(x) - \mu^2$$

$$\sigma^2 = E(X^2) - [E(X)]^2$$

$$\sigma^2 = E(X-\mu)^2$$

$$\sigma^2 = E(X^2) - \mu^2$$

이들중 두 번째 식이 분산을 계산하는데 이용되는 최선의 공식이고 따라서, 표준편차도 이 식에서 구한다.

[예제 4] (표준편차 구하기)

예제 3에서 '둥지당 알의 수'인 변수의 표준편차를 구하여라.

풀이 $\mu = 4.2$이고 X에 대한 분산 구하는 공식은

$$\sigma^2 = \sum x^2 p(x) - \mu^2 = \sum x^2 p(x) - 4.2^2$$

$$= (0^2 \times 0.024 + 2^2 \times 0.082 + 3^2 \times 0.164 + 4^2 \times 0.232$$

$$+ 5^2 \times 0.328 + 6^2 \times 0.170) - 17.64 = 2.196$$

$$\therefore \sigma = \sqrt{2.196} = 1.48$$ ▣

[예제 5] (분산 구하기)

다음 표에 대해 물음에 답하여라.

X	80	30	-15	-20
$P(X=x)$	0.12	0.13	0.5	0.25

1) 평균을 구하여라.

2) 분산을 구하여라.

풀이 1) $\mu = \sum x p(x)$

$$= (80\times0.12)+(30\times0.13)+(-15\times0.5)+(-20\times0.25)$$

$$= 9.6+3.9-7.5-5=1$$

2) $V(X) = E(X^2)-\mu^2$

$$= 80^2\times0.12+30^2\times0.13+(-15)^2\times0.5+(-20)^2\times0.25-1^2$$

$$= 458+117+112.5+100-1=1096.5$$ ▣

기대값의 성질

다음 경우에 대해 알아보자.

각 상자에 쵸코렛 수는 다음 확률분포를 갖는 이산임의변수 X이다.

x	1	2	3	4
$P(X=x)$	0.2	0.3	0.4	0.1

상자당 평균 쵸코렛 수는,

$\mu = \sum x p(X=x) = (1\times0.2)+(2\times0.3)+(3\times0.4)+(4\times0.1) = 2.4$이다.

상자당 기대하는 쵸코렛 수는 $E(X) = 2.4$이다.

전체가격 Y는 $Y = X\times$ (각 쵸코렛의 가격)+상자의 가격으로 주어진다.

각 쵸코렛의 가격이 140원이고 상자의 가격이 50원이라면 $Y = 140X+50$이다. Y의 가능한 가격은 190, 330, 470, 610원이다.

1개의 쵸코렛을 포함하면 가격은 190원이 될 것이다. $Y=190$일 때의 확률은

$X=1$일 때의 확률과 같다. Y에 대한 확률 분포는 다음과 같다.

x	190	330	470	610
$P(Y=y)$	0.2	0.3	0.4	0.1

이 표에서 Y의 기대값을 계산할 수 있다.

$$E(Y) = \sum yP(Y=y)$$
$$= (190\times0.2)+(330\times0.3)+(470\times0.4)+(610\times0,1)$$
$$= 386 \text{이다.}$$

$Y=140X+50$, $X=E(X)$일 때,

$$Y = 140E(X)+50 = (140\times2.4)+50 = 386$$
$$= E(Y) = E(140X+50)$$

일반으로, $E(aX+b) = aE(X)+b$이다.

[예제 6] ($E(aX+b) = aE(X)+b$ 이용하기)

X는 다음 확률분포에 대한 임의변수이다.

X	1	2	3	4	5
$P(X=x)$	0.07	0.12	0.24	0.44	0.13

1) $E(X)$를 구하여라.

2) $Y=3X$로 정의될 때 $E(Y)$를 구하여라.

풀이 1) $E(X) = \sum xP(X=x)$
$$= (1\times0.07)+(2\times0.12)+(3\times0.24)$$
$$+(4\times0.44)+(5\times0.13) = 3.44 \text{ 이다.}$$

2) $Y=3X$에서 $E(Y) = E(3X) = 3E(X) = 3\times3.44 = 10.32$이다. ▣

[예제 7] ($E(ax^2+bX+C)=aE(x^2)+bE(X)+C$보이기)

X는 다음 확률분포를 갖는 임의변수이다.

X	1	2	3
$P(X=x)$	0.1	0.6	0.3

$E(X-3)^2=E(X^2)-6E(X)+9$임을 보여라.

풀이 $E(X)=(1\times 0.1)+(2\times 0.6)+(3\times 0.3)=2.2$

$Y=X^2$이라면, Y의 확률분포는

Y	1	4	9
$P(Y=y)$	0.1	0.6	0.3

이고,

$E(Y)=E(X^2)=(1\times 0.1)+(4\times 0.6)+(9\times 0.3)=5.2$

$Z=(X-3)^2$이라면, Z의 확률분포는,

Z	4	1	0
$P(Z=z)$	0.1	0.6	0.3

이고,

$E(Z)=E(X-3)^2=(4\times 0.1)+(1\times 0.6)+(0\times 0.3)=1.0$

따라서, $E(X^2)-6E(X)+9=5.2-(6\times 2.2)+9=1=E(X-3)^2$ 이다. ▣

이것은 일반적인 경우의 특별한 경우이다.

$E(X-a)^2=E(X^2)-2aE(X)+a^2$

여기서 $a=\mu$라면,

$E(X-\mu)^2=E(X^2)-2\mu E(X)+\mu^2$

$E(X)=u$에서, $E(X-u)^2=E(X^2)-2u^2+u^2$이다.

즉, $E(X-u)^2=E(X^2)-u^2$이고,

또는 $E(X-u)^2=E(X^2)-[E(X)]^2$이다.

연습문제 5-3

1. 다음 확률분포에서 평균, 분산과 표준편차를 구하여라.

1)

X	2	4	6	8	10
$P(X=x)$	0.2	0.2	0.3	0.1	0.2

2)

X	3	4	5	6	7
$P(X=x)$	0.2	0.4	0.1	0.1	0.2

3)

X	3	4	5	6	7
$P(X=x)$	0.2	0.1	0.4	0.1	0.2

2. 다음 확률분포에 대해 물음에 답하여라.

a)

X	3	4	5	6	7	8	9
$P(X=x)$	0.15	0.2	0.23	0.11	0.09	0.05	0.17

b)

Y	2.4	3.0	5.0	5.8	6.3	9.5	10.4
$P(Y=y)$	0.09	0.14	0.20	0.22	0.19	0.09	0.07

1) 평균과 표준편차를 구하여라.
2) $P(X<8)$, $P(X>5)$, $P(4<X<7)$
$P(X \le 8)$, $P(5 \le X < 9)$, $P(Y<6)$,
$P(Y \ge 3)$, $P(3<X<7)$, $P(Y \le 11)$,
$P(5 \le Y < 9)$를 구하여라.

3. 다음 확률분포에서 임의변수 X에 대해 다음을 구하여라.

X	1	2	3	4	5
$P(X=x)$	0.6	0.1	0.1	0.1	0.1

1) $E(X)$
2) $E(2X)$
3) $E(3X+5)$
4) $E(2X-3)$
5) $E(5X+1)$

해 답

1.

1) 5.8, 7.56, 2.75
2) 4.7, 2.01, 1.42
3) 5, 1.8, 2.34

2.

1)
a) 5.62, 2.01
b) 5.692, 2.24

3.

1) 2
2) 4
3) 11

4. 다음 확률분포에 대한 임의변수 X에 대해 다음을 구하여라.

a)

X	1	2	3	4	5
$P(X=x)$	0.15	0.1	0.2	0.4	0.15

b)

X	1	2	3	4	5
$P(X=x)$	0.1	0.15	0.15	0.45	0.15

1) $E(X)$ 2) $E(X^2)$

3) $E(X^2+3X-2)$ 4) $E(X^2+2X+1)$

4.

b)

1) 3.4

2) 13

3) 21.2

5.4 $2-\sigma$ 성질

앞에서 배운 것처럼 표준편차 σ는 확률분포의 흩어짐의 폭의 측도이다. 표준편차와 관련된 중요한 성질은 다음과 같다.

많은 임의변수에 대해 확률분포에서 나타난 것처럼 x의 값의 95%는 평균으로부터 2-표준편차 이내에 있다.

즉, $P(\mu-2\sigma \leq X \leq \mu+2\sigma)$는 거의 95%에 가깝다.

이 관계는 앞의 예제에서 계산과 자료를 이용하여 알아볼 수 있다. 이들 자료를 요약하면 다음과 같다.

둥지당 알의 수(X)	0	1	2	3	4	5
$P(X=x)$	0.024	0.082	0.164	0.232	0.328	0.170

이 자료 집합에 대해, 평균과 표준편차는 $\mu=4.24$이고 $\sigma=1.35$이다. 따라서,

$$\mu+2\sigma=4.24+2.70=6.94$$

$$\mu-2\sigma=4.24-2.70=1.54$$

$$\therefore P(1.54 \leq X \leq 6.95) \approx 0.95$$

'둥지안의 알의 수'가 변수이고, 변수가 정수값을 가질 수 있으므로 $X=1.54$ 또는 $X=6.94$의 값은 의미가 없다. $\mu \pm 2\sigma$값은 따라서 2와 6으로 해석될 필요가 있다. 둥지안의 알의 수가 2보다 작지 않고 6보다 크지 않은 확률은 거의 0.95라고 할 수 있다.

자료는 2, 3, 4, 5 또는 6개의 알을 포함하는 둥지의 비율이 $P(2 \leq X \leq 6) = 0.976$임을 보여준다. 이 결과는 확률분포에서 나타나는 것처럼 X의 값의 약 95%가 $\mu \pm 2\sigma$ 구간에 있음을 확신시킨다.

[예제 1] (2-σ성질 확인하기)

모집단의 평균이 1.2kg이고 표준편차 0.5kg인 모집단의 물고기를 댐에서 두 마리 잡았다. 잡은 물고기가 0.7kg과 1.6kg 사이라면 댐의 다른 물고기에 대해 믿음을 확신시키는가?

풀이 $\mu = 1.2$, $\sigma = 0.5$에서 $\mu \pm 2\sigma = 1.2 \pm 1$, 2.2와 0.2

평균이 1.2kg이고 표준편차가 0.5kg이라면 댐의 물고기의 약 95%는 0.2와 2.2 kg 사이에 있을 것이다. 잡은 두 마리의 물고기는 이 범위에 있으므로 믿을 수 있다. ▣

[예제 2] (95% 구간 구하기)

임의변수 X는 평균 3.2이고 분산 1.44이다. $P(a < X < b)$가 약 0.95가 되는 평균으로부터 같은 거리에 있는 a, b의 값을 추정하여라.

풀이 $P(\mu - 2\sigma < X < \mu + 2\sigma) \approx 0.95$에서 $a = \mu - 2\sigma$이고 $b = \mu + 2\sigma$이다.

$\sigma = \sqrt{1.44} = 1.2$ 따라서, $a = \mu - 2\sigma = 3.2 - 2.4 = 0.8$,

$b = u + 2\sigma = 3.2 + 2.4 = 5.6$이다. ▣

연습문제 5-4

1. 다음 확률분포에 대해 $2-\sigma$ 성질을 확인하여라.

1)

X	3	4	5	6	7	8	9
$P(X=x)$	0.15	0.2	0.23	0.11	0.09	0.05	0.17

2)

Y	2.4	3.0	5.0	5.8	6.3	9.5	10.4
$P(Y=y)$	0.09	0.14	0.20	0.22	0.19	0.09	0.07

2. 임의변수가 평균 2.4, 표준편차 0.4를 갖는다. $P(a<X<b)\approx 0.95$가 되는 평균으로부터 같은 거리인 a, b를 추정하여라.

3. X의 값은 임의로 선택된다. X는 평균 72.9이고 표준편차 3.65인 임의변수이다. a를 구하여라.

4. 어느지역 사람들의 키의 평균은 179.6cm이고 표준편차는 17.6cm이다. 이 지역 사람을 임의로 뽑을 때, 키가 215cm이다. 이 사람은 이 지역 사람들의 95%보다 크다고 할 수 있는가?

해 답

1. 생략

2.

2. a = 1.6
   b = 3.2

3.

a = 65.6
$P(a<X<80.2)$
≈ 0.95

4. 크다.

Home Work

1. 임의변수 X가 평균4, 분산 1.44를 갖는다. X의 두 값을 임의로 선택할 때, 95% 구간에 있는가?

   1) 1.12와 6.88　　2) 2.8과 5.2　　3) 1.6과 6.4
   4) 4와 5.44　　5) 2.56과 5.44

2. 다음중 확률분포 함수를 나타내는 것은?

a)

X	1	2	3	4	6
$P(X=x)$	$\frac{1}{4}$	$\frac{1}{4}$	$\frac{1}{4}$	$\frac{1}{4}$	$\frac{1}{4}$

b)

X	1	3	5	8	10
$P(X=x)$	$\frac{1}{2}$	$\frac{1}{3}$	$\frac{1}{4}$	$\frac{1}{5}$	$\frac{1}{6}$

c)

X	-2	-1	0	1	2
$P(X=x)$	$\frac{1}{8}$	$\frac{1}{8}$	$\frac{1}{4}$	$\frac{1}{8}$	$\frac{3}{8}$

d)

X	-2	-1	0	1	2
$P(X=x)$	-0.1	0.2	0	0.3	0.6

3. 멧돼지의 수명을 조사한 자료는 다음과 같다. 다음 물음에 답하여라.

수 명	1	2	3	4	5	6	7	8
마리수	2	36	80	132	173	76	41	10

   1) 멧돼지의 수명에 대한 평균과 표준편차를 구하고 수명이 95%에 들어올 값을 구하여라.
   2) 멧돼지가 적어도 6년을 살 확률을 구하여라.

4. 임의변수 X가 확률분포를 갖는다. 다음 자료에 대해 X의 기대값을 구하여라.

X	0	1	2	3
$P(X=x)$	0.2	0.4	0.3	0.1

제6장

이항분포

학습내용

6.1 이항분포
6.2 이항확률분포 그래프와 n, p의 효과
6.3 이항분포의 평균, 분산과 표준편차

6.1 이항분포

앞에서 여러 가지의 임의실험과 이산임의변수에 대해 배웠다. 이들 실험중 단 한 번 어떤 검사를 하는 것을 포함하고, 다른 실험들은 같은 검사를 여러번 하는 것을 포함한다. 예를 들면,

(i) '주사위 던지기' 실험은 '주사위에 나타난 윗면의 수'를 임의변수 X라 하고 가능한 X 값은 1, 2, 3, 4, 5, 6 이다.

(ii) '주사위를 세 번 던지기' 실험은 결과를 어떻게 정하느냐에 따라 여러 가지 임의변수를 정할 수 있다. 변수가 주사위를 세 번 던지기에서 '나타난 윗면의 수의 합'이라고 할 수 있다. 또는 3번의 시행중 '2가 윗면의 수인 회수'일 수 있다.

후자의 경우 임의변수로 가능한 값은 0, 1, 2, 3이다. 이들 값은 3번 주사위를 던질 때(이 경우에 2의 눈) 주사위를 한 번 던져 특별한 값이 나오는 회수를 나타낸다.

여기서는 몇 회의 임의시행을 포함하는 실험을 주로 다룰 것이다. 매번 검사가 행해지는 것을 시행(trial)이라고 한다. 임의변수는 앞에서 주어진 예처럼 정의될 것이다. 즉, 특별한 결과가 얼마나 일어나는가의 용어로 정의될 것이다. 일어나는 경우를 성공(sucess)이라 하고 모든 다른 결과를 실패(failure)라고 말한다.

이항분포(binomial distribution)는 이러한 형태의 임의변수의 확률분포의 특별한 경우이다. 시행이 세 가지 중요한 조건에 따르는 경우 X가 n번 시행에서 성공의 수를 나타내면 변수 X는 이항분포를 갖게 될 것이다.

이항분포를 나타내는 임의실험의 세가지 필요한 특성은 다음과 같다.

· 실험은 n개의 독립(independent) 시행으로 이루어진다. 즉, 한 번 시행의 결과는 어떤 다른 시행의 결과에 영향을 끼치지 않는다.

· 각 시행에 단지 두 가지 가능한 결과가 있다.--- 성공(S), 실패(F)

· 각 시행에서 성공의 확률은 p이고 실패의 확률은 $1-p$이다.

이런 형태의 반복된 시행을 Bernoulli 시행이라고 한다.

Bernoulli 시행을 포함하고 이항분포로 이끄는 실험의 예들은 다음과 같다.

· n번 동전 던지기에서 앞면이 나타난 회수, '앞면이 나타난 회수'가 이항임의변

수가 된다.

· n번 주사위를 던질 때 6이 윗면에 나타나는 회수, '6이 윗면에 나타나는 회수'가 이항임의변수가 된다.

· 2개의 빨간공과 3개의 파란공이 들어있는 주머니에서 n번 빨간공을 꺼내기(꺼낸 공은 다시 집어넣는다) '꺼내진 빨간공의 수'가 이항임의변수가 된다.

확률분포가 이항이고 n과 p의 값이 알려지거나 또는 결정될 수 있으면 n번 시행에서 x번 성공을 할 확률을 계산하는 것이 가능하다.

[예제 1] (이항분포의 이해)

상자에 4개의 빨간공과 2개의 파란공이 들어 있다. 꺼낸 공은 다시 집어넣기로 하고 임의로 3번 공을 꺼낼 때 빨간공을 꺼내는 경우에 대해 알아보자.

1) 한 번 시행에서 빨간공을 꺼낼 확률은?

2) 3번의 독립시행을 나타내는 수형도를 그려라.

3) 실험에서 X가 성공의 수를 나타낸다면, X에 대한 확률분포표를 만들어라.

4) $\sum_{x=0}^{3} P(X=x)=1$임을 보여라.

5) 이 실험에서 $P(X=x)$에 대한 일반적인 규칙을 정할 수 있는가?

6) 성공의 가능한 수 X에 대한 $P(X=x)$의 그래프를 그려라.

풀이 1) $P(\text{성공할 확률})=\frac{4}{6}=\frac{2}{3}$

2) 세 번의 시행에 대한 결과는 다음과 같다.(F는 실패, S는 성공)

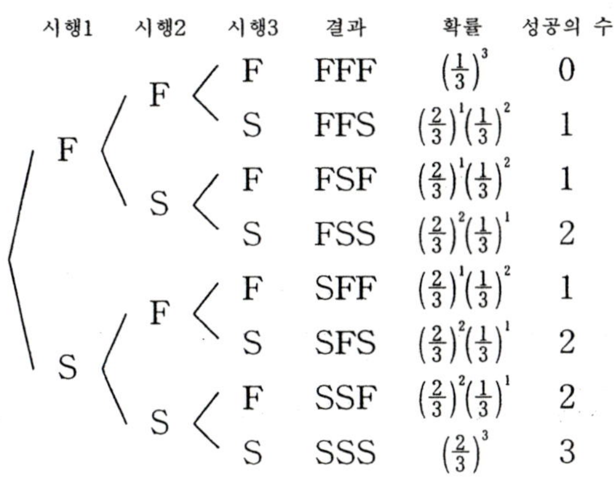

3) 확률분포를 나타내면 다음과 같다.

X	0	1	2	3
$P(X=x)$	$\frac{1}{27}$	$\frac{6}{27}$	$\frac{12}{27}$	$\frac{8}{27}$

4) $\sum_{x=0}^{3} P(X=x) = P(X=0)+P(X=1)+P(X=2)+P(X=3)$

$$= \frac{1}{27}+\frac{6}{27}+\frac{12}{27}+\frac{8}{27} = 1$$

5) 일반적인 규칙은

$$P(X=x) = {}_3C_x\left(\frac{2}{3}\right)^x\left(\frac{1}{3}\right)^{3-x} \quad (x=0,1,2,3)\text{이다.}$$

6) 확률분포를 그래프로 나타내면 (그림6-1)과 같다. ▣

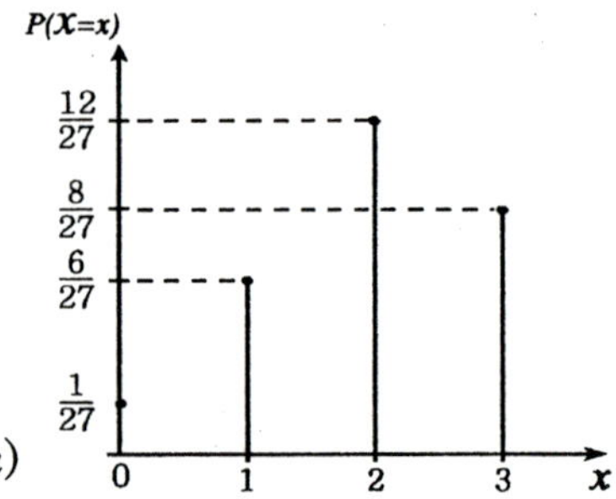

(그림6-1)

일반으로, 이항실험의 n번 시행에서 x번 성공할 확률은

$$P(X=x) = {}_nC_x\, p^x(1-p)^{n-x} \quad (x=0,1,2,\cdots,n)$$

이다.

n = 독립시행의 수

X = n번 시행에서 성공한 경우의 수

x는 X가 가질 수 있는 특별한 값을 나타낸다.

p = 각 시행에서 성공할 확률(p는 상수)

$1-p$ = 각 시행에서 실패할 확률

$X \sim B(n, p)$는 시행회수 n이고 한 번 시행에서 성공확률 p인 X가 이항확률분포를 의미한다.

[예제 2] (이항확률 계산하기)

X는 $n=5$, $p=\frac{1}{3}$인 이항임의변수를 나타낸다. $P(X=2)$를 구하여라.

풀이 $P(X=x) = {}_nC_xp^x(1-p)^{n-x} = {}_5C_x\left(\frac{1}{3}\right)^x\left(\frac{2}{3}\right)^{5-x}$ $(x=0,1,2,3,4,5)$에서, $P(X=x) = {}_5C_2\left(\frac{1}{3}\right)^3\left(\frac{2}{3}\right)^3 = 10\times\frac{1}{9}\times\frac{8}{27} = \frac{80}{243}$ ▣

앞의 예제에서, 한 번 시행에서 성공할 확률(p)은 주어진 값이거나 정확히 계산될 수 있다. 다른 경우에 성공의 확률은 여러번 같은 시행을 반복하여 경험에 근거하거나 추정된다. 이 추정을 p의 실제값으로 취한다. 예를 들면, 컴퓨터 칩을 만드는 공장에서 우량인지 불량인지를 생산된 모든 컴퓨터 칩의 비로서 정한다. 많은 수의 검사는 정확한 추정으로 이끈다. 다음 예제는 경험에 근거한 p의 값을 이용한다.

[예제 3] (이항확률분포의 이해)

백화점에서 경험으로부터 구매자의 65%가 현금을 지불한다고 한다. 구매가 독립적으로 이루어진다면 임의로 선택한 5명에 대해 다음 확률을 구하여라.
1) 정확히 2명이 현금으로 지불한다.
2) 적어도 3명이 현금으로 지불한다.
3) 처음 두명은 현금 나머지는 현금 지불이 아니다.
4) 적어도 한 명이 현금으로 지불한다.

풀이 성공한 확률 $p=0.65$, 실패할 확률 $1-p=0.35$

$n=5$, X는 성공의 수, 가능한 값은 0, 1, 2, 3, 4, 5이다.

$X \sim B(5, 0.65)$에 따르고,

$P(X=x)={}_5C_x\ 0.65^x\ 0.35^{5-x}$이다.

1) $P(X=2)={}_5C_2\ 0.65^2\ 0.35^3=10\times0.4225\times0.0429=0.1813$

2) $$\begin{aligned}P(X\geq3)&=P(X=3)+P(X=4)+P(X=5)\\&={}_5C_3\,0.65^3\,0.35^2+{}_5C_4\,0.65^4\,0.35+0.65^5\\&=0.3364+0.3124+0.1160=0.7648\end{aligned}$$

3) $$\begin{aligned}P(SSFFF)&=pp(1-p)(1-p)(1-p)=p^2(1-p)^3\\&=0.65^2\times0.35^3=0.0181\end{aligned}$$

4) $$\begin{aligned}P(X\geq1)&=P(X=1)+P(X=2)\\&\quad+P(X=3)+P(X=4)+P(X=5)=1-P(X=0)\\&=1-{}_5C_0\ 0.65^0\ 0.35^5=1-0.35^5=1-0.00525\\&=0.995\end{aligned}$$

■

시행회수 구하기

특별한 회수의 성공의 확률(예를 들면 $P(X=2)$)은 분명히 시행이 행해진 회수에 따라 다양하게 변한다. 어떤 경우에 성공회수 x가 일어나는 특별한 확률을 확신시키는데 얼마나 많은 시행이 필요한지를 아는 것은 중요한 일 일 수 있다.

[예제 4] (시행회수 구하기)

이항임의변수 X, $P(X=0)=0.4835$에 대해 $p=0.1$일 때, n을 구하여라.

풀이 $p=0.1$, $1-p=0.9$일 때,

시행회수 n은 $P(X=x)={}_nC_x\, 0.1^x\, 0.9^{n-x}$에서

$$P(X=0)=(0.9)^n=0.4835$$

양변에 $\log_e$를 취하면

$$\log_e 0.4835=\log_e 0.9^n$$

$$n\log_e 0.9=\log_e 0.4835,\quad n=\frac{\log_e 0.4835}{\log_e 0.9}=6.897$$

$$\therefore\ n=7$$

▣

[예제 5] (시행회수 구하기)

적어도 2의 배수가 한 번 나올 확률이 0.9보다 크려면 공정한 주사위를 몇 번 던져야 하는가?

풀이 X는 2의 배수가 나오는 회수, X에 대한 가능한 값은 0. 1. 2. 3. … 이다.

$\{n: P(X\geq 1)>0.9\}$을 구하면 된다.

$$p=\frac{3}{6}=\frac{1}{2},\quad 1-p=1-\frac{1}{2}=\frac{1}{2}\text{에서,}$$

$$P(X=x)={}_nC_x\, p^x(1-p)^{n-x}={}_nC_x\left(\frac{1}{2}\right)^x\left(\frac{1}{2}\right)^{n-x}$$

$(x=0,1,2,3,4,\cdots,n)$이다.

$P(X\geq 1)>0.9$에서 $1-P(X=0)>0.9$

$$1-0.9 > P(X=0)$$

$$0.1 > P(X=0)$$

따라서, $P(X=0) < 0.1$

$${}_nC_0\left(\frac{1}{2}\right)^0\left(\frac{1}{2}\right)^{n-0} < 0.1,\quad \left(\frac{1}{2}\right)^n < 0.1,\quad 2^{-n} < 0.1$$

양변에 $\log_e$를 취하면, $-n\log_e 2 < \log_e 0.1$

$$n > \frac{\log_e 10}{\log_e 2} = 3.3219$$

$$\therefore n = 4$$

■

[예제 6] (조건부확률 구하기)

적어도 어린이들중 한명은 여자아이로 주어진 경우 세 아이를 갖고 있는 가정이 세 여자 아이를 포함할 확률을 구하여라(남자아이, 여자아일 확률은 같다).

풀이 $X=$ 여자아이의 수, X의 가능한 값 0, 1, 2, 3

$n=$ 아이들의 수 $=3$ $\quad p=\frac{1}{2}$(여자아이일 확률)

$$P(X=x) = {}_nC_x p^x(1-p)^{n-x} = {}_3C_x\left(\frac{1}{2}\right)^x\left(\frac{1}{2}\right)^{3-x}\quad (x=0,1,2,3)$$

P (세 여자아이 | 적어도 한 여자아이)

$$= \frac{P(\text{세 여자아이} \cap \text{적어도 한 여자아이})}{(\text{적어도 한 여자아이})}$$

$$= \frac{P(X=3 \cap X \ge 1)}{P(X \ge 1)}$$

$$= \frac{P(X=3)}{P(X\ge 1)} = \frac{{}_3C_3\left(\frac{1}{2}\right)^3\left(\frac{1}{2}\right)^0}{1-P(X=0)}$$

$$= \frac{\left(\frac{1}{2}\right)^3}{1-{}_3C_0\left(\frac{1}{2}\right)^0\left(\frac{1}{2}\right)^3} = \frac{\frac{1}{8}}{1-\frac{1}{8}} = \frac{1}{7}$$

■

연습문제 6-1

1. 다음을 구하여라.

   1) ${}_4C_2\left(\frac{1}{4}\right)^2\left(\frac{3}{4}\right)^2$ 2) ${}_5C_3(0.6)^3(0.4)^2$

   3) ${}_7C_5\left(\frac{2}{3}\right)^5\left(\frac{1}{3}\right)^2$ 4) ${}_{10}C_3(0.7)^3(0.3)^7$

   5) ${}_{12}C_4(0.5)^4(0.5)^8$ 6) ${}_9C_2\left(\frac{2}{5}\right)^2\left(\frac{3}{5}\right)^7$

2. X가 이항임의변수를 나타낼 때, 다음에 대해 $P(X=2)$를 구하여라.

   1) $n=3,\ p=0.4$ 2) $n=7,\ p=\frac{2}{3}$

   3) $n=10,\ p=0.2$ 4) $n=50,\ p=0.08$

   5) $n=25,\ p=0.2$ 6) $n=12,\ p=\frac{1}{8}$

3. X가 이항임의변수를 나타낼 때, 다음을 구하여라.

   1) $P(X=3)$, $n=4$, $p=\frac{1}{2}$

   2) $P(X=0)$, $n=6$, $p=0.75$

   3) $P(X=1)+P(X=2)$, $n=8,\ p=0.3$

   4) $P(X=4)+P(X=10)$, $n=20,\ p=\frac{5}{8}$

4. X가 이항임의변수를 나타낼 때, 다음을 구하여라.

   1) $P(X>0)$, $n=3,\ p=0.5$

   2) $P(X\le 0)$, $n=4,\ p=0.4$

   3) $P(X<2)$, $n=7,\ p=\frac{3}{4}$

   4) $P(X\ge 4)$, $n=20,\ p=0.64$

해 답

1.
1) 0.2109
3) 0.373
5) 0.1209

2.
1) 0.288
2) 0.0384
3) 0.302

3.
1) 0.25
3) 0.4941

4.
1) $\frac{7}{8}$
3) 0.0013

5. 이항임의변수 X에 대해 $P(X=0)=0.5864$일 때, 다음을 구하여라.

1) $n=6,\ p=?$ 2) $n=4,\ p=?$

3) $n=\frac{1}{10},\ p=?$ 4) $p=0.38,\ n=?$

6. 1) 공정한 주사위를 4번 던진다. 앞면이 0, 1, 2, 3 또는 4일 확률을 구하여라. 앞면이 나온 회수 임의변수 X에 대한 확률분포를 만들어라.

2) $\sum_{X=0}^{4} P(X=x)=1$임을 보여라.

3) x에 대해 $P(X=x)$의 그래프를 그려라.

7. 공정한 주사위를 던질 때 정확히 두 번 6이 나올 확률을 구하여라.

1) 주사위를 3번 던진다.
2) 주사위를 6번 던진다.

8. 각 시행에서 $p=0.6$인 4번의 Bernoulli 시행에서 다음 확률을 구하여라.

1) 모든 시행이 성공
2) 정확히 두 번만 성공
3) 적어도 한 번 성공

9. 다음을 구하여라.

1) $X\sim B(8,\ 0.2)$에서 $P(X=6|X>2)$
2) $X\sim B(12,\ 0.7)$에서 $P(X=3|X>1)$
3) $X\sim B(8,\ p)$에서 $P(X=0)=0.3$에서 p
4) $X\sim B(6,\ p)$에서 $P(X\geq 1)=0.4$에서 p

5.

2) 0.1249
3) 5

6. 생략

7.

1) $\frac{5}{72}$
2) 0.2009

8.

1) 0.1296
2) 0.3456
3) 0.9744

9.

1) 0.00563
2) 0.0015
3) 0.1397
4) 0.0816

6.2 이항확률분포 그래프와 n, p의 효과

확률분포에서 x-값과 $P(X=x)$사이의 관계를 확률함수(probability function)라고 한다. 확률분포에서 주어진 이 함수는 그래프로 표현될 수 있음을 배웠다.

이항변수에 대해 X와 $P(X=x)$ 사이의 관계는 n과 p의 다른 값에 대해 다르게 될 수 있다. 이것이 그래프로 보여질 것이다.

확률분포는 같은 실험을 반복하여 기대되는 결과를 기술하는 것임을 기억하라. 이들 결과의 어떤 비율이 X에 대한 가능한 각각의 값을 준다. 확률분포 그래프의 모양은 중심과 흩어짐으로 X의 확률분포의 경향을 기술한다. 그래프가 대칭이면 이것은 대칭인 확률분포를 나타낸다.

p의 효과

X의 이항확률분포는 p의 여러값에 대해 그래프가 그려질 것이다.

n의 값이 일정하면 확률분포의 그래프에 대한 p의 변화의 효과가 조사될 수 있다. $n=4$와 다른 p의 값을 갖는 이항확률분포에 대해 알아보자.

- p는 각 독립시행에서 성공의 확률이다. 각 시행은 단지 두 개의 가능한 값 성공과 실패를 갖는다.
- X는 n번 시행에서 성공의 수이다. 즉, $X \sim B(n=4,\ p=?)$
- $P(X=x) = {}_nC_x\, p^x (1-p)^x \quad (x=0, 1, 2, 3, 4)$이다.

Case 1 : $n=4$이고 $p=0.2$

$P(X=x) = {}_4C_x 0.2^x 0.8^{4-x}$ $(x=0, 1, 2, 3, 4)$이다. 확률분포와 그 그래프는 (그림6-2)와 같다.

그래프는 $n=4$, $p=0.2$인 이항분포가 양의 왜도를 갖는 것을 보여준다. 즉, 오른쪽으로 꼬리가

X	$P(X=x)$
0	0.4096
1	0.4096
2	0.1536
3	0.0256
4	0.0016

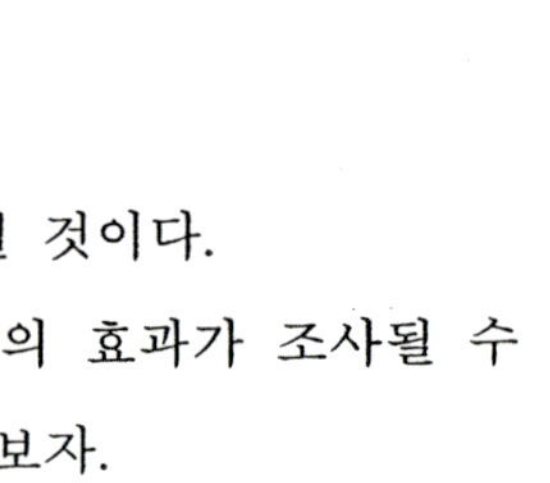

(그림6-2)

뻗는다.

Case 2 : $n=4$이고 $p=0.5$

$P(X=x)={}_4C_2 0.5^x 0.5^{4-x}$

$(x=0,1,2,3,4)$이다. 확률분포와 그 그래프는 (그림6-3)과 같다.

그래프는 $n=4$, $p=0.5$에 대한 이항분포가 $x=2$에 대해 대칭임을 보여준다.

X	$P(X=x)$
0	0.0625
1	0.25
2	0.375
3	0.25
4	0.0625

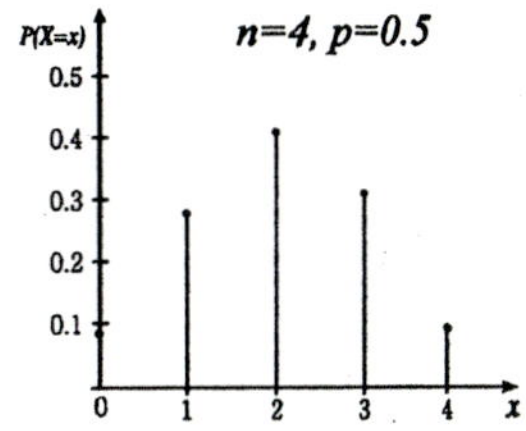

(그림6-3)

Case 3 : $n=4$이고 $p=0.8$

$P(X=x)={}_4C_x 0.8^x 0.2^{4-x}$

$(x=0,1,2,3,4)$이다. 확률분포와 그 그래프는 (그림6-4)와 같다.

그래프는 $n=4$, $p=0.8$에 대한 이항분포가 음의 왜도를 가짐을 보여준다. 즉, 꼬리가 왼쪽으로 뻗는다.

X	$P(X=x)$
0	0.0016
1	0.0256
2	0.1536
3	0.4096
4	0.4096

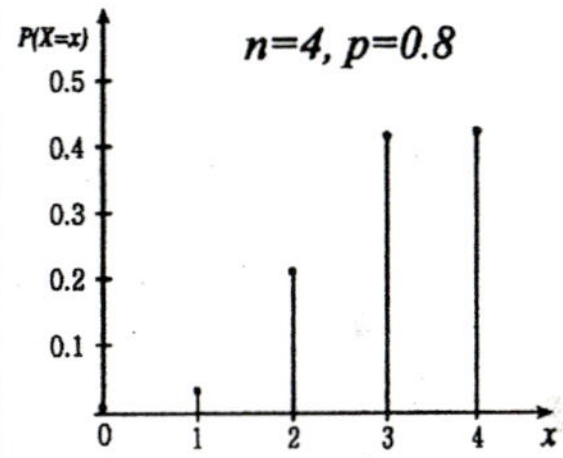

(그림6-4)

$n=4$이고 p가 0.2에서 0.8까지 변하는 세 개의 이항확률분포에서 p의 값이 작아질수록 더 양의 왜도를 갖는 분포가 되고 p의 값이 커질수록 더 음의 왜도를 갖는 분포가 됨을 알 수 있다.

n의 효과

이항확률함수의 그래프에서 n의 효과는 n의 다양한 값에 대한 이항분포의 그래프에서 조사될 수 있다. p의 값은 0.6으로 고정시킨다.

$p=0.6$이고 n의 값이 다른 이항확률분포에 대해 알아보자.

· X는 성공의 수를 나타낸다.

· p는 각 독립시행에서 성공의 확률이고 각 시행은 성공과 실패의 두 결과만 나타난다. 즉, $X \sim B(n=?,\ p=0.6)$이다.

· $P(X=x) = {}_nC_x\ 0.6^x\ 0.4^{n-x} \quad (x = 0, 1, 2, 3, \cdots, n)$이다.

Case 1 : $p=0.6$이고 $n=6$

$P(X=x) = {}_6C_x 0.6^x 0.4^{6-x}$ $(x = 0, 1, 2, 3, 4, 5, 6)$이다. 확률분포와 그 그래프는 (그림6-5)와 같다.

X	$P(X=x)$
0	0.0041
1	0.0369
2	0.138
3	0.2765
4	0.311
5	0.1866
6	0.0467

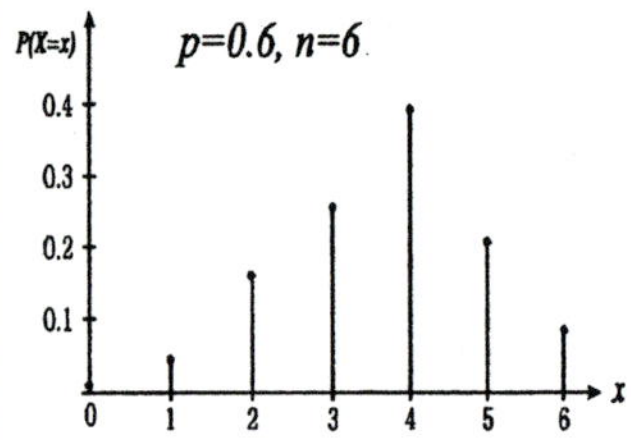

(그림 6-5)

Case 2 : $p=0.6$이고 $n=12$

$P(X=x) = {}_{12}C_x 0.6^x 0.4^{12-x}$ $(x = 0, 1, 2, \cdots, 12)$이다. 확률분포와 그 그래프는 (그림6-6)과 같다.

X	0	1	2	3	4	5	6	7	8	9	10	11	12
$P(X=x)$	0	0.0003	0.0025	0.015	0.042	0.1009	0.1766	0.227	0.213	0.142	0.064	0.017	0.002

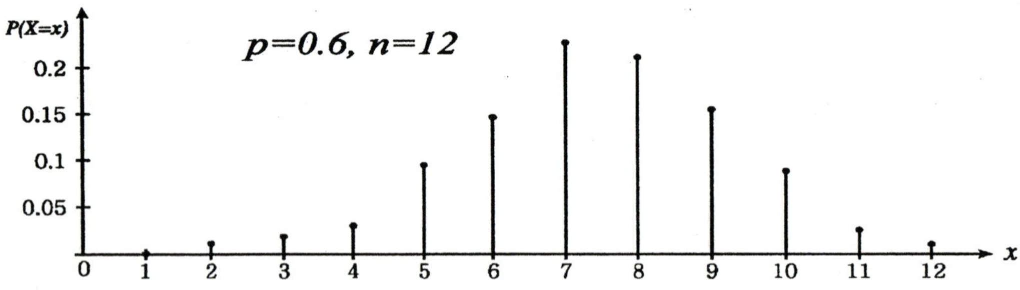

(그림6-6)

Case 3 : $p=0.6$이고 $n=20$

$P(X=x) = {}_{20}C_x 0.6^x 0.4^{20-x}$ $(x = 0, 1, 2, \cdots, 20)$이다. 확률분포와 그 그래프

는 (그림6-7)과 같다.

X	0	1	2	3	4	5	6	7	8	9	10
$P(X=x)$	0	0	0	0	0	0.001	0.005	0.015	0.035	0.071	0.117

X	11	12	13	14	15	16	17	18	19	20
$P(X=x)$	0.16	0.18	0.166	0.124	0.075	0.035	0.012	0.003	0	0

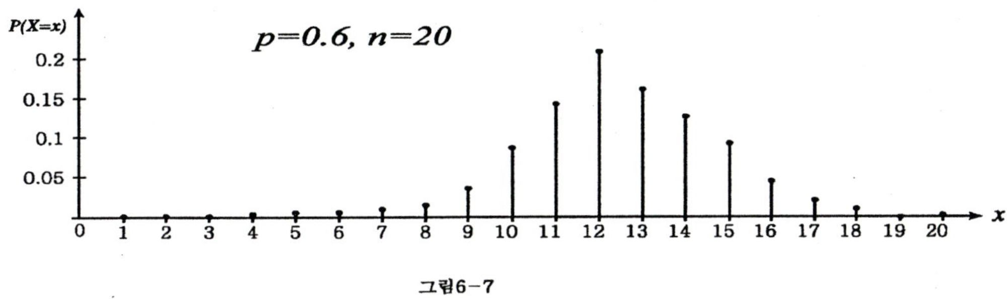

(그림6-7)

$p=0.6$이고 n이 6에서 20까지 변하는 이항확률분포에서 n이 증가함에 따라 이항확률분포 그래프 위의 점이 종모양(bell-shape)의 곡선을 만드는 것을 관찰할 수 있다.

연습문제 6-2

1. 다음 이항확률분포 그래프에 대해 양의 왜도, 음의 왜도, 대칭을 구별하여라.

1)
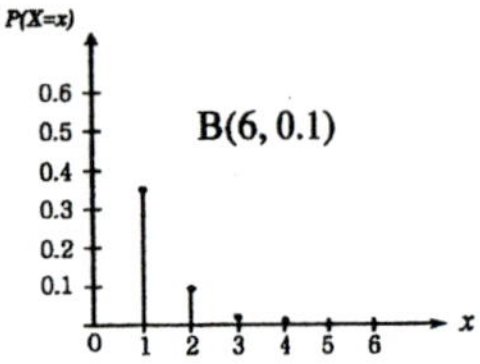

2)
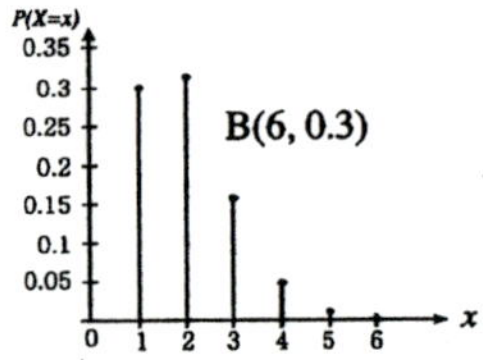

3)
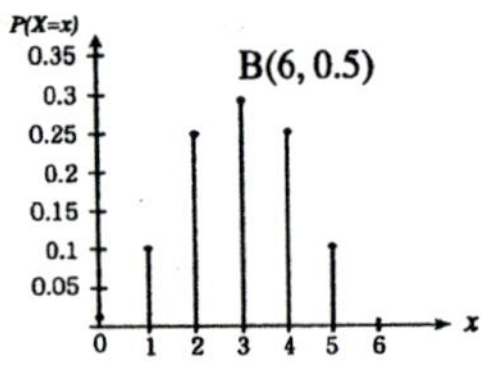

4)
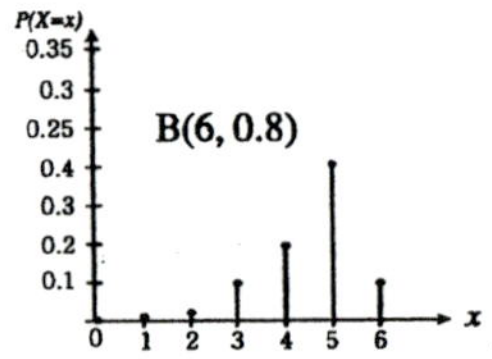

5)
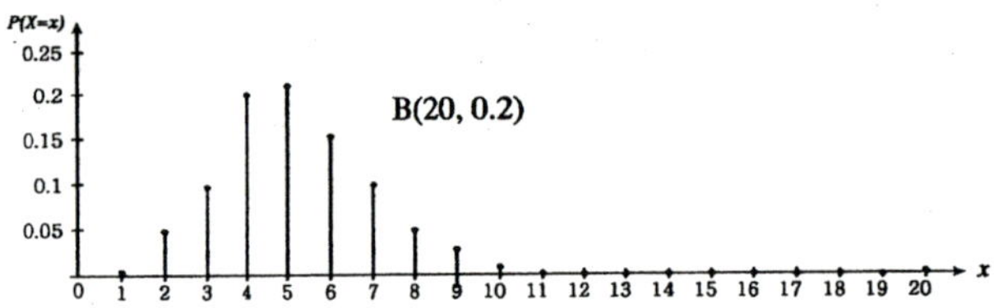

6)
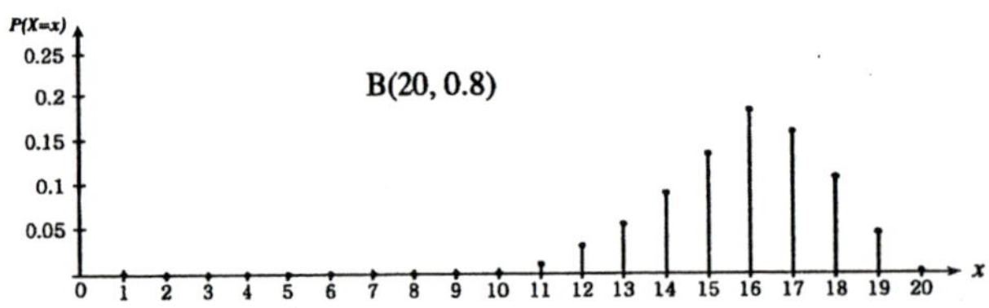

해 답

1.

1) 양의 왜도
2) 양의 왜도
3) 대칭
4) 음의 왜도
5) 양의 왜도
6) 음의 왜도

2\. 이항확률분포의 그래프를 이용하여 $p=0.4$이고 n이 5, 10, 20일 때, 어떻게 변하는가 기술하여라.

1)

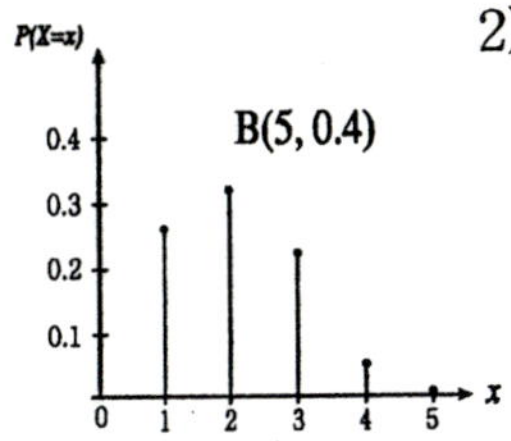

2)

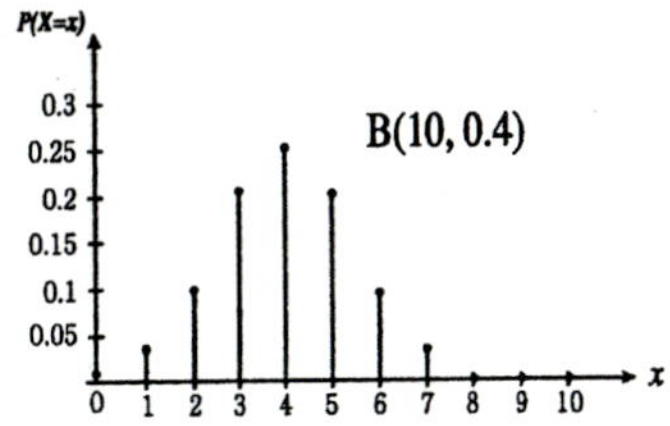

3)

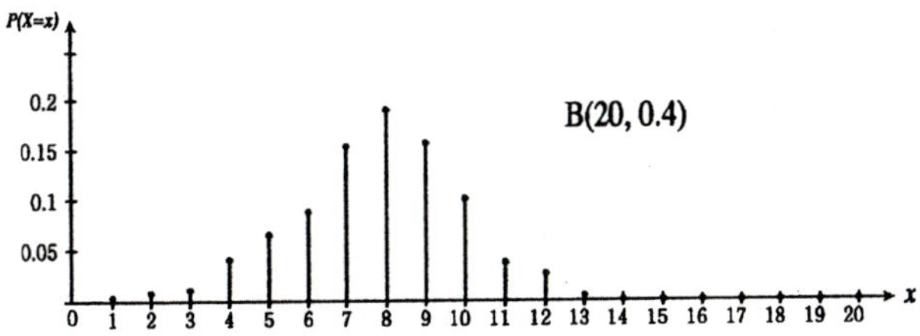

2\. 생략

6.3 이항분포의 평균, 분산과 표준편차

앞에서 임의변수의 확률분포에서 평균, 기대값과 분산을 계산하는 방법을 배웠다. 이항분포에 대해 공식이 특별히 다시 정의 될 것이다.

평균(Mean)

다음 실험을 알아보자.

동전을 10번 던진다. 시행의 수는 10이다. 즉 $n=10$, 10번 시행에서 앞면이 평균적으로 몇 번 나타난다고 기대하는가? 각 시행에서 앞면이 나올 확률은 $\frac{1}{2}$이다. 따라서 시행의 반이 앞면이 나온다고 기대할 수 있다. 10번 시행에서 실제로 앞면이 나오는 수는 이론적으로 0에서 10까지이다. 결국 실험이 충분히 반복되면 앞면이 나오는 수의 평균은 5일 것이다.

즉, $n=10$, $p=\frac{1}{2}$인 이항임의변수에 대해 $\mu = E(X) = \sum xp(x) = 5$이다. 이항임의변수에 대한 기대값은 시행회수 n에 성공확률 p를 곱한것과 같다는 것을 이 예로부터 일반화시킬 수 있다.

일반으로 각 시행의 성공의 확률이 p인 n번의 시행으로 이루어지는 이항실험에서 기대값은 다음과 같이 주어진다.

$E(X) = \sum xp(x) = np$

즉, $E(X) = np$ 또는 $\mu = np$이다. X는 n번의 시행에서 얻어지는 성공의 수이다.

분산과 표준편차

일반으로 확률 $P(X=x) = {}_nC_x p^x (1-p)^{n-x}$ $(x=0, 1, 2, \cdots n)$으로 주어지는 이항임의변수의 분산은 다음과 같이 정의된다.

$V(X) = np(1-p)$ 또는 $\sigma^2 = np(1-p)$

따라서, 표준편차 $S(X) = \sqrt{V(X)} = \sqrt{np(1-p)}$ 또는 $\sigma = \sqrt{np(1-p)}$이다.

[예제 1] (이항분포의 평균, 분산, 표준편차 구하기)

공정한 동전을 세 번 던질 때,

1) 앞면이 나오는 수에 대한 확률분포를 만들어라.

2) $E(X) = \sum xp(x)$, $E(X) = np$를 이용하여 평균을 구하여라.

3) $V(X) = E(X^2) - [E(X)]^2$, $S(X) = \sqrt{V(X)}$와
$V(X) = np(1-p)$, $S(X) = \sqrt{np(1-p)}$를 이용하여 분산과 표준편차를 구하여라.

풀이 X는 앞면의 수,

$$p = \frac{1}{2},\ P(X = x) = {}_3C_x\left(\frac{1}{2}\right)^x\left(\frac{1}{2}\right)^{3-x} \quad (x = 0, 1, 2, 3)\text{이다.}$$

1)

X	0	1	2	3
$P(X = x)$	$\left(\frac{1}{2}\right)^3 = \frac{1}{8}$	${}_3C_1\left(\frac{1}{2}\right)^2\left(\frac{1}{2}\right) = \frac{3}{8}$	${}_3C_2\left(\frac{1}{2}\right)\left(\frac{1}{2}\right)^2 = \frac{3}{8}$	${}_3C_3\left(\frac{1}{2}\right)^3 = \frac{1}{8}$

2)
$$E(X) = \sum_{x=0}^{3} xP(X = x) = \left(0\times\frac{1}{8}\right) + \left(1\times\frac{3}{8}\right) + \left(2\times\frac{3}{8}\right) + \left(3\times\frac{1}{8}\right) = 0 + \frac{3}{8} + \frac{6}{8} + \frac{3}{8} = \frac{3}{2}$$

$$E(X) = np = 3\times\frac{1}{2} = \frac{3}{2}$$

3)
$$\begin{aligned} V(X) &= E(X^2) - [E(X)]^2 \\ &= \sum x^2 P(X = x) - [E(X)]^2 \\ &= \left(0^2\times\frac{1}{8}\right) + \left(1^2\times\frac{3}{8}\right) + \left(2^2\times\frac{3}{8}\right) + \left(3^2\times\frac{1}{8}\right) - \left(\frac{3}{2}\right)^2 \\ &= 0 + \frac{3}{8} + \frac{12}{8} + \frac{9}{8} - \frac{9}{4} = \frac{3}{4} \end{aligned}$$

$$S(X) = \sqrt{E(X^2) - [E(X)]^2} = \sqrt{\frac{3}{4}} \approx 0.866$$

$$V(X) = np(1-p) = 3\times\frac{1}{2}\times\frac{1}{2} = \frac{3}{4}$$

$$S(X) = \sqrt{np(1-p)} = \sqrt{\frac{3}{4}} \approx 0.866$$

■

$E(X)$, $V(X)$, $S(X)$에서 n, p를 구하는 것을 다음 예제에서 알아보자.

[예제 2] (통계값에서 n, p 구하기)

이항임의변수가 평균 12, 분산 9를 갖는다. n, p를 구하고 $P(X=5)$를 구하여라.

풀이 $\mu = 12$, $\sigma^2 = 9$에서,

$\mu = np = 12$

$\sigma^2 = np(1-p) = 12(1-p) = 9$,

$p = 1 - \frac{3}{4} = \frac{1}{4}$, $n = 48$

$P(X=5) = {}_{48}C_5 \left(\frac{1}{4}\right)^5 \left(\frac{3}{4}\right)^{43} \approx 0.0079$ ▣

[예제 3] (이항확률분포에서 n구하기)

C대학의 축제에 학생들은 경험적으로 평균 $\frac{1}{10}$이 참가한다.

1) 이 대학의 학생 450명을 임의로 뽑았을 때, 축제에 참가하는 학생수는?
2) 축제에 참가하는 학생이 25명이라면 전체 학생수는?
3) 분산이 18이라면 축제에 참가한 학생수는?

풀이 $p = \frac{1}{10}$, $1-p = \frac{9}{10}$에서

1) $n = 450$, $E(X) = np = 450 \times \frac{1}{10} = 45$

45명의 학생이 참가한다고 기대할 수 있다.

2) $E(X) = 25$에서 $E(X) = np$

$\therefore 25 = n \times \frac{1}{10}$, $n = 250$, 250명 이라고 기대할 수 있다.

3) $V(X) = 18$에서, $V(X) = np(1-p)$, $18 = n\left(\frac{1}{10}\right)\left(\frac{9}{10}\right)$, $18 = \frac{9}{100}n$

$\therefore n = 200$, 200명이라고 볼 수 있다. ▣

[예제 4] (이항확률분포에서 기대값과 확률 구하기)

남아로 여아로 태어날 확률은 같다.
1) 4아이 가정에서 기대되는 여아의 수는?
2) 4아이를 갖는 가정이 정확히 기대하는 여아의 수를 갖는 확률은?
3) 4아이를 갖는 가정이 기대하는 여아의 수보다 더 많이 가질 확률은?

풀이 $p=\frac{1}{2},\quad 1-p=\frac{1}{2},\quad n=4$

X= 가정의 여아의 수, X의 가능한 값은 0, 1, 2, 3, 4

1) $E(X) = np = 4\times\frac{1}{2} = 2$

따라서 4아이의 가정에서 기대되는 여아의 수는 2이다.

2) $P(X=2) = {}_4C_2\left(\frac{1}{2}\right)^2\left(\frac{1}{2}\right)^2 = 6\times\frac{1}{16} = \frac{3}{8}$

3) $P(X>2) = P(X=3)+P(X=4)$

$$= {}_4C_3\left(\frac{1}{2}\right)^4 + {}_4C_4\left(\frac{1}{2}\right)^4 = \frac{1}{4}+\frac{1}{16} = \frac{5}{16}$$ ▣

$2-\sigma$ 성질

앞에서 임의변수에 대한 많은 확률분포에서 분포의 약 95%가 평균의 2-표준편차 범위에 있음을 배웠다. 이항분포의 경우에도 성립한다.

즉, $P(\mu-2\sigma\le X\le\mu+2\sigma)\approx0.95,\ \mu=E(X),\ \sigma=S(X)$이다.

일반으로 이항분포에서 n의 값이 커질수록 퍼센트는 95%에 더 가까워진다.

[예제 5] (이항분포에서 $2-\sigma$ 규칙의 이용)

모든 학생의 70%가 교복을 입는다고 한다.
150명의 학생을 임의로 뽑아 교복의 착용에 대해 조사하였다.
1) 임의변수 X가 교복을 입는 학생의 수라고 하자. X의 평균과 분산을 구하여라.
2) $\mu\pm2\sigma$ 범위를 구하여라.

풀이 $p=0.7$, $n=150$

1) $\mu = np = 150\times0.7 = 105$

$\sigma^2 = np(1-p) = 150\times0.7\times0.3 = 31.5$

2) $\mu\pm2\sigma = 105\pm(2\times\sqrt{31.5}) = 105\pm(2\times5.6125)$

$= 105\pm11.225$

$\mu+2\sigma = 116.225$, $\mu-2\sigma = 93.775$

따라서, 94 ~ 116이다. ▣

[예제 6] (이항분포에서 $2-\sigma$ 규칙의 이해)

어떤 물품의 6%가 불량품이라고 한다.
12개의 물품을 임의로 뽑아 다음을 조사하였다. 물음에 답하여라.
1) 적어도 불량품이 3개일 확률을 구하여라.
2) 불량품의 수의 평균과 표준편차를 구하고 $\mu\pm2\sigma$ 구간도 구하여라.

풀이 1) $p=0.06$, $1-p=0.94$, $n=12$

$P(X=x) = {}_{12}C_x\ 0.06^x\ 0.94^{12-x}$

$P(X\geq3) = 1-[P(X=0)+P(X=1)+P(X=2)]$

$= 1-[0.94^{12}+{}_{12}C_1 0.06(0.94)^{11}+{}_{12}C_2 0.06(0.94)^{10}]$

$= 1-[0.4759+0.3645+0.1280]$

$= 1-0.9684 = 0.0316$

2) $\mu = np = 12\times0.06 = 0.72$

$\sigma = \sqrt{np(1-p)} - \sqrt{12\times0.06\times0.94} = 0.8227$

$\mu\pm2\sigma = 0.72\pm(2\times0.8227)$

$= 0.72\pm1.6454$

$\mu+2\sigma = 2.3654$이고 $\mu-2\sigma = -0.9254$이다.

12개중 0, 1, 2개가 불량품일 확률이 95%이다. ▣

연습문제 6-3

	해 답
1. X는 $n=5$, $p=0.7$인 이항임의변수이다. 1) X에 대한 확률분포를 만들어라. 2) X의 기대값, 분산과 표준편차를 구하여라.	1. 2) 3.5, 1.05, 1.0247
2. 공정한 동전을 4번 던질 때, 1) X는 4번 시행에서 나온 앞면의 수이다. X에 대한 확률분포를 만들어라. 2) X의 기대값, 분산과 표준편차를 구하여라.	2. 2) 2, 1, 1
3. 다음 n, p에 대해 이항변수의 평균, 분산과 기대값을 구하여라. 1) $n=12$, $p=\frac{1}{4}$　　2) $n=200$, $p=0.8$ 3) $n=60$, $p=0.12$　　4) $n=4$, $p=0.2531$ 5) $n=50$, $p=0.2$　　6) $n=100$, $p=\frac{3}{5}$	3. 1) 3, $\frac{9}{4}$, $\frac{3}{2}$ 6) 60.24, 4.899
4. $X \sim B(100, 0.1)$이고 $E(X^2)=109$일 때, 다음을 구하여라. 1) $E(X)$　　2) $V(X)$　　3) $S(X)$	4.
5. 이항임의변수 X에 대해 다음에서 n과 p를 구하여라. 1) $E(X)=3$, $V(X)=2$ 2) $E(X)=\frac{36}{5}$, $V(X)=\frac{72}{25}$	5. 1) 9, $\frac{1}{3}$ 2) 12, $\frac{3}{5}$

6. 이항임의변수 X에 대해 $\mu = \frac{3}{2}$이고 $\sigma^2 = \frac{3}{4}$일 때, 다음을 구하여라.

   1) n, p 2) $P(X = x)$

7. X는 $n = 10$이고 $\mu = 6$인 이항임의변수이다. 다음을 구하여라.

   1) $P(X > 4)$ 2) $P(X \leq 2)$ 3) $V(X)$

8. 공정한 동전을 30번 던질 때, 다음을 구하여라.

   1) 앞면이 나오는 수의 평균과 표준편차
   2) $\mu \pm 2\sigma$를 구하고 그 의미를 설명하여라.

9. 40%의 학생이 기독교 학교에 다닌다고 한다. 600명의 학생을 임의로 뽑아 다음을 알아보았다.

   1) 기독교 학교에 다니는 학생의 평균과 표준편차
   2) $P(\mu - 2\sigma < X < \mu + 2\sigma)$를 구하고 설명하여라.

6.
1) 3, $\frac{1}{2}$

7.
1) 0.8338
2) 0.0123
3) 2.4

8.
1) 15, 2.7386

9. 생략

Home Work

1. $X \sim B(12,\ 0.3)$일 때, $P(X=2)$는?

ㄱ) 0.0168　　ㄴ) 0.5　　ㄷ) 0.168　　ㄹ) 0.0002　　ㅁ) 0.816

2. 공정한 동전을 6번 던질 때, 정확히 두 개만 앞면이 나올 확률은?

ㄱ) 0.2304　　ㄴ) 0.7656　　ㄷ) 0.2433　　ㄹ) 0.95　　ㅁ) 0.2344

3. 이항분포가 기대값 $E(X)=1.25$, 분산 $V(X)=0.9375$일 때,

1) 성공확률 p는?

ㄱ) 0.83　　ㄴ) 0.75　　ㄷ) 0.25　　ㄹ) 0.12　　ㅁ) 0.4

2) 시행회수 n은?

ㄱ) 1　　ㄴ) 4　　ㄷ) 5　　ㄹ) 16　　ㅁ) 6

4. $E(X)=3.5$, $V(X)=22.75$인 이항분포에서 변수의 95%의 값이 갖는 범위는?

ㄱ) 7.06~1.204　　ㄴ) -7.04~12.04　　ㄷ) 7.04~12.04
ㄹ) 8.62~9.78　　ㅁ) -12.04~7.06

5. $X \sim B(n,\ 0.5)$이고 $P(X=0)=0.0078$일 때, 시행회수 n의 근사값은?

ㄱ) 6　　ㄴ) 7　　ㄷ) 8　　ㄹ) 5　　ㅁ) 1

6. 5지선다형 문제가 30개 있다. 어떤 학생이 20문제는 정답을 정확히 알고 나머지는 모르기 때문에 추측으로 답을 표시했다고 한다. 이 학생이 정확히 24문제를 맞출 확률은?

ㄱ) ${}_{30}C_{24}\left(\frac{1}{5}\right)^6\left(\frac{4}{5}\right)^4$　　ㄴ) ${}_{10}C_4\left(\frac{1}{5}\right)^6\left(\frac{4}{5}\right)^4$

ㄷ) ${}_{20}C_4\left(\frac{1}{5}\right)^4\left(\frac{4}{5}\right)^6$　　ㄹ) ${}_{30}C_{24}\left(\frac{1}{5}\right)^6\left(\frac{4}{5}\right)^4$

ㅁ) ${}_{10}C_4\left(\frac{1}{5}\right)^4\left(\frac{4}{5}\right)^6$

7. 이항변수가 $\mu = 15$이고 $\sigma^2 = 6$일 때, 다음을 구하여라.

1) p의 값은? 2) n의 값은? 3) $P(X=2) = ?$

8. 공정한 주사위를 3번 던질 때, X는 2 또는 4의 눈이 나오는 결과이다.

$E(X)$, $V(X)$를 구하고 $E(X) = \sum_x xp(x)$임을 보여라.

9. $n = 500$, $p = \frac{3}{4}$인 이항분포에서 X가 95% 구간에 들어올 값은?

10. X는 $n = 12$, $\mu = 5$인 이항임의변수이다.

$V(X)$, $P(X > 10)$을 구하여라.

11. 대학졸업생의 95%가 12개월내에 취업이 된다고 한다. 8명의 졸업생을 임의로 뽑았을 때, 적어도 5명이 12개월내에 취업이 될 확률은?

12. 광견병에 걸린 개에게 신약을 투입하여 치료될 확률은 40%라고 한다. 광견병에 걸린 10마리의 개를 임의로 선택하여 이 약을 투입하였다.

1) 몇 마리의 개가 치료된다고 기대할 수 있는가?
2) 8마리 이상의 개가 치료될 확률을 구하여라.

13. $\mu = 15$, $\sigma^2 = 6$인 이항임의변수에 대해

1) p의 값은?

ㄱ) $\frac{1}{3}$ ㄴ) $\frac{2}{5}$ ㄷ) $\frac{3}{5}$ ㄹ) $\frac{4}{5}$ ㅁ) $\frac{1}{2}$

2) n의 값은?

ㄱ) 25 ㄴ) 90 ㄷ) 2 ㄹ) 45 ㅁ) 5

3) $P(X=2)$는?

ㄱ) ${}_{20}C_2\left(\frac{3}{5}\right)^2\left(\frac{42}{5}\right)^{18}$ ㄴ) ${}_{25}C_2\left(\frac{3}{5}\right)^2\left(\frac{2}{5}\right)^{23}$

ㄷ) ${}_{25}C_2\left(\frac{3}{5}\right)^{23}\left(\frac{2}{5}\right)^2$ ㄹ) ${}_{25}C_2\left(\frac{3}{5}\right)^2$ ㅁ) ${}_{25}C_{23}\left(\frac{3}{5}\right)^{23}$

제 7 장

초기하분포

학습내용

7.1 비복원추출 표본
7.2 초기하분포의 평균과 분산

7.1 비복원추출 표본

이항분포처럼 초기하분포(hypergeometric distribution)는 여러번의 시행을 포함하는 임의실험의 결과를 다룬다. 두 분포는 주어진 시행의 수에서 성공의 수(성공의 수는 이산임의변수이다)에 대한 확률분포이다. 그러나 분포의 두 형태 사이의 중요한 차이는

이항분포에 대해서는 성공의 확률이 시행동안 같지만 초기하분포에 대해서는 성공의 확률이 매 시행마다 다르다.

초기하분포의 주요 특징은 다음과 같다.

- 실험은 n개의 독립시행으로 이루어진다.
- 각 시행에 대해 두 개의 가능한 결과(성공 또는 실패)가 있다.
- 각 시행의 결과가 먼저 시행한 결과에 의해 영향을 받으므로 성공의 확률은 각 시행마다 바뀐다.

초기하분포를 만드는 가장 평범한 실험은 비복원추출을 포함하는 것이다. 예를 들면,

- 2개의 빨간공과 3개의 파란공을 포함하는 상자에서 임의로 비복원추출하에 2개의 빨간공을 꺼낸다.
- 소녀를 뽑을 목적으로 4명의 소년과 6명의 소녀가 있는 모임에서 임의로 3명의 학생을 뽑는다.

다음을 알아보자.

6개의 빨간공과 4개의 흰공이 들어있는 상자에서 비복원추출로 3개의 공을 뽑는다. X = 표본의 빨간공의 수 ($x = 0, 1, 2, 3$)

각 시행에서 빨간공 또는 흰공의 두 가지 가능한 결과만 있고 각 시행에서 빨간공을 뽑을 확률은 이전 시행에서 뽑혀진 결과에 달려있기 때문에 X에 대한 확률분포는 초기하분포이다.

다음 수형도는 3번 시행의 가능한 결과를 보여주고 확률분포가 표로 주어진다.

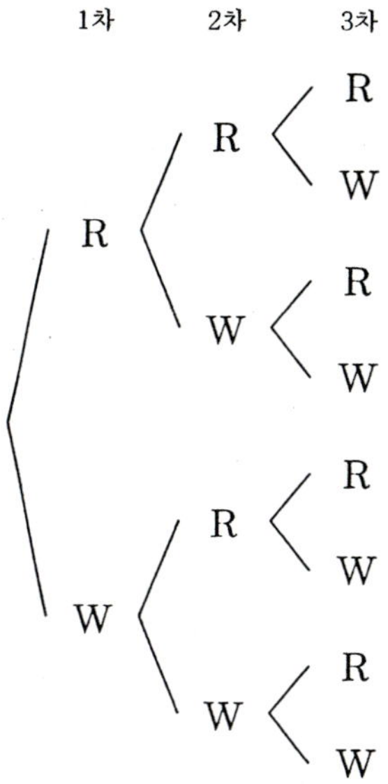

결과	확률
RRR	$\frac{6}{10}\times\frac{5}{9}\times\frac{4}{8}=\frac{1}{6}$
RRW	$\frac{6}{10}\times\frac{5}{9}\times\frac{4}{8}=\frac{1}{6}$
RWR	$\frac{6}{10}\times\frac{4}{9}\times\frac{5}{8}=\frac{1}{6}$
RWW	$\frac{6}{10}\times\frac{4}{9}\times\frac{3}{8}=\frac{1}{10}$
WRR	$\frac{4}{10}\times\frac{4}{9}\times\frac{5}{8}=\frac{1}{6}$
WRW	$\frac{4}{10}\times\frac{6}{9}\times\frac{3}{8}=\frac{1}{10}$
WWR	$\frac{4}{10}\times\frac{3}{9}\times\frac{6}{8}=\frac{1}{10}$
WWW	$\frac{4}{10}\times\frac{3}{9}\times\frac{2}{8}=\frac{1}{30}$

X	0	1	2	3
$P(X=x)$	$\frac{1}{30}$	$\frac{1}{10}+\frac{1}{10}+\frac{1}{10}=\frac{3}{10}$	$\frac{1}{6}+\frac{1}{6}+\frac{1}{6}=\frac{1}{2}$	$\frac{1}{6}$

조합을 이용하여 확률을 다시 계산해보자.

$P(X=0)=P($0개의 빨간공과 3개의 흰공$)$

$$=\frac{{}_6C_0\ {}_4C_3}{{}_{10}C_3}=\frac{1}{30}$$

$P(X=1)=P($1개의 빨간공과 2개의 흰공$)$

$$=\frac{{}_6C_1\ {}_4C_2}{{}_{10}C_3}=\frac{3}{10}$$

$P(X=2)=P($2개의 빨간공과 1개의 흰공$)$

$$=\frac{{}_6C_2\ {}_4C_1}{{}_{10}C_3}=\frac{1}{2}$$

$P(X=3)=P($3개의 빨간공과 0개의 흰공$)$

$$=\frac{{}_6C_3\ {}_4C_0}{{}_{10}C_3}=\frac{1}{6}$$

확률분포는 다음과 같이 쓸 수 있다.

X	0	1	2	3
$P(X=x)$	$\dfrac{{}_6C_0\ {}_4C_3}{{}_{10}C_3}=\dfrac{1}{30}$	$\dfrac{{}_6C_1\ {}_4C_2}{{}_{10}C_3}=\dfrac{3}{10}$	$\dfrac{{}_6C_2\ {}_4C_1}{{}_{10}C_3}=\dfrac{1}{2}$	$\dfrac{{}_6C_3\ {}_4C_0}{{}_{10}C_3}=\dfrac{1}{6}$

모든 확률을 더하면 1이 됨을 표에서 알 수 있다. 즉,

$$\sum_{x=0}^{3} P(X=x) = P(X=0)+P(X=1)+P(X=2)+P(X=3)$$
$$=\frac{1}{30}+\frac{3}{10}+\frac{1}{2}+\frac{1}{6}=1$$

표에서 이 확률분포에 대한 공식이 유도된다.

$$P(X=x)=\frac{{}_6C_x\ {}_4C_{3-x}}{{}_{10}C_3} \quad (x=0,1,2,3)$$

N개의 모집단이 D개 한종류, $N-D$개 또 다른 종류를 포함한 경우를 알아보자. 비복원추출로 크기 n의 표본이 선택되고 X는 표본의 한종류 D의 수를 나타낸다. 일반으로, 초기하분포에 대한 규칙은

$$P(X=x)=\frac{{}_DC_x\ {}_{N-D}C_{n-x}}{{}_NC_n} \quad \begin{pmatrix} n \le D\text{라면 } x=0,1,2,3,\cdots,n \\ n > D\text{라면 } x=0,1,2,3,D \end{pmatrix}$$

초기하분포를 나타내는데 기호 $X \sim H(n,\ D,\ N)$이 이용된다.

[예제 1] (초기하분포의 확률 구하기)

8개의 빨간공과 12개의 파란공이 들어있는 주머니에서 비복원추출로 3개의 공을 꺼낸다. X는 표본의 빨간공의 수를 나타낸다. X에 대한 확률분포를 구하여라.

풀이 분포는 $X \sim H(3,\ 8,\ 20)$를 따른다.

$$P(X=x)=\frac{{}_DC_x\ {}_{N-D}C_{n-x}}{{}_NC_n}=\frac{{}_8C_x\ {}_{12}C_{3-x}}{{}_{20}C_3}\text{에서,}$$

확률분포는 다음과 같다.

X	0	1
$P(X=x)$	$\frac{{}_8C_0\ {}_{12}C_3}{{}_{20}C_3}=0.1930$	$\frac{{}_8C_1\ {}_{12}C_2}{{}_{20}C_3}=0.4632$
X	2	3
$P(X=x)$	$\frac{{}_8C_2\ {}_{12}C_1}{{}_{20}C_3}=0.2947$	$\frac{{}_8C_3\ {}_{12}C_0}{{}_{20}C_3}=0.0491$

■

[예제 2] (비복원추출의 확률 구하기)

7명의 여자와 5명의 남자가 있는 그룹에서 임의로 4명의 임원을 뽑는다. 임원으로 다음을 포함한 확률을 구하여라.

1) 정확히 3명의 여자　　　　2) 적어도 1명의 여자

풀이 $X=$ 임원으로 뽑힌 여자의 수 $(x=0,1,2,3,4)$

1) $P(\text{정확히 3명의 여자})=P(X=3)=\frac{{}_7C_3\ {}_5C_1}{{}_{12}C_4}$

$=0.3535$

2) $P(\text{적어도 1명의 여자})=1-P(\text{여자 없다})=1-P(X=0)$

$=1-\frac{{}_7C_0\ {}_5C_4}{{}_{12}C_4}$

$=1-0.0101=0.9899$ ■

두 표본추출

통계학자, 훌륭한 관리자와 소비자는 초기하실험에서 자주 두 표본추출(double sampling)을 이용한다. 이것은 같은 모집단 또는 비복원추출로 뽑은 표본에서 비복원추출로 두 개의 다른 표본을 뽑는 것을 포함한다.

[예제 3] (두 개의 표본추출 이용하기)

컴퓨터 칩을 12개의 묶음(batch)으로 판매한다. 소비자는 비복원으로 임의로 3개를 뽑고 검사한다. 그 중 불량인 것이 없으면 소비자는 묶음을 받아들인다. 3개 모두 불량이면 묶음은 파기된다. 1개 또는 2개가 불량이면 3개의 표본을 다시 뽑아 검사한다. 두 번째 표본에서 불량품이 없으면 묶음을 받아들인다. 한 개 또는 그 이상이 불량이면 묶음은 파기된다. 3개의 불량 칩이 포함된 묶음이 받아 들여질 확률을 구하여라.

풀이 X= 처음 표본에서 뽑을 불량품의 수 $(x=0,1,2,3)$

$$P(X=x)=\frac{{}_3C_x\ {}_9C_{3-x}}{{}_{12}C_3}$$

Y= 두 번째 표본에서 뽑을 불량품의 수 $(y=0,1,2,3)$

$$P(Y=y)=\frac{{}_{3-x}C_y\ {}_{6+x}C_{3-y}}{{}_9C_3}$$

P (묶음이 받아들여진다.)

$= P$(처음 표본에서 0 불량)$+P$(처음 표본에서 1불량이고

두 번째 표본에서 0불량)

$+\ P$(처음 표본에서 2불량이고 두 번째 표본에서 0불량)

$= P(X=0)+P(X=1$이고 $Y=0)+P(X=2$이고 $Y=0)$

$$=\frac{{}_3C_0\ {}_9C_3}{{}_{12}C_3}+\frac{{}_3C_1\ {}_9C_2}{{}_{12}C_3}\cdot\frac{{}_2C_0\ {}_7C_3}{{}_9C_3}+\frac{{}_3C_2\ {}_9C_1}{{}_{12}C_3}\cdot\frac{{}_1C_0\ {}_8C_3}{{}_9C_3}$$

$= 0.3818+0.2045+0.0818=0.6681$ ▣

연습문제 7-1

	해 답
1. X는 초기하 임의변수를 나타내고 $P(X=x)=\frac{{}_DC_x \; {}_{N-D}C_{n-x}}{{}_NC_n}$ 이라면 다음의 경우 $P(X=2)$를 구하여라. 1) $n=4,\ D=6,\ N=10$ 2) $n=6,\ D=8,\ N=12$	1. 1) $\frac{3}{7}$ 2) $\frac{1}{33}$
2. $X \sim H(4,\ 6,\ 18)$에서 다음을 구하여라. 1) $P(X=2)$ 2) $P(X \le 2)$	2. 1) 0.3235 2) 0.9167
3. 8개의 파란공과 12개의 빨간공이 들어있는 주머니에서 비복원추출로 3개의 공을 뽑는다. X가 뽑혀진 빨간공의 수 일 때 다음을 구하여라. 1) $P(X=x)$ 2) X에 대한 확률분포	3. 생략
4. 52장의 카드에서 3장의 카드를 뽑는다. X는 에이스의 수이다. 1) $P(X=x)$를 구하여라. 2) 에이스의 수에 대한 확률분포를 구하여라. 3) $P(X<2)$를 구하여라.	4. 3) 0.9868
5. 10개의 장갑이 들어있는 상자에서 두 개가 불량이라고 알려졌다. 임의로 두 개를 뽑을 때, 불량 장갑의 수에 대한 확률분포를 구하라.	5. 생략
6. 3명의 임원을 대학 3학년 10명, 대학 4학년 15명 중에서 뽑는다. 임원의 수가 대학 3학년 학생일 경우에 대한 확률분포를 구하라.	6. 생략

7. 상자에 5개의 검은 공과 4개의 흰공이 들어있다. 비복원추출로 3개의 검은공을 뽑을 확률을 구하라. — 7. 0.119

8. 차의 부품이 10개의 묶음으로 판매된다. 소비자가 비복원추출로 3개를 뽑아 검사를 한다. 그들중 어느 것도 결점이 없으면 묶음을 받아들인다. 부품중 1개 또는 그 이상의 결점이 있으면 3개의 표본을 더 뽑고 검사된다. 두 번째 표본중 어느 것도 결점이 없으면 소비자는 그 묶음을 받아들인다. 두 번째 표본 중 1개 또는 그 이상이 결점이 있으면 묶음은 폐기된다. 3개의 불량품을 포함할 때 묶음이 받아들여질 확률을 구하여라 — 8. 0.5417

7.2 초기하분포의 평균과 분산

평균

초기하임의변수 X에 대해 확률분포의 평균은

$E(X) = \mu = n\frac{D}{N}\ (x = 0, 1, 2, 3, \cdots, n)$로 주어진다. n은 초기하실험에서 독립 시행의 수이고 $\frac{D}{N}$는 처음시행에서 성공의 확률이다. 초기하확률분포의 평균에 대한 공식은 이항분포의 평균에 대한 공식과 유사하다. 이항분포에서 p는 매시행의 성공의 확률인 반면 초기하분포에서 $\frac{D}{N}$는 처음 시행에서 성공의 확률이다. 초기하분포는 이산변수에 대한 확률분포이므로 평균이 $\sum xP(X = x)$를 이용하여 계산될 수 있음에 유의하는 것이 중요하다.

즉, 평균 $E(X) = \sum xP(X = x) = n \cdot \frac{D}{N}$이다.

분산과 표준편차

초기하임의변수 X에 대해,

분산은 $V(X) = \sigma^2 = n \cdot \frac{D}{N} \cdot \left(1 - \frac{D}{N}\right)\left(\frac{N-n}{N-1}\right)$이고,

표준편차는 $S(X) = \sigma = \sqrt{V(X)} = \sqrt{n \cdot \frac{D}{N}\left(1 - \frac{D}{N}\right) \cdot \left(\frac{N-n}{N-1}\right)}$이다.

초기하분포에서 임의변수는 이산이므로 분산은 $\sum (x-\mu)^2 P(X = x)$를 이용하여 계산될 수 있음을 유의하는 것이 중요하다.

즉, 분산 $V(X) = \sum (x-\mu)^2 P(X = x) = n \cdot \frac{D}{N} \cdot \left(1 - \frac{D}{N}\right)\left(\frac{N-n}{N-1}\right)$이다.

[예제 1] —— (초기하분포의 평균, 분산, 표준편차 공식 이용하기)

상자에 5개의 빨간공과 7개의 파란공이 들어있다. 비복원추출은 4개의 공을 뽑을 때, X는 표본의 빨간공의 수를 나타낸다. 다음을 구하여라.

1) X의 평균　　2) X의 분산　　3) X의 표준편차

풀이 $n=4,\ D=5,\ N=12$에서,

1) $E(X)=n\cdot\frac{D}{N}=4\cdot\frac{5}{12}=\frac{5}{3}$

2) $$V(X)=n\cdot\frac{D}{N}\left(1-\frac{D}{N}\right)\left(\frac{N-n}{N-1}\right)$$
$$=4\cdot\frac{5}{12}\cdot\left(1-\frac{5}{12}\right)\left(\frac{12-4}{12-1}\right)=\frac{5}{3}\cdot\frac{7}{12}\cdot\frac{8}{11}=0.7071$$

3) $S(X)=\sqrt{V(X)}=\sqrt{0.7071}=0.8409$ ■

[예제 2] —— (2－σ규칙 이용하기)

100명의 3학년 학생과 120명의 4학년 학생의 모임에서 제주도 여행을 가기 위해 50명의 학생을 임의로 뽑는다.

1) 3학년 학생이 뽑혀질 기대값을 구하여라.
2) 50명의 그룹에서 뽑혀진 3학년 학생의 수에 대한 표준편차를 구하여라.
3) 3학년 학생의 수가 뽑혀질 확률이 약 95%가 될 학생수의 범위를 구하여라.

풀이 1) $E(X)=n\cdot\frac{D}{N}$,　$n=50,\ D=100,\ N=220$

$E(X)=50\times\frac{100}{220}=22.73$

2) $$S(X)=\sqrt{n\cdot\frac{D}{N}\left(1-\frac{D}{N}\right)\left(\frac{N-n}{N-1}\right)}$$
$$=\sqrt{50\times\frac{100}{220}\cdot\left(1-\frac{100}{220}\right)\left(\frac{220-50}{220-1}\right)}=3.1$$

3) $\mu-2\sigma<X<\mu+2\sigma$

$22.73-2(3.1)<X<22.73+2(3.1)$

$22.73-6.2<X<22.73+6.2$

$16.53<X<28.93$

X가 이산이므로 $17\le X\le 28$ ■

연습문제 7-2

1. 주머니에 5개의 흰공과 6개의 빨간공이 들어있다. 비복원추출로 3개의 공을 뽑는다. X가 뽑혀진 빨간공의 수를 나타낼 때,
   1) $P(X=x)$를 구하여라. ($x=0,1,2,3$)
   2) (i) $\sum_{x=0}^{3} xP(X=x) = n\frac{D}{N}$

      (ii) $\sum_{x=0}^{3} (x-\mu)^2 P(X=x)$

      $= n\frac{D}{N}\left(1-\frac{D}{N}\right)\left(\frac{N-n}{N-1}\right)$임을 보여라.

2. X는 $P(X=x) = \frac{{}_D C_x \, {}_{N-D}C_{n-x}}{{}_N C_n}$인 초기하임의 변수일 때, 다음 경우에 X의 기대값, 분산과 표준 편차를 구하여라.
   1) $n=5$, $D=8$, $N=12$
   2) $n=3$, $D=9$, $N=15$

3. 상자에 4개의 흰공과 3개의 빨간공이 들어있다. 두 개의 공을 비복원추출할 때, X가 뽑혀진 빨간공의 수라면 X의 평균과 분산은?

4. 30개의 빨간공과 20개의 파란공이 들어있는 주머니에서 비복원추출로 10개의 공을 꺼낸다.
   1) 몇 개의 공을 빨간공이라고 기대할 수 있는가?
   2) 표본의 빨간공의 수가 약 0.95일 확률을 갖는 범위를 구하여라.

해 답

1. 생략

2. 생략

3. $\frac{6}{7}$, $\frac{20}{49}$

4.
   1) 6
   2) [3, 9]

5. 52장의 카드에서 10장의 카드를 다룬다.

1) 10장의 카드에 다이아몬드 수에 대한 평균과 표준편차를 구하여라.
2) 다이아몬드의 수가 0.95일 확률을 갖는 범위를 구하여라.

6. 50권의 책이 우수도서로 선정되었다. 그 중 10권은 저자의 사인이 들어있다. 50권의 책에서 임의로 뽑은 5권의 책이 C대학 출판사의 것이었다.

1) C대학의 책 중 사인이 들어있는 책은 몇권이라고 기대할 수 있는가?
2) C대학의 책의 약 0.95가 사인받은 책일 권수는?

5.

1) $2\frac{1}{2}$, 1.2426
2) [1, 4]

6.

1) 1
2) [0, 2]

Home Work

1. 상자에 5개의 흰공과 3개의 검은공이 들어었다. 비복원추출로 상자에서 3개의 공을 꺼낼 때,

   1) 세 개 모두 흰공일 확률은?

   ㄱ) $\frac{15}{28}$ ㄴ) $\frac{15}{24}$ ㄷ) $\frac{5}{8}$ ㄹ) $\frac{1}{28}$ ㅁ) $\frac{5}{28}$

   2) 3개의 표본에서 흰공의 수의 평균은?

   ㄱ) $\frac{15}{8}$ ㄴ) $\frac{8}{15}$ ㄷ) 8 ㄹ) 15 ㅁ) 5

   3) 3개의 표본에서 흰 공의 수의 표준편차는?

   ㄱ) $\frac{\sqrt{63}}{3}$ ㄴ) $\frac{1}{\sqrt{63}}$ ㄷ) $\frac{15\sqrt{7}}{56}$ ㄹ) $\frac{\sqrt{8}}{63}$ ㅁ) $\frac{1}{\sqrt{8}}$

   4) 표본에서 적어도 한 개의 공이 검은공일 확률은?

   ㄱ) $\frac{1}{28}$ ㄴ) $\frac{5}{14}$ ㄷ) $\frac{45}{56}$ ㄹ) $\frac{23}{28}$ ㅁ) $\frac{5}{28}$

2. 10개의 공이 들어있는 주머니에서 p개는 핑크공이고 $10-p$개는 파란공이다.

   1) 두 개의 공을 비복원추출로 뽑을 때, 표본의 두 공이 모두 핑크공일 확률은?

   ㄱ) $\frac{p!}{2!}$ ㄴ) $\frac{p(p-1)}{90}$ ㄷ) $0.9p$ ㄹ) $\frac{p^2-1}{100}$ ㅁ) $\frac{p}{45}$

   2) 표본에서 핑크공의 수의 평균은?

   ㄱ) $2p$ ㄴ) $\frac{p}{5}$ ㄷ) $\frac{p}{3}$ ㄹ) $\frac{10p}{3}$ ㅁ) $\frac{3}{10}$

   3) 표본에서 핑크공의 수의 분산은?

   ㄱ) $\frac{p(p-1)}{100}$ ㄴ) $\frac{3p^2}{10}$ ㄷ) $\frac{p!(p-1)!}{2}$

   ㄹ) $\frac{p^2-1}{p}$ ㅁ) $\frac{4p}{225}(10-p)$

3. $X \sim H(3, 7, 10)$일 때, $P(X < 3)$은?

   ㄱ) $\frac{3}{7}$ ㄴ) $\frac{17}{24}$ ㄷ) $\frac{7}{12}$ ㄹ) $\frac{17}{20}$ ㅁ) $\frac{35}{120}$

4. $X \sim H(4, 12, 30)$일 때, $E(X)$는?

ㄱ) 2.5　ㄴ) 3　ㄷ) 4　ㄹ) 1.6　ㅁ) 6.1

5. $X \sim H(5, 18, 20)$일 때, $S(X)$는?

ㄱ) $\frac{\sqrt{5}}{2}$　ㄴ) $\frac{\sqrt{5}}{10}$　ㄷ) $\frac{10}{\sqrt{57}}$　ㄹ) $\frac{1}{\sqrt{57}}$　ㅁ) $\frac{3\sqrt{57}}{58}$

6. 다음 초기하임의변수의 확률분포에 대해 물음에 답하여라.

X	0	1	2	3
$P(X=x)$	0.018	0.218	0.509	

1) $P(X=3)$을 구하여라.
2) $N=12$, $E(X)=2$일 때, D를 구하여라.

7. 다음 초기하임의변수의 확률분포에 대해 물음에 답하여라.

X	0	1	2	3	4
$P(X=x)$		0.238	0.476	0.238	0.024

1) $P(X=0)$을 구하여라.
2) $D=5$, $E(X)=2$일 때, N을 구하여라.

8. X가 초기하임의변수이고 $P(X=x)=\frac{{}_8C_x\ {}_5C_{10-x}}{{}_{13}C_{10}}$일 때, X의 기대값과 표준편차를 구하여라.

9. X가 초기하임의변수를 나타낸다. 다음에 대해 X의 기대값과 평균을 구하여라.

1) $n=6$, $D=7$, $N=10$　2) $n=4$, $D=6$, $N=20$

10. X가 초기하확률분포를 갖고 $n=2$, $D=4$, $N=6$일 때, 다음을 구하여라.

1) $P(x=1)$　2) $P(X>1)$

11. 1학년 50명, 2학년 65명인 그룹에서 20명의 학생을 임의로 뽑아 수학시험을 본다.
    1) 1학년 학생이 뽑힐 기대값을 구하여라.
    2) 20명의 그룹에서 1학년 학생의 표준편차를 구하여라.
    3) 20명의 그룹에서 1학년 학생이 약 0.95일 구간을 구하여라.

12. 5개의 흰공과 8개의 파란공이 들어있는 주머니에서 3개의 공을 임의로 뽑을 때, X는 흰공의 수를 나타낸다. 다음을 구하여라.(X는 초기하임의변수)
    1) $P(X=2)$ 2) $E(X)$ 3) $V(X)$ 4) $S(X)$

제 8 장

정규분포

학습내용

8.1 정규분포의 도입
8.2 정규곡선의 표준화
8.3 정규분포의 응용
8.4 표준정규표를 역으로 이용

8.1 정규분포의 도입

앞에서 이항분포의 그래프에 대해 알아보았다. 주어진 성공확률 p에 대해 그래프의 모양은 시행회수 n이 커짐에 따라 종모양에 접근하게 됨을 알았다.

$p = 0.4$에 대한 이항분포그래프는 n이 5, 10, 20으로 변함에 따라 그래프의 모양이 변하는 것을 보여준다(그림8-1). 각 x-값에 수직인 직선이 하나씩 있고 수직인 직선의 길이가 $p(X = x)$이다.

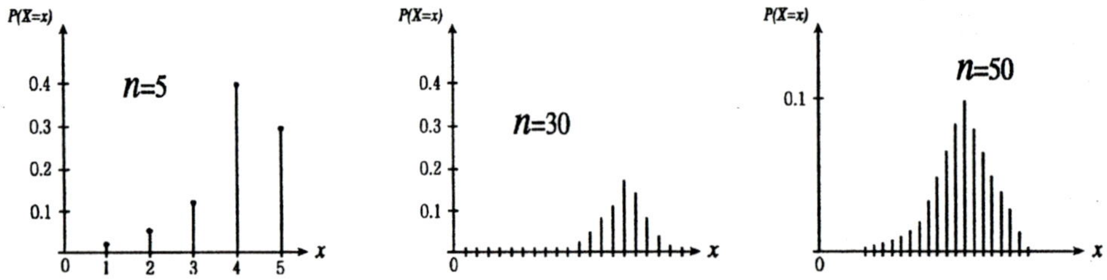

(그림8-1)

이들 그래프에 대해 보여진 이항확률분포가 이산임의변수 X의 가능한 값과 $0 \sim n$까지 가능한 성공의 수 각각은 n번 시행에서 일어날 수 있는 확률 사이의 관계를 나타낸다(X는 n번 시행에서 성공의 수이다).

n이 증가함에 따라 X에 대한 가능한 값의 수는 증가한다. 따라서, 이항분포의 그래프에서 수직인 직선의 수는 증가한다. 수평축 위에 x값 사이의 거리는 여분의 값을 채우기 위해 감소해야만 하고 따라서, 수직인 직선의 사이는 점점 가까워 질 것이다. 직선들의 끝점이 만나면 n이 커짐에 따라 합쳐진 직선들은 거의 연속이 되고 종모양의 곡선이 된다. 이 연속인 곡선 위의 점들이 연속임의변수 X와 $p(X = x)$를 관련짓는 특수한 함수를 나타낸다. 연속함수를 정규분포(normal distribution)라고 부른다.

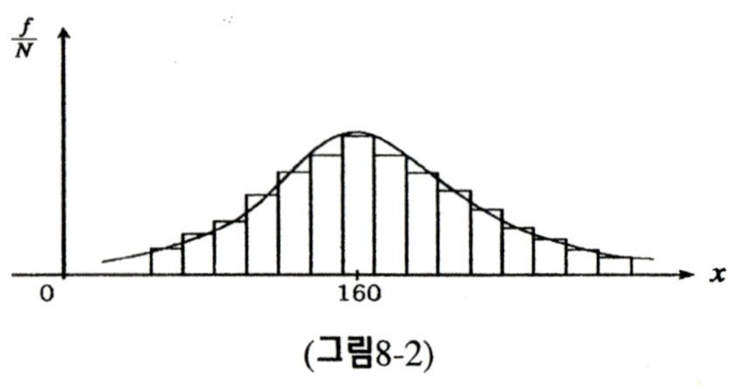

(그림8-2)

정규분포는 잘 이름지어졌다. 연속임의

변수의 값과 대응하는 확률 사이의 관계를 보여주는 특별한 양상은 많은 일상의 상황에서 정규적(정상적, normally)으로 일어나는 것이다.

예를 들면, 1000명의 학생을 임의로 선택한 키가 ㎝로 측정되고 키의 상대도수분포의 그래프를 나타내면 다음(그림8-2)과 같다.

표본에 대한 상대도수분포는 x-값 $(x_1, x_2, \ldots, x_n)$과 상대도수 $\left(\frac{f_1}{N}, \frac{f_2}{N}, \ldots, \frac{f_n}{N}\right)$ 사이의 관계를 보여준다. N이 커짐에 따라 상대도수는 모집단 확률 $(P(X=x))$에 가까워지고 상대도수 그래프는 확률분포 곡선에 근사하게 될 것이다.

1000명의 키의 예에서 상대도수 히스토그램의 모양은 분명히 정규분포곡선에 근사한다. 키가 더 정확히 측정되면(㎜까지) 히스토그램의 막대기는 더 좁아지고 막대기 사이의 단계도 덜 분명하게 된다.

히스토그램은 표본이 크게 주어지면 정규곡선의 모양에 더 가까워질 것이다. 앞에서 다룬 것처럼 키와 같은 변수는 연속임의변수(continuous random variable)라고 한다. 왜냐하면 변수가 주어진 구간의 임의의 값을 취할 수 있기 때문이다.

연속인 변수의 또 다른 예는 다음과 같다.

-오랜 기간동안 어느 지역의 년 강우량

-어떤 나이의 사람들을 임의로 많이 선택했을 때 각 개인별 몸무게

-농장의 소나무의 둘레의 길이

-농장에서 매년 생산된 수박의 무게

-농구선수의 매 경기마다 점프한 높이

이들 연속변수의 상대도수그래프 모두가 위에서처럼 정규분포에 가까워지는 것은 아니다. 실제로 연속임의변수에 대한 많은 다른 종류의 확률분포가 있다. 그러나 정규분포가 가장 보편적인 것이다. 정규분포곡선의 방정식은 다음과 같이 매우 복잡하다.

$y = \frac{1}{\sigma\sqrt{2\pi}} e^{-\frac{1}{2}\left(\frac{x-\mu}{\sigma}\right)^2}$ 이다.

μ는 분포의 평균(중심)을 나타내고 σ는 분포의 표준편차(흩어짐)를 나타낸다. 임의변수 X가 평균 μ, 분산 σ^2인 정규분포를 갖는다면 $X \sim N(\mu, \sigma^2)$와 같이 나타낸다.

μ와 σ는 모수(population parameter)이고, 대응하는 표본 통계값(sample stastistics)

은 $\bar{x}$와 s이다.

정규곡선의 모양은 매우 중요하다. 다음 그래프(그림8-3)은 모수 μ와 σ의 여러 값에 대한 정규곡선을 보여준다.

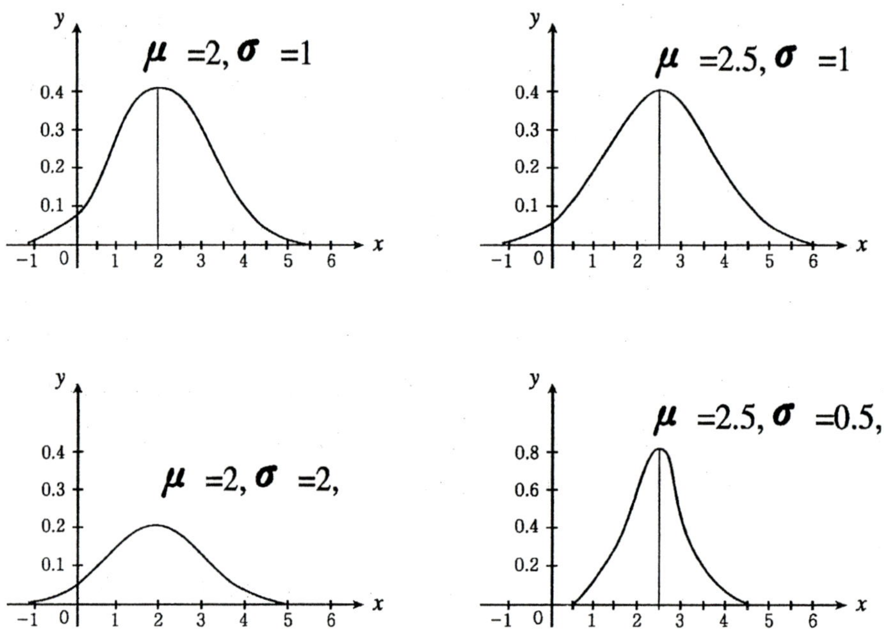

(그림8-3)

같은 좌표평면에 두 개 또는 그 이상의 정규곡선을 그리면 그래프의 중요한 형태에 대한 성질을 아는데 도움이 된다(그림8-4).

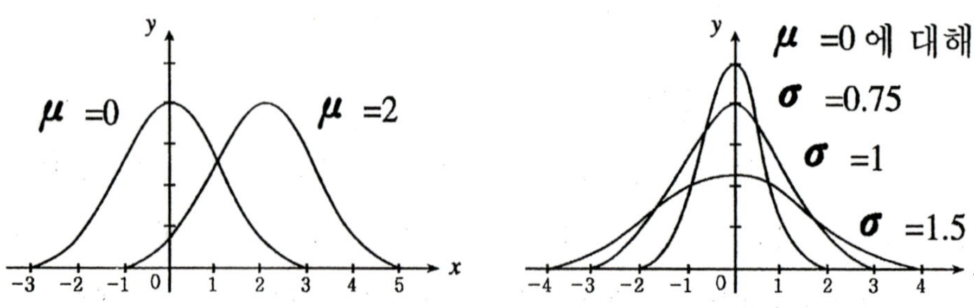

(그림8-4)

정규분포곡선의 중요한 성질은 다음과 같다.

• 각 곡선은 대칭이고 종모양이다.

• 대칭축은 $x=\mu$이다.

• σ의 값은 그래프의 폭을 결정한다.

- σ의 큰 값은 넓고 낮은 그래프
- σ의 작은 값은 좁고 높은 그래프

그래프는 양쪽으로 수평축에 접근한다. 수평축이 점근선이다.

앞에서 배운것처럼 정규곡선은 이항확률분포의 그래프에서 $n \to \infty$때의 극한으로 생각될 수 있다. n은 시행회수이다. 일련의 수직인 직선 대신 히스토그램으로 그려진 이항확률분포의 그래프를 생각하자.

곡선 아래의 넓이가 직사각형 모양의 넓이의 합의 극한이 됨을 앞에서 배운 것을 기억하면, 정규곡선 아래의 넓이는 히스토그램 기둥의 넓이의 합의 $n \to \infty$일 때 극한으로 생각할 수 있다.

각 기둥의 넓이는 기둥의 높이 × 기둥의 폭 $= P(X=x) \times 1$이므로 정규곡선 아래의 넓이는

$\lim_{n\to\infty} \sum_{x=1}^{n} P(X=x)$와 같다.

확률분포의 합이 1이되므로 이 공식이 정규곡선 아래의 넓이를 정의한다.

정규곡선 아래의 넓이의 이 정의는 이항분포의 극한과 마찬가지로 연속임의변수의 정규분포에 적용한다. 따라서, 변수의 주어진 값 a와 b사이의 어떤 정규곡선 아래의 넓이는 a와 b사이의 어떤 값을 갖는 변수의 확률의 합과 같다.

곡선아래 전체 넓이가 1이므로 a와 b사이의 넓이는 1에 비례할 것이다.

· 정규곡선아래 $x=a$에서 $x=b$까지의 넓이는 a와 b사이에 값을 갖는 X의 확률과 같다.

· 정규곡선 아래 $x=a$에서 $x=b$까지의 넓이는 $P(a<X<b)$와 같다.

다음 그래프(그림8-5)에서 $a=\mu-\sigma$와 $b=\mu+\sigma$사이의 넓이가 어두운 부분으로 나타내어진다.

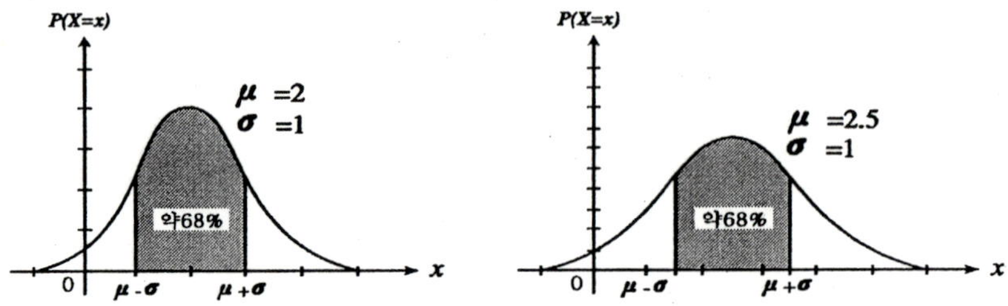

(그림8-5)

각 그래프의 어두운 부분의 넓이는 평균에서 σ 거리내에 있는 넓이이다. 평균과 표준편차 값에 관계없이 전체 넓이의 같은 비율의 넓이를 갖는다.

$$P(\mu-\sigma < X < \mu+\sigma) \approx 68\% \approx \frac{2}{3}$$

모든 정규곡선에 대한 전체 넓이는 1이므로 $\mu-\sigma$와 $\mu+\sigma$사이의 넓이는 모두 0.68이다.

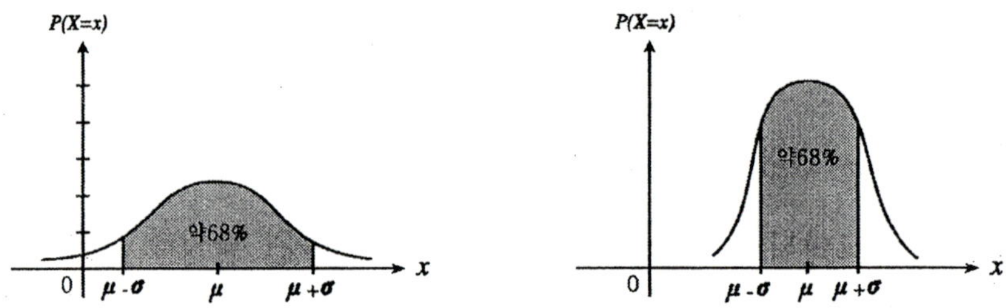

(그림8-6)

다음 그래프(그림8-7)에서 어두운 부분의 넓이는 구간 $[\mu-2\sigma,\ \mu+2\sigma]$에 대한 것이므로 전체 넓이의 약 95%를 차지한다.

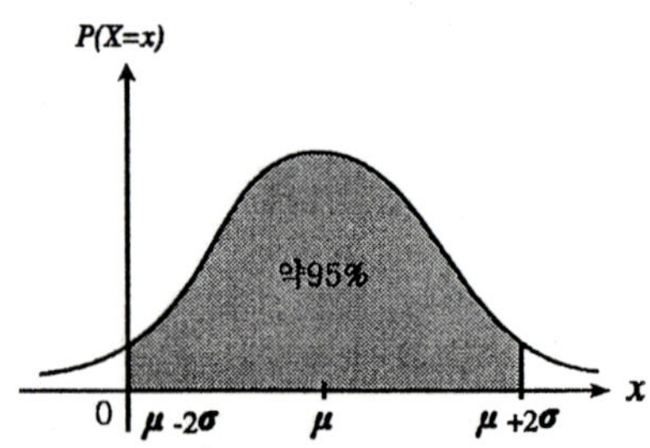

(그림8-7)

표준정규분포

앞에서 본 것처럼 정규분포곡선의 방정식이 $\frac{1}{\sigma\sqrt{2\pi}}e^{-\frac{1}{2}\left(\frac{x-\mu}{\sigma}\right)^2}$이므로 주어진 x-값에 대한 y-값이 σ와 μ의 값에 따라 변하고, 따라서 정규곡선의 모양(높이와 폭)과 점의 위치가 변할 것이다. 정규곡선의 수는 무한히 많다. 각각은 앞에서 기술한 주요 특징을 갖고 있다.

표준정규곡선(standard normal curve)은 $\mu=0$, $\sigma=1$인 곡선이다. 즉, 표준정규곡선은 평균 $\mu=0$이고 표준편차 $\sigma=1$인 임의변수 X의 확률분포의 그래프이다. 그래프는 (그림8-8)과 같다.

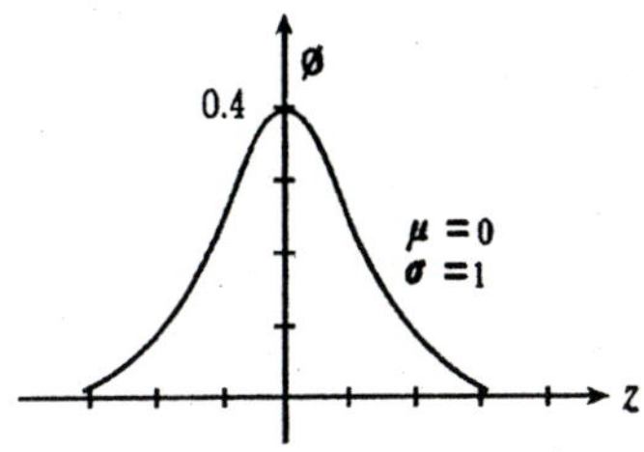

(그림8-8)

기대한대로 표준정규곡선은 수직축에 대해 대칭이다. 다른 정규곡선과 이 그래프를 구별하기 위해 기호 z가 수평축의 측도로 임의변수의 값에 대해 이용되고 수직축에 대한 측도로 $P(Z=z)$ 확률에 대한 기호 $\varnothing$가 이용된다.

곡선 아래 부분의 넓이가 1이므로 수직축 양쪽의 넓이는 0.5이다. $z=0$의 왼쪽의 넓이는 $P(Z\leq 0)$로 나타낸다. 따라서, $P(Z\leq 0)=0.5$, 또 $P(Z\geq 0)=0.5$이다.

정규곡선의 대칭과 일반적인 모양은 기억하기에 중요한 다음 결과를 갖고 있다.

$P(\mu-\sigma\leq X\leq\mu+\sigma)\approx 68\%$이고, $P(\mu-2\sigma\leq X\leq\mu+2\sigma)\approx 95\%$

변수 X가 $\mu=0$이고 $\sigma=1$인 정규분포이면,

· $P(-1\leq X\leq 1)\approx 68\%$

· $P(-2\leq X\leq 2)\approx 95\%$이다.

다음 그래프(그림8-9)들은 정규곡선 아래 어두운 부분의 넓이의 근사값을 보여준다.

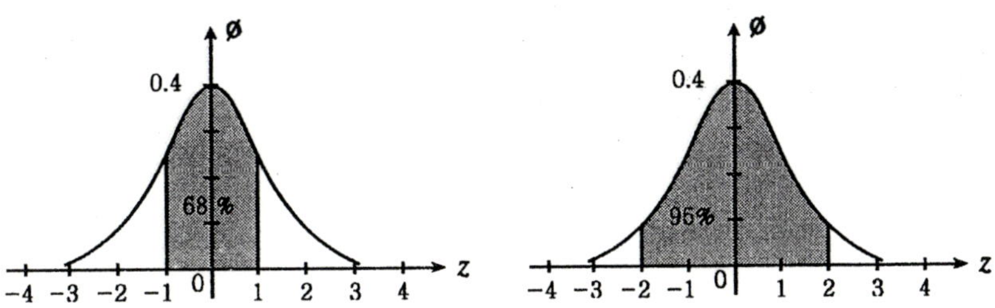

(그림8-9)

앞의 그래프 각각에서 임의변수의 값들은 Z로 나타내었다. 지금부터 Z가 표준정규확률분포를 갖는 임의변수를 의미하는데 사용될 것이다. 표준정규 곡선의 방정식은

$$\phi = \frac{1}{\sigma\sqrt{2\pi}} e^{-\frac{1}{2}\left(\frac{z-\mu}{\sigma}\right)^2} = \frac{e^{-\frac{z^2}{2}}}{\sqrt{2\pi}} \quad (\mu = 0,\ \sigma = 1)$$

이다.

표준정규분포의 표보기

위의 그래프 (그림 8-9)에서 어두운 부분의 넓이는 $P(-a \leqq Z \leqq a)$로 주어지고 $a=1$과 $a=2$이다. 넓이는 각각 약 0.68, 0.95이다. 곡선 아래 다른 넓이가 주어진 범위에서 값을 갖는 변수 Z의 확률을 정하기 위해 계산할 필요가 있다.

그래프의 어두운 부분이 표시된(그림8-10) 넓이는 곡선아래 $P(0 \leq Z \leq a)$와 같다. 곡선의 대칭성과 전체넓이가 1이므로 $P(Z \geq a) = 0.5 - P(0 \leq Z \leq a)$이다. 연속인 곡선 $y = f(x)$와 $x = a$, $x = b$로 둘러싸인 넓이는 $\int_a^b f(x)\,dx$로 주어짐을 적분에서 배웠다. 따라서 표준정규곡선 아래 $Z = 0$에서 $Z = a$까지의 부분의 넓이는 $\int_0^a \frac{1}{\sqrt{2\pi}} e^{-\frac{z^2}{2}} dz$이다.

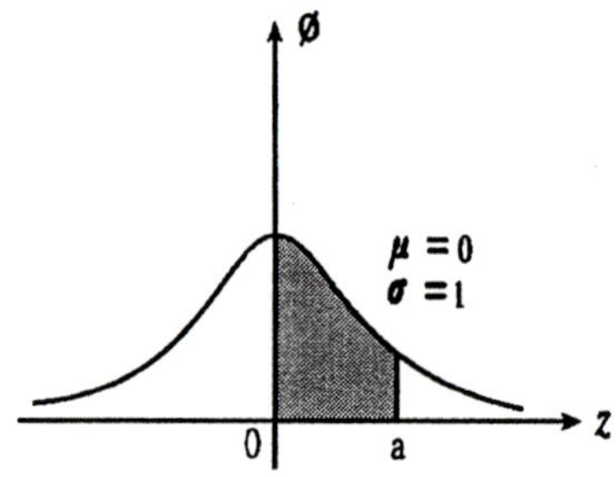

(그림8-10)

적분은 간단해 보일지 모르지만 Z를 치환하여 간단한 함수의 식으로 고칠 수 없다. 즉, 간단한 원시함수가 존재하지 않는다. a의 특별한 값에 대해 넓이를 구하는 유일한 방법은 사다리꼴 규칙을 이용하는 것과 같은 수치적 방법을 이용하는 것이다. 따라서, 보통 평균 0과 값 Z사이에 표준정규곡선 아래 넓이의 값을 알려주는 표가 만들어진다. 이 표를 표준정규 값의 표(standard normal table of value)라고 한다. 표의 일부가 다음에 주어진다. 완전한 표는 부록에 있다.

표준정규분포표						
Z	0	1	2	…	8	9
0.0	0.0000	0.0040	0.0080	…	0.0319	0.0359
…	…	…	…	…	…	…
0.7	0.2580	0.2611	0.2642	…	0.2823	0.2852
…	…	…	…	…	…	…
1.4	0.4192	0.4207	0.4222	…	0.4306	0.4319
…	…	…	…	…	…	…
2.5	0.4938	0.4940	0.4941	…	0.4951	0.4952
…	…	…	…	…	…	…

이 표는 a의 양수 값이 $a = 3.89$까지에 대해 $P(0 \leqq Z \leqq a)$의 값을 보여준다. 예를 들면, $P(0 \le Z \le 1.4) = 0.4192$, $P(0 \le Z \le 1.42) = 0.4222$이다. $a \ge 3.9$에 대한 $P(Z \le a) = 1$로 주어진다.

이 표는 a의 양의 값에 대해 $P(0 \leqq Z \leqq a)$의 값을 알려주지만 임의의 a, b에 대해 $P(a \le Z \le b)$, $P(Z \le a)$와 $P(Z \ge a)$의 값을 구하는데 이용될 수 있다.

이산임의변수 X에 대해 두 확률 $P(X < a)$와 $P(X \le b)$는 보통 다르다. $P(X < a)$는 $P(X = a)$의 값을 포함하고 있지 않으나 $P(X \le a)$는 $P(X = a)$의 값을 포함하고 있다. 정규분포에서는 차이가 무시되므로 이 차이는 중요하지 않다. 연속변수 X에서 $P(X = a) = 0$이다. 이런 이유 때문에 X가 정규임의변수이면 $P(X < a)$와 $P(X \le a)$사이에 차이는 없다.

따라서, $P(0 \le Z < a) = P(0 \le Z \le a)$이다.

다음은 여러 경우에 표준정규표의 값을 어떻게 이용하는 가를 보여준다.

$P(Z < a)$의 값(a는 양수)

[예제 1] ($P(Z <$ 양수$)$의 값 구하기)

표준정규분포에서 임의 관찰값이 0.721 보다 작은 확률을 구하여라.

풀이 구하는 넓이는 (그림8-11)의 어두운 부분이다.

$$P(Z < 0.721) = 0.5 + P(0 \le Z < 0.721)$$
$$= 0.5 + 0.2642 + 0.0003$$
$$= 0.7645$$

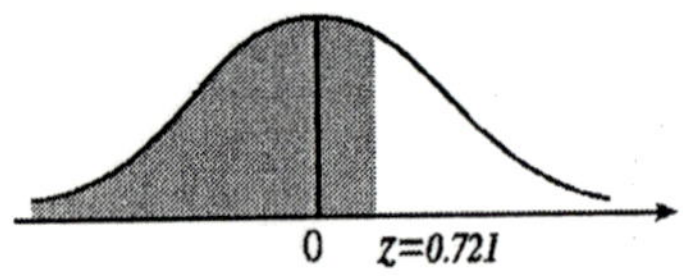

(그림8-11)

■

$P(a < Z < b)$**의 값(** a, b**는 양수)**

[예제 2] —— (P(양수 $< Z <$ 양수) 값 구하기)

$P(1.234 < Z < 2.06)$의 값을 구하여라.

풀이 표에서 $P(0 \le Z \le 2.06) = 0.4803$

$P(0 \le Z \le 1.234) = 0.3914$이다.

계산과정을 보이면 다음과 같다.(그림8-12)

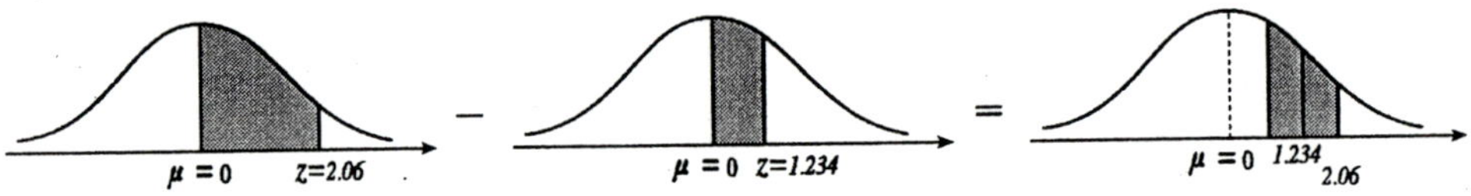

(그림8-12)

따라서,

$$P(1.234 < Z < 2.06) = P(0 \le Z < 2.06) - P(0 \le Z < 1.234)$$
$$= 0.4803 - 0.3914 = 0.0889$$

이다. ■

$P(Z > a)$**의 값(** a**는 양수)**

[예제 3] —— ($P(Z >$ 양수)의 값 구하기)

($P(Z > 1.6)$을 구하여라

풀이 표는 $P(0 \le Z < a)$에 대한 값만 주어진다.

표준정규곡선 아래 넓이는 1이다. 그 반은 0.5이다.
따라서, (그림8-13)에서

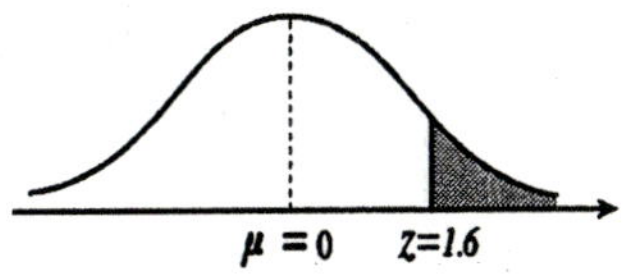

(그림8-13)

$P(Z > 1.6)$

$= 0.5 - P(0 \le Z < 1.6)$

$= 0.5 - 0.4452 = 0.0548$ ▣

$P(Z < a)$의 값(a는 음수)

[예제 4] ($P(Z <$ 음수$)$의 값 구하기)

$P(Z < -1.2)$의 값을 구하여라.

풀이 계산은 (그림8-14)에서

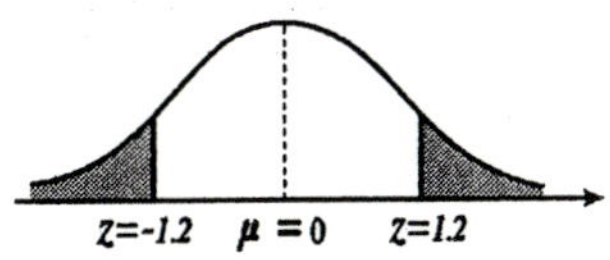

(그림8-14)

$P\ (Z < -1.2) = P(Z > 1.2)$

$= 0.5 - P(0 \le Z \le 1.2)$

$= 0.5 - 0.3849 = 0.1151$ ▣

$P(a < Z < b)$의 값(a, b는 음수)

[예제 5] ($P($음수 $< Z <$ 음수$)$의 값 구하기)

$P(-1.2 < Z < -0.5)$를 구하여라.

풀이 계산은 (그림8-15)에서,

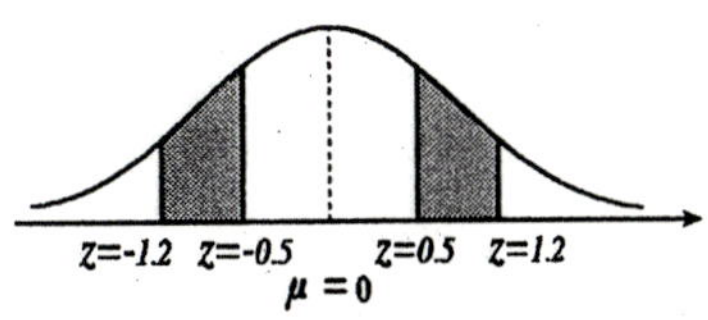

(그림8-15)

$P\ (-1.2 < Z < -0.5)$

$= P(0.5 < Z < 1.2)$

$= P(0 \le Z < 1.2) - P(0 \le Z < 0.5)$

$= 0.3849 - 0.1915 = 0.1934$ ▣

$P(a < Z < b)$의 값(a는 음수, b는 양수)

[예제 6] (P(음수 $< Z <$ 양수)의 값 구하기)

$P(-1.2 < Z < 0.5)$를 구하여라.

풀이 (그림8-16)에서

$P\ (-1.2 < Z < 0.5)$

$= P(0 \leq Z < 1.2) + P(0 \leq Z < 0.5)$

$= 0.3849 + 0.1915 = 0.5764$

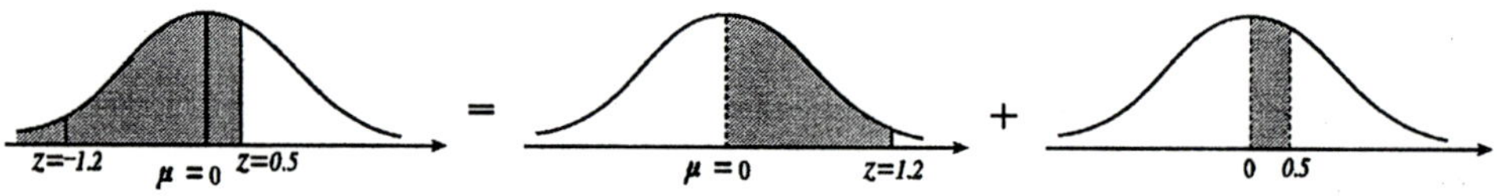

(그림8-16) ▣

조건부확률을 표준정규분포표를 이용하여 구해보자.

[예제 7] (조건부확률 구하기)

$P(0.1 \leq Z \leq 0.3 \mid 0 \leq Z \leq 1)$을 구하여라.

풀이 $P(A \mid B) = \dfrac{P(A \cap B)}{P(B)}$를 이용한다.

A는 $0.1 \leq Z \leq 0.3$, B는 $0 \leq Z \leq 1$일 사건이라 하자.

$A \cap B$는 $0.1 \leq Z \leq 0.3$이고 $0 \leq Z \leq 1$에서, $0.1 \leq Z \leq 0.3$이다.

$\therefore P(A \cap B) = P(0.1 \leq Z \leq 0.3) = 0.1179 - 0.0398 = 0.0781$

$P(B) = P(0 \leq Z \leq 1) = 0.3413$

따라서, $P(A \mid B) = \dfrac{P(A \cap B)}{P(B)} = \dfrac{0.0781}{0.3413} = 0.2288$ ▣

[예제 8] (조건부확률 구하기)

$P(-0.5 \le Z \le 0.5 \mid Z \ge -1)$을 구하여라.

풀이 A는 $-0.5 \le Z \le 0.5$, B는 $Z \ge -1$인 사건이라 하자.

$A \cap B$는 $-0.5 \le Z \le 0.5$

$$\therefore P(A \cap B) = P(-0.5 \le Z \le 0.5)$$

$$= 2 \times 0.1915 = 0.3830$$

$$P(B) = P(Z \ge -1) = 0.5 + P(0 \le Z \le 1)$$

$$= 0.5 + 0.3413 = 0.8413$$

따라서, $P(A \mid B) = \dfrac{P(A \cap B)}{P(B)} = \dfrac{0.3830}{0.8413} = 0.4552$ ▣

연습문제 8-1

해 답

1. Z는 표준 정규 변수이다. 다음을 구하여라.
   1) $P(Z \leq 2.4)$ 2) $P(Z \leq 2.058)$
   3) $P(Z < 0.567)$

2. 1) $P(0.7 \leq Z \leq 2.4)$ 2) $P(1.8 \leq Z \leq 1.9)$
   3) $P(0.652 \leq Z \leq 2.058)$

3. 1) $P(0.8 \leq Z \leq 1.6)$ 2) $P(1.8 \leq Z \leq 2.1)$
   3) $P(0.265 \leq Z \leq 1.238)$

4. 1) $P(Z \geq 2.4)$ 2) $P(Z \geq 2.058)$
   3) $P(Z > 0.567)$

5. 1) $P(Z \geq -1.9)$ 2) $P(Z \geq -2.3)$
   3) $P(Z \geq -1.657)$

6. 1) $P(Z \geq -3.3)$ 2) $P(Z \geq -1.08)$
   3) $P(Z \geq -0.89)$

7. 1) $P(-2.7 \leq Z \leq -2.4)$
   2) $P(-1.652 \leq Z \leq -1.058)$
   3) $P(-2.356 \leq Z \leq -2.001)$

8. 1) $P(-2.7 \leq Z \leq -1.8)$
   2) $P(-2.652 \leq Z \leq -1.058)$
   3) $P(-2.698 \leq Z \leq -2.004)$

9. 1) $P(-2.7 \leq Z \leq 2.4)$
   2) $P(-1.8 \leq Z \leq 0.9)$
   3) $P(-1.652 \leq Z \leq 1.058)$

해답

1.
1) 0.9918 2) 0.9802
2) 0.7147

3.
1) 0.1571 2) 0.0180
3) 0.2877

6.
1) 0.9995 2) 0.8599
3) 0.8133

9.
1) 0.9883 2) 0.7800
3) 0.8056

10. 1) $P(-1.3 \le Z \le 1.85)$
2) $P(-1.8 \le Z \le -0.9)$
3) $P(1.652 \le Z \le 2.058)$
4) $P(Z \ge 2.35)$
5) $P(Z \le 1.24)$
6) $P(Z \le -0.86)$

11. 1) $P(-2.3 \le Z \le 0.897)$
2) $P(-2.1 \le Z \le -1.3)$
3) $P(1.235 \le Z \le 2.136)$
4) $P(Z \ge 2.56)$
5) $P(Z \le 2.587)$
6) $P(Z \le -1.257)$

12. 1) $P(Z \ge 2 | Z \ge 1)$
2) $P(Z \ge 1.3 | Z \ge 0.2)$ 12.
3) $P(Z \ge 1.2 | Z \ge -0.5)$
4) $P(Z \ge 2.1 | Z \ge 0.2)$

13. 1) $P(Z \le 1 | Z \le 0)$
2) $P(Z \le 1 | Z \le -1)$
3) $P(Z \ge -0.5 | Z \le 0.5)$
4) $P(Z \ge 2.1 | Z \ge 1.9)$

14. 1) $P(1 \le Z \le 2 | 0 \le Z \le 3)$
2) $P(-1 \le Z \le 1 | -2 \le Z \le 2)$
3) $P(-3 \le Z \le 1 | Z \le 2)$
4) $P(Z \le 2 | Z \le 3)$

15. 1) $P(1 \le Z \le 1.1 | Z \le 2)$
2) $P(Z \le 2 | Z \le 1)$
3) $P(1 \le Z \le 3 | -1 \le Z \le 3)$
4) $P(Z \le -1 | Z \le 1)$

12.

1) 0.1437 2) 0.2301
3) 0.1664 4) 0.6237

15.

1) 0.0235 2) 1
3) 0.1874 4) 0.1886

8.2 정규곡선의 표준화

앞에서 정규곡선의 일반적인 방정식은 $y = \dfrac{e^{-\frac{1}{2}\left(\frac{x-\mu}{\sigma}\right)^2}}{\sigma\sqrt{2\pi}}$ 이고, 표준정규곡선에 대한 방정식은 $\phi = \dfrac{e^{-\frac{z^2}{2}}}{\sqrt{2\pi}}$ 임을 배웠다.

이들 두 방정식의 비교는 x와 z사이에 $z = \dfrac{x-\mu}{\sigma}$ 인 관계를 보여준다. 이 간단한 공식이 표준정규변수 Z가 아니고 임의의 정규변수 X에 대한 확률을 계산하는데 표준정규표의 값을 이용하도록 한다. $\mu = 2$이고 $\sigma = 2$인 정규분포를 갖는 임의변수 X에 대해 알아보자.

X의 확률분포와 표준정규변수 Z의 그래프는 다음과 같다(그림8-17).

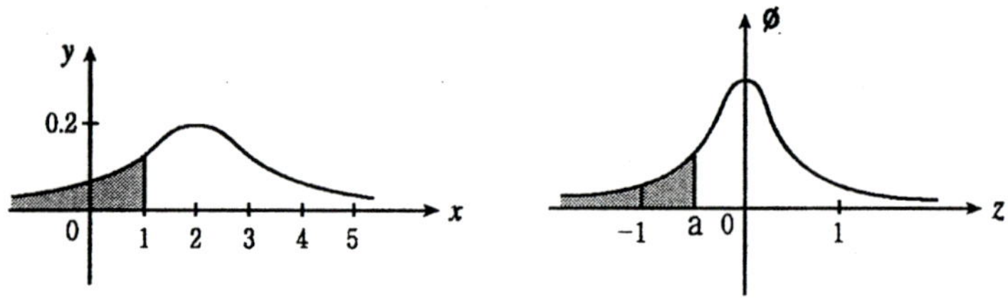

(그림8-17)

두 그래프의 어두운 부분의 넓이는 같고 그들이 나타내는 확률은 또한 같다. 즉, $P(X < 1) = P(Z < a)$이다.

표준정규표의 값이 주어진 a값에 대해 $P(Z < a)$를 찾는데 이용될 수 있다. $P(X < 1)$을 구하기 위해 같은 어두운 부분을 주는 Z의 값을 구하는 것이 필요하다.

모든 정규곡선은 서로 다른 μ와 σ에 대해 표준정규곡선으로 변형시킬 수 있다. 임의로 주어진 X값에 대해 대응하는 Z의 값은 $x = 1$일 때, $z = \dfrac{1-2}{2} = -\dfrac{1}{2}$이다.

$$\therefore P(X < 1) = P\left(Z < -\frac{1}{2}\right)$$

규칙 $Z = \frac{X-\mu}{\sigma}$에 따라 임의의 정규변수 X를 표준화(standardising)하므로서 표준정규표의 값이 주어진 X에 대한 μ와 σ에 대하여 X에 대한 확률을 정하는데 이용될 수 있다.

[예제 1] (표준화 이용 표준정규표 보기)

임의변수 X는 $\mu = 2.5$, $\sigma = 2$인 정규분포이다. X의 임의 선택값이 4보다 작게 되는 확률을 구하여라.

풀이 $\mu = 2.5$, $\sigma = 2$에서, $Z = \frac{X-\mu}{\sigma}$를 이용하여 $x = 4$를 z로 고치면

$z = \frac{4-2.5}{2} = 0.75$이다. (그림8-18)에서,

$P(X < 4) = P(Z < 0.75) = 0.5 + P(0 \le Z < 0.75) = 0.7734$ ▣

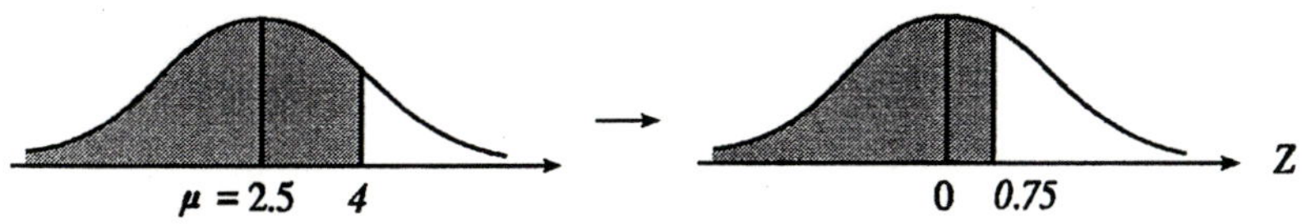

(그림8-18)

[예제 2] (표준화 시켜 확률 구하기)

임의변수 X가 평균 1.5이고, 표준편차 0.2인 정규분포를 이룬다.
$P(0.8 < X < 1.8)$을 구하여라.

풀이 $\mu = 1.5$, $\sigma = 0.2$에서,

$x_1 = 0.8$은 $z_1 = \frac{0.8-1.5}{0.2} = -3.5$

$x_2 = 1.8$은 $z_2 = \frac{1.8-1.5}{0.2} = 1.5$이고 (그림8-19)에서,

$P(0.8 < X < 1.8) = P(-3.5 < Z < 1.5)$

$= P(0 \le Z < 3.5) + P(0 \le Z < 1.5)$

$$= 0.4998 + 0.4332$$

$$= 0.9330$$

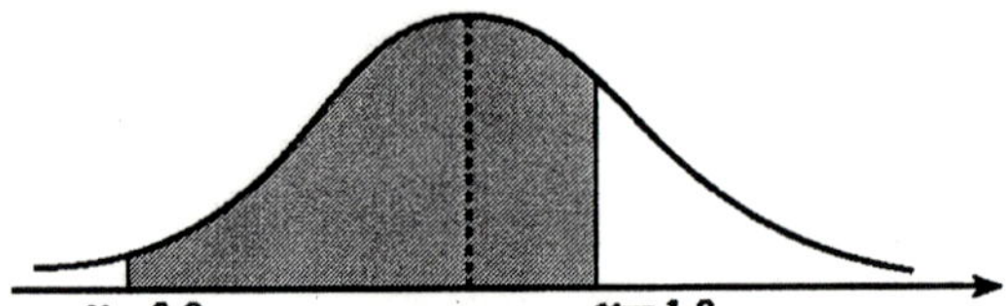

(그림8-19) ▣

X가 평균 μ이고 분산 σ^2인 정규분포를 이룬다는 것을 $X \sim N(\mu, \sigma^2)$이라고 쓴다. 예를 들면, $X \sim N(12, 4)$는 $\mu = 12$이고 $\sigma^2 = 4$를 의미한다. 확률을 구하는데 표준정규표를 이용할 수 있도록 x-값을 표준화하기 위해 표준편차 σ를 알아야 한다. $X \sim N(12, 4)$에서 $\mu = 12$이고 $\sigma = \sqrt{4} = 2$이다. 기호를 정확히 이해하고 사용할 수 있어야 한다.

연습문제 8-2

1. X가 $\mu = 2.5$, $\sigma = 0.6$인 정규분포를 이룰 때, 다음 값을 표준화하여라.
   1) $x = 2.8$ 2) $x = 1.6$ 3) $x = 0$

2. Y가 $\mu = 1.4$, $\sigma = 0.8$인 정규분포를 이룰 때, 다음 값을 표준화하여라.
   1) $y = 2.8$ 2) $y = 2.4$ 3) $y = 0$

3. $X \sim N(1.5,\ 0.64)$일 때, 다음을 구하여라.
   1) $P(X < 2.4)$ 2) $P(1.8 < Z < 1.9)$
   3) $P(0.12 < Z < 0.567)$

4. $X \sim N(2.4,\ 0.5625)$일 때, 다음을 구하여라.
   1) $P(X < 2.4)$ 2) $P(1.8 < Z < 2.3)$
   3) $P(0.82 < X < 1)$

5. $X \sim N(5,\ 6.25)$일 때, 다음을 구하여라.
   1) $P(-2.5 < X < 2.5)$
   2) $P(-2 < X < -0.9)$
   3) $P(X \leq -2.1)$
   4) $P(X \geq -0.258)$
   5) $P(-2 \leq X \leq 2.4)$

6. $X \sim N(4,\ 1.5^2)$일 때, 다음을 구하여라.
   1) $P(X \geq -0.6 | X \geq -1)$
   2) $P(X \geq 1.8 | X \geq 1)$
   3) $P(X \leq -1 | X \leq 0)$
   4) $P(X \geq 2 | X \geq 0)$

해 답

1.
1) 0.5
2) -1.5
3) -4.17

3.
1) 0.8696
2) 0.0453
3) 0.0795

6.
1) 0.9987
2) 0.9506
3) 0.1053
4) 0.9122

7. $X \sim N(5,\ 6.25)$일 때, 다음을 구하여라.

1) $P(X < 2.5 | X \leq 3)$
2) $P(X \geq -2.5 | X \geq -3)$
3) $P(X \leq 0.9 | X \leq 0)$
4) $P(X \geq 0 | X \geq -0.9)$

7.

1) 0.7489
2) 0.9994
3) 0.3991
4) 0.9862

8.3 정규분포의 응용

완벽하게 정규인 '실생활' 임의변수는 알려진 것이 없지만 정규에 매우 가까운 확률분포를 갖는 상당한 범위의 변수가 있다. 이것이 정규분포가 중요한 이유이다.

다음은 정규분포의 특징이 적용될 수 있는 많은 실생활 예들이다.

[예제 1] (정규분포의 실생활 응용 확률 구하기)

특별한 종류의 인화지에 대해 인화지가 빛에 노출되는 현상시간은 평균 25초이고 표준편차 1.3초인 정규분포를 이룬다고 한다.

1) 현상시간이 다음일 때, 확률을 구하여라.
   (i) 적어도 26.5초
   (ii) 23초를 넘지 않는다.
   (iii) 기대되는 시간과 2.5초 이상 차이가 난다.

사진 작가가 서로 분리된 다섯 경우에 특별한 종류의 인화지를 사용한다.

2) 현상시간이 23초를 넘지않을 확률을 구하여라.
   (i) 다섯 가지 경우 각각에 대해
   (ii) 다섯 경우를 정확히 두 경우에 대해

각 경우의 현상시간은 어떤 다른 경우에 대해 서로 독립이라고 가정한다.

풀이 임의변수 X는 현상시간(초), $X \sim N(25,\ 1.3^2)$이다.

1) (i) (그림8-20)에서,

$$P(X\text{는 적어도 }26.5\text{초})$$
$$= P(X \geq 26.5) = P\left(Z \geq \frac{26.5-25}{1.3}\right)$$
$$= P(Z \geq 1.154) = 0.5 - P(Z < 1.154)$$
$$= 0.5 - 0.3757 = 0.1243$$

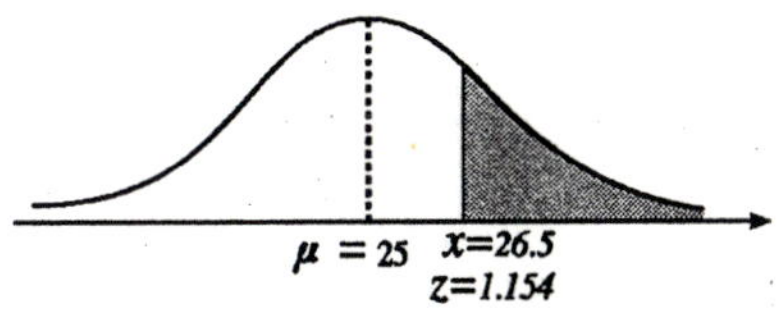

(그림8-20)

(ii) (그림8-21)에서,

$$P(X\text{는 23초를 넘지 않는다})$$
$$= P(X \leq 23) = P\left(Z \geq \frac{23-25}{1.3}\right)$$
$$= P(Z \geq -1.538)$$

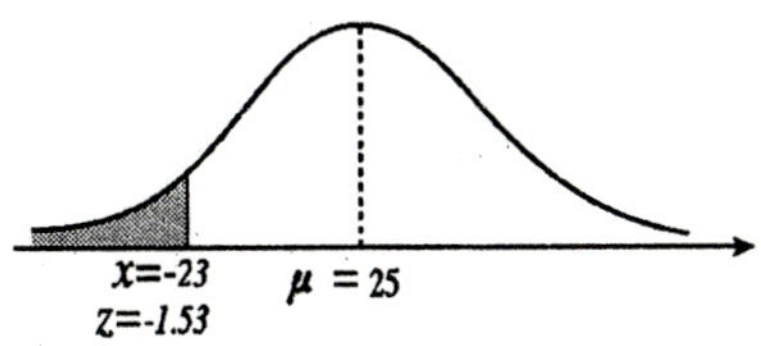

(그림8-21)

$= 0.5 - P(0 \le Z < 1.538)$

$= 0.5 - 0.4380 = 0.0620$

(iii) 기대되는 시간 = 평균 이므로 (그림8-22)에서,

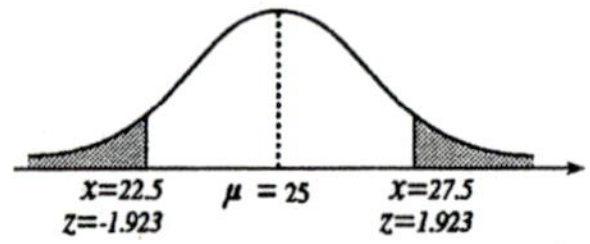

(그림8-22)

P(X는 평균과 2.5초이상 차이가 난다)

$= P(X > 27.5)$ 또는 $P(X < 22.5)$

$= P\left(Z > \dfrac{27.5-25}{1.3}\right) + P\left(Z < \dfrac{27.5-25}{1.3}\right)$

$= P(Z > 1.923) + P(Z < -1.923)$

$= 2 \times P(Z > 1.923) = 2[0.5 - P(0 \le Z \le 1.923)]$

$= 2(0.5 - 0.478) = 2 \times 0.0272 = 0.0544$

2) $n = 5$이고, 성공확률 $P(X \le 23) = 0.0620$에서

$Y \sim B(5,\ 0.0620)$이므로

(i) $P(Y = 5) = 0.0620^5 = 0.0000009$

(ii) $P(Y = 2) = {}_5C_2 0.0620^2 \times (1 - 0.0620)^3 = 0.0317$ ▣

[예제 2] (정규분포의 실생활 활용하기)

포도주 병의 병마개 코르크를 만드는데 두 개의 기계가 이용된다. A기계에서 생산되는 코르크는 지름이 평균 3cm이고, 표준편차 0.1cm인 정규분포를 이루고, B기계에서 생산되는 코르크는 지름이 3.04cm이다. 분산이 0.0004㎠이다. 코르크의 지름이 2.9cm와 3.1cm 사이일 때, 채택된다고 한다. 어느 기계가 채택되는 코르크를 더 많이 생산하는가?

풀이 X는 A기계에서 생산되는 코르크의 지름이고 $\mu_X = 3$, $\sigma_X = 0.1$이다(그림8-23).

Y는 B기계에서 생산되는 코르크의 지름이고,

$\mu_Y = 3.04$, $\sigma_Y = 0.02$이다(그림8-24).

(그림8-23)

$$P(2.9 \le X \le 3.1)$$

$$= P\left(\frac{2.9-3}{0.1} \le Z \le \frac{3.1-3}{0.1}\right)$$

$$= P(-1 \le Z \le 1)$$

$$= 2 \times P(0 \le Z \le 1) = 2 \times 0.3413 = 0.6826$$

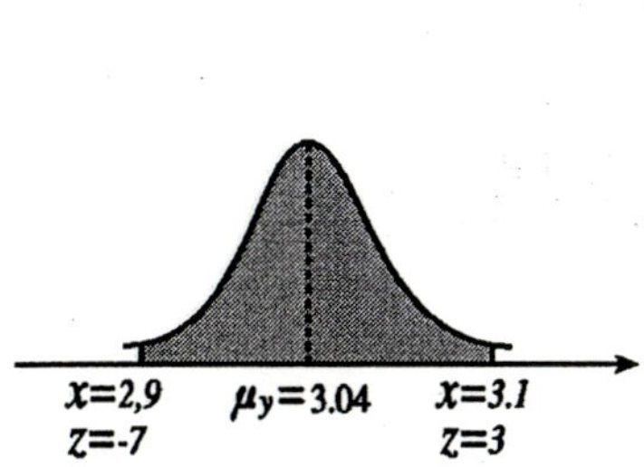

(그림8-24)

$$P(2.9 \le Y \le 3.1) = P\left(\frac{2.9-3.04}{0.02} \le Z \le \frac{3.1-3.04}{0.02}\right)$$

$$= P(-7 \le Z \le 3) = P(0 \le Z \le 3) + P(0 < Z \le 7)$$

$$= 0.4987 + 0.5 = 0.9987$$

두 결과를 비교하면 B기계에서 생산된 코르크가 A기계에서 생산된 코르크보다 더 많이 채택된다.

10,000개가 생산된다면 A기계는 3,174개, B기계는 13개 채택되지 않음을 알 수 있다. ▣

[예제 3] (실생활에 정규분포를 이용하여 확률 구하기)

어떤 대학의 500명 학생들의 몸무게의 평균은 65kg이고, 표준편차는 25kg이다. 몸무게가 정규분포를 이룬다고 할 때, 몸무게가 65kg으로 기록되는 또, 그 이상되는 학생의 비율을 구하여라. 저울은 kg단위로 측정된다.

풀이 X는 학생의 몸무게라면 $X \sim N(65,\ 25^2)$에 따른다.

$P(X \ge 65) = 0.5$이다. 그러나 65kg으로 기록되는 경우는 64.5kg이상-65.5kg 미만이다.

따라서, $P(X \ge 64.5)$를 구해야 한다.

$$P(X \ge 64.5) = P\left(Z \ge \frac{64.5-64}{25}\right) = P(Z \ge -0.02)$$

$$= 0.5 + P(0 \le Z \le 0.02) = 0.5008$$ ▣

연습문제 8-3

1. 어떤 대학의 500명의 학생의 몸무게의 평균은 65kg 이고, 표준편차는 25kg이다.
   1) 몸무게가 정규분포를 이룬다고 가정할 때, 얼마나 많은 학생들을 다음 경우에 추정할 수 있는가?
      (i) 60kg과 78kg 사이 (ii) 70kg 이상
   2) 임의로 3명의 학생을 뽑을 때, 다음 확률을 구하여라.
      (i) 모두 70kg 이상
      (ii) 정확히 2명만 70kg 이상

2. 어떤 베아링의 지름이 평균 15.60㎜이고, 표준편차 0.06㎜인 정규분포를 이룬다고 한다. 베아링을 임의로 선택했을 때, 지름이 다음과 같을 확률을 구하여라
   1) 15.50㎜와 15.70㎜ 사이
   2) 15.70㎜보다 크다
   3) 15.70㎜보다 작다

3. 장난감 강아지의 몸무게는 평균 8kg, 표준편차 0.9kg 인 정규분포를 이룬다고 한다. 몸무게가 100g 단위까지 기록한다면 다음 무게를 갖는 장난감 강아지의 비율은?
   1) 9.5kg 보다 무겁다.
   2) 적어도 8.6kg
   3) 7.3kg과 9.1kg 사이
   임의로 뽑은 장난감 강아지의 몸무게가 8.6kg 보다 작다는 것을 알았다면,
   4) 7kg 보다 작을 확률은?
   5) 7kg 보다 클 확률은?

해 답

1.
(i) 137
(ii) 210

2.
1) 0.9044
2) 0.0478
3) 0.9522

3.
1) 0.0536
2) 0.7614
3) 0.6952
4) 0.1878
5) 0.8403

8.4 표쥬정규표를 역으로 이용

앞에서 주어진 μ, σ와 x값에 대해 $P(a < X < b)$를 구하는 문제를 다루었다. 이번에는 주어진 μ, σ와 $P(a < X < b)$에 대해 a, b의 값을 구하는 문제를 알아보자.

[예제 1] (표준정규표를 역으로 이용하기)

변수 X는 고등학교 2학년 남학생의 키를 나타낸다. X는 평균이 167.6㎝이고 표준편차 36.6㎝인 정규분포를 이룬다고 한다. 한 학생이 임의로 선택되어 키를 추측하는데 확률이 0.95가 되도록 하려면 키는 얼마나 되어야 하는가?

풀이 추측된 키를 h㎝라고 하면,

$P(X \le h) = 0.95$에서 h를 구한다.

$$P\left(Z \le \frac{h - 167.6}{36.6}\right) = 0.95$$

$P(Z < 1.645) = 0.95$에서 $\dfrac{h - 167.6}{36.6} = 1.645$

$\therefore h = 1.645 \times 36.6 + 167.6 = 167.6 + 60.207 = 227.8$㎝. ▣

주어진 σ, $P(a < X < b)$, a와 b에 대해 μ의 값을 구하는 문제 또는,

주어진 μ, $P(a < X < b)$, a와 b에 대해 σ의 값을 구하는 문제를 알아보자.

[예제 2] (표준정규표 역이용하여 μ구하기)

X는 표준편차 2이고 $P(X < 9) = 0.8$인 정규변수이다. X의 분포의 평균을 구하여라.

풀이 $P(X < 9) = 0.8$와 $\sigma = 2$에서 평균을 μ라 하면,

$P\left(Z < \dfrac{9 - \mu}{2}\right) = 0.8$에서 $P(Z < 0.842) = 0.8$이므로

$\dfrac{9 - \mu}{2} = 0.842$, $9 - \mu = 1.684$에서

$\mu = 9 - 1.684 = 7.316$이다. ▣

[예제 3] (정규분포표의 역이용에서 μ구하기)

X는 평균이 2이고 $P(X<9)=0.8$인 정규변수일 때, X의 분포의 표준편차를 구하여라.

풀이 $P(X<9)=0.8$과 $\mu=2$에서 표준편차를 σ라 하면,

$P\left(Z<\frac{9-\mu}{2}\right)=0.8$에서 $P(Z<0.842)=0.8$이므로

$\frac{7}{\sigma}=0.842$, 따라서, $\sigma=\frac{7}{0.842}\approx 8.31$이다. ▣

사분위수와 백분위수

다양한 측도가 임의변수의 값이 분포된 방법을 기술하는데 이용된다. 분포의 '중심'과 '흩어짐'이 대부분 평균(mean)과 표준편차(standard deviation) 또는 분산(variance)으로 기술되는 반면, 다른 측도가 더 자세히 기술하는데 도움을 줄 수 있다. 분포의 중심의 또 다른 측도는 중앙값(median)이다.

즉, 임의변수 X의 값이 $P(X\leq$ 중앙값$)=0.5$이다. 0.5가 확률 서술의 중앙값을 정의한다.

또, 중앙값은 $P(X\leq$ 중앙값$)=50\%$이므로 백분위수 50이라 부른다. 정규분포와 같은 대칭분포에서 중앙값 $=\mu$이다.

X의 값이 어떻게 분포되는가 또 다른 값 측도는 사분편차이다. 이것은 값의 '흩어짐'의 또 다른 측도이다.

사분편차(IQR) $=Q_3-Q_1$, Q_3는 $P(X\leq Q_3)=0.75$이고, Q_1은 $P(X\leq Q_1)=0.25$이다. 표준정규 분포에서 $Q_3=0.675$, $Q_1=-0.675$이다.

Q_1, Q_3, 중앙값 외에 X에 대한 또다른 백분위수(percentile)가 정해질 수 있다. 임의변수 X에 대한 $P\%$-백분위수는 분포의 $P\%$가 이 값보다 작은 X의 값으로 정의된다. 표준정규표가 변수의 왼쪽값보다 작은 쪽의 넓이로 주어지므로 표는 쉽게 백분위수를 구하는데 이용될 수 있다.

기호

X의 60% 백분위수는 $X_{0.6}$으로 쓰고 $P(X < X_{0.6}) = 0.6$ 이고, X의 P% 백분위수는 X_P로 쓰고 (그림8-25)에서 $P(X < X_P) = \frac{P}{100}$ 이다.

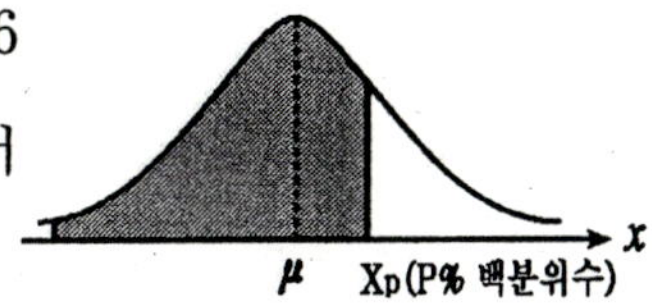

(그림8-25)

[예제 4] (백분위수의 응용)

X가 $\mu = 2$, $\sigma = 0.4$를 갖는 정규변수일 때, 다음을 구하여라.

1) X의 중앙값 2) $X_{0.8}$ 3) X의 70%값 4) IQR

풀이 1) 모든 정규분포에서 μ = 중앙값이므로 중앙값은 2이다.

2) $P(Z < Z_{0.8}) = 0.8$에서,

$Z_{0.8} = 0.842$이고 따라서, $\frac{X_{0.8} - 2}{0.4} = 0.842$

$X_{0.8} = 2.337$이다.

3) $P(Z < Z_{0.7}) = 0.7$에서,

$Z_{0.7} = 0.525$이고 따라서, $\frac{X_{0.7} - 2}{0.4} = 0.525$

$X_{0.7} = 2.21$이다.

4) $IQR = Q_3 - Q_1 = X_{0.75} - X_{0.25}$에서

$Z_{0.75} = 0.675$이고 따라서, $\frac{X_{0.75} - 2}{0.4} = 0.675$에서

$\therefore X_{0.75} = 2.27$

$Z_{0.25} = -0.675$이고 따라서, $\frac{X_{0.25} - 2}{0.4} = -0.675$에서

$\therefore X_{0.25} = 1.73$

$IQR = Q_3 - Q_1 = 2.27 - 1.73 = 0.54$이다. ▣

[예제 5] (백분위수의 활용)

5000명의 학생이 100점 만점의 기말고사에 응시하였다. 시험 성적의 분포는 평균 54, 분산 400인 정규분포를 이룬다고 한다. 성적우수자 100명은 책을 받고, 톱 22%에 드는 다른 학생들은 자격증을 받고 Q_1의 성적보다 더 많이 받는 학생은 조그만 기념품을 받는다. 다음 점수의 경계를 구하여라.

1) 책을 받는 점수
2) 자격증을 받는 점수
3) 조그만 기념품을 받는 점수

풀이 X = 시험성적이고 $\mu = 54$, $\sigma = 20$이다.

1) 책을 받는 최저 점수를 X_B라면,

$P(X \geq X_B) = \dfrac{100}{5000} = 0.02$이다.

따라서, $P(X < X_B) = 0.98$이다. $X_B = X_{0.98}$

$P(Z < 2.055) = 0.98$에서 $Z_{98} = 2.055$

$\dfrac{X_{0.98} - 54}{20} = 2.055 \quad \therefore X_{0.98} = 95.1$

2) 톱 22%에 드는 학생의 최저점수를 X_C라면

$P(X < X_C) = 0.78, \quad X_C = X_{0.78}$이다.

$P(Z < 0.772) = 0.78, \quad Z_{0.78} = 0.772$

$\dfrac{X_{0.78} - 54}{20} = 0.772 \quad \therefore X_{0.78} = 69.4$

3) $P(X < Q_1) = 0.25 \quad Q_1 = X_{0.25}$

$P(Z < -0.675) = 0.25$에서 $Z_{0.25} = -0.675$

$\dfrac{X_{0.25} - 54}{20} = -0.675 \quad \therefore Q_1 = X_{0.25} = 40.9$ ▣

연습문제 8-4

	해 답
1. $X \sim N(0.1)$이면 X는 표준정규변수를 의미한다. $P(X \leq a) = 0.9$인 a를 구하여라.	1. 1.282
2. $X \sim N(0.1)$에서 $P(X \leq b) = 0.8$일 때, b를 구하여라.	2. 0.842
3. $X \sim N(2, 0.25)$이고 $P(X \leq a) = 0.9$일 때, a를 구하여라.	3. 2.641
4. $X \sim N(2.5, 0.16)$이고 $P(X \leq a) = 0.95$일 때, a를 구하여라.	4. 3.158
5. $X \sim N(25, 16)$일 때, X_{85}를 구하여라.	5. 29.144
6. $X \sim N(25, 9)$일 때, X_{40}을 구하여라.	6. 24.241
7. $X \sim N(25, 4)$일 때, X_{75}를 구하여라.	7. 26.348
8. $X \sim N(144, 36)$일 때, X_{20}을 구하여라.	8. 138.95
9. 수학시험 성적이 정규분포를 이루고 평균 60, 표준편차 20이라면, 1) 85점을 넘는 비율은? 2) 50점보다 낮은 비율은? 3) top 10%에 드는 성적은? 4) IQR은?	9. 1) 10.56% 2) 30.85% 3) 86 4) 73-46=37

10. 학생들이 어떤 숙제를 끝내는데 걸리는데 시간은 평균 90분이고 표준편차 15분인 정규분포를 이룬다고 한다.

1) 두 시간내에 숙제를 끝내는 비율은?
2) 숙제를 9시 10분에 시작할 때, 90%의 학생들이 충분히 끝내는 시간은?

10.
1) 97.72%
2) 11시

11. $X \sim N(0,\ \sigma^2)$이고 $P(X \le 6) = 0.9$일 때, σ를 구하여라.

11. 4.68

12. $X \sim N(6,\ \sigma^2)$이고 $P(X > 6) = 5.5$일 때, σ를 구하여라.

12. 0.5938

13. $X \sim N(\mu,\ 25)$이고 $P(X \le 6) = 0.9$일 때, μ를 구하여라.

13. -0.47

14. $X \sim N(\mu,\ 0.16)$이고 $P(X > 6) = 0.95$일 때, μ를 구하여라.

14. 6.658

Home Work

1. $P(-a \le Z \le a) = 0.95$이고 $P(-b \le Z \le b) = \frac{2}{3}$인 a, b는?

ㄱ) $a=1$, $b=1$　ㄴ) $a=2$, $b=2$　ㄷ) $a=1$, $b=2$
ㄹ) $a=2$, $b=1$　ㅁ) $a=-1$, $b=-2$

2. $X \sim N(2.6,\ 1.96)$일 때, $P(1.2 < X < 4)$는?

ㄱ) 1　ㄴ) $\frac{2}{3}$　ㄷ) 50%　ㄹ) 0.8　ㅁ) 0.95

3. $X \sim N(3.6,\ 1.44)$일 때, $P(1.2 < X < 6)$은?

ㄱ) 1　ㄴ) $\frac{2}{3}$　ㄷ) 50%　ㄹ) 0.8　ㅁ) 0.95

4. X가 $\mu=9$, $\sigma=2.5$인 정규변수 일때, X값의 95%는 다음 어느값 사인가?

ㄱ) -5와 5　ㄴ) 6.5와 11.5　ㄷ) -2와 2　ㄹ) -1과 1　ㅁ) 4와 14

5. Y는 $\mu=1$, $\sigma=1$인 정규변수이다. Y의 중앙값은?

ㄱ) 1　ㄴ) 2　ㄷ) 0과 1사이　ㄹ) σ　ㅁ) $\mu+\sigma$

6. $X \sim N(\mu,\ \sigma^2)$이고 Q_1, Q_2, Q_3, $X_{0.8}$의 값을 구했다면 작은것부터 큰 순서대로 나열하면?

ㄱ) $\mu-\sigma$, Q_2, Q_3　ㄴ) Q_1, μ, Q_3, $X_{0.8}$　ㄷ) $\mu-\sigma$, Q_1, Q_2, Q_3
ㄹ) $\mu-\sigma$, μ, Q_3, $X_{0.8}$　ㅁ) $\mu-2\sigma$, Q_2, Q_3, $X_{0.8}$

7. 정규분포곡선에 대한 일반적인 방정식은 $y = \frac{1}{\sigma\sqrt{2}} e^{-\frac{1}{2}\left(\frac{x-\mu}{\sigma}\right)^2}$이다.

1) $\mu=0$, $\sigma=1$일 때, 이 방정식을 이용하여 $x=3$일 때, y의 값을 구하여라.
2) $\mu=0$, $\sigma=1$일 때, 다음 x값에 대해 y값을 구하여라.
   $x = -3,\ -2.5,\ -2,\ -1,\ -0.5,\ 0,\ 0.5,\ 1,\ 1.5,\ 2,\ 2.5,\ 3$
3) 2)를 이용하여 그래프를 그려라(연속이 되도록)

4) $x = -3$과 $x = 3$ 사이의 넓이를 추정하여라.
5 $P(-3 < Z < 2)$, $P(-3 < Z < 1)$, $P(-3 < Z < 0)$를 구하여라.

8. 쥬스회사의 관리자가 주별 쥬스 판매량을 수년간 조사하였더니 평균 5400 ℓ, 표준편차 550 ℓ 였다. 주별 판매량이 정규분포를 이룬다고 한다.
   1) 주별 판매량이 5000 ℓ 를 초과하는 비율은?
   2) 판매량이 5000 ℓ 가 되는 주에 실제로 6000 ℓ 를 초과할 확률은?

9. 어떤 물건의 무게 X는 $X \sim N(18, 4)$를 따른다고 한다. 다음을 구하여라.
   1) $P(X > 18)$ 2) $P(X \geq 20)$ 3) $P(18 < X < 20)$

10. A회사의 형광등의 수명은 평균 1000시간 표준편차 50시간인 정규분포를 이룬다고 한다. B회사의 형광등의 수명은 평균 1050시간이고 표준편차 100시간인 정규분포를 이룬다고 한다.
   1) A, B 두 회사의 형광등의 수명이 1000-1100시간일 확률을 구하여라.
   2) 소비자는 적어도 형광등의 수명이 1100시간이 되는 것을 사려고 한다. 어느 회사의 제품을 구입해야 하는가?

제 9 장

표본분포와 중심극한정리

학습내용

9.1 표본비율의 표본분포
9.2 표본평균의 표본분포
9.3 두 독립 표본비율 사이의 차에 대한 표본분포
9.4 두 개의 독립 표본평균의 차의 표본분포

9.1 표본비율의 표본분포

어느 나라 사람들은 안락사를 찬성하는 사람의 비율에 관심을 갖고 있다. 비율을 p라고 하면, p는

$$p = \frac{\text{안락사를 찬성하는 사람의 수}}{\text{국민 전체의 수}}$$

와 같이 정의된다.

관심있는 사람의 수가 너무 많을 경우 국민 전체를 다 조사할 수 없으므로 모집단(국민 전체)에서 임의표본을 뽑아 조사하여 비율을 추정할 수 있다. 표본비율을 $\hat{p}$로 나타내고 'p hat'이라고 읽는다.

점 추정 p는

$$\hat{p} = \frac{\text{표본에서 안락사를 찬성하는 사람의 수}}{\text{표본의 수}}$$

와 같이 정의한다. 점추정(point estimate)은 모수(population parameter)를 추정하는데 이용되는 하나의 수이다.

안락사를 찬성하는 어느 나라 사람의 비율은 68%라고 한다.(일반으로 참값은 알 수 없다) 임의로 50명을 뽑아 그들 중 35명이 안락사를 찬성한다고 하면, $\hat{p} = \frac{35}{50} = 0.7$이다. 또 다른 50명을 뽑아 다른 값 $\hat{p}$를 얻을 수 있다. 같은 크기의 표본 50개를 뽑아 $\hat{p}$를 계산하면 모두 같은 값을 기대할 수 없다. 그림으로 이 상황을 나타내면 (그림 9-1)과 같다. 이들 50개의 표본비율은 표본비율의 표본분포(sampling distribution of a sample proportion)를 이룬다.

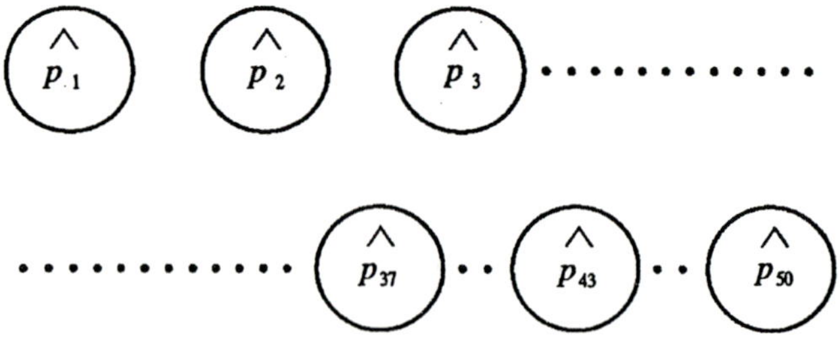

(그림9-1) 크기 50인 50개의 표본

표본비율의 표본분포는 모집단으로부터 얻은 특별한 크기의 임의표본들로부터 계산된 비율을 이용하여 얻은 분포이다. 표본비율의 표본분포의 성질을 조사하기 위해 그 상황에 대한 가상실험이 행해질 수 있다. 이를테면, Minitab 통계프로그램이 가상

실험에 이용될 수 있다. 예에서 크기 50인 50개의 표본이 만들어졌다. 가상실험에서 이용되는 분포는 $n=50$이고, $p=0.68$인 이항분포이다.

이 가정된 분포가 합리적이다. 왜냐하면 안락사를 지지하는 크기 50의 표본의 사람의 비율에 관심이 있기 때문이다. 이와같은 통계프로그램을 다룰 수 있으면 스스로 가상실험을 시행해도 좋다. 가상실험에 대한 기술통계가 (표9-1)에서 보여준다.

[표9-1] 표본비율에 대한 가상실험의 Minitab 기술통계

기술통계(Descriptive Statistics)						
변수	N	평균	중앙값	Tr-mean	표준편차	표본오차의 평균
(표본비율)	50	0.67600	0.68000	0.67682	0.06337	0.00896
변수	최소값	최대값	Q_1	Q_3		
(표본비율)	0.54000	0.82000	0.64000	0.72500		

μ_p가 표본비율의 평균, σ_p가 표본비율의 표분편차를 나타낸다고 하자. (표9-2)는 (표9-1)로부터 얻은 50개의 가상실험 표본비율에 대해 얻은 정보를 요약한 것을 보여준다.

[표9-2] 표본비율의 가상실험에 대한 요약 정보

참비율 $p=0.68$	표본비율의 평균 $\mu_p=0.6760$
$\sqrt{p(1-p)/n}=0.0660$	표본비율의 표준편차 $\sigma_p=0.0634$

$p\approx\mu_p$이고, $\sqrt{p(1-p)/n}\approx\sigma_p$임을 알 수 있다.

물론 가상실험의 수를 크게 하고 평균을 구하면 서로 같지는 않지만 이들 값은 더 가까워질 것이다. 이 설명의 주요목적은 (표9-3)에 주어진 성질을 이해하는데 도움을 주기 위한 것이다.

[표9-3] 표본비율에 대한 표본분포의 성질

표본비율 $\hat{p}$의 표본분포
참비율이 p인 모집단으로부터 뽑은 크기 n인 임의표본에 대해 표본비율 $\hat{p}$의 표본분포는 다음 성질을 갖는다. 표본비율의 평균은 모비율과 같다. 즉, $\mu_{\hat{p}} = p$이다. 표본비율의 표준편차는 $\sigma_{\hat{p}} = \sqrt{p(1-p)/n}$으로 주어진다.

다음 이들 표본비율에 대한 분포의 모양을 조사할 수 있다. (그림9-2)는 가상실험에 대한 기둥그래프(histogram)를 보여준다.

가상실험을 시행한 표본비율의 분포의 모양은 대략 종모양을 이루고 있다. 즉, 표본비율의 분포는 대략 정규분포를 이루고 있다.

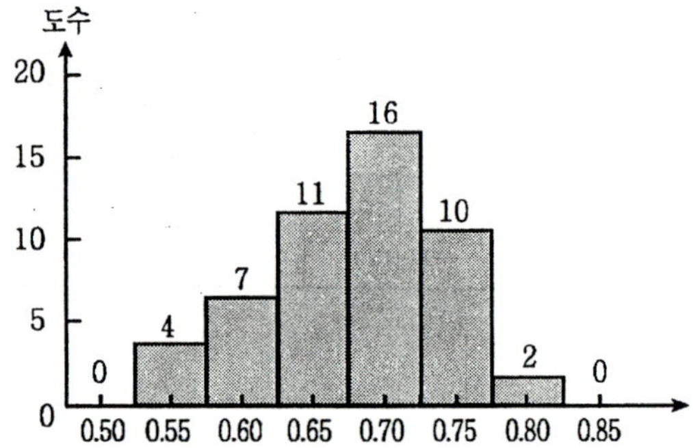

(그림9-2) 가상실험을 시행한 표본비율에 대한 기둥그래프

다른 표본크기와 확률 p에 대해 조사할 수 있다. 그러나 표본크기가 충분히 크면 ($n \geq 30$), 일반으로 같은 성질을 관찰할 수 있다.

표본비율에 대한 중심극한정리(central limit theorem)라고 하는 매우 중요한 정리의 관찰을 일반화시킬 수 있다. 이 정리는 (표9-4)에 주어진다.

[표9-4] 표본비율에 대한 중심극한정리

크기 n인 임의표본을 모비율 p인 모집단에서 뽑았다고 하면 $np > 5$이고, $n(1-p) > 5$이면, 표본비율 $\hat{p}$의 표본분포는 평균 $\mu_{\hat{p}} = p$, 표준편차 $\sigma_{\hat{p}} = \sqrt{p(1-p)/n}$인 정규분포를 이룬다.

충분히 큰 표본크기에 대해 표본비율 $\hat{p}$의 표본분포가 평균 $\mu_{\hat{p}} = p$, 표준편차 $\sigma_{\hat{p}} = \sqrt{p(1-p)/n}$ 인 정규분포를 이루므로 $\hat{p}$에 대한 $Z-$ 점수를 계산할 수 있다.

$$Z = \frac{\hat{p} - \mu_p}{\sigma_p} = \frac{\hat{p} - p}{\sqrt{p(1-p)/n}}$$

[예제 1] (표본비율의 분포)

어떤 조사에 의하면 여성들의 33%는 외계인의 존재를 믿는다고 한다. 임의로 100명의 여성을 뽑아 그들이 믿는 외계인이 45%를 넘을 확률을 구하여라.

풀이 $P(\hat{p} > 0.45)$를 구한다.

$n = 100$, $np = 33 > 5$, $n(1-p) = 67 > 5$, $\hat{p} = 0.45$,

$\mu_p = p = 0.33$이고,

$\sigma_p = \sqrt{p(1-p)/n} = \sqrt{0.33(1-0.33)/100} = 0.0470$이다.

대응하는 $Z-$ 점수는 $Z = \dfrac{0.45 - 0.33}{0.0470} = 2.55$

$P(\hat{p} > 0.45) = P(Z > 2.55) = 0.5 - 0.4946$

$= 0.0054$ (그림 9－3)

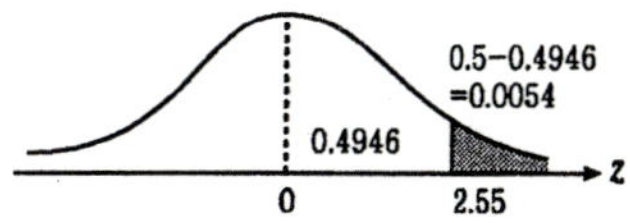

(그림 9-3)

▣

[예제 2] (표본비율의 분포)

대학생의 약53%가 5년이내에 졸업을 한다고 한다. 어떤 대학에서 500명의 학생을 임의로 뽑아 5년이내에 졸업한 학생이 50%이상, 60%이하가 될 확률을 구하여라.

풀이 $P(0.5 \le \hat{p} \le 0.6)$을 구한다.

$n = 500$, $np = 265 > 5$, $n(1-p) = 235 > 5$, $\hat{p} = 0.5$와 0.6,

$\mu_p = p = 0.53$,

$\sigma_p = \sqrt{p(1-p)/n} = \sqrt{0.53(1-0.53)/100} = 0.0223$이다.

대응하는 $Z-$ 점수는

$Z = \dfrac{0.5 - 0.53}{0.0223} = -1.35$와 $Z = \dfrac{0.6 - 0.53}{0.0223} = 3.14$

따라서, $P(0.5 \le \hat{p} \le 0.6) = P(-1.35 \le Z \le 3.14)$

$= 0.4115 + 0.4990 = 0.9105$

이것은 (그림9-4)가 설명한다. ▣

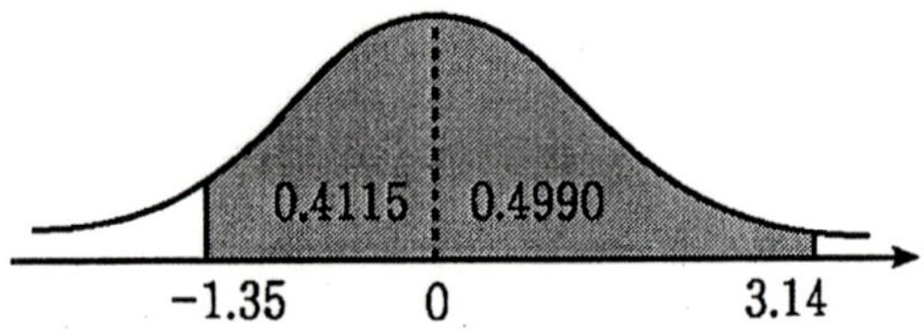

(그림9-4) $P(0.5 \le \hat{p} \le 0.6)$에 대한 넓이

연습문제 9-1

	해 답
1. 어떤 텔레비전 프로그램의 시청률은 40%라고 한다. 이 프로그램이 방영되고 있는 시간에 전화로 표본조사를 하였다. 조사결과 이 시간에 텔레비전을 시청하고 있던 100명중 이 프로그램을 시청했을 사람이 53명 이상일 확률을 구하여라.	1. 0.004
2. 어느 고등학교 학생의 50%가 충치를 가지고 있다고 한다. 어느 고등학교에서 400명의 학생을 임의로 뽑아 충치를 보유한 학생이 45% 이상 55% 이하일 확률을 구하여라.	2. 0.9544
3. 어떤 공장에서 생산되는 제품의 불량률은 5%라고 한다. 생산되는 200개의 제품을 골라 조사할 때, 불량품이 14개 이상이 될 확률을 구하여라.	3. 0.0968
4. 주사위를 던져 1의 눈이 6번중 1번 나온다고 한다. 주사위를 1200회 던져 1의 눈이 나올 경우가 168회 이상 201회 이하일 확률을 구하여라.	4. 0.7728
5. 어떤 회사의 냉장고의 시장점유율은 40%라고 한다. 100명의 고객을 뽑아 조사할 때, $P(0.3 \le \hat{p} \le 0.5)$를 구하여라.	5. 0.95

9.2 표본평균의 표본분포

매일 자동차를 운전하는데 보내는 평균시간에 관심이 있다. 모평균을 μ라고 하면,

$$\mu = \frac{\text{운전시간의 합계}}{\text{운전하는 사람의 수}}$$

관심있는 모집단은 너무 커서 운전하는 모든 사람을 관찰할 수 없으므로 운전하는 사람의 모집단에서 임의로 뽑은 표본을 관찰하여 평균을 추정할 수 있다. 표본평균을 $\overline{x}$로 나타내면, $\overline{x}$는 다음과 같이 정의된다.

$$\overline{x} = \frac{\text{표본의 운전하는 사람의 운전시간의 합계}}{\text{표본의 크기}}$$

매일 실제로 운전하는 사람의 운전시간 평균이 81분이라고 하자. 실제로 모평균은 모른다. 운전하는 50명의 임의표본을 선택하면 매일 운전하는 시간이 평균 81분이라는 것을 관찰할 수도 있다. 크기 50의 다른 표본을 뽑으면 $\overline{x}$에 대한 거의 다른 것을 얻을 것이다. 100개의 다른, 같은 크기의 표본을 뽑아 각각에 대해 운전하는 시간에 대한 평균을 계산하면, 이들 100개의 표본이 모두 같은 평균일 수 없다. 즉, 이들 계산된 표본평균에 어떤 변수가 있을 것이다. 그림으로 이 상황이 (그림9-5)에 나타나 있다.

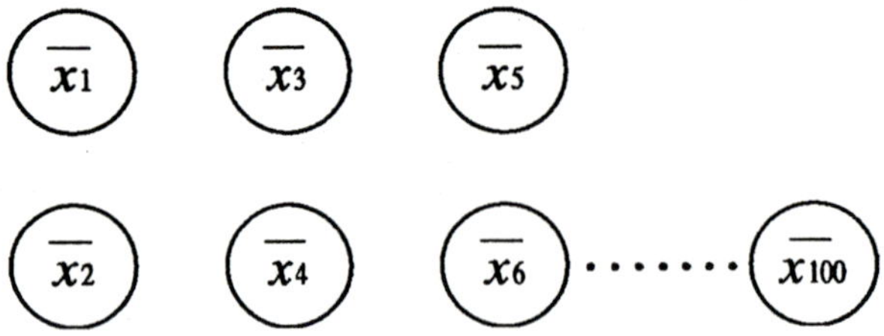

(그림9-5) 크기 50의 100개의 임의 표본

이들 100개의 표본평균이 표본평균의 표본분포를 구성한다. 표본평균의 표본분포(sampling distribrtion of sample mean)는 모집단으로부터 얻은 특별한 크기의 임의

의 표본에서 계산된 평균을 이용하여 얻은 분포이다.

표본평균의 표본분포의 성질을 조사하기 위해 이 상황에 대한 가상실험이 시행될 수 있다. 다시 Minitab 통계프로그램이 가상실험에 이용되고 크기 50인 100개의 표본이 이용된다. 운전시간이 평균 81, 표준편차 1인 정규분포를 이룬다고 가정할 것이다. 가상실험에 대한 기술통계가 (표9-5)에 제시된다.

[표9-5] 표본평균에 대한 Minitab을 이용한 가상실험

기술통계(Descriptive Statistics)							
변수	N	평균	중앙값	최번값	모평균	표준편차	표본오차의 평균
(표본평균)	100	81.001	81.018	81.010	81.000	0.140	0.014
변수	최소값	최대값	Q_1	Q_3			
(표본평균)	80.667	81.342	80.890	81.090			

$\mu_{\bar{x}}$를 표본평균들의 평균, $\sigma_{\bar{x}}$를 표본평균들의 표준편차를 나타낸다고 하자. (표9-6)은 100개의 조작된 표본평균들에 대한 요약 통계를 보여준다.

[표9-6] 표본평균들에 대한 가상실험의 요약 정보

모평균 $\mu=81$	표본평균들의 평균 $\mu_{\bar{x}}=81.001$
$\dfrac{\sigma}{\sqrt{n}}=\dfrac{1}{\sqrt{50}}=0.141$	표본평균들의 표준편차 $\sigma_{\bar{x}}=0.140$

$\mu = \approx \mu_{\bar{x}}$이고, $\dfrac{\sigma}{\sqrt{n}} \approx \sigma_{\bar{x}}$임을 알 수 있다.

물론 상당히 많은 가상실험을 하고 평균을 구하면, 이들 값들은 서로 다르더라도 가까워지는 것을 기대할 수 있다. 운전시간 분포에 대해 다른 표준편차를 가정해도 유사한 결과를 얻을 수 있다. 이 설명의 주요 목적은 (표9-7)에 주어진 기술된 성질을 이해하는데 도움을 주기 위한 것이다.

[표9-7] 표본평균에 대한 표본분포의 성질

표본평균 $\overline{x}$의 표본분포
크기 n인 가능한 임의표본들을 평균 μ, 표준편차 σ인 모집단에서 뽑는다면 $\overline{x}$의 표본분포는 다음 성질을 갖는다. 표본평균들의 평균은 모평균과 같다. 즉, $\mu_{\overline{x}} = u$ 표본평균들의 표준편차 모표준편차는 $\sqrt{n}$으로 나눈 것이다. 즉 $\sigma_{\overline{x}} = \frac{\sigma}{\sqrt{n}}$

다음 이들 표본평균들에 대한 분포의 모양을 조사할 수 있다. (그림9-6)은 이 상황에 대해 가상실험한 기둥그래프를 보여준다. 가상실험한 평균들의 분포의 모양은 거의 종모양임을 알 수 있다. 즉, 표본평균들의 분포는 거의 정규분포 모양이다. 다른 모평균, 다른 분포, 다른 표본 크기에 대해 조사할 수 있다. 그러나 표본크기가 충분히 클 때 ($n \geq 30$), 일반으로 같은 성질을 관찰할 수 있다.

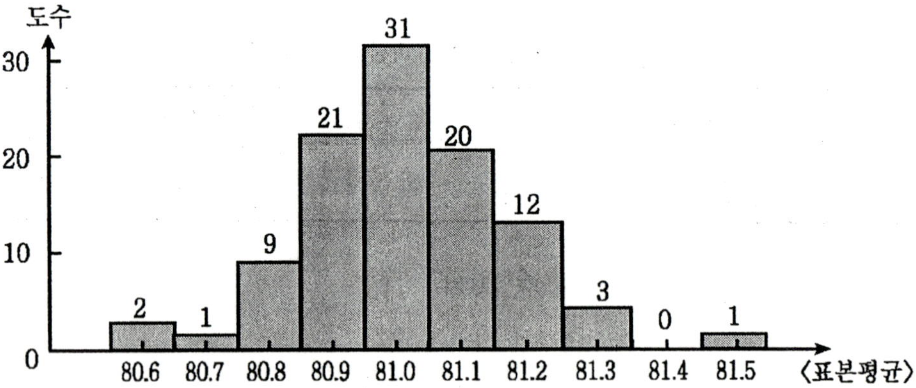

(그림9-6) 가상실험한 표본평균들에 대한 기둥그래프

표본평균들에 대한 중심극한정리라 불리는 매우 중요한 정리에 대한 관찰을 일반화할 수 있다. (표9-8)에서 주어진다.

[표9-8] 표본평균들에 대한 중심극한정리

> 표본크기 n이 증가할 때, 평균 μ, 표준편차 σ인 모집단에서 뽑은 표본평균들의 분포의 모양은 정규분포에 접근할 것이다. 이 분포는 평균 $\mu_{\bar{x}}=\mu$, 표준편차 $\sigma_{\bar{x}}=\dfrac{\sigma}{\sqrt{n}}$ 를 갖는다.

참고 표본분포가 정확한 정규분포이면 표본평균들의 분포는 역시 어떤 표본크기에 대해서도 정확한 정규분포가 될 것이다.

표본평균 $\bar{x}$의 표본분포가 $\mu_{\bar{x}}=\mu$, $\sigma_{\bar{x}}=\dfrac{\sigma}{\sqrt{n}}$인 근사 정규분포를 이루므로 관찰된 $\bar{x}$에 대한 Z-점수를 계산할 수 있다. $\bar{x}$와 관련된 확률도 계산할 수 있다. Z-점수를 계산하는 식은 $Z=\dfrac{\bar{x}-\mu_{\bar{x}}}{\sigma_{\bar{x}}}=\dfrac{\bar{x}-\mu}{\sigma/\sqrt{n}}$이다.

[예제 1] (표본평균의 분포)

> 타이어의 평균수명이 60,000㎞이고, 표준편차가 3,000㎞라고 하자. 64개의 타이어에 대한 수명조사에서 평균수명이 59,500㎞ 이상일 확률을 구하여라.

풀이 $P(\bar{x}\geq 59,500)$을 구한다.

$\bar{x}=59,000$, $\mu=60,000$, $\sigma=3,000$, $n=64$

Z-점수를 구하면,

$$Z=\frac{\bar{x}-\mu}{\sigma/\sqrt{n}}=\frac{59,500-60,000}{3,00/\sqrt{64}}=-1.33$$

$P(\bar{x}\geq 59,500)=P(Z\geq -1.33)$

$=0.4082+0.5=0.9082$(그림 9-7)이다.

■

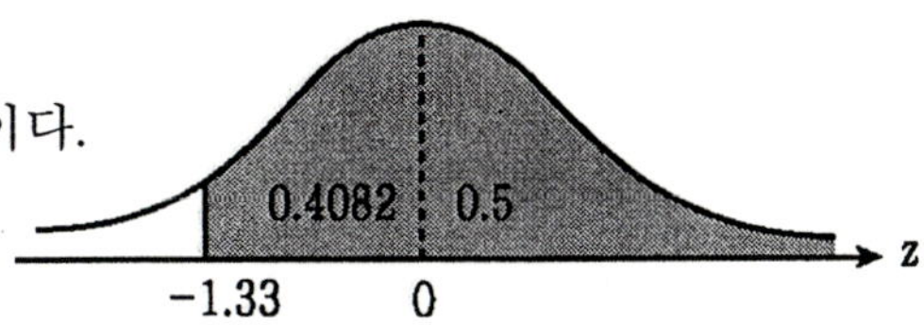

(그림9-7) $P(\bar{x}\geq 59,500)$**에 대한 넓이**

[예제 2] (표본평균의 분포)

어떤 직장의 노동조합원의 평균임금은 일당 40,000원이고 표준편차는 15,000원이라고 한다. 25명의 노조원을 임의로 뽑아 임금을 조사할 때, 평균임금이 36,000원 이상, 42,000원 이하일 확률을 구하여라.

풀이 $P(36,000 \leq \bar{x} \leq 42,000)$을 구한다.

$n = 25$, $\bar{x} = 36,000$, $42,000$, $\mu = 40,000$, $\sigma = 15,000$,

대응하는 Z-점수는

$$Z = \frac{36,000 - 40,000}{15,000/\sqrt{25}} = -1.33, \quad Z = \frac{42,000 - 40,000}{15,000/\sqrt{25}} = 0.67$$

따라서,

$$\begin{aligned} & P(36,000 \leq \bar{x} \leq 42,000) \\ & = P(-1.33 \leq Z \leq 0.67) \\ & = 0.4082 + 0.2486 \\ & = 0.6568 \end{aligned}$$

(그림 9－8)이다.

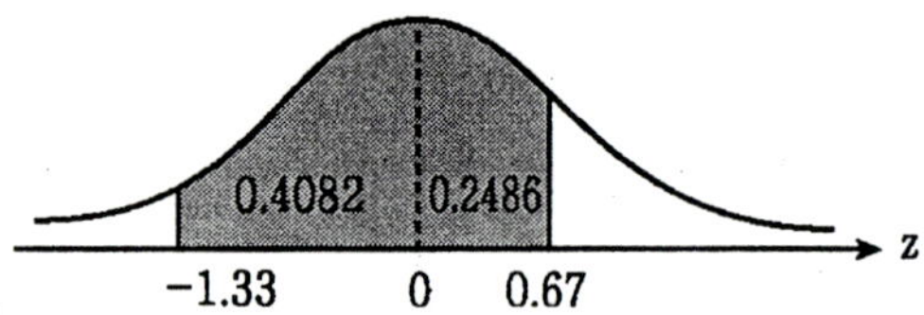

(그림9-8) $P(36,000 \leq \bar{x} \leq 42,000)$에 대한 넓이

연습문제 9-2

	해 답
1. 모평균 20, 모표준편차 4인 정규분포를 따르는 모집단에서 임의추출된 크기 4인 표본의 평균을 $\bar{x}$라 할 때, $\bar{x}$가 16.08 이상일 확률을 구하여라.	1. 0.975
2. 어떤 대학교 학생의 키의 평균은 173㎝이고, 표준편차는 16㎝라고 한다. 36명의 학생을 임의로 뽑아 키를 조사할 때, 170㎝이상, 175㎝ 이하일 확률을 구하여라.	2. 0.642
3. 어떤 대학의 학생의 토플 성적은 평균 490이고, 표준편차 80인 정규분포를 이룬다고 한다. 30명의 학생에 대해 조사할 때, 표본평균들에 대한 평균과 분산을 각각 구하여라.	3. 490, 213.3
4. 전구의 평균수명은 1500시간이고, 표준편차가 100시간이라고 상표에 쓰여있다. 전구가 25개 팔렸다면, 표본평균들의 모수는?	4. 1500, 20
5. 평균 36, 표준편차 15인 모집단으로부터 뽑은 49개의 표본에 대해 $p(\bar{x} < 33)$을 구하여라.	5. 0.0808
6. 어떤 회사에서 생산한 타이어의 평균수명은 40,000㎞, 표준편차 3,000㎞라고 한다. 49개의 타이어를 임의로 뽑아 조사할 때, 다음을 구하여라. 1) 평균수명이 39,500㎞보다 작을 확률은? 2) 평균수명이 39,500㎞와 같을 확률은?	6. 1) 0.1210 2) 0 3) 0.8790 4) 0.3790

3) 평균수명이 39,500㎞보다 클 확률은?
4) 평균수명이 39,500㎞이상, 40,000㎞ 이하일 확률은?

7. 평균 μ, 표준편차 σ인 모집단에서 25개의 표본을 뽑았다. 모든 표본평균들의 평균은 300이고, 표준편차는 20이라면 이들 표본분포로부터 μ와 σ를 추정하여라.

7. 300, 100

9.3 두 독립 표본비율 사이의 차에 대한 표본분포

두 모집단의 비율을 비교하는데 관심을 가질 수 있다. 이를테면, 두 개의 약품에 대해 효과를 비교해야 될 경우가 있다. 이것을 시행하는 한 방법은 같은 증상을 갖고 있는 환자들을 뽑아 임의로 두 그룹으로 나눈다. 이 두 그룹에 대해 같은 기간동안 다른 약품을 투약하고 약의 효과를 정할 수 있다.

위의 설명에서 두 개의 약품으로 치료받는 두 개의 서로 다른 모집단에서 뽑은 표본으로서 증상이 같은 두 개의 집단을 생각해도 좋다. 두 표본에서 도움을 받은 환자들에 의해 얻은 정보가 두 개의 다른 의약품으로 도움을 받은 환자의 비율에 관한 비교를 하는데 이용될 수 있다.

특별히 하면, 모집단 1에 관련된 기술 1, 모집단 2에 관련된 기술 2라고 하자. 두 모집단에서 뽑은 두 독립 표본에 대해 표본크기를 각각 n_1, n_2라고 하자. 관심있는 모 비율을 p_1, p_2라 하자. 또, $\widehat{p_1}$, $\widehat{p_2}$을 각각 모집단 1, 모집단 2에서 뽑은 표본비율이라 하자. $\widehat{p_1} - \widehat{p_2}$의 표본분포를 조사할 수 있다. 가상실험과 이론을 통해, 표본분포 $\widehat{p_1} - \widehat{p_2}$의 성질을 언급할 수 있다. 두 독립 표본비율의 차의 표본분포(sampling distribution of the difference between two independent sample proportion)는 두 모집단에서 얻은 임의표본으로부터 계산된 비율의 차이를 이용하여 얻은 분포이다.

두 표본비율 사이의 차에 대한 표본분포의 성질을 조사하기 위해 이 상황에 대한 가상실험을 시도할 수 있다. 다시 Minitab 통계프로그램이 가상실험을 위해 이용되고 크기 100인 100개의 표본들이 $p_1 = 0.8$, $p_2 = 0.5$인 이항분포로부터 가상실험된다. 이 가상실험에 대한 기술통계가 (표9-9)에서 보여준다.

[표9-9] 두 표본비율의 차에 대한 가상실험의 Minitab 기술통계

기술통계(Descriptive Statistics)						
변수	N	평균	중앙값	모평균	표준편차	표본오차 평균
(비율의 차이)	100	0.30920	0.30000	0.30867	0.06100	0.00610
변수	최소값	최대값	Q_1	Q_3		
(비율의 차이)	0.18000	0.45000	0.27000	0.35000		

$\mu_{\hat{p}_1-\hat{p}_2}$를 표본비율의 차의 평균, $\sigma_{\hat{p}_1-\hat{p}_2}$는 표본비율의 차의 표준편차를 나타낸다. (표9-10)은 100개의 표본비율 차에 대한 가상실험한 것을 요약한 통계이다.

[표9-10] 두 표본비율의 차에 대한 가상실험을 통한 요약 정보

모평균 $p_1-p_2=0.3$	표본비율들의 차의 평균 $\mu_{\hat{p}_1-\hat{p}_2}=0.3092$
$\sqrt{\frac{p_1(1-p_1)}{n_1}+\frac{p_2(1-p_2)}{n_2}}=0.0640$	표본비율들의 차이표준편차 $\sigma_{\hat{p}_1-\hat{p}_2}=0.0610$

$p_1-p_2\approx\mu_{\hat{p}_1-\hat{p}_2}$, $\sqrt{\frac{p_1(1-p_1)}{n_1}+\frac{p_2(1-p_2)}{n_2}}\approx\sigma_{\hat{p}_1-\hat{p}_2}$ 임을 알 수 있다. 다시, 충분히 많은 가상실험을 통해 평균을 얻으면, 결국 서로 같지는 않지만 이들 값은 근접할 것이다. 또, 서로 다른 모비율과 서로 다른 표본크기를 가정해도 유사한 결과를 얻을 것이다. 이 설명의 주요 목적은 (표9-11)에 주어진 성질을 이해하는데 도움을 주는 것이다.

[표9-11] 두 독립 표본비율들 사이의 차에 대한 표본분포의 성질

$\widehat{p_1}-\widehat{p_2}$의 표본분포
주어진 비율 p_1, p_2인 두 모집단에서 얻은 크기 $n_1\,n_2$인 모든 임의표본에 대해 $\widehat{p_1}-\widehat{p_2}$의 표본분포는 다음 성질을 갖는다. 표본비율들의 차의 평균은 모비율의 차 p_1-p_2와 같다. 표본비율들의 차의 표준편차 $\sqrt{\frac{p_1(1-p_1)}{n_1}+\frac{p_2(1-p_2)}{n_2}}$에 근사된다.

다음, 이들 표본비율들의 차에 대한 분포의 모양을 조사할 수 있다. (그림9-9)는 이 상황에 대한 가상실험을 통한 기둥그래프를 보여준다.

표본비율의 차를 가상실험한 분포의 모양은 거의 종모양이다. 또는 정규분포임을 알 수 있다.

다른 표본크기, 다른 모비율, 다른 분포에 대해 조사할 수 있다. 그러나 일반적으로 $n_1 p_1 > 5$, $n_1(1-p_1) > 5$, $n_2 p_2 > 5$, $n_1(1-p_1) > 5$, $n_2(1-p_2) > 5$ 일 때, 똑같은 성질을 관찰할 수 있다. 두 표본비율의 차에 대한 중심극한정리라 불리우는 매우 중요한 정리에서 관찰을 일반화시킬 수 있다.

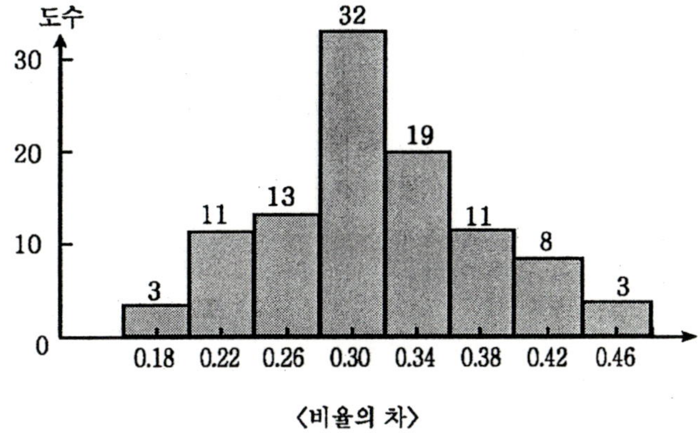

(그림9-9) 표본비율의 차를 가상실험한 기둥그래프

이 정리는 (표9-11)에 주어진다.

[표9-11] 두 표본비율의 차에 대한 중심극한정리

표본크기 $n_1 n_2$가 증가함에 따라, 어떤 모집단으로부터 얻은 표본비율의 차의 분포의 모양은 거의 정규분포가 될 것이다. 이 분포는 평균 $\mu_{\hat{p}_1-\hat{p}_2} = p_1 - p_2$이고, 표준편차 $\sigma_{\hat{p}_1-\hat{p}_2} = \sqrt{\frac{p_1(1-p_1)}{n_1} + \frac{p_2(1-p_2)}{n_2}}$를 갖게 될 것이다.
p_1, p_2는 각각 관심있는 모비율이다.

표본비율의 차 $\hat{p}_1 - \hat{p}_2$의 표본분포는 $\mu_{\hat{p}_1-\hat{p}_2} = p_1 - p_2$이고 표준편차 $\sigma_{\hat{p}_1-\hat{p}_2} = \sqrt{\frac{p_1(1-p_1)}{n_1} + \frac{p_2(1-p_2)}{n_2}}$인 근사정규분포이고, $p_1 - p_2$에 대한 Z-점수를 계산할 수 있다. 또, $p_1 - p_2$와 관련된 확률을 계산할 수 있다. Z-점수를 구하는데 이용되는 식은 $Z = \frac{(\hat{p}_1 - \hat{p}_2) - \mu_{\hat{p}_1-\hat{p}_2}}{\sigma_{\hat{p}_1-\hat{p}_2}} = \frac{(\hat{p}_1 - \hat{p}_2) - (p_1 - p_2)}{\sqrt{\frac{p_1(1-p_1)}{n_1} + \frac{p_2(1-p_2)}{n_2}}}$이다.

[예제 1] (표본비율의 차의 분포)

수학 과목을 수강한 학생과 수강하지 않은 학생이 기초통계학을 수강하여 성공할 경우를 표에 정리하였다. 과거의 정보에 의하면 수학과목을 수강한 학생의 75%, 수강하지 않은 학생의 50%가 기초통계학에서 성공한다고 한다. 수학과목을 수강한 학생과 수강하지 않은 학생이 기초통계학에서 성공할 비율의 차이가 적어도 10%일 확률을 구하여라.

(표) 기초통계학 성공에 대한 정보

	수 강	수강 안함
표본의 크기	100	40
성공의 수	70	16

풀이 $n_1 = 100$, $n_2 = 40$, $p_1 = 0.75$, $p_2 = 0.5$, $\widehat{p_1} = \frac{70}{100}$,

$\widehat{p_2} = \frac{16}{40} = 0.4$이다.

$P(\widehat{p_1} - \widehat{p_2} \geq 0.1)$을 구하면 된다.

Z-점수로 고치면,

$$Z = \frac{0.1 - 0.25}{\sqrt{\frac{0.75(1-0.75)}{100} + \frac{0.5(1-0.5)}{40}}} = -2.22$$

따라서, $P(\widehat{p_1} - \widehat{p_2} \geq 0.1) = P(Z \geq -2.22)$

$= 0.5 + 0.4858 = 0.9858$ (그림 9－10)이다.

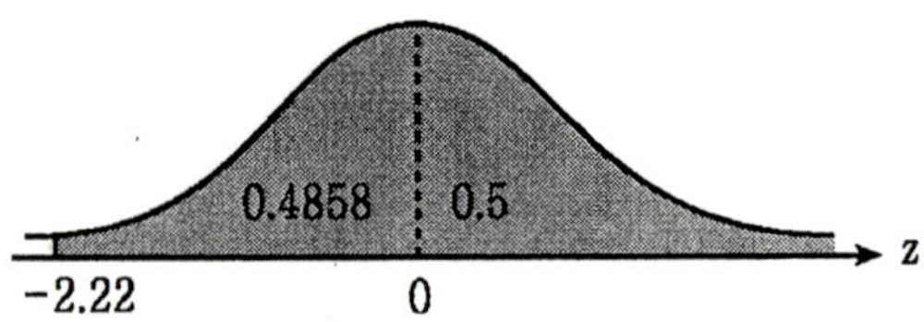

(그림9-10) $P(\widehat{p_1} - \widehat{p_2} \geq 0.1)$에 대한 넓이

■

연습문제 9-3

1. 어떤 회사의 제품을 A, B 두 기계에서 생산하는데 불량률은 다음 표와 같다. 과거의 정보에 의하여 A, B 기계의 불량률은 5%, 7%라고 한다. 불량률의 차이가 적어도 $P(\hat{p}_1 - \hat{p}_2 \geq 0.01)$일 확률을 구하여라.

	A	B
생산품 수	200	300
불량품 수	12	16

2. 대학수학을 수강한 학생과 수강하지 않은 학생이 기초통계학을 수강했을 때, 성공한 경우의 표가 아래와 같다.

	수강함	수강하지 않음
표본 크기	$n_1 = 34$	$n_2 = 150$
성공한 학생의 수	$x_1 = 28$	$x_2 = 104$

1) $p_1 - p_2$의 점추정은?
2) 과거의 자료에 의하면 대학수학을 수강한 학생의 90%, 수강하지 않은 학생의 75%가 기초통계학에서 성공했다고 한다. $\hat{p}_1 - \hat{p}_2$의 표본분포에 대한 표준편차는?
3) $P(\hat{p}_1 - \hat{p}_2 \geq 0.2)$를 구하여라.

3. 어떤 지역에서 에어콘의 시장 점유율을 조사한 것은 다음과 같다.

	A지역	B지역
표본 크기	$n_1 = 100$	$n_2 = 200$
시장 점유율	$\hat{p}_1 = 0.4$	$\hat{p}_2 = 0.6$

$P(0.003 \leq \hat{p}_1 - \hat{p}_2 \leq 0.197)$을 구하여라.

해 답

1. 0.6808

2.
1) 0.1302
2) 0.0624
3) 0.2119

3. 0.9

9.4 두 개의 독립 표본평균의 차의 표본분포

두 모집단의 평균을 비교하는데 관심을 가질 수 있다. 이를 테면, 몸무게 줄이기 프로그램, 다이어트 A, 다이어트 B, 두 개의 감량 프로그램의 효과를 비교할 필요가 있다. 이것을 시행하는 방법은 과체중으로 분류되는 사람들을 뽑아 임의로 두 개의 그룹으로 나눈다. 이들 그룹은 일정기간동안 서로 다른 감량프로그램으로 치료를 받고, 감량의 효과를 결정할 수 있다. 다시 위의 설명에서, 두 개의 감량프로그램으로 치료받은 두 개의 독립된 모집단으로부터 얻은 표본으로 두 개의 동질인 그룹을 생각해도 좋다. 두 표본에서 체중 감량에 대해 얻은 정보는 두 감량 프로그램으로 평균 감량에 관한 비교를 하는데 이용될 수 있다. 특히 모집단 1에 대한 기술 1, 모집단 2에 대한 기술 2라 하자.

n_1, n_2를 두 모집단에서 얻은 두 독립된 표본에서 표본의 크기라 하고, μ_1, μ_2는 모평균이고 $\overline{x_1}$와 $\overline{x_2}$는 각각 모집단 1, 모집단 2에서 얻은 표본평균을 나타낸다. $\overline{x_1}-\overline{x_2}$의 표본분포를 조사할 수 있다. 가상실험과 이론에 의하면, 표본분포 $\overline{x_1}-\overline{x_2}$의 성질을 기술할 수 있다.

두 독립 표본평균들의 차이의 표본분포(sampling distribution of the difference between two independent sample means)는 두 모집단에서 얻은 임의표본으로부터 계산된 평균들의 차이를 이용하여 얻은 분포이다.

두 표본평균들의 차이의 표본분포의 성질을 조사하기 위해 그 상황의 가상실험이 이용될 수 있다. 다시 Minitab 통계 프로그램이 가상실험에 이용되고, 크기 25인 100개의 표본들이 평균 $\mu_1=2$, $\mu_2=5$, 표준편차 $\sigma_1=1$, $\sigma_2=4$인 정규분포에 대해 시행된다. 이 시행에 의한 표본평균의 차에 대한 기술통계가 (표9-12)에 주어진다.

[표9-12] 두 표본평균의 차에 대한 가상실험을 이용한 Minitab 기술통계

기술통계(Descriptive Statistics)						
변수	N	평균	중앙값	모평균	표준편차	표본오차
(평균의 차이)	100	3.0096	2.9089	2.9856	0.7302	0.0730
변수	최소값	최대값	Q_1	Q_3		
(평균의 차이)	1.1910	5.1450	2.4402	3.4479		

$\mu_{\overline{x_1}-\overline{x_2}}$은 표본평균의 차의 평균을 나타내고 $\sigma_{\overline{x_1}-\overline{x_2}}$는 표본평균의 차의 표준편차를 나타낸다. (표9-13)은 100개의 가상실험에 의한 표본평균의 차의 요약 통계를 보여준다.

[표9-13] 두 표본평균들의 차에 대한 가상실험을 이용한 요약 통계

모평균차 $\mu_1-\mu_2=3$	표본평균들의 비율의 차의 평균 $\mu_{\overline{x_1}-\overline{x_2}}=3.0096$
$\sqrt{\dfrac{\sigma_1^2}{n_1}+\dfrac{\sigma_2^2}{n_2}}=0.8246$	표본평균들의 차의 표준편차 $\sigma_{\overline{x_1}-\overline{x_2}}=0.7302$

$\mu_1-\mu_2 \approx \mu_{\overline{x_1}-\overline{x_2}}$, $\sqrt{\dfrac{\sigma_1^2}{n_1}+\dfrac{\sigma_2^2}{n_2}} \approx \sigma_{\overline{x_1}-\overline{x_2}}$임을 알 수 있다.

다시, 이들 가상실험을 상당히 많이 하고 평균을 구하면, 이들 값들이 결국 서로 같지 않더라도 거의 같게됨을 기대할 수 있다. 또, 서로 다른 표본크기, 서로 다른 모평균과 분산을 가정해도 똑같은 결과가 얻어짐을 알 수 있다. 이 설명의 주요 목적은 (표9-14)에 주어진 성질을 이해하는데 도움을 주는 것이다.

[표9-14] 두 독립 표본평균의 차에 대한 표본분포의 성질

$\overline{x_1}-\overline{x_2}$의 표본분포
크기 $n_1\, n_2$인 표본의 평균이 $\mu_1-\mu_2$인 두 모집단으로부터 선택되면 표본분포 $\overline{x_1}-\overline{x_2}$는 다음 성질을 갖는다. 표본평균들의 차의 평균은 모평균들의 차 $\mu_1-\mu_2$와 같다. 표본평균들의 차의 표준편차는 $\sqrt{\dfrac{\sigma_1^2}{n_1}+\dfrac{\sigma_2^2}{n_2}}$의 값과 거의 같다.

다음 표본평균들의 차에 대한 분포의 모양을 조사할 수 있다.

(그림9-11)은 이 상황에 대한 가상실험을 이용한 결과를 기둥그래프로 보여준다. 표본평균의 차이를 가상실험하여 얻은 분포의 모양은 거의 종모양이고, 정규분포를

이룸을 알 수 있다. 다른 표본크기, 모평균과 분산에 대해 조사할 수 있다. 그러나 일반으로 같은 성질을 관찰할 수 있다. 두 표본평균 사이의 차에 대한 중심극한정리라고 불리우는 매우 중요한 정리에서 관찰을 일반화 시킬 수 있다. 이 정리는 (표9-15)에 기술된다.

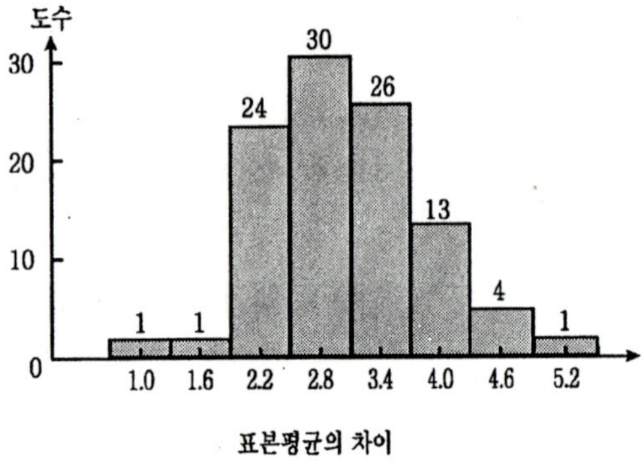

(그림9-11) 표본평균의 차를 가상실험하여 얻은 기둥그래프

[표9-15] 두 표본평균 사이의 차에 대한 중심극한정리

표본크기 $n_1 n_2$가 증가함에 따라, 어떤 모집단으로부터 얻은 표본평균들의 차이의 분포의 모양은 정규분포에 근사된다. 이 분포는 평균 $\mu_{\overline{x_1}-\overline{x_2}}=\mu_1-\mu_2$, 표준편차 $\sigma_{\overline{x_1}-\overline{x_2}}=\sqrt{\frac{\sigma_1^2}{n_1}+\frac{\sigma_2^2}{n_2}}$을 갖는다. μ_1과 μ_2는 관심있는 모평균이다.

참고 모표준편차가 알려지지 않고 표본크기가 크다면 (≥ 30), 모분산을 대응하는 표본분산으로 근사시킬 수 있다.

표본평균의 차이 $\overline{x_1}-\overline{x_2}$의 표본분포는 거의 정규분포를 이루고, 평균 $\mu_{\overline{x_1}-\overline{x_2}}=\mu_1-\mu_2$, 표준편차 $\sigma_{\overline{x_1}-\overline{x_2}}=\sqrt{\frac{\sigma_1^2}{n_1}+\frac{\sigma_2^2}{n_2}}$을 갖는다. 관찰값 $\overline{x_1}-\overline{x_2}$에 대한 Z-점수를 계산할 수 있다. 또, 이들 $\overline{x_1}-\overline{x_2}$값에 관련된 확률을 계산할 수 있다.

Z-점수를 구하는 식은

$$Z=\frac{(\overline{x_1}-\overline{x_2})-\mu_{\overline{x_1}-\overline{x_2}}}{\sigma_{\overline{x_1}-\overline{x_2}}}=\frac{\overline{x_1}-\overline{x_2}-(\mu_1-\mu_2)}{\sqrt{\frac{\sigma_1^2}{n_1}+\frac{\sigma_2^2}{n_2}}}$$ 이다.

[예제 1] (표본평균의 차)

(표)는 어느 과목을 가르치는 방법과 기말고사 성적에 관한 정보이다. 방법 Ⅰ을 이용한 표본의 수 45, 방법 Ⅱ를 이용한 표본의 수 55일 때, 방법 Ⅰ이 방법 Ⅱ보다 평균이 더 좋을 확률을 구하여라.

(표) 관련 정보

	방법 Ⅰ	방법 Ⅱ
평 균	85	76
표분편차	16	19

풀이 $P(\overline{x_1}-\overline{x_2} \geq 0)$을 구하면 된다.

$n_1 = 45$, $n_2 = 55$, $\mu_1 = 85$, $\mu_2 = 76$, $\sigma_1 = 16$, $\sigma_2 = 19$,

$$\sigma_{\overline{x_1}-\overline{x_2}} = \sqrt{\frac{\sigma_1^2}{n_1} + \frac{\sigma_2^2}{n_2}} = 3.5$$

Z-점수를 구하면,

$$Z = \frac{0-(85-76)}{3.5} = -2.57$$

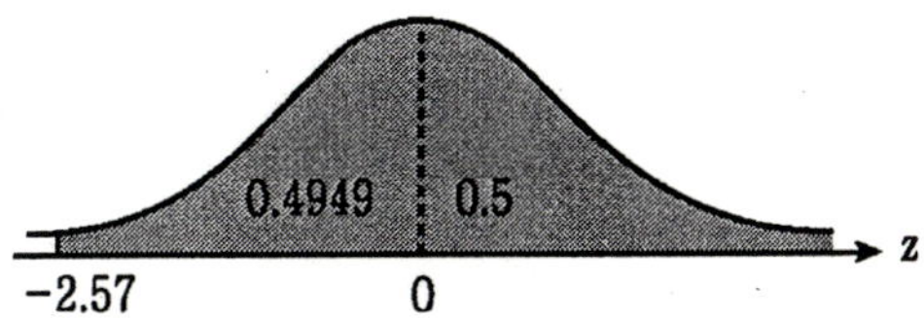

(그림9-12) $P(\overline{x_1}-\overline{x_2} \geq 0)$**에 대한 넓이**

따라서,

$P(\overline{x_1}-\overline{x_2} \geq 0) = P(Z \geq -2.57)$

$= 0.4949 + 0.5 = 0.9949$(그림 9−12)이다.

즉, 방법 Ⅰ이 훨씬 효과적임을 알 수 있다. ▣

[예제 2] (표본평균의 차)

수능시험 성적에 대해 A, B 두 학교 학생 250명, 320명을 임의로 뽑아 조사하였더니 (표)와 같다. A학교 학생의 성적이 B학교 학생의 성적보다 좋다고 할 수 있는 확률을 구하여라.

(표) 수능성적 비교

	A 학교	B 학교
평 균	240	235
표분편차	50	45

풀이 $P(\overline{x_1}-\overline{x_2} \geq 0)$을 구하면 된다.

$n_1 = 250,\ n_2 = 320,\ \mu_1 = 240,\ \mu_2 = 235,\ \sigma_1 = 30,\ \sigma_2 = 35,$

$$\sigma_{\overline{x_1} - \overline{x_2}} = \sqrt{\frac{\sigma_1^2}{n_1} + \frac{\sigma_2^2}{n_2}} = \sqrt{\frac{50^2}{250} + \frac{45^2}{320}} = 4.04$$

Z-점수를 구하면,

$$Z = \frac{0-(240-235)}{4.04} = -1.24$$

따라서,

$$P(\overline{x_1} - \overline{x_2} \geq 0) = P(Z \geq -1.24)$$

$$= 0.5 + P(0 \leq Z \leq 1.24)$$

$$= 0.5 + 0.3925 = 0.8925 \text{(그림 9-13)}$$

이다.

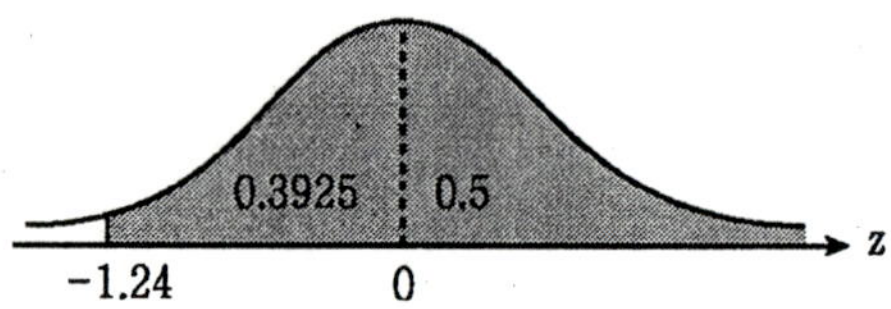

(그림9-13) $P(\overline{x_1} - \overline{x_2} \geq 0)$에 대한 넓이

즉, A학교 학생의 성적이 B학교 학생의 성적보다 낫다고 할 확률은 0.8925이다.

■

연습문제 9-4

해 답

1. 두 기계가 50kg의 쌀을 포장하는데 이용된다. 두 기계 기계에 대한 표본정보는 표와 같다.

	기계 I	기계 II
표본크기	$n_1 = 81$	$n_2 = 64$
표본평균	$\overline{x_1} = 51$	$\overline{x_2} = 48$
표본분산	$S_1^2 = 16$	$S_2^2 = 12$

1) 모평균의 차이 $\mu_1 - \mu_2$에 대한 점추정은?
2) 표본평균의 차에 대한 표준편차는?
3) $P(\overline{x_1} - \overline{x_2} \geq 2)$를 구하여라.

1.

1) 3
2) 0.6205
3) 0.0537

2. 2004학년도 어떤 대학 신입생의 출신고교별 내신 성적을 비교하기 위해 표본조사를 실시하였다. 실업고교 출신학생 100명, 인문계고교 출신학생 90명에 대해 조사한 내신성적은 다음과 같다. 이 자료에 대해 $P(2.1 \leq \overline{x_1} - \overline{x_2} \leq 7.5)$를 구하여라.

	실업계고교 출신	인문계고교 출신
표본크기	$n_1 = 100$	$n_2 = 90$
표본평균	$\overline{x_1} = 81.2$	$\overline{x_2} = 76.4$
표본분산	$S_1^2 = 60.84$	$S_2^2 = 67.24$

2. 0.98

Home Work

1. {1, 3, 5}로 이루어진 모집단에 대해 복원추출로 크기 2인 표본을 모두 구하고 각 경우에 $\overline{x}$를 구하여 표본평균들의 평균이 모평균과 같음을 보여라.

2. $\mu = 50$, $\sigma = 12$인 분포를 갖는 모집단에 대해 크기 100인 표본을 임의로 뽑았을 때,
   1) 표본평균의 표준편차를 구하여라.
   2) $P(51 < \overline{x} < 53)$을 구하여라.

3. 어떤 지역의 매일 최고온도는 평균 58.6° F, 표준편차 9.8° F인 정규분포를 이룬다고 한다.
   1) 평균 매일 최고 온도가 45° F 이상, 55° F 이하일 확률을 구하여라.
   2) 평균 매일 최고 온도가 60° F보다 작을 확률을 구하여라.
   3) 매일 평균 최고 온도와 표본의 크기 4인 표본을 뽑을 때, 매일 평균 최고 온도가 57° F보다 작을 확률을 구하여라.
   4) 매일 평균 최고 온도와 표본의 크기 4인 표본을 뽑을 때, 매일 평균 최고 온도가 $P(57 \leq \overline{x} \leq 61)$일 경우를 구하여라.
   5) 16개의 표본을 뽑을 때, 표본평균의 평균과 표준편차는?

4. 어느 나라의 여자의 키의 분포는 평균 65.4인치, 표준편차 2.8인치인 정규분포를 이룬다고 한다. X는 임의로 뽑은 여자의 키를 나타낸다.
   1) X가 66인치 이상, 70인치 이하일 확률을 구하여라.
   2) 표본의 크기 10인 표본평균의 분포와 평균, 표준편차를 구하여라.
   3) $P(\overline{x} > 68)$을 구하여라.

5. 모집단이 $N(6,\ 0.1^2)$인 정규분포를 따른다고 한다. 표본의 크기가 $n = 20$일 때, $P(5.98 \leq x \leq 6.00)$을 구하여라.

6. 교사 A, 교사 B에 대한 지지율이 표와 같다.

	교사 A	교사 B
p	85%	76%
표본의 크기	55	60

$P(\widehat{p}_1 - \widehat{p}_2 > 0.25)$를 구하여라.

제 10 장

신뢰구간(대표본)

학습내용

10.1 비율에 대한 신뢰구간

9장에서 배운 표본비율에 대한 중심극한정리의 성질을 다음과 같이 요약할 수 있다.

-크기 n인 임의표본들의 모비율이 p인 모집단에서 선택된다.

- $np > 5$이고, $n(1-p) > 5$이면, 표본비율 $\hat{p}$의 표본분포는 평균 $\mu_{\hat{p}} = p$이고, 표준편차 $\sigma_{\hat{p}} = \sqrt{p(1-p)/n}$인 정규분포에 근사시킬 수 있다.

이제, 미지의 모수 p에 대해 신뢰구간 추정을 위해 표본비율 $\hat{p}$의 표본분포에 대한 표준편차 $\sigma_{\hat{p}} = \sqrt{p(1-p)/n}$를 계산할 필요가 있다. 질문은 왜냐하면 p는 미지수이고, p를 추정해야하므로 어떻게 $\sigma_{\hat{p}}$를 계산하는가이다. 합리적인 접근은 p를 $\hat{p}$로 대치하고, 공식에 의해 p에 대한 점추정을 하는 것이다. 따라서 $\sigma_{\hat{p}} = \sqrt{\hat{p}(1-\hat{p})/n}$을 이용할 것이다.

모비율에 대한 신뢰구간에 관련된 공식을 언급하기 전에 다음 예제를 풀어보자.

[예제 1] (신뢰구간 추정)

남자 100명을 임의로 뽑을 때, 그들중 55명이 기혼자이다. 결혼한 남자의 비율을 95% 신뢰도로 구간 추정을 하여라.

풀이 $n = 100$, $\hat{p} = 0.55$, $\sigma_{\hat{p}} = \sqrt{\hat{p}(1-\hat{p})/n} = 0.0497$

$\hat{p}$에 대한 표본분포는 정규분포에 근사하므로 경험규칙으로부터 $\hat{p}$값의 95%가 평균 $p \approx \hat{p}$의 2×표준편차내에 있을 것이다. (그림10-1)

따라서, 기혼자의 비율에 대한 95% 신뢰구간 추정은

$$0.55 \pm 2 \times 0.0497 = 0.55 \pm 0.0994$$

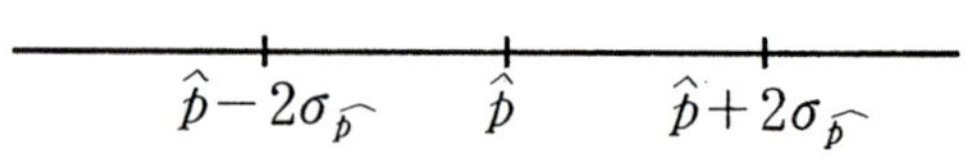

(그림10-1) 평균 $\hat{p}$의 $2\sigma_{\hat{p}}$구간

즉, 0.4506~0.5997

45.06%에서 59.97%이다. ▣

모비율에 대한 신뢰구간을 계산하는데 이용될 수 있는 일반적인 공식을 언급하기 위해 기호 z_α에 대해 익숙할 필요가 있다. 신뢰구간을 구하는데 평균으로부터 표준편차의 몇 배인가? 이것을 이용한다.

z_α는 z-점수 오른쪽에 있는 넓이가 α인 z-점수이다. $0 \le \alpha \le 1$. (그림10-2)는 기호를 설명하는 도표이다.

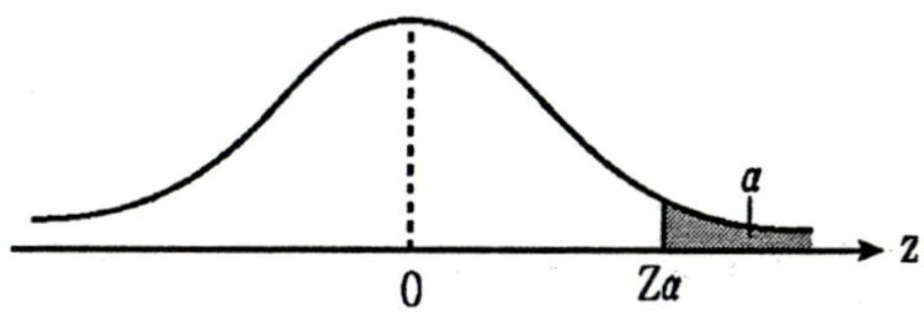

(그림10-2) z_α에 대한 넓이

(표10-1)은 $\alpha = 0.1$, 0.05와 0.01일 때, z_α와 $z_{\frac{\alpha}{2}}$에 대한 값을 나타낸 값이다. 이들 값은 부록의 표준정규분포표로부터 얻을 수 있다.

[표10-1] 유의수준 α에 대한 z값

α	z_α	$z_{\frac{\alpha}{2}}$
0.1	1.28	1.645
0.05	1.645	1.96
0.01	2.32	2.576

참고 기호 $z_{\frac{\alpha}{2}} \neq \frac{z_\alpha}{2}$이다. 우선 α를 2로 나누고 대응하는 z-점수를 구한다. 이를테면, $\alpha = 0.1$에 대해 $z_{\frac{\alpha}{2}}$를 구할 필요가 있다. 우선 $\frac{\alpha}{2}$를 구한다. $\frac{0.1}{2} = 0.05$.

(표10-1)에서 $z_{0.05}$의 값을 구하면 1.645이다. α와 신뢰구간 사이의 관계는 신뢰구간이 $(1-\alpha)\times 100\%$이다. 예를 들면, 98% 신뢰구간을 구하려면 $0.98 = 1-\alpha$에서, $\alpha = 0.02$이다.

큰 표본들에서 모비율에 대한 $(1-\alpha)\times 100\%$ 신뢰구간을 구하는데 이용되는 일반방정식은 다음과 같다.

$$\hat{p}\pm z_{\frac{\alpha}{2}}\sqrt{\frac{\hat{p}(1-\hat{p})}{n}}$$

참고 오차의 한계는 $E=z_{\frac{\alpha}{2}}\sqrt{\frac{\hat{p}(1-\hat{p})}{n}}$로 주어진다.

[예제 2] (신뢰구간 구하기)

크기 100인 표본에서 77%가 세계 평화를 위해 기도한다고 한다. 세계평화를 위해 기도하는 사람들의 모비율에 대한 90% 신뢰구간을 추정하여라.

풀이 $\hat{p}=0.77$, $\sigma_{\hat{p}}=\sqrt{\hat{p}(1-\hat{p})/n}=0.0421$, 90% 신뢰구간에서 $\alpha=0.1$ (표 10-1)에서 $z_{\frac{\alpha}{2}}=1.645$

따라서, 모비율에 대한 90% 신뢰구간은 $0.77\pm1.645\times0.041=0.77\pm0.0692$ 이다. 즉, 세계 평화를 위해 기도하는 사람들의 모비율에 대한 90% 신뢰구간은 0.7008~0.8392이다. 즉, 70.08%~83.92%이다. ▣

(예제2)에서 표본의 77%가 세계 평화를 위해 기도한다고 말했다. 크기 100의 또 다른 표본을 택하면 표본비율이 다시 77%일 수 있다. 따라서, 반복되는 표본에서 표본비율이 모두 같게 된다고 기대할 수 없다. 모두는 아니더라도 대부분은 다를 것이라고 기대한다. 그러나 표본들의 90%가 세계 평화를 위해 기도하는 사람들의 모비율을 포함한다고 기대한다. 이것이 예제에서 모비율이 0.7008~0.8392에 있을 90% 신뢰구간이라고 말하는 이유이다.

참고 세계 평화를 위해 기도하는 사람들의 모비율이 0.7008과 0.8392에 있을 확률이 0.90이라는 뜻은 아니다. 표본이 얻어지고 신뢰구간이 정해지면 세계 평화를 위해 기도하는 사람들의 모비율이 구간에 있을 수도 있고 있지 않을수도 있다.

신뢰구간의 반복되는 표본설명은 일반적으로 어떤 모수에 대한 어떤 신뢰구간에 적용할 수 있다. 표본크기의 결정은 추정과 밀접하게 관련된다. 모비율 p에 대한 정확한 추정을 하기 위해 표본의 크기가 얼마인가를 알 필요가 있다. 대답은 다음에 달려 있다.

오차의 한계

- 모비율에 대한 점 추정(point estimate)
- 신뢰도(degree of confidence)

예를 들면, 구하려고 하는 추정이 모비율로부터 얼마나 떨어졌는지, 또 이것을 얼마나 신뢰하는지를 알 필요가 있다.

$E = z_{\frac{\alpha}{2}}\sqrt{\dfrac{\hat{p}(1-\hat{p})}{n}}$ 이므로, 표본크기 n을 구하기 위해

$n = \hat{p}(1-\hat{p})\left(\dfrac{z_{\frac{\alpha}{2}}}{E}\right)^2$ 을 풀면 된다.

참고 이 n은 요구되는 최소의 표본의 크기이다.

[예제 3] (표본의 크기 구하기)

통계학자들은 DNA 검사를 신뢰하는 사람들의 비율을 99% 신뢰도로 추정하고 싶어 한다. 이전의 연구는 조사된 사람들의 91%가 DNA 검사를 신뢰했음을 보여준다. 통계학자들은 모비율의 3% 이내에 있기를 정확히 바라고 있다. 통계학자가 이 분석을 수행하는데 필요한 최소의 표본크기를 구하여라.

풀이 $\alpha = 0.01,\ z_{\frac{\alpha}{2}} = 2.576,\ \hat{p} = 0.91,\ E = 0.03,$

공식에 대입하면, 표본의 크기 $n = \hat{p}(1-\hat{p})\left(\dfrac{z_{\frac{\alpha}{2}}}{E}\right)^2$

$= (0.91)(1-0.91)\left(\dfrac{2.576}{0.03}\right)^2 = 603.86 \approx 604$

즉, 적어도 604개의 표본이 필요하다. ▣

참고 모비율 p에 대한 정확한 추정을 위해 표본의 크기를 구할 때, $\hat{p}$를 모른다면 $\hat{p}$에 공식에서 0.5를 이용한다.

연습문제 10-1

	해 답
1. 어떤 텔레비전 스포츠 프로그램의 시청률을 조사하기 위하여 이 프로그램이 방영되고 있는 시간에 표본조사를 하였다. 조사결과 이 시간에 텔레비전을 시청하고 있던 100명중 20명이 이 프로그램을 시청 하였다고 한다. 전체 시청자의 이 프로그램에 대한 시청률은 95%의 신뢰도로 구간 추정을 하여라.	1. 0.12~0.28
2. 어떤 제품의 불량률은 20% 정도라고 예상된다. 이 제품의 불량품의 참값을 7% 이하의 오차로 추정하려고 한다. 신뢰도 95%로 몇 개 이상의 제품에 대하여 조사하여야 하는가?	2. 126개 이상
3. 인구 80,000명인 어느 지방도시에 공장을 유치하기 위하여 여론조사를 하였다. 시민중에서 2,100명을 임의로 추출하여 찬반을 조사하였더니 찬성률이 0.7이었다. 다음 물음에 답하여라. 1) 신뢰도 95%로 추정할 때, 전 시민의 몇 %가 찬성한다고 볼 수 있는가? 2) 모비율 p와 표본비율 $\hat{p}$와의 차이가 1% 이하가 되도록 하고 싶을 때, 95%의 신뢰구간으로 구하려면 몇 명 이상을 추출해야 하는가?	3. 1) 68% 이상 72% 이하 2) 8400명 이상
4. 어떤 종교의 신도중에서 임의로 200명을 뽑아 조사했더니 200명중 164명이 천사의 존재를 믿는다고 한다. 모집단에서 천사를 믿는 사람의 비율을 90%신뢰구간으로 구하여라.	4. 0.7753~0.8647

5. 임의로 뽑은 150명의 음주 운전자중 91%가 남자라고 한다. 남자 운전자의 모비율에 대한 99% 신뢰구간을 정하여라.

5. 0.8498～0.9702

6. 표본의 크기 100, $p=0.1$, p에 대한 84% 신뢰구간을 구하여라.

6. 0.1 ± 0.0423

10.2 평균에 대한 신뢰구간

9장에서 표본평균에 대한 중심극한정리의 성질을 다음과 같이 요약했다.

- 표본은 평균 μ, 표준편차 σ인 어떤 모집단으로부터 얻는다.
- n이 크면 $(n \geq 30)$, 표본평균 $\bar{x}$의 표본분포는 평균 $\mu_{\bar{x}} = \mu$이고, 표준편차 $\sigma_{\bar{x}} = \frac{\sigma}{\sqrt{n}}$인 정규분포에 근사된다.
- 표본분포가 정규분포이면, 표본평균들의 표본분포는 어떤 표본의 크기에 대해서도 정확한 정규분포를 이룬다. 이제, 미지의 모수 μ에 대해 신뢰구간을 추정하기 위해 $\sigma_{\bar{x}} = \frac{\sigma}{\sqrt{n}}$를 계산할 필요가 있다.

모평균에 대한 $(1-\alpha)\times 100\%$ 신뢰구간을 구하는데 이용되는 일반적인 방정식은 $\bar{x} \pm z_{\frac{\alpha}{2}} \frac{\sigma}{\sqrt{n}}$이다.

참고 오차의 한계는 $E = z_{\frac{\alpha}{2}} \frac{\sigma}{\sqrt{n}}$로 주어진다.

[예제 1] (평균에 대한 신뢰구간 구하기)

어떤 도시의 임의로 뽑은 100명의 선생님의 평균 연봉은 31,578,000원이다. 이전에 조사한 선생님들의 연봉에 대한 표준편차는 4,415,000원이라고 한다. 어떤 도시의 선생님들에 대한 평균 연봉에 대해 99% 신뢰구간을 추정하여라.

풀이 $\alpha = 0.01$, $z_{\frac{\alpha}{2}} = 2.576$, $\bar{x} = 31,578,000$, $n = 100$, $\sigma = 4,415,000$

$$\sigma_{\bar{x}} = \frac{\sigma}{\sqrt{n}} = 441,500$$

공식에 의해 신뢰구간을 계산하면,

$$31,578,000 \pm 2,576 \times 441,500 = 31,578,000 \pm 1,137,300$$

즉, 99% 신뢰구간은 $[30,440,900,\ 32,715,000]$이다. ■

모평균에 대한 신뢰구간을 구하는데 모표준편차 σ를 모를 때, 표본크기 $n \geq 30$이면 모표준편차를 표본표준편차로 대체한다.

[예제 2] (모표준편차 대신 표본표준편차 이용)

어느 대학의 학생회에서는 학생들의 평균 통화시간을 알려고 한다. 64명의 학생을 임의로 뽑아 조사하였더니 통학시간의 평균은 35분이고, 표준편차는 5분이다. 학생들의 통학시간의 평균에 대해 95% 신뢰구간을 추정하여라.

풀이 $\alpha = 0.05,\ z_{\frac{\alpha}{2}} = 1.96,\ \bar{x} = 35,\ s = 5,\ n = 64$

$$\sigma_{\bar{x}} \approx \frac{s}{\sqrt{n}} = 0.625$$

공식에 의해 95% 신뢰구간을 계산하면,

$$35 \pm 1.96 \times 0.625 = 35 \pm 1.225$$

즉, 95% 신뢰구간은 [33.775, 36.225]이다. ▣

평균에 대한 표본 신뢰구간을 생각할 때, 추정오차 $E = z_{\frac{\alpha}{2}} \frac{\sigma}{\sqrt{n}}$이므로 표본크기 n을 구하는 식은 $n = \left(\frac{z_{\frac{\alpha}{2}} \times \sigma}{E} \right)^2$이다.

[예제 3] (표본의 크기 구하기)

공장노동자의 근무년수에 대한 표준편차가 3.5년이고, 95% 신뢰수준에서 ±1 내에 노동자의 평균 근무년수가 들어오도록 추정하려면 표본의 크기는 얼마로 해야 하나?

풀이 $\alpha = 0.05,\ z_{\frac{\alpha}{2}} = 1.96,\ \sigma = 3.5,\ E = 1$

공식에 대입하여 n을 구하면,

$$n = \left(\frac{z_{\frac{\alpha}{2}} \times \sigma}{E} \right)^2 = \frac{(1.96 \times 3.5)^2}{1} = 47.0596 \approx 48$$

즉, 참 평균 근무년수가 1년이내에 추정되는 것이 95% 확실하기 위해 적어도 표본의 크기는 48명 필요하다. ▣

참고 충분히 큰 표본표기 ($n \geq 30$)에 대해, 모표준편차 σ를 모를 때, 공식에서 σ를 s로 대체할 수 있다.

연습문제 10-2

	해 답
1. 어느 고등학교 학생 3,000명에 대한 키를 조사하는데, 표준편차가 8㎝임이 예상된다. 여기서 64명을 임의 추출하여 키를 조사한 결과 평균이 165.3㎝이었다. 이 때 모평균을 신뢰도 95%로 추정하여라.	1. [163.34, 167.26]
2. 어떤 도시의 18세 남자의 키의 평균을 추정하기 위하여 100명의 표본을 임의추출하여 조사하였더니 평균이 167㎝, 표준편차가 6㎝이었다. 이로부터 이 도시의 18세 남자의 키의 평균으 신뢰도 95%로 추정하여라.	2. [165.824, 168.176]
3. 전국에서 일제히 수학시험이 있었다. 표준편차는 15점이 예상된다고 할 때, 신뢰도 95%로 전국 평균 점수를 1점 이내로 추정하려고 한다. 최소한 몇 사람을 추출해서 조사하는 것이 가장 적절한가?	3. 865명
4. 크기 22인 표본으로부터 모평균에 대한 99% 신뢰구간을 구하려고 한다. 모표준편차는 알려지지 않았다면 계산에 이용된 표값은?	4. 2.580
5. 대학생의 키가 표준편차 4인치인 정규분포를 이룬다고 한다. 49명의 학생을 임으로 뽑을 때, 평균이 68인치라고 한다. 모평균 μ에 대한 95% 신뢰구간을 구하여라.	5. [66.88, 69.12]
6. 어느 회사의 영업사원이 물건을 파는데 걸리는 시간은 정규분포를 이룬다고 하자. 크기 100인 임의표본에서	6. [2.8352, 3.1648]

평균은 3시간이고, 표준편차는 30분이라고 한다. 모평균에 대한 98% 신뢰구간을 구하여라.

7. 확률 0.95로 오차의 한계 ±50시간 이상인 전등의 수명을 추정하려고 한다. 과거 경험에서 수명의 표준편차는 200시간이라고 알려졌다. 필요한 정확성을 얻기 위해 몇 개의 전등을 선택해야 하는가?

7. 적어도 62개

10.3 두 비율의 차에 대한 신뢰구간

9장에서, 두 개의 독립된 표본비율의 차이에 대한 표본분포의 성질을 다음과 같이 요약했다.

- 표본크기 n_1, n_2가 증가함에 따라 어떤 모집단에서 얻은 표본비율들의 차이의 분포의 모양은 정규분포에 근사시킬 수 있다.
- 표본비율들의 차의 분포는 $\mu_{\hat{p}_1-\hat{p}_2}=p_1-p_2$를 갖는다.
- 표본비율들의 차의 분포는 표준편차

$$\sigma_{p_1-p_2}=\sqrt{\frac{p_1(1-p_1)}{n_1}+\frac{p_2(1-p_2)}{n_2}}$$ 를 갖는다.

이 성질들은 두 모비율의 차에 대한 $(1-\alpha)\times 100\%$ 신뢰구간을 추정하는데 도움을 준다. 다시, 모비율을 모르기 때문에 이들 모비율에 대한 추정을 이용할 것이다. 큰 표본에 대해 두 모비율의 차이에 대한 $(1-\alpha)\times 100\%$ 신뢰구간을 정하는데 이용되는 일반적인 방정식은 $(\widehat{p_1}-\widehat{p_2})\pm z_{\frac{\alpha}{2}}=\sqrt{\frac{\widehat{p_1}(1-\widehat{p_1})}{n_1}+\frac{\widehat{p_2}(1-\widehat{p_2})}{n_2}}$로 주어진다.

[예제 1] (비율의 차에 대한 신뢰구간 구하기)

대학수학을 수강한 학생과 수강하지 않은 학생이 기초 통계학에서 성공할 학생수는 (표)와 같다. 두 그룹 사이에 비율의 차이에 대한 95% 신뢰구간을 추정하여라.

(표) 수강에 관련된 정보

	수 강	수강 안함
표본 크기	100	40
성공할 학생 수	70	16

풀이 주어진 정보에 의해, $n_1=100$, $n_2=40$,

$$\widehat{p_1}=\frac{70}{100}=0.7,\quad \widehat{p_2}=\frac{16}{40}=0.4$$

$$\sqrt{\frac{\hat{p}_1(1-\hat{p}_1)}{n_1}+\frac{\hat{p}_2(1-\hat{p}_2)}{n_2}}=\sqrt{\frac{0.7(1-0.7)}{100}+\frac{0.4(1-0.4)}{40}}$$

$= 0.09$

$\alpha = 0.05,\ z_{\frac{\alpha}{2}} = 1.96$

따라서, 비율의 차에 대한 95% 신뢰구간을 추정하면,

$(0.7-0.4) \pm 1.96 \times 0.09 = 0.3 \pm 0.1764$

즉, 95% 신뢰구간은 [0.1236, 0.4764]이다. ▣

두 모비율의 차에 대한 표본 신뢰구간을 구하는 경우, $n_1p_1 > 5$, $n_1(1-p_1) > 5$, $n_2p_2 > 5$, $n_2(1-p_2) > 5$일 때, 자료를 모으기 위해 필요한 표본의 크기를 추정하는데 필요할 수 있다. 여기에 주어진 공식은 표본의 크기가 같은 경우, 또 이것은 최소의 표본크기를 구할 때 식이다.

$$n = 0.5 \times \left(\frac{z_{\frac{\alpha}{2}}}{E}\right)^2$$

[예제 2] (최소 표본의 크기 구하기)

외계인을 믿는 남자와 여자의 비율 사이에 차이를 정하려고 한다. 95% 신뢰수준에서 오차의 한계는 ±0.02를 받아들일 수 있다면, 두 표본비율에 대한 표본의 크기가 같다고 가정할 때, 최소 표본의 크기를 구하여라.

풀이 $\alpha = 0.05,\ E = 0.02,\ z_{\frac{\alpha}{2}} = 1.96$

따라서, $n = 0.5 \times \left(\frac{z_{\frac{\alpha}{2}}}{E}\right)^2 = 0.5 \times \left(\frac{1.96}{0.02}\right)^2 = 4802$

즉, 적어도 4802명의 남자와 4802명의 여자 표본을 선택해야 한다. ▣

연습문제 10-3

해 답

1. 어떤 회사의 제품을 A, B 두 기계에서 생산하는데 불량품은 표와 같다. 두 제품의 불량률에 대한 차이의 95% 신뢰구간을 구하여라.

(표) 불량품에 대한 정보

	A	B
생산품 수	200	300
불량품 수	12	15

1. [7.9745, 0.0512]

2. 어떤 제약회사에서 생산되는 약을 투약했을 때 남자 환자와 여자 환자의 치유율 사이에 차이를 정하려고 한다. 99% 신뢰수준에서 오차의 한계를 ±0.03로 받아들일 수 있다면, 두 표본 비율에 대한 표본의 크기가 같다고 가정할 때, 최소 표본의 크기를 구하여라.

2. 3887명

3. 두 기계에서 생산되는 비누 200상자에 대해 불량률은 기계 A가 $\widehat{p_1}=0.05$이고 기계 B는 $\widehat{p_2}=0.08$이라고 한다. 불량률 사이의 차이 (p_2-p_1)에 대해 95% 신뢰구간을 추정하여라.

3. [-0.018, 0.078]

4. 두 그룹의 돼지에서 약 A와 약 B의 반응을 조사한 결과는 다음표와 같다. 각 약에 반응한 돼지의 모비율 사이의 차이 (p_1-p_2)의 99% 신뢰구간을 구하여라.

약 A	$n_1=30$	$p_1=\frac{25}{30}$
약 B	$n_2=35$	$p_2=\frac{29}{35}$

4. [-0.2358, 0.2452]

10.4 두 평균의 차에 대한 신뢰구간

9장에서 두 개의 독립 표본평균 사이의 차이에 대한 표본분포의 성질을 다음과 같이 요약했다.

- 크기 n_1, n_2가 증가함에 따라 어떤 모집단에서 얻은 표본평균들의 차이의 분포의 모양은 정규분포에 근사시킬 수 있다.
- 표본평균들의 차이의 분포는 평균 $\mu_{\overline{x_1}-\overline{x_2}}=\mu_1-\mu_2$를 갖는다. μ_1, μ_2는 각각 모평균이다.
- 표본평균들의 차이의 분포는 표준편차 $\sigma_{\overline{x_1}-\overline{x_2}}=\sqrt{\dfrac{\sigma_1^2}{n_1}+\dfrac{\sigma_2^2}{n_2}}$을 갖는다. σ_1, σ_2는 각각 모표준편차이다.

이들 성질은 두 모평균의 차이에 대한 $(1-\alpha)\times100\%$ 신뢰구간을 구하는데 도움을 준다. 큰 표본에 대한 두 모평균 사이의 차에 대한 $(1-\alpha)\times100\%$ 신뢰구간을 정하는데 이용되는 식은 다음과 같다. $(\overline{x_1}-\overline{x_2})\pm z_{\frac{\alpha}{2}}\sqrt{\dfrac{\sigma_1^2}{n_1}+\dfrac{\sigma_2^2}{n_2}}$

큰 표본 ($n_1\geq30$, $n_2\geq30$)에 대해 모분산이 알려지지 않는다면 모분산이 표본분산으로 대체될 수 있다.

[예제 1] (평균의 차이에 대한 신뢰구간 구하기)

표준편차 $\sigma_1=4$인 정규분포에서 크기 $n_1=36$인 임의표본을 택했을 때, 표본평균 $\overline{x_1}=75$, 또 표준편차 $\sigma_2=6$인 정규분포에서 크기 $n_2=25$인 임의표본을 택했을 때, 표본평균 $\overline{x_2}=85$, u_1-u_2에 대한 95% 신뢰구간을 구하여라.

풀이 주어진 정보로부터 $n_1=36$, $n_2=25$, $\overline{x_1}=75$, $\overline{x_2}=85$, $\sigma_1=4, \sigma_2=6$

$$\sqrt{\frac{\sigma_1^2}{n_1}+\frac{\sigma_2^2}{n_2}}=1.3728,\ \alpha=0.05,\ z_{\frac{\alpha}{2}}=1.96$$

따라서, $u_1 - u_2$에 대한 95% 신뢰구간을 계산하면,

$(75-85) \pm 1.96 \times 1.3728 = -10 \pm 2.6907$

즉, 95% 신뢰구간은 [-12.6907, -7.3093]이다.

신뢰구간이 음수이므로 모집단 2의 평균이 모집단 1의 평균보다 크다고 할 수 있다. ▣

두 큰 표본으로 모평균의 차이에 대한 신뢰구간을 정하는데 자료를 모으기 위해 필요한 표본크기를 추정할 필요가 있다. 여기에 주어진 공식은 표본크기들이 같다고 할 때, 최소의 표본크기를 구하는 것이다. $n = \left(\frac{z_{\frac{\alpha}{2}}}{E}\right)^2 \times (\sigma_1^2 + \sigma_2^2)$

[예제 2] (표본의 크기 구하기)

수학과 통계학을 전공하는 학생들의 표준화 점수에 대한 평균성적 사이의 차이를 연구하려고 한다. 두 그룹 학생들에 대한 표준편차는 5이다. 두 모집단에 대한 평균성적의 차이가 ±3%이내에서 99% 확실하다고 할 수 있는 표본의 크기를 구하여라.

풀이 $\alpha = 0.01$, $E = 3$, $\sigma_1 = \sigma_2 = 5$, $z_{\frac{\alpha}{2}} = 2.576$.

따라서,

$$n = \left(\frac{z_{\frac{\alpha}{2}}}{E}\right)^2 \times (\sigma_1^2 + \sigma_2^2) = \left(\frac{2.576}{3}\right)^2 (5^2 + 5^2) \approx 37$$

즉, 적어도 각 그룹으로부터 37명을 표본으로 얻어야 한다. ▣

연습문제 10-4

해 답

1. 방법 Ⅰ의 표본의 크기 75, 방법 Ⅱ의 표본의 크기 60에 대한 시험성적에 대한 정보는 표와 같다. 시험성적이 정규분포를 이룰 때, 두 방법의 평균의 차이에 대한 99% 신뢰구간을 정하여라.

(표) 시험성적에 대한 정보

	방법 Ⅰ	방법 Ⅱ
표본평균	85	76
표본 표준편차	3	2

2. 어떤 공장의 생산품 A, B의 생산량의 평균 사이의 차이를 알아보려고 한다. 두 생산품에 대한 표준편차는 16이다. 두 모집단에 대한 평균 생산량의 차이가 ±5% 이내에서 95% 확실하다고 할 수 있는 표본의 크기를 구하여라.

3. 두 회사의 같은 종류의 타이어의 평균 수명을 조사한 정보는 표와 같다.

회사 A	회사 B
$\overline{x_1} = 41,000$	$\overline{x_2} = 39,600$n
$s_1 = 3,000$	$s_2 = 2,600$
$n_1 = 100$	$n_2 = 100$

수명이 정규분포를 이룬다면, 모평균의 차이에 대한 95% 신뢰구간을 구하여라.

4. A, B 두 상점의 판매량이 소비자의 나이에 관계가 있는가 알아보려고 한다. 두 상점에 대한 정보는 다음 표와 같다. 이 자료를 이용하여 두 상점의 소비자의 평균

해답

1. [739745, 10.0255]

2. 각각 79개

3. 1,400±778.1

4. [0.94, 9.06]

나이 사이에 차이를 95% 신뢰구간 추정하여라.

상점 A	상점 B
$n_1 = 36$	$n_2 = 49$
$\overline{x_1} = 40$	$\overline{x_2} = 35$
$s_1 = 9$	$s_2 = 10$

Home Work

1. 안경을 쓴 대학교수의 비율을 조사하려고 한다.
   1) 임의로 250명의 교수를 조사했더니 139명이 안경을 썼다. 이 정보에 의해 안경을 쓴 대학교수의 비율에 대한 90% 신뢰구간을 구하여라.
   2) 안경을 쓴 대학교수의 비율에 대한 90% 신뢰구간이 오차한계 ±2%라고 하자. 100명의 임의표본중 52명이 안경을 착용했다면 몇 명의 교수를 더 조사해야 하는가?

2. 어떤 대학을 졸업한 학생들이 취업했을 때, 그들의 평균 연봉을 조사했다. 임의로 100명을 조사하였더니 평균연봉이 31,578,000원이고, 표준편차 4,415,000원일 때, 모평균에 대한 99% 신뢰구간을 구하여라.

3. 어느 지역에 사는 여자들이 소유한 차의 종류를 조사하였다. 임의로 뽑은 150명중 50%가 외제차를 소유했다. 외제차를 소유한 여성의 모비율에 대한 90% 신뢰구간을 구하여라.

4. 800명의 성인을 조사하였는데, 72명이 매일 과일과 야채를 추천한 양만큼 먹었다. 추천을 따르는 식사를 한 모집단의 비율에 대해 99% 신뢰구간을 구하여라.

5. 두 나라 학생들에 대한 토플 시험성적은 다음과 같다.

국가 A	국가 B
$\overline{x_1} = 490$	$\overline{x_2} = 462$
$s_1 = 80$	$s_2 = 85$
$n_1 = 110$	$n_2 = 120$

두 나라의 평균성적의 차이에 대한 90% 신뢰구간을 구하여라.

6. 두 개의 제품을 생산하는 공장에서 제품의 수명을 조사하였더니 표와 같다.

공장 A	공장 B
$\overline{x_1} = 500$	$\overline{x_2} = 462$
$n_1 = 1,200$	$n_2 = 1,000$

두 제품의 평균의 차에 대한 99% 신뢰구간을 구하여라.

7. 어떤 범인에 대해 300명중 201명이 유죄라고 믿고 있다. 범인을 유죄라고 믿지 않는 사람들의 비율에 대한 95% 신뢰구간을 구하여라.

8. 모평균 μ에 대한 신뢰구간을 구하는데 신뢰수준이 98%에서 90%로 변한다면 평균과 표준편차는 어떻게 되겠는가?

9. 어느 대학의 농구선수의 키는 표준편차 2인 정규분포를 이룬다고 한다. 모평균이 6.2인 모집단에서 크기 16인 표본을 뽑았다면 농구선수의 평균키에 대한 신뢰구간을 구하여라.(단위는 ft)

10. 어떤 종교의 신도중에서 임의로 100명을 뽑아 조사하였더니 82명이 천사의 존재를 믿었다. 모비율에 대한 99% 신뢰구간을 구할 때, 오차의 한계를 구하여라.

11. 품질관리사가 상품의 불량품을 검사하는데 400개의 제품중 50개가 불량품임을 알았다. 이 표본자료를 가지고 95% 신뢰도로 불량품의 모비율 p의 신뢰구간을 구하여라.

제 11 장

가설검정(대표본)

학습내용

11.1 비율에 대한 대표본 검정
11.2 평균에 대한 대표본 검정
11.3 두 모비율에 차에 대한 대표본 검정
11.4 두 모평균의 차에 대한 대표본 검정
11.5 가설검정에 P-값 접근

11.1 비율에 대한 대표본 검정

가설검정에 관련된 용어

가설검정을 요구하는 모든 상황은 가설의 진술에서 출발한다.

통계적가설(statistical hypothesis)은 모수에 대한 의견이다. 의견은 참일수도 있고 아닐 수도 있다. 두 종류의 통계적 가설이 있다. (1) 귀무가설(null hypothesis)과 (2) 선택가설(alternative hypothesis)이 있다. 귀무가설(null hypothesis)은 모수와 특별한 값 사이에 차이가 없음을 진술한 것이다. 귀무가설은 H_0으로 나타낸다. 선택가설(alternative hypothesis)은 모수와 특별한 값 사이에 정확한 차이가 있음을 진술한 것이다. 선택가설은 H_1으로 나타낸다.

가설이 정해진 후에 다음 단계는 연구를 설계하는 것이다. 적절한 통계 조사가 이루어지고, 유의도가 선택되고 연구를 행할 계획이 수립된다. 연구에 대한 추정을 하기 위해 통계적 조사와 유의도가 이용된다. 통계적 조사(statistical test)는 귀무 가설에 대한 결정을 내리기 위해 연구로부터 모여진 자료를 이용한다.

이 결정은 귀무가설을 기각하거나 기각하지 않거나 이다. 결정을 내리기 위해 검사값 또는 검사통계치를 계산할 필요가 있다. 이 값을 계산하는데 이용되는 공식은 통계조사에 따라 다양해질 것이다.

가설검정에 대한 가능한 결과

조사가 이루어질 때, 네 개의 가능한 결과가 있다. 이 결과들은 (표11-1)에 정리해 놓았다. 올바른 결정에 대한 두가지 가능성과 잘못된 결정에 대한 두 가지 가능성이 있음을 알 수 있다.

[표11-1]

	H_0 : 참	H_0 : 거짓
H_0 기각	제1종의 오류	올바른 결정
H_0 채택	올바른 결론	제2종의 오류

가설검정에서 오류(error)의 종류

(표11-1)에서 가설검정을 할 때, 두 가지 잘못을 저지를 경우가 있음을 알 수 있다. 이들 두 오류를 제1종의 오류와 제2종의 오류라고 한다. 제1종 오류(type I error)는 귀무가설이 사실인데도 기각될 때, 제1종의 오류라고 하고, 제2종 오류(type II error)는 귀무가설이 거짓일 때, 기각되지 않는 경우를 제2종의 오류라고 한다. 귀무가설을 기각하거나 기각하지 않을 때, 올바른 결정을 한 것을 어떻게 신뢰하는가? 이 질문은 특별한 유의도(level of significant)에 의해 대답될 수 있다.

α로 나타내는 유의도는 제1종의 오류의 가능성이다. α에 대한 전형적인 값은 0.1, 0.05와 0.01이다. 이를테면, 어떤 검사에 대해 $\alpha = 0.1$일 때, 귀무가설이 기각되면 이것이 올바른 결정이라는 것을 90% 확신할 것이다.

참고 제2종의 오류의 복잡성 때문에 이 책에서는 제2종의 오류의 확률은 언급하지 않을 것이다.

유의도가 한번 선택되면 적당한 검사에 대한 임계값이 표로부터 구해진다. $Z-$검사가 이용되면 적당한 임계값을 얻는데 Z표가 이용될 것이다. 임계값(critical value)은 기각역과 채택역을 분리한다. 기각역(rejection region)은 귀무가설이 기각되어야 하는 검정통계값의 영역이다. 모수에 대해 대응하는 점추정과 인정된 모수값 사이에 충분히 크고 의미있는 차이가 있음을 값의 영역이 지적할 것이다. 채택역(nonrejection region)은 모수에 대해 인정된 값과 대응하는 점추정값 사이에 차이가 아마 변하지 않음을 지적하는 검정 통계값의 영역이다. 따라서, 귀무가설은 기각되지 않는다.

(그림11-1)은 기각역과 채택역을 설명한다. 여기서 Z-검사가 이용된다.

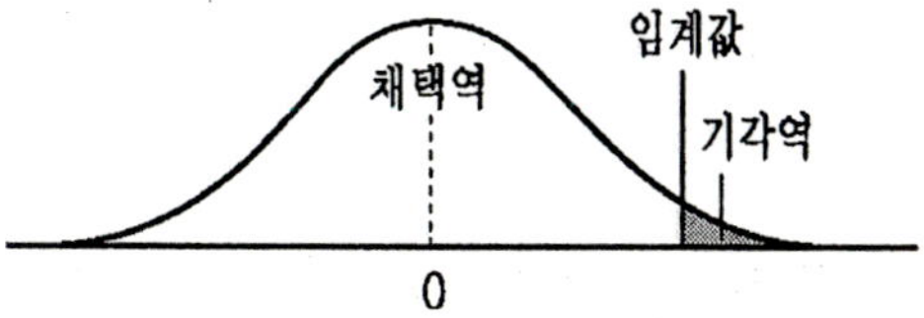

(그림11-1) 기각역과 채택역을 설명하는 도표

가설검정에는 두 가지가 있다. (1) 단측검정(one-tailed test)과 (2) 양측검정(two-tailed test)이다. 단측검정은 검정통계값이 검정되는 모수값의 한쪽이 기각역에 있을 때 귀무가설이 기각되는 것을 나타낸다. 양측검정은 두 기각역의 어느 쪽에 검정통계값이 있을 때, 귀무가설이 기각되는 것을 의미한다.

비율에 대한 대표본 검정

이 장과 다른 장에서 나나내는 검정은 5단계 절차를 따를 것이다.

1) H_0를 정한다.

2) H_1을 정한다.

3) 검정통계(T.S) 값에 대한 공식을 정하고 그 값을 계산한다.

4) 주어진 유의수준에 대해 귀무가설을 기각하기 위한 결정규칙(D.R)을 정한다.

5) 문제에 주어진 정보의 내용에 대해 결론을 내린다.

표본자료에 대해 비율의 참값이 주어진 상수와 같은지를 결정하는 가설 검정문제를 제시한다. 표본의 크기 n을 선택하고 성공의 비율 또는 수가 관찰된다. 실험에서 시행이 독립이고, 성공의 확률이 각 시행에 대해 같다. 즉, 이항실험을 한다고 가정하고, 이항 모집단의 모수 p에 대해 가설검정을 한다.

가설검정요약(summary of hypothesis tests)

(1) 단측검정(오른쪽)

$H_0 : p \leq p_0$ (p_0는 특별한 비율 값)

$H_1 : p > p_0$

$$T.S : Z = \frac{x - np_0}{\sqrt{np_0(1-p_0)}}$$

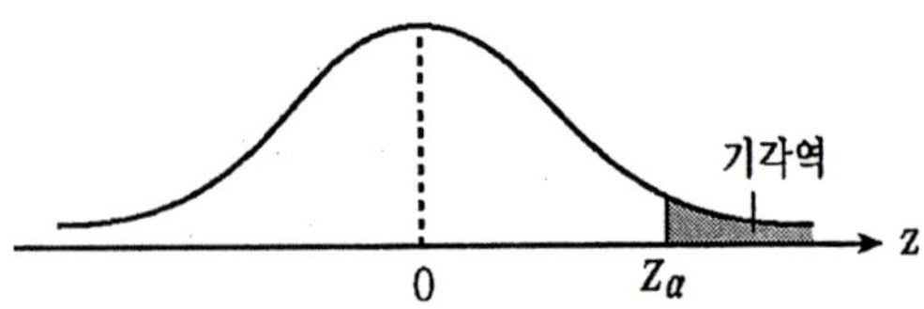

(그림11-2) 오른쪽 기각역

$D.R$: 특별한 유의수준 α에 대해 계산된 검정통계값 Z가 z_α보다 크면 귀무가설을 기각한다(그림11-2).

결론 : ...

참고 선택가설의 부등호의 방향이 오른쪽에 있으므로 오른쪽 단측검정이다.

(2) 단측검정(왼쪽)

$H_0 : p \geq p_0$

$H_1 : p < p_0$

$$T.S : Z = \frac{x - np_0}{\sqrt{np_0(1-p_0)}}$$

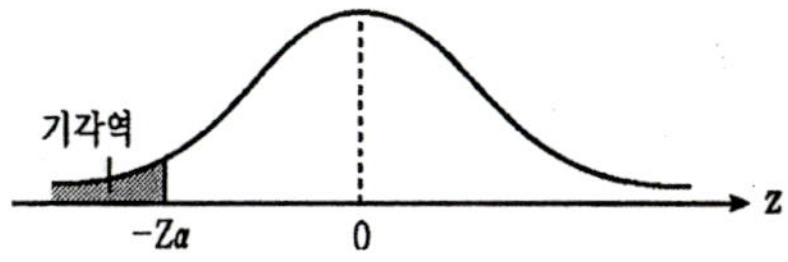

(그림11-3) 왼쪽 기각역

$D.R$: 특별한 유의수준 α에 대해 계산된 검정통계값 Z가 $-z_\alpha$보다 작으면 귀무가설을 기각한다(그림11-3).

결론 : ...

참고 선택가설에 있는 부등호의 방향이 왼쪽에 있으므로 왼쪽 단측검정이다.

(3) 양측검정

$H_0 : p = p_0$

$H_1 : p \neq p_0$

$$T.S : Z = \frac{x - np_0}{\sqrt{np_0(1-p_0)}}$$

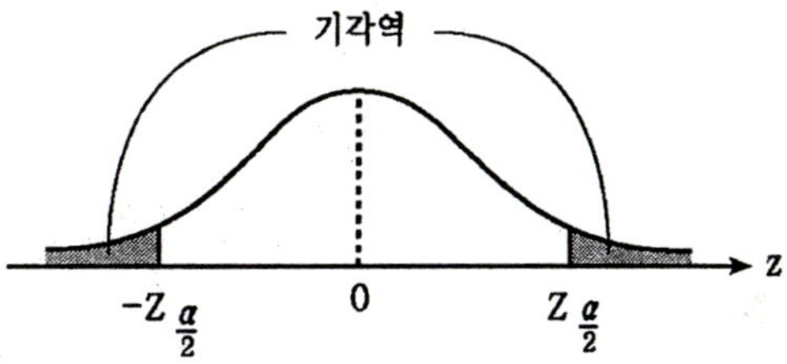

(그림11-4) 양측 기각역

$D.R$: 특별한 유의수준 α에 대해 계산된 검정통계값 Z가 $-z_{\frac{\alpha}{2}}$보다 작거나 $z_{\frac{\alpha}{2}}$보다 크면 귀무가설을 기각한다(그림11-4).

결론 : ...

참고 선택가설의 기호가 같지 않으므로 이것은 양측검정이다. 또 유의수준이 임계값 $Z(z_{\frac{\alpha}{2}})$를 구할 때 똑같이 나눈다.

위의 검정에서 검정통계량 $Z = \frac{x - np_0}{\sqrt{np_0(1-p_0)}}$는

$$Z=\frac{\frac{x}{n}-p_0}{\sqrt{\frac{p_0(1-p_0)}{n}}}=\frac{\hat{p}-p_0}{\frac{p_0(1-p_0)}{n}}$$

과 같다. 모비율에 대한 표본분포와 관련하여 9장에서 논의된 Z-점수와 유사함을 알 수 있다.

[예제 1] (오른쪽 검정)

신문에 의하면, 성인남자의 60%가 결혼했다고 한다. 이 비율이 높다고 생각된다. 100명의 성인남자를 임의로 뽑아 조사해보니 65명이 결혼했다. 신문의 발표를 유의도 5%에서 검정하여라.

풀이 $n=100$, $x=65$, $\alpha=0.05$, $z_\alpha=1.645$, $p_0=0.6$,

$\sqrt{np_0(1-p_0)}=4.8990$,

$H_0: p\le 0.6$

$H_1: p>0.6$

$$T.S: Z=\frac{x-np_0}{\sqrt{np_0(1-p_0)}}=\frac{65-100\times 0.6}{4.8990}=1.0206$$

$D.R:\ Z=1.0206<z_\alpha=1.645$

결론 : H_0를 기각하지 않는다. 60% 이상이라고 말할 수 있는 표본조사의 증거가 충분하지 않다. (그림11-5)가 기각역을 설명한다.

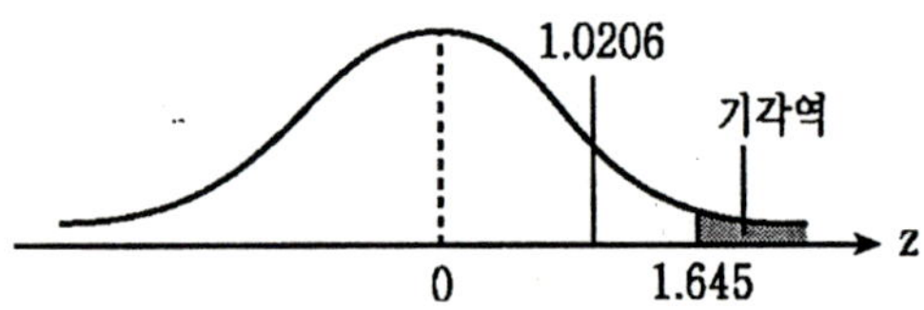

(그림11-5) 기각역 설명

■

[예제 2] (양측검정)

과학자들은 90%의 사람들이 DNA 검사를 신뢰한다고 한다. 임의로 100명을 뽑아 조사했더니 91명이 DNA 검사를 신뢰한다고 한다. 과학자의 믿음을 유의도 1%에서 검정하여라.

풀이 $n=100$, $x=91$, $\alpha=0.01$, $z_{\frac{\alpha}{2}}=2.576$, $p_0=0.9$, $\sqrt{np_0(1-p_0)}=3$

$H_0: p=0.9$

$H_1: p\neq 0.9$

$$T.S: Z=\frac{x-np_0}{\sqrt{np_0(1-p_0)}}=\frac{91-100\times 0.9}{3}=0.3333$$

$D.R$: $\alpha=0.01$에 대해 계산된 검정통계값

$Z=0.3333>-z_{\frac{\alpha}{2}}=-2.576$

$Z=0.3333<z_{\frac{\alpha}{2}}=2.576$

결론 : H_0를 기각할 수 없다. (그림 11-6)이 기각역을 설명한다.

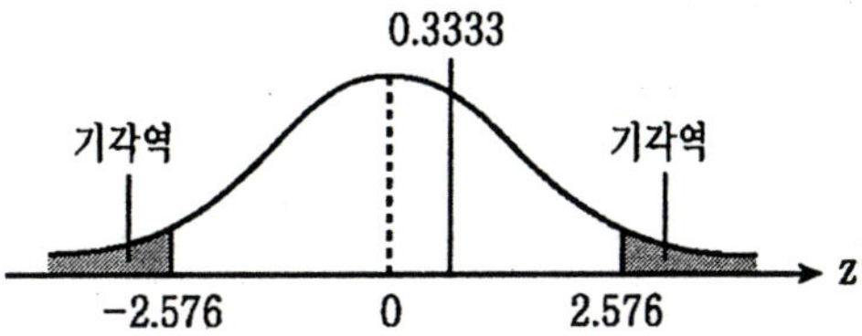

(그림11-6) 기각역 설명

■

연습문제 11-1

	해 답
1. 선교사들은 사람들이 세계평화를 위해 기도하는 비율이 90%보다 작다고 한다. 임의표본 110명중 77명이 세계 평화를 위해 기도한다고 한다. 유의수준 10%에서 검정하여라.	1. $p \geq 0.8$ 기각
2. 어떤 식물의 종자는 20%가 발아한다고 한다. 이 식물의 종자 400개를 발아시킬 때, 유의수준 5%로 검정하고자 한다. 400개중 발아한 종자의 x가 어떤 범위일 때, 가설 $H_0 : p = \frac{1}{5}$이 채택되겠는가?	2. $64 < x < 96$
3. 어떤 음식점에서 전화주문으로 찾아가는 음식은 90%가 되길 경영자는 바란다. 조사기간동안 250통의 전화중 220 통화만 실제로 주문한 음식을 찾아갔다. $\alpha = 0.05$로 경영자의 주장을 검정하여라.	3. 경영자의 희망을 받아들일 수 없다.
4. 어느 은행의 신용불량자의 비율은 2% 미만이어야 정상적인 운영이 가능하다. 임의로 400명의 고객을 선택하여 조사한 결과 12명이 신용불량자라고 한다. $\alpha = 0.005$에서 신용불량자의 비율이 2% 미만이라고 할 수 있는가?	4. 2% 미만이라고 할 수 있다.
5. 어느 항공사의 예약자가 탑승할 확률은 전염병으로 인해 30%에 머문다. 예약한 100명의 고객에게 탑승할 의사를 문의했더니 22명이 확인되었다. $\alpha = 0.01$에서 탑승률이 감소되었는지 검정하여라.	5. 감소되었다고 할 수 없다.

11.2 평균에 대한 대표본 검정

표본평균들에 대한 표본분포가 정규분포에 근사되므로 대표본 검사로 통계량 $Z = \dfrac{\bar{x} - \mu_0}{\frac{\sigma}{\sqrt{n}}}$ 또는 $Z = \dfrac{\bar{x} - \mu_0}{\frac{S}{\sqrt{n}}}$ 에 기반을 둔 검사를 하려한다. 표본분포가 정확히 정규분포가 되지 않으면 검정은 σ를 모를 때 표본크기 $n \ge 30$임을 요구한다. 표본분포가 정규이면, 검정은 어떤 표본크기에 대해서도 적절하다. 모평균에 대한 검정의 요약은 다음과 같다.

가설검정의 요약

(1) 단측검정(오른쪽)

H_0 : $u \le u_0$ (u_0는 모평균에 대한 특별한 값)

H_1 : $u > u_0$

$T.S$: $Z = \dfrac{\bar{x} - \mu_0}{\frac{\sigma}{\sqrt{n}}}$ 또는 $Z = \dfrac{\bar{x} - \mu_0}{\frac{S}{\sqrt{n}}}$, σ는 미지수이고, $n \ge 30$

$D.R$: 특별한 유의수준 α에 대해 계산된 검정통계값 Z가 z_α보다 크면 H_0를 기각한다.

결론 : ...

참고 H_1의 부등호의 방향이 오른쪽이므로 오른쪽 단측검정이다.

(2) 단측검정(왼쪽)

H_0 : $u \ge u_0$ (u_0는 모평균에 대한 특별한 값)

H_1 : $u < u_0$

$T.S$: $Z = \dfrac{\bar{x} - \mu_0}{\frac{\sigma}{\sqrt{n}}}$ 또는 $Z = \dfrac{\bar{x} - \mu_0}{\frac{S}{\sqrt{n}}}$, σ는 미지수이고, $n \ge 30$

$D.R$: 특별한 유의수준 α에 대해 계산된 검정통계값 Z가 $-z_\alpha$보다 작으면 H_0를 기각한다.

결론 : …

참고 H_1의 부등호의 방향이 왼쪽이므로 왼쪽 단측검정이다.

(3) 양측검정

$H_0 : u = u_0$

$H_1 : u \neq u_0$

$T.S : Z = \dfrac{\overline{x} - \mu_0}{\dfrac{\sigma}{\sqrt{n}}}$ 또는 $Z = \dfrac{\overline{x} - \mu_0}{\dfrac{S}{\sqrt{n}}}$, σ는 미지수이고, $n \geq 30$

$D.R$: 특별한 유의수준 α에 대해 계산된 검정통계값 $Z < -z_{\frac{\alpha}{2}}$ 또는 $Z > z_{\frac{\alpha}{2}}$ 이면 H_0를 기각한다.

결론 : …

참고 H_1에 있는 기호가 $\neq$이므로, 양측검정이다. 또 임계값 $Z(z_{\frac{\alpha}{2}})$를 구할 때, 유의수준의 양쪽을 똑같이 나눈다.

[예제 1] (왼쪽 검정)

어떤 노동조합은 노조원의 평균일당 32,500원이 작다고 주장한다. 임의 표본 100명의 노조원을 조사하였더니 평균일당이 31,578원이다. 과거에 조사한 평균일당에 대한 표준편차는 4,415원임이 알려졌다. 유의수준 5%에서 노동조합의 주장을 검정하여라.

풀이 $\alpha = 0.05$, $z_\alpha = 1.645$, $\overline{x} = 31,578$, $n = 100$, $\sigma = 4,415$,

$u_0 = 32,500$, $\dfrac{\sigma}{\sqrt{n}} = \dfrac{4,415}{\sqrt{100}} = 441.5$

$H_0: u \geq 32,500$

$H_1: u < 32,500$

$T.S: Z = \dfrac{\bar{x} - \mu_0}{\dfrac{\sigma}{\sqrt{n}}} = \dfrac{31.578 - 32,500}{441.5} = -2.0883$

$D.R$: 유의수준 $\alpha = 0.05$에 대한 검정통계값

$Z = -2.0883 < -z_\alpha = -1.645$이므로 H_0를 기각한다(그림11-7).

결론 : ... $-2.0883 < -1.645$이므로 H_0를 기각한다. 노동조합의 주장은 표본조사에 의해 충분한 증거가 된다. ▣

(그림11-7) 기각역 설명

[예제 2] (양측 검정)

어느 대학의 총장은 학생들의 평균 통학시간이 32분이라고 주장한다. 64명의 학생을 임의로 뽑아 조사하였더니 평균 통학시간이 35분이고, 표준편차 5분이었다. 총장의 주장을 유의수준 5%에서 검정하여라.

풀이 $\alpha = 0.05,\ z_\alpha = 1.96,\ \bar{x} = 35,\ n = 64,\ u_0 = 32$

$\dfrac{S}{\sqrt{n}} = 0.625$

$H_0: u = 32$

$H_1: u \neq 32$

$T.S: Z = \dfrac{\bar{x} - u_0}{\dfrac{S}{\sqrt{n}}} = \dfrac{35 - 32}{0.625} = 48$

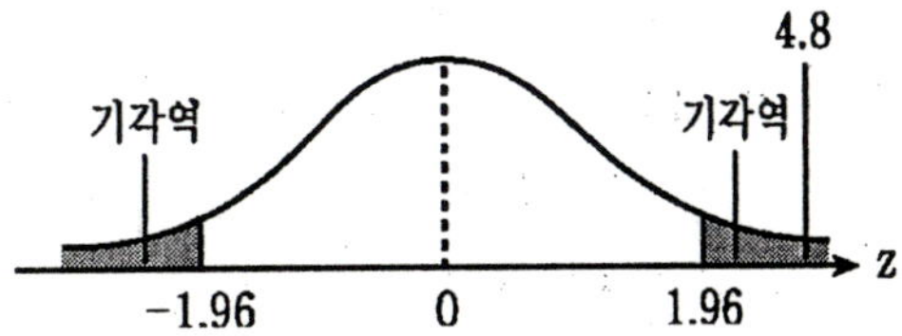

(그림11-8) 기각역 설명

$D.R$: 유의수준 $\alpha = 0.05$에 대해 검정통계량

$Z = 4.8 > Z_{\frac{\alpha}{2}} = 1.96$이므로 H_0를 기각한다(그림15-8).

결론 : $4.8 > 1.96$이므로 H_0를 기각 총장의 주장을 기각하는 의미있는 표본증거이다. ▣

연습문제 11-2

	해 답
1. 어느 공장에서 생산되는 전구의 평균수명은 1,500시간, 표준편차는 110시간이었다. 새 제조법으로 생산한 전구 중 25개를 임의추출하여 조사하니 평균 수명이 1,540 시간이 되었다. 새 제조법은 전의 제조법에 비하여 전구의 수명을 연장시켰는가? 유의수준 5%로 검정하여라.	1. 연장시켰다고 볼 수 있다.
2. 어떤 공장의 제품의 무게는 정상적으로 생산할 때, 평균 5kg, 표준편차 0.5kg이다. 어느날 이 공장에서 생산된 제품 100개를 임의추출하여 조사한 결과 표본평균이 4.88kg이었다면 이 공장은 정상적으로 제품이 생산되고 있다고 할 수 있는가? 유의수준 5%로 검정하여라.	2. 정상적으로 생산하고 있다고 볼 수 있다.
3. 곤충의 길이는 평균 10cm를 넘지 않는다고 조사 되었다. 그러나 현재의 연구는 곤충의 길이가 평균 10cm를 넘는다고 한다. 이것을 더 확실히 알려고 18마리의 곤충을 조사하였더니 평균길이가 12.6cm이었다. $\sigma=0.05$에서 이 정보에 따라 곤충의 길이는 10cm보다 의미있게 길다고 할 수 있는가? 모든 곤충의 길이는 표준편차 4.8cm인 정규분포를 이룬다고 한다.	3. 평균의 길이는 10cm보다 길다고 할 수 있다.
4. 어떤 물건의 수명은 적어도 450시간 이라고 한다. 이 주장이 타당한가 알려고 36개의 물건을 뽑아 수명을 조사하였더니 평균수명 440시간 표준편차 42시간이었다. $\sigma=0.01$에서 이 물건의 수명에 대한 주장을 받아들일 수 있는가?	4. 받아들일 수 없다.

11.3 두 모비율의 차에 대한 대표본 검정

두 표본 비율 사이에 관찰된 차이가 바뀌어야 하느냐 또는 차이가 대응하는 모비율이 같지 않다는 사실에 기인한 것인지 또는 비율이 서로 다른 모집단에서 나온 것이냐를 결정하는 문제가 있다. 여기서 이런 문제를 다룰 것이다.

9장에서 표본비율의 차이는 평균 $\mu_{p_1-p_2}=p_1-p_2=0$이고, 표준편차, $\sigma_{\hat{p}_1-\hat{p}_2}$ $\sqrt{\frac{p_1(1-p_2)}{n_1}+\frac{p_2(1-p_2)}{n_2}}$이다. p_1, p_2는 모비율을 각각 나타낸다. 선택가설에 대해 귀무가설 $p_1=p_2(=p)$를 검정할 때, 평균 $\mu_{p_1-p_2}=p_1-p_2=0$이고, 표준오차를 $\sqrt{p(1-p)\left(\frac{1}{n_1}+\frac{1}{n_2}\right)}$로 쓸 수 있다.

p의 값은 모르므로 추정값 $\hat{p}=\frac{x_1+x_2}{n_1+n_2}$를 쓸 수 있다. 앞의 정보를 이용하여 두 모비율 사이의 차이에 대한 검정을 요약하면 다음과 같다.

가설검정요약

(1) 단측검정(오른쪽)

$H_0: p_1 \leq p_2$

$H_1: p_1 > p_2$

$$T.S: Z=\frac{\widehat{p_1}-\widehat{p_2}}{\sqrt{\hat{p}(1-\hat{p})\left(\frac{1}{n_1}+\frac{1}{n_2}\right)}}$$

$D.R$: 특별한 유의수준 α에 대해 계산된 검정통계값 Z가 z_α보다 크면 H_0를 기각한다.

결론 : ...

참고 H_1에서 부등호의 방향이 오른쪽이므로 오른쪽 단측검정이라 한다.

(2) 단측검정(왼쪽)

$H_0: p_1 \geq p_2$

$H_1: p_1 < p_2$

$$T.S: Z = \frac{\widehat{p_1} - \widehat{p_2}}{\sqrt{\hat{p}(1-\hat{p})\left(\frac{1}{n_1} + \frac{1}{n_2}\right)}}$$

$D.R$: 특별한 유의수준 α에 대해 계산된 검정통계값 Z가 $-z_\alpha$보다 작으면 H_0를 기각한다.

결론 : ...

참고 H_1에서 부등호의 방향이 왼쪽이므로 왼쪽 단측검정이라 한다.

(3) 양측검정

$H_0: p_1 = p_2$

$H_1: p_1 \neq p_2$

$$T.S: Z = \frac{\widehat{p_1} - \widehat{p_2}}{\sqrt{\hat{p}(1-\hat{p})\left(\frac{1}{n_1} + \frac{1}{n_2}\right)}}$$

$D.R$: 특별한 유의수준 α에 대해 계산된 검정통계값 Z가 $-z_{\frac{\alpha}{2}}$보다 작거나 $z_{\frac{\alpha}{2}}$보다 크면 H_0를 기각한다.

결론 : ...

참고 H_1에서 기호가 $\neq$이므로 양측검정이다. 또 임계값 $Z(z_{\frac{\alpha}{2}})$를 구할 때, 유의수준의 양쪽을 공유한다.

[예제 1] (오른쪽 검정)

대학수학을 수강한 학생과 수강하지 않은 학생이 기초 통계학을 수강할 때, 성공할 확률은 (표)와 같다. 유의수준 5%에서 대학수학 수강이 도움이 되는지를 검정하여라.

(표) 대학수학 수강 정보

	수 강	수강 안함
표본 크기	100	40
성공 학생 수	70	16

풀이 주어진 정보에서 $n_1 = 100$, $n_2 = 40$,

$$\widehat{p_1} = \frac{70}{100} = 0.7,\ \widehat{p_2} = \frac{16}{40} = 0.4,$$

$$\hat{p} = \frac{x_1 + x_2}{n_1 + n_2} = \frac{70+16}{100+40} = 0.6143$$

$\alpha = 0.05$, $z_\alpha = 1.645$이다.

$H_0: p_1 \le p_2$

$H: p_1 > p_2$

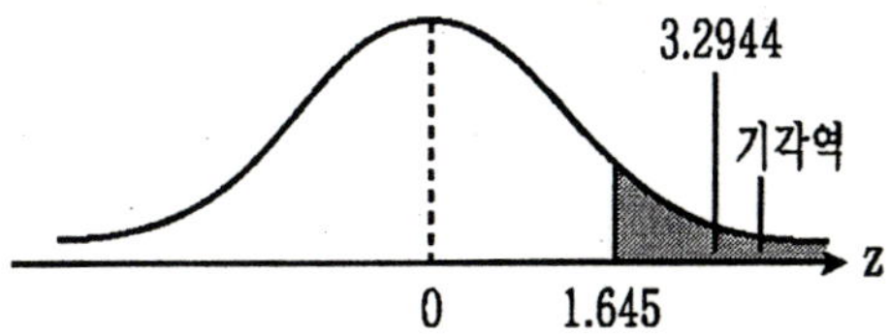

(그림11-9) 기각역 설명

$$T.S: Z = \frac{\widehat{p_1} - \widehat{p_2}}{\sqrt{\hat{p}(1-\hat{p})\left(\frac{1}{n_1} + \frac{1}{n_2}\right)}}$$

$$= \frac{0.7 - 0.4}{\sqrt{0.6143 \times (1-0.6143)\left(\frac{1}{100} + \frac{1}{40}\right)}} = 3.2944$$

$D.R$: 유의수준 $\alpha = 0.05$에 대해 계산된 통계값

$Z = 3.2944 > z_\alpha = 1.645$이므로 H_0를 기각한다(그림11-9).

결론 : $3.2944 > 1.645$이므로 귀무가설을 기각한다. 즉 5% 유의수준에서 대학수학을 수강한 학생이 기초통계학에서 성공하는데 도움을 받았다고 할 수 있다.

연습문제 11-3

1. 연구자들은 남성과 여성이 외계인을 믿는 비율에 차이가 있는지를 알고 싶어한다. 표본정보가 (표)에 주어진다. 유의수준 1%에서 검정하여라.

(표) 외계인에 대한 정보

	남자	여자
표본크기	75	100
믿는 사람의 수	50	45

2. 어떤 사무용품을 두 회사에 공급하고 있다. 반품하는 비율이 같은지 유의수준 10%에서 알고 싶다. 표본 정보는 다음과 같다.

	회사 A	회사 B
표본크기	250	300
반 품	35	27

3. 어떤 대학 학생회의 회장단의 득표율이 같은지 알아보려고 투표한 남학생 144명, 여학생 100명을 임의로 선정하여 알아보았더니 다음과 같다. 유의수준 5%에서 남자의 찬성비율과 여자의 찬성비율이 같은지 검정하여라.

	남학생	여학생
표본크기	144	100
찬 성	95	52

4. 슈퍼마켓에서 동일제품을 생산하는 A, B 두 회사의 물품의 판매량을 평가하려고 한다. A회사 제품 50개, B회사 제품 80개를 진열하여 1주일 동안 판매를 하였더니 A회사 제품은 5개, B회사 제품은 6개 팔렸다. 두 회사의 판매율에 대해 귀무가설 $p_1 < p_2$를 선정하였다. 5% 유의수준에서 검정하여라.

해 답

1. 의미있는 차이가 있다.
2. 같다고 할 수 없다
3. 같다고 할 수 없다
4. $p_1 < p_2$라고 할 수 없다.

11.4 두 모평균의 차에 대한 대표본 검정

관찰된 두 표본평균의 차이가 변해야 하는지 또는 차이가 모평균이 같지 않다는 사실에 기인하는지 또는 표본이 같은 모집단에서 나오지 않았다든지를 결정해야 하는 문제가 있다. 이와 같은 문제를 다루려고 한다. 10장에 의하면, 표본평균들의 차이는 $\mu_{\overline{x_1}-\overline{x_2}}=\mu_1-\mu_2$이고, 표준오차를 $\sigma_{\overline{x_1}-\overline{x_2}}=\sqrt{\frac{\sigma_1^2}{n_1}+\frac{\sigma_2^2}{n_2}}$를 갖는다고 한다. 표본들은 정규 모집단에서 얻었다고 가정한다. (단, σ_1, σ_2 : 모표준편차) 또는 σ_1과 σ_2를 모르면 표본크기가 충분히 커 ($n_1 \geq 30$, $n_2 \geq 30$) 모분산을 표본분산과 s_1^2과 s_2^2로 추정할 수 있다.

위의 정보를 이용하여 두 모평균 사이의 차이에 대한 검정을 요약하면 다음과 같다.

가설검정의 요약

(1) 단측검정(오른쪽)

$H_0 : u_1 \leq u_2$

$H_1 : u_1 > u_2$

$$T.S: Z=\frac{\overline{x_1}-\overline{x_2}}{\sqrt{\frac{\sigma_1^2}{n_2}+\frac{\sigma_2^2}{n_2}}} \text{ 또는 } Z=\frac{\overline{x_1}-\overline{x_2}}{\sqrt{\frac{s_1^2}{n_2}+\frac{s_2^2}{n_2}}} \quad (n_1 \geq 30 \text{ 이고 } n_2 \geq 30)$$

$D.R$: 특별한 유의수준 α에 대해 계산된 검정통계값 Z가 z_α보다 크면 H_0를 기각한다.

결론 : ...

참고 H_1의 부등호의 방향이 오른쪽이므로 오른쪽 단측검정이라고 한다.

(2) 단측검정(왼쪽)

$H_0 : u_1 \geq u_2$ (u_0는 모평균에 대한 특별한 값)

$H_1 : u_1 < u_2$

$T.S : Z = \dfrac{\overline{x_1} - \overline{x_2}}{\sqrt{\dfrac{\sigma_1^2}{n_2} + \dfrac{\sigma_2^2}{n_2}}}$ 또는 $Z = \dfrac{\overline{x_1} - \overline{x_2}}{\sqrt{\dfrac{s_1^2}{n_2} + \dfrac{s_2^2}{n_2}}}$ ($n_1 \geq 30$ 이고 $n_2 \geq 30$)

$D.R$: 특별한 유의수준 α에 대해 계산된 검정통계값 Z가 $-z_\alpha$보다 작으면 H_0를 기각한다.

결론 : ...

참고 H_1의 부등호의 방향이 왼쪽이므로 왼쪽 단측검정이라고 한다.

(3) 양측검정

$H_0 : u_1 = u_2$

$H_1 : u_1 \neq u_2$

$T.S : Z = \dfrac{\overline{x_1} - \overline{x_2}}{\sqrt{\dfrac{\sigma_1^2}{n_2} + \dfrac{\sigma_2^2}{n_2}}}$ 또는 $Z = \dfrac{\overline{x_1} - \overline{x_2}}{\sqrt{\dfrac{s_1^2}{n_2} + \dfrac{s_2^2}{n_2}}}$ ($n_1 \geq 30$ 이고 $n_2 \geq 30$)

$D.R$: 특별한 유의수준 α에 대해 계산된 검정통계값 $Z < -z_{\frac{\alpha}{2}}$ 또는 $Z > z_{\frac{\alpha}{2}}$ 이면 H_0를 기각한다.

결론 : ...

참고 H_1에 있는 기호가 $\neq$이므로, 양측검정이다. 또 임계값 $Z(z_{\frac{\alpha}{2}})$를 구할 때, 유의수준이 똑같이 공유됨을 알 수 있다.

[예제 1] (양측검정)

표준편차 $\sigma_1 = 4$인 정규분포에서 뽑은 임의표본의 크기 $n_1 = 36$에 대해 평균 $\overline{x_1} = 75$이고, 표준편차 $\sigma_2 = 6$인 정규분포에서 뽑은 임의표본의 크기 $n_2 = 25$에 대해 평균 $\overline{x_2} = 85$이다. 유의수준 5%에서 모평균 사이에 의미있는 차이가 있는가 알아보아라.

풀이 $n_1 = 36,\ n_2 = 25,\ \overline{x_1} = 75,\ \overline{x_2} = 85,\ \sigma_1 = 4,\ \sigma_2 = 6$

$\sqrt{\dfrac{\sigma_1^2}{n_1} + \dfrac{\sigma_2^2}{n_2}} = 1.3728,\ \alpha = 0.05,\ z_{\frac{\alpha}{2}} = 1.96,$

$H_0 : \mu_1 = u_2$

$H_1 : u_1 \neq u_2$

$$T.S : Z = \frac{\overline{x_1} - \overline{x_2}}{\sqrt{\dfrac{\sigma_1^2}{n_1} + \dfrac{\sigma_2^2}{n_2}}} = \frac{75-85}{1.3728} = -7.2844$$

$D.R$: 유의수준 $\alpha = 0.05$에 대해 검정통계값

$Z = -7.2844 < z_{\frac{\alpha}{2}} = -1.96$이므로 H_0를 기각한다(그림 11-10).

결론 : $-7.2844 < -1.96$이므로 H_0를 기각한다. 즉, 유의수준 5%에서 평균은 서로 의미있게 다르다고 할 수 있다.

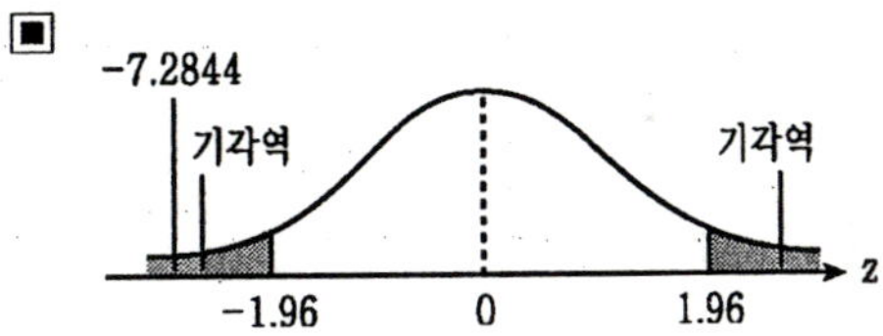

(그림11-10) 기각역 설명

연습문제 11-4

1. 방법 Ⅰ과 방법 Ⅱ로 가르칠 때, 방법 Ⅰ은 표본의 크기 75, 방법 Ⅱ는 표본의 크기 60에 대해 조사한 결과는 (표)와 같다. 1% 유의수준에서 방법 Ⅰ이 방법 Ⅱ보다 낫다고 할 수 있는가?

(표) 가르침에 대한 정보

	방법 Ⅰ	방법 Ⅱ
표본평균	85	83
표본 표준편차	3	2

2. 두 학습센터에서 시행한 성적에 대한 정보는 다음과 같다. 표준편차는 모두 9이고 $\alpha=0.05$에서 성적이 같다고 할 수 있는가?

학습센터 A	$\overline{x_1} = 82.5$	$x_1 = 30$
학습센터 B	$\overline{x_2} = 79$	$n_2 = 40$

3. 주간과 야간 학생의 기초통계학의 이해에 대한 중간고사 성적을 조사한 결과는 다음과 같다. $\alpha = 0.05$에서 성적에 차이가 있다고 할 수 있는가?

주간	$n_1 = 56$	$\overline{x_1} = 26.4$	$s_1 = 6.4$
야간	$n_2 = 68$	$\overline{x_2} = 28.9$	$s_2 = 5.3$

4. A, B 두 지역에 사는 학생들의 버스를 기다리는 시간을 조사한 결과는 다음과 같다. $\alpha = 0.01$에서 기다리는 시간에 차이가 있는지 알아보아라.

A	$\overline{x_1} = 14.6$	$s_1 = 4.7$	$n_1 = 45$
B	$\overline{x_2} = 11.7$	$s_2 = 5.1$	$n_2 = 70$

해 답

1. 낫다고 할 수 있다
2. 같다고 할 수 있다
3. 차이가 있다.
4. 차이가 있다.

11.5 가설검정에 P-값 접근

컴퓨터의 출현으로 어떤 확률들이 쉽게 계산되고 가설검정에서 결정을 하는데 도움을 준다. 이와같은 확률값을 P-값이라고 한다. P-값(P value)은 H_0가 기각될 수 있는 유의수준이다.

앞의 검정 각각에 대해 P-값을 결정할 수 있다.

(1) 오른쪽 단측검정 : $P-$값 $=P(z > z^*)$, z^*는 계산된 검정통계값

(2) 왼쪽 단측검정 : $P-$값 $=P(z < z^*)$, z^*는 계산된 검정통계값

(3) 양측검정 : $P-$값 $=2\times P(z > |z^*|$, z^*는 계산된 검정통계값

[예제 1] (오른쪽 단측검정 P-값)

11.1의 (예제 1)의 검정에 대해 P-값을 계산하여라.

풀이 $z* = 1.0206$

P-값 $= P(z > 1.0206)$

$= 0.5 - 0.3461 = 0.1539$(그림11-11)

이다. ▣

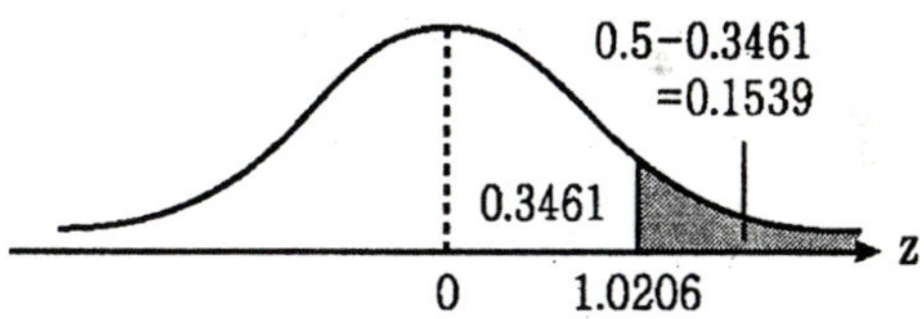

(그림11-11) P-값 계산

[예제 2] (왼쪽 단측검정 P-값 구하기)

왼쪽단측검정에 의한 검정통계값 $z* = -2.6220$에 대해 P-값을 계산하여라.

풀이 P-값 $= P(z < -2.6220)$

$= 0.5 - 0.4961 = 0.0039$ ▣

[예제 3] (양측검정 P-값)

11.1의 (예제 2)의 검정에 대해 P-값을 계산하여라.

풀이 $z* = 0.3333$

P-값 $= 2 \times P(z > |0.3333|)$

$= 2 \times 0.3707 = 0.7414$

(그림11-12)이다. ■

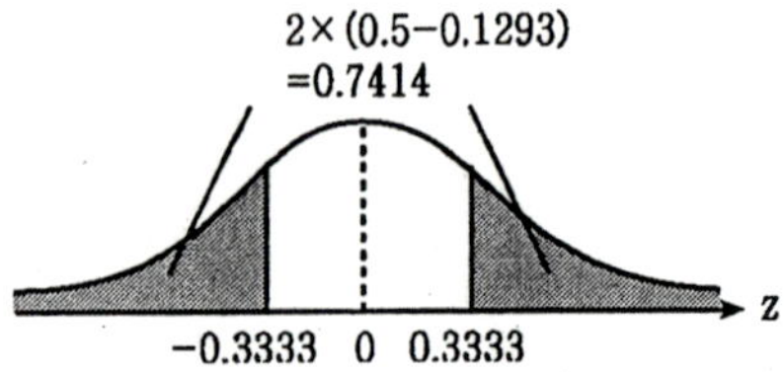

(그림11-12) P-값 계산

[예제 4] (양측검정 P-값 구하기)

양측검정에 의한 검정통계값 $z* = -2.4$일 때, P-값을 계산하여라.

풀이 P-값 $= 2 \times P(z > |-2.4|)$

$= 2 \times 0.0082 = 0.0164$ ■

검정에 대한 귀무가설에 반하는 증거의 강도를 측정하는 통계적 검정에 P-값을 이용할 수 있다. P-값이 작을수록 귀무가설에 반하는 증거가 강해진다. 즉 P-값이 작을수록 H_1을 찬성하고, H_0를 기각하는 증거가 강해진다. p-값에 대해 여러 개의 임계값이 이용될 수 있다.

전형적인 임계값은

- $P-$ 값 $> 0.1 \Rightarrow H_0$를 반대하는 증거가 거의 없다.
- $0.05 < P-$ 값 $\leq 0.1 \Rightarrow H_0$를 반대하는 증거가 조금 있다.
- $0.01 < P-$ 값 $< 0.5 \Rightarrow H_0$를 반대하는 증거가 적당히 있다.
- $0.001 < P-$ 값 $< 0.01 \Rightarrow H_0$를 반대하는 강한 증거
- $P-$ 값 $< 0.001 \Rightarrow H_0$를 반대하는 증거가 매우 강하다.

(예제 1), (예제 3)에 대해 결정하기 위해 위의 안내를 이용하면, P-값이 모두 0.1보다 크므로 H_0를 기각할 수 없다. 그러나 (예제 2)에 대한 P-값은 0.0039이다. 이것은 H_0를 기각하는데 강한 증거를 지적한다. 이 경우에 H_0를 기각하고 유의수준 0.0039에서 H_1이 참이라는 결론을 내릴 수 있다. α값과 P-값 사이에는 분명한 차

이가 있다. α값은 통계적 검정이 수행되기 전에 선택되는 값이고, P-값은 실험이 시행되고 표본통계값이 계산된 후에 조사된다. 검정에 대해 결정을 내리는데 도움을 주는 P-값을 이용한 또 다른 접근은 특별한 유의수준 α와 비교할 것이다.

다음이 이용될 수 있다.

- $P-$값 $< \alpha \Rightarrow H_0$를 기각한다.
- $P-$값 $\geq \alpha \Rightarrow H_0$를 기각하지 않는다.

연습문제 11-5

해 답

1. 오른쪽 단측검정에서 $\alpha = 0.0582$이면, Z값은?

1. 1.57

2. 표준정규분포를 갖는 통계적 검정에서 오른쪽 단측검정을 할 때, 계산된 검정통계값이 3.00이면, 이 검정에 대한 P-값은?

2. 0.0013

3. 다음 표는 어떤 지역의 의회가 19세의 젊은이에게 술을 팔아도 좋은가를 조사한 것이다.

지 역	투표자 수	찬성자 수
A	600	220
B	400	160

1) 지역 A, B에 대한 모비율의 차이에 대한 점추정은?
2) 5% 유의수준에서 두 지역의 찬성율이 같은지 가설을 검정하여라.
3) 2)의 검정에 대한 P-값을 구하여라.

3. 생략

4. 어떤 재판에서 A, B 두 지역의 배심원들은 어떤 범인에 대해 죄가 있다고 다음 표와 같이 대답하였다

지역	배심원 수	죄가 있다고 찬성한 배심원 수
A	100	68
B	100	15

1) 두 지역의 모비율에 대한 차이의 점추정값은?
2) 유의수준 5%에서 두 지역의 비율이 차이가 있음을 검정하여라.
3) 2)에서 $P-$값을 구하여라.

4. 생략

Home Work

1. 새로운 샴푸의 효능을 검사하기 위해 소비자들에게 우편으로 설문지와 함께 보냈다. 1,000명이 답장을 보내왔는데, 575명이 샴퓨가 좋다고 시장에 나오면 사겠다고 대답했다. 유의수준 0.05에서 기껏해야 샴푸 사용자의 50%가 구입할 것인지 검정하여라.

2. 두 차의 모델 A, B의 성능을 조사했다. 각각 75대의 차를 가솔린을 가득 채우고 똑같은 속도로 운전을 했다. 달린 거리의 평균에 대한 정보는 표와 같다.

	모델 A	모델 B
평 균	540	600
표준편차	20	38
표본의 크기	75	75

1) 모집단에 대한 평균들의 차에 대한 점추정은?
2) 유의수준 2%에서 두 모델의 차는 의미있는 차이가 있는가?

3. 대학수학을 수강한 학생과 수강하지 않은 학생이 기초통계학에서 성공할 수 있는가에 대한 표는 다음과 같다.

	수강함	수강하지 않음
표본크기	$n_1 = 34$	$n_2 = 150$
성공한 학생의 수	$x_1 = 28$	$x_2 = 104$

1) 두 모비율이 p와 같다면 p에 대한 점추정은?
2) 두 모비율이 p와 같다면 표본비율의 차의 분포에 대한 표준편차를 추정하면?
3) p_r과 p_n이 각각 수강한 학생과 수강하지 않은 학생에 대한 모비율이라고 하면 이 상황에 대한 적절한 가설검정은?
4) 3)에 대해 적절한 검정에 대한 검정통계값을 계산하면?
5) 3)에 대해 적절한 검정에 대한 P-값을 구하면?
6) 3)에 대한 10% 유의수준에 대한 올바른 판단을 하여라.

4. 다음 정보 $n = 16$, $u = 15$, $\bar{x} = 16$, $\sigma^2 = 16$에 대해 모집단이 정규분포를 이룬다고 하자.

1) 모평균에 대한 검정을 할 때, 검정통계값을 계산하여라.
2) 모평균에 대한 오른쪽 단측검정을 할 때, P-값을 구하여라.
3) 모평균에 대한 왼쪽 단측검정을 할 때, $\alpha = 2\%$이면, H_0를 기각할 것인가?
4) 유의수준 0.05의 양측검정에서 몇%의 신뢰수준에서 항상 H_0를 기각하는가?

5. 두 개의 기계에 대한 정보가 표와 같다.

	기계 A	기계 B
표본크기	81	64
표본평균	51	48
표본분산	16	12

1) 두 모평균의 차이 $(u_A - u_B)$에 대한 점추정을 구하여라.
2) 표본평균의 차이에 대한 표준편차를 구하여라.
3) 기계 A의 평균이 기계 B의 평균보다 크다는 결정을 내리기 위한 검정을 하려면 H_0와 H_1은?
4) 3)에 대한 검정통계값은?
5) 3)에 대한 P-값은?

6. 40%의 학생이 중간고사에서 탈락된다고 한다. 45명의 학생을 조사하였더니 20명이 지난 중간고사에서 탈락했다고 한다. 이 가설검정에서 검정통계값은?

제 12 장

신뢰구간과 가설검정(소표본)

학습내용

12.1 t분포와 소표본에서 평균에 대한 신뢰구간
12.2 소표본의 평균에 대한 검정
12.3 두 모평균의 차에 대한 독립인 소표본 신뢰구간
12.4 두 모평균의 차에 대한 독립인 소표본 검정
12.5 두 모평균의 차에 대한 종속 소표본 신뢰구간
12.6 두 모평균의 차에 대한 종속 소표본 검정

12.1 t분포와 소표본에서 평균에 대한 신뢰구간

t분포

평균에 대한 신뢰구간을 구하는데, 모표준편차를 알고 있을 경우 또는 모를 경우에는 표본크기가 컸음 ($n \geq 30$)을 기억하라. 후자의 경우 모표준편차를 표본표준편차로 대체했다. 두 경우에 평균에 대한 신뢰구간을 구하는데 표준정규분포가 이용되었고, 모집단이 정규분포를 이룬다고 가정되었다. 많은 경우에 모표준편차가 알려지지 않고 표본크기가 작다 ($n < 30$). 다시, 모표준편차를 표본표준편차로 대체할 수 있다. 그러나 이 경우에 표본정규분포가 아니라 *t*분포를 이용한다.

*t*분포는 표준정규분포의 성질과 어떤 경우에는 유사한 성질을 갖고, 어떤 경우에는 다른 성질을 갖는다. *t*분포의 성질은 다음과 같다.

*Z*분포의 성질과 유사한 성질	*Z*분포의 성질과 다른 성질
· 종모양 · 평균에 대해 대칭이다. · 평균, 중앙값과 최빈수는 모두0이다. · 곡선은 *x*축과 만나지 않는다.	· 분산이 1보다 크다. · 분포의 모양은 표본의 크기에 달려 있거나 또는 자유도(*df*)의 개념에 달려 있다. · 표본의 크기가 커지면, *t*분포는 *Z*분포에 수렴한다.

참고 자유도(degree of freedom, df)는 일련의 자료값으로부터 통계적 수치가 계산된 후 변하지 않는 값의 수이다. 어떤 *t*분포를 이용하는지에 달려있다. 이를테면 10개의 값의 평균이 3이면 10개중 9개는 자유롭게 변한다. 그러나 9개의 값이 선택되면 10번째 값은 특별한 수임에 틀림없다. 모든 수의 합은 $10 \times 3 = 30$이 틀림없다. 따라서, 자유도 $10 - 1 = 9$이다.

*t*분포를 어떻게 사용하는지 알아야 한다. (그림12-1)은 이들 성질을 나타낸다. 소표본에 대한 신뢰구간 문제나 가설검정 문제를 풀 때에 사용을 위해 임계 *t*값의 확장표가 이용된다.

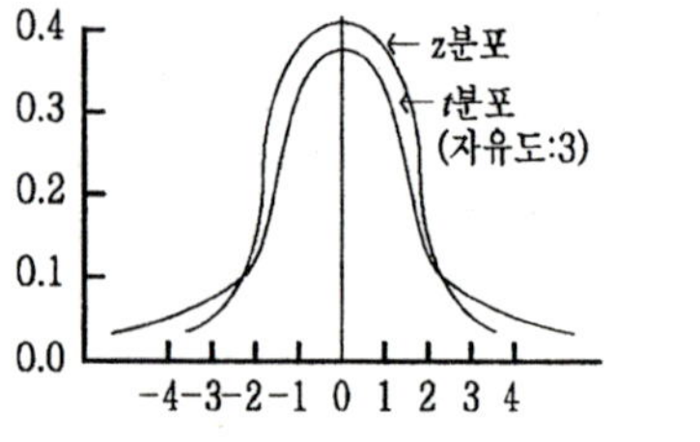

(그림12-1) *Z*분포와 *t*분포 ($df = 3$)의 비교

모평균에 대한 소표본의 신뢰구간과 가설검정을 계산하는데 이용되는 공식을 언급하기 위해 기호 $t_{\alpha, n-1}$에 익숙해야 한다. $t_{\alpha, n-1}$은 자유도 $n-1$인 α넓이가 t점수의 오른쪽에 있는 t점수이다. (그림12-2)가 이 기호를 설명한다.

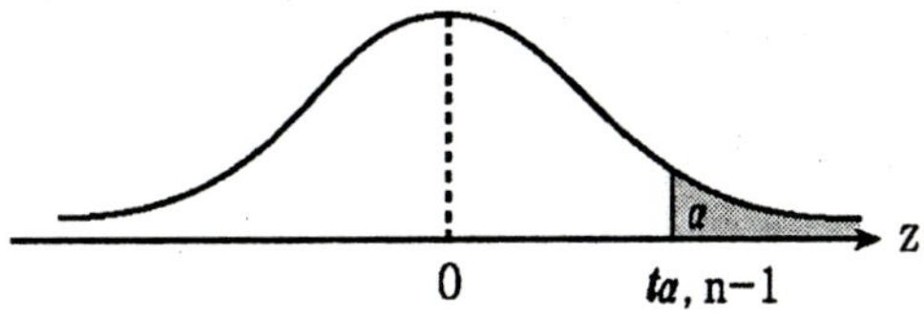

(그림12-2) 기호 $t_{\alpha, n-1}$의 설명

적당한 자유도를 갖는 t점수에 대한 값은 부록의 t분포표로부터 얻을 수 있다.

[예제 1] ($t_{\alpha, n-1}$의 값 구하기)

다음 값을 구하여라.

(1) $t_{0.05, 10}$ (2) $t_{0.01, 10}$ (3) $t_{0.9, 16}$

풀이 부록의 표에서

(1) $t_{0.05, 10} = 1.812$

(2) $t_{0.01, 10} = 2.764$

(3) t분포가 0에 대해 대칭이므로 $t_{\alpha, n-1}$의 정의에 의해 $t_{0.9, 16}$의 값은 $-t_{0.1, 16}$과 같다. $t_{0.9, 16} = -t_{0.1, 16} = -1.337$ ▣

[예제 2] (t분포 이용하기)

다음 값을 t분포표를 이용하여 구하여라.

(1) $t_{0.1, 20}$ (2) $t_{0.95, 26}$ (3) $t_{0.01, 15}$ (4) $t_{0.9, 29}$

풀이 부록의 표를 이용하면,

(1) $t_{0.1, 20} = 1.325$

(2) $t_{0.95, 26} = -t_{0.05, 26} = -1.706$

(3) $t_{0.01, 15} = 2.602$

(4) $t_{0.9, 29} = -t_{0.1, 29} = -1.311$ ▣

소표본에서 평균에 대한 신뢰구간

모표준편차가 알려지지 않고 표본의 크기 $n < 30$일 때, 모평균에 대한 $(1-\alpha)\times 100\%$ 신뢰구간을 구하는데 이용되는 공식은 $\bar{x}\pm t_{\frac{\alpha}{2},\,n-1}\frac{s}{\sqrt{n}}$로 주어진다.

참고 오차의 한계는 $E=\bar{x}\pm t_{\frac{\alpha}{2},\,n-1}\frac{s}{\sqrt{n}}$로 주어진다.

[예제 3] (모평균의 신뢰구간 추정)

어떤 공장의 16명의 노동자를 임의로 뽑아 조사하였더니 평균 일당은 33,000원이고, 표준편차는 1,000원이었다. 모집단에 대한 평균 일당에 대해 99% 신뢰구간을 추정하여라.

풀이 $\alpha=0.01$, $\frac{\alpha}{2}=0.005$, $n=16$, $df=16-1=15$, $t_{0.005,\,15}=2.947$,

$\bar{x}=33,000$, $s=1,000$이고, $\frac{s}{\sqrt{n}}=250$이다.

따라서, 99% 신뢰구간은 $33,000\pm 2.947\times 250=33,000\pm 736.75$

즉, 평균 일당의 99% 신뢰구간은 [32,263.25, 33, 736.75]이다. ▣

[예제 4] (소표본에서 모평균의 신뢰구간 추정)

어느 대학교의 학생회가 12명의 학생을 임의로 뽑아 통학거리를 조사하였더니 27, 35, 33, 30, 39, 25, 38, 22, 27, 37, 33, 40(단위㎞)이었다. 전체 학생에 대한 통학거리의 평균을 95% 신뢰도로 추정하여라.

풀이 $\bar{x}=32.1667$, $s=5.9365$, $\alpha=0.05$, $\frac{\alpha}{2}=0.025$, $n=12$,

$df=12-1=11$, $t_{0.025,\,11}=2.201$이고, $\frac{s}{\sqrt{n}}=1.7137$이다.

평균거리에 대한 95% 신뢰구간을 계산하면,

$32.1667\pm 2.201\times 1.7137=32.1667\pm 3.7719$

즉, 평균통학거리의 95% 신뢰구간은 [28.3948, 35.9386]이다. ▣

연습문제 12-1

	해 답
1. 매일 사용되는 전력소모량의 평균을 추정하기 위해 임의로 11일간 조사한 결과는 다음과 같다. 7.1, 4.4, 9.1, 5.4, 6.3, 6.8, 5.9, 8.7, 7.2, 7.3, 8.5 평균 전력 소모량을 신뢰도 99%로 추정하여라.	1. 생략
2. 형광등 제조회사에서 형광등의 수명을 조사하고 10개의 형광등을 임의로 선택하여 조사를 하였더니 평균수명 $\overline{x}=4000$시간, 표본의 표준편차 $s=200$시간이었다. 모집단에 대한 형광등의 평균수명을 95% 신뢰도로 추정하여라.	2. 3857~4143
3. 자동차 회사에서 생산되는 어떤 차종의 고장날 때까지의 운행거리의 표준편차는 500㎞이다. 15대의 차를 선택하여 출고하여 처음으로 고장날 때까지 운행한 거리의 평균은 $\overline{x}=8900$㎞ 이었다. 모평균에 대한 99% 신뢰구간을 구하여라.	3. 생략
4. 어느 오토바이 회사의 신형모델 10대에 대한 1리터당 주행거리를 조사하였더니 다음과 같다. 9, 8, 11, 14, 6, 13, 10, 12, 7, 10 평균 주행거리에 대한 95% 신뢰구간을 구하여라.	4. 생략
5. 소비자 6명에게 새차로 바꾸기 까지의 주행거리를 조사한 것은 다음과 같다. 80,000㎞, 65,000㎞, 100,000㎞, 95,000㎞, 80,000㎞, 120,000㎞ 새차로 바꾸기까지의	5. 생략

평균 주행거리에 대한 99% 신뢰구간을 구하여라.

6. 홈쇼핑에서 판매되는 디지털카메라의 가격을 알기 위해 10개 회사 제품을 선정하여 조사한 결과 $\overline{x} = 16$만원, $s = 5000$원 이었다. 평균가격에 대한 90% 신뢰구간을 구하여라.

6. 생략

12.2 소표본의 평균에 대한 검정

표본평균에 대한 표본분포가 t분포를 이루므로 소집단 검사로서 통계값 $t=\dfrac{\bar{x}-u_0}{\dfrac{s}{\sqrt{n}}}$에 근거한 검사를 한다. 검정은 표본크기 $n<30$을 요구하고, 모표분편차가 알려지지 않는 것을 요구한다. 또한 표본분포는 정규분포라고 가정한다.

가설검정의 요약

(1) 단측검정(오른쪽)

$H_0: u \le u_0$ (u_0는 모평균에 대한 특별한 값)

$H_1: u > u_0$

$T.S: t=\dfrac{\bar{x}-\mu_0}{\dfrac{s}{\sqrt{n}}}$, (σ는 알려지지 않고, $n<30$)

$D.R$: 특별한 유의수준 α에 대해 계산된 검정통계값 t가 $t_{\alpha, n-1}$보다 크면 H_0를 기각한다.

결론 : ...

참고 H_1의 부등호의 방향이 오른쪽이므로 오른쪽 단측검정이다.

(2) 단측검정(왼쪽)

$H_0: u \ge u_0$

$H_1: u < u_0$

$T.S: t=\dfrac{\bar{x}-\mu_0}{\dfrac{s}{\sqrt{n}}}$, (σ는 알려지지 않고, $n<30$)

$D.R$: 특별한 유의수준 α에 대해 계산된 검정통계값 t가 $-t_{\alpha, n-1}$보다 작으면

H_0를 기각한다.

결론 : ...

참고 H_1의 부등호의 방향이 왼쪽이므로 왼쪽 단측검정이다.

(3) 양측검정

$H_0: u = u_0$

$H_1: u \neq u_0$

$T.S: t = \dfrac{\bar{x} - \mu_0}{\dfrac{s}{\sqrt{n}}}$, (σ는 알려지지 않고, $n < 30$)

$D.R$: 특별한 유의수준 α에 대해 계산된 검정통계값 t가 $-t_{\alpha, n-1}$ 보다 작거나 $t_{\frac{\alpha}{2}, n-1}$보다 크면 H_0를 기각한다.

결론 : ...

참고 H_1에 있는 기호가 $\neq$이므로, 양측검정이다. 또 임계값 $t(t_{\frac{\alpha}{2}, n-1})$를 구하는데 유의수준이 똑같이 분배된다.

[예제 1] (왼쪽 단측 검정)

어떤 노동조합은 조합원의 일당이 35,500원보다 작다고 주장한다. 임의표본 25명에 대해 평균일당을 조사했더니 34,578원이고, 표준편차 910원이다. 유의수준 5%에서 노동조합의 주장이 설득력이 있는지를 검정하여라.

풀이 $\alpha = 0.05$, $n = 25$, $df = 25 - 1 = 25$, $t_{0.05, 24} = 1.711$, $\bar{x} = 34578$, $s = 910$, $u_0 = 35,500$, $\dfrac{s}{\sqrt{n}} = \dfrac{910}{\sqrt{25}} = 182$이다.

따라서,

$H_0: u \geq 35,500$

H_1 : $u < 35,500$

$$T.S: \ t = \frac{\bar{x} - u_0}{\frac{s}{\sqrt{n}}} = \frac{34,578 - 35,500}{182} = -5.0659$$

$D.R$: 유의수준 $\alpha = 0.05$에 대한 검정통계값

$t = -500659 < -t_{0.05,24} = -1.711$이

므로 H_0를 기각한다(그림12-3).

결론 : $-5.0659 < -1.711$이므로 H_0

를 기각한다. 노동조합의 주장을

지지할만큼 충분한 표본증거이다. ▣

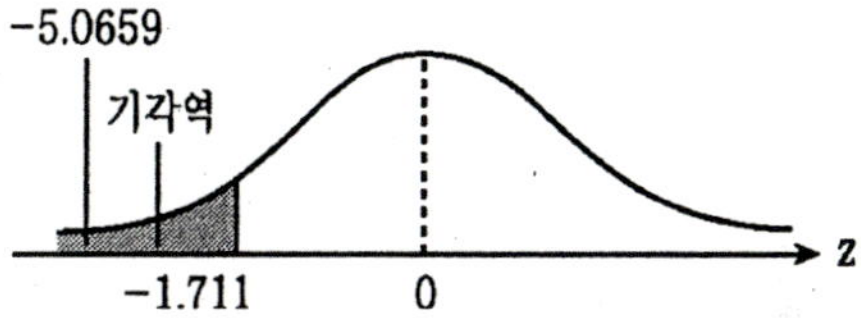

(그림12-3) 기각역 설명

[예제 2] ———————— (양측검정) ————————

어느 대학 학생회가 학생들의 평균 통학거리는 36㎞라고 한다. 그러나 학생들은 그렇게 느끼지 않는다. 16명의 학생을 임의로 뽑아 조사하였더니 평균 35㎞이고, 표준편차는 5㎞이다. 유의수준 5%에서 학생들의 주장을 검정하여라.

풀이 $\alpha = 0.05$, $\frac{\alpha}{2} = 0.025$, $n = 16$, $df = n - 1 = 16 - 1 = 15$,

$t_{0.25,15} = 2.131$, $\bar{x} = 25$, $s = 5$ $u_0 = 36$, $\frac{s}{\sqrt{n}} = 1.25$이다.

따라서, $H_0 : u = 36$

H_1 : $u \neq 36$

$$T.S: \ t = \frac{\bar{x} - u_0}{\frac{s}{\sqrt{n}}} = \frac{35 - 36}{1.25} = -0.8$$

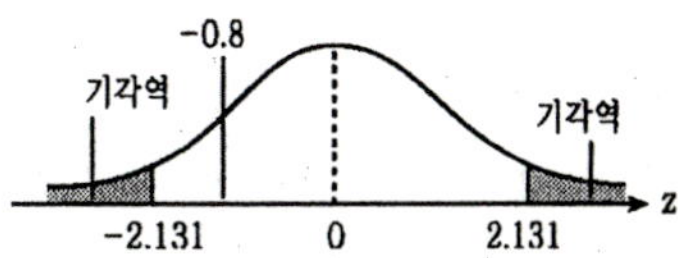

(그림12-4) 기각역 설명

$D.R$: 유의수준 $\alpha = 0.05$에 대한 검정통계값

$t = -0.8 > -t_{0.25,15} = -2.131$이므로 H_0를 기각할 수 없다(그림12-4).

결론 : H_0를 기각하지 않으므로 학생회의 주장과 학생들의 주장은 서로 의

미있는 차이가 없다. 통학거리는 36㎞하고 할 수 있다. ▣

연습문제 12-2

1. 어떤 기계로 측정한 구모양의 동물의 지름의 길이는 평균 1.70㎜라고 과학자들은 주장한다. 이 주장의 타당성을 보이기 위해 20마리의 동물의 지름의 길이를 측정하였다.

0.91	1.72	1.66	1.61	2.02	1.52	1.30	1.82	1.69	1.75
1.32	1.43	1.95	2.07	1.65	1.21	1.59	2.02	2.33	1.46

$\alpha = 0.05$에서 검정하여라.

2. 어느 회사에서는 노동자의 노조활동 때문에 생산에 차질을 초래한다. 그래서 생산성 향상을 위해 노조활동시간을 줄이려고 노력했다. 과거 자료에 의하면 1인당 평균 생산성은 55였다. 노동자에게 대우를 잘해준 후 25명을 임의로 뽑아 조사하였더니 평균 생산성 $\overline{x} = 66$이고 표준편차 $s = 20$이었다. 유의수준 5%에서 생산성이 향상되었는지 검정하여라.

3. 어떤 회사 직원의 평균 월급은 200만원이라고 한다. 10명의 직원을 임의로 선정하여 평균 월급을 계산한 결과 $\overline{x} = 180$만원, 표준편차 $s = 14000$원이었다. 유의수준 5%에서 평균월급이 200만원이라고 할 수 있는지 검정하여라

4. 새로운 약이 나오기 전에 어떤 질병에 대한 치료기간은 평균 15일 표준편차 3일 이었다. 새로운 약을 투약하여 치료기간이 단축되었다고 제약회사는 주장하고 있다. 이를 알기 위해 20명의 환자를 임의로 선정하여 새로운 약에 대한 치료기간을 조사한 결과 평균 14일 이었다. 유의수준 $\alpha = 0.05$에서 치료기간의 단축을 검정하여라.

해 답

1. 기각할 수 없다.
2. 생산성이 향상되었다고 할 수 있다.
3. 할 수 없다
4. 생략

12.3 두 모평균의 차에 대한 독립인 소표본 신뢰구간

독립인 표본들에 대해 표본크기가 작고 모분산이 알려지지 않을 때 두 모평균 사이의 차이에 대한 신뢰구간을 정하는데 이용할 수 있는 절차가 있다. 표본들은 정규모집단에서 얻고 모집단은 같은 분산을 갖는 것을 가정한다. 따라서, 표본평균의 차이의 분포는 표준편차

$$\sigma_{\overline{x_1}-\overline{x_2}}=\sqrt{\frac{\sigma_1^2}{n_1}+\frac{\sigma_2^2}{n_1}}=\sqrt{\frac{\sigma^2}{n_1}+\frac{\sigma^2}{n_2}}=\sigma\sqrt{\frac{1}{n_1}+\frac{1}{n_2}}$$ 이다.

σ가 알려지지 않으므로 질문은 σ를 어떻게 추정하는가? 이다. σ에 대한 추정은 공동으로 계산된 표준편차 s_p를 이용한다. 공동으로 계산된 분산에 대한 공식은

$$s_P^2=\frac{(n_1-1)s_1^2+(n_2-1)s_2^2}{n_1+n_2-2}$$ 으로 주어진다. 첨자는 모집단을 참고하여라. 따라서, $\sigma_{\overline{x_1}-\overline{x_2}}=\sqrt{\frac{(n_1-1)s_1^2+(n_2-1)s_2^2}{n_1+n_2-2}}\times\sqrt{\frac{1}{n_1}+\frac{1}{n_2}}$이라고 쓸 수 있다. 이 상황에 대한 자유도는 $df=n_1+n_2-2$이다. 이들 성질은 두 모평균의 차이에 대한 $(1-\alpha)\times 100\%$ 신뢰구간을 구하는데 이용될 수 있다. 소표본에 대한 두 모평균의 차이의 $(1-\alpha)\times 100\%$ 신뢰구간을 구하는데 이용되는 공식은

$$(\overline{x_1}-\overline{x_2})\pm t_{\frac{\alpha}{2},n_1+n_2-2}\,S_P\sqrt{\frac{1}{n_1}+\frac{1}{n_2}}$$ 로 주어진다.

[예제 1] (모평균의 차이에 대한 신뢰구간 구하기)

기초통계학을 가르치는데 방법 I 과 방법 II가 이용되었다. (표)에 결과가 나타나있다. 두 방법에 의한 평균성적의 차이에 대한 99% 신뢰구간을 구하여라. 성적은 정규분포되었다고 가정한다.

(표) 기초통계학에 대한 정보

	방법 I	방법 II
표본평균	88	81
표본 표준편차	2.5	1.8
표본의 크기	16	25

풀이 표의 정보에서, $n_1 = 16$, $n_2 = 25$, $\overline{x_1} = 88$, $\overline{x_2} = 81$, $s_1 = 2.5$,

$$s_2 = 1.8,\ s_P^2 = \frac{(n_1-1)s_1^2+(n_2-1)s_2^2}{n_1+n_2-2}$$

$$= \frac{(16-1)\times 2.5^2+(25-1)\times 1.8^2}{16+25-2} = 4.3997,$$

$s_P = 2.0971$, $\alpha = 0.01$, $\frac{\alpha}{2} = 0.005$, $df = 16+25-2 = 39$,

$t_{0.005,39} = 2.576$이고, $\sqrt{\frac{1}{n_1}+\frac{1}{n_2}} = \sqrt{\frac{1}{16}+\frac{1}{25}} = 0.3202$

따라서, 두 방법에 대한 평균 성적의 차이의 99% 신뢰구간을

계산하면, $(88-81)\pm 2.576\times 2.0971\times 0.3202 = 7\pm 1.7295$

즉, 99% 신뢰구간은 [5.2705, 8.7295]이다.

방법 Ⅰ이 방법 Ⅱ보다 낫다고 할 수 있다. ▣

[예제 2] (모평균의 차이에 대한 신뢰구간 구하기)

여자 교수들이 교수로 승진하는데 남자 교수들과 같은 기간이 소요된다고 남자 교수들은 주장한다. 각각 10명의 남자 교수, 여자 교수에 대해 교수로 승진하는데 걸린 기간(년)을 조사한 것이 (표)에 나타나 있다.

(표) 승진에 걸린 기간

남자	11	17	14	10	13	11	17	10	17	14
여자	10	13	12	12	18	14	14	17	17	10

교수로 승진하는데 걸린 기간에 대한 평균의 차이의 95% 신뢰구간을 구하여라. 승진하는데 걸릴 기간은 정규분포를 이룬다고 한다.

풀이 표본평균과 표본분산을 구하고, 자료를 정리하면,

$n_1 = 10$, $n_2 = 10$, $\overline{x_1} = 13.6$, $\overline{x_2} = 13.7$, $s_1 = 3.2$, $s_2 = 2.869$,

$\alpha = 0.05$, $\frac{\alpha}{2} = 0.025$, $df = 10+10-2 = 18$, $t_{0.025,18} = 2.101$

$$s_P^2 = \frac{(n_1-1)s_1^2+(n_2-1)s_2^2}{n_1+n_2-2}$$

$$= \frac{(10-1)\times 3.2^2+(10-1)\times 2.869^2}{10+10-2} = 9.2356,$$

$s_P = 3.0390$이고, $\sqrt{\frac{1}{n_1}+\frac{1}{n_2}} = \sqrt{\frac{1}{10}+\frac{1}{10}} = 0.4472$이다.

따라서, 교수로 승진하는데 걸리는 기간에 대한 평균의 차이의 95% 신뢰구간을 추정하면, $(13.6-13.7)\pm2.101\times3.039\times0.4772 = -0.1\pm2.8553$

즉, 99% 신뢰구간은 $[-2.95534,\ 2.7553]$이다.

0이 구간에 속하므로 평균이 다르다고 말할수 없다. 즉, 신뢰구간에 따르면 남자 교수의 주장을 부정할 수 없다. ▣

연습문제 12-3

1. 해양 생물학자들은 두 종류의 물고기의 길이를 연구하고 있다. 그들이 두 종류의 물고기를 비교하려고 얻은 정보는 다음과 같다. 두 종류의 물고기의 길이는 거의 정규분포를 이룬다고 한다. 길이의 차이에 대한 평균을 95% 신뢰구간 추정하여라.

물고기 A	$\overline{x_1} = 6.71$	$s_1 = 1.27$	$n_1 = 10$
물고기 B	$\overline{x_2} = 4.72$	$s_2 = 1.24$	$n_2 = 10$

2. 대학원생중 결혼한 학생과 결혼하지 않은 학생의 학점을 조사한 것은 다음과 같다.

결혼	3.4	3.8	2.9	3.2	3.1	3.9		
미혼	3.2	3.6	3.1	3.6	3.2	3.4	2.6	3.5

학점 평균의 차이에 대한 95% 신뢰구간을 추정하여라.

3. 과학자들은 비타민이 쥐의 털에 윤기를 주는 효과에 대해 알려고 한다. 그룹 A는 충분한 비타민을 섭취하고 그룹 B는 비타민을 섭취하지 않았다. 두 그룹에 대한 자료는 다음과 같다. 두 그룹의 차이에 대한 평균의 95% 신뢰구간을 구하여라.

그룹A	0.42 0.51 0.42 0.49 0.41 0.30 0.43 0.36 0.32 0.26
그룹B	0.22 0.18 0.34 0.43 0.04 0.26 0.16 0.23 0.30 0.17 0.21 0.14

해 답

1. [0.81, 3.17]

2. [-0.32, 0.53]

3. [0.0809, 0.2481]

12.4 두 모평균의 차에 대한 독립인 소표본 검정

두 소집단 표본평균의 차이가 바뀔 수 있는지 또는 차이가 대응하는 모평균이 같지 않다는 사실 때문인지를 정해야 하는 문제들이 있다. 여기서 이와 같은 문제를 다룰 것이다. 표본이 작고, 모분산이 알려지지 않지만 같고, 표본분포가 정규분포 되었다고 할 때, 두 모평균의 차이에 대한 검정을 요약하면 다음과 같다.

가설검정의 요약

(1) 단측검정(오른쪽)

$H_0: u_1 \leq u_2$

$H_1: u_1 > u_2$

$T.S: t = \dfrac{\overline{x_1} - \overline{x_2}}{s_P\sqrt{\dfrac{1}{n_1} + \dfrac{1}{n_2}}}$, (s_P : 공동으로 계산된 표준편차)

$D.R$: 특별한 유의수준 α에 대해 계산된 검정통계값 t가 $t_{\alpha,\, n_1+n_2-2}$보다 크면 H_0를 기각한다.

결론 : ...

참고 H_1의 부등호의 방향이 오른쪽이므로 오른쪽 단측검정이다.

(2) 단측검정(왼쪽)

$H_0: u_1 \geq u_2$

$H_1: u_1 < u_2$

$T.S: t = \dfrac{\overline{x_1} - \overline{x_2}}{s_P\sqrt{\dfrac{1}{n_1} + \dfrac{1}{n_2}}}$, (s_P : 공동으로 계산된 표준편차)

$D.R$: 특별한 유의수준 α에 대해 계산된 검정통계값 t가 $-t_{\alpha,\, n_1+n_2-2}$보다 작

으면 H_0를 기각한다.

결론 : ...

참고 H_1의 부등호의 방향이 왼쪽이므로 왼쪽 단측검정이다.

(3) 양측검정

$H_0 : u_1 = u_2$

$H_1 : u_1 \neq u_2$

$T.S : t = \dfrac{\overline{x_1} - \overline{x_2}}{s_P\sqrt{\dfrac{1}{n_1} + \dfrac{1}{n_2}}}$, (s_P : 공동으로 계산된 표준편차)

$D.R$: 특별한 유의수준 α에 대해 계산된 검정통계값 t가 $-t_{\frac{\alpha}{2}, df}$ 보다 작거나

$t_{\frac{\alpha}{2}, df}$보다 크면 $(df = n_1 + n_2 - 2)$ H_0를 기각한다.

결론 : ...

참고 H_1에 있는 기호가 $\neq$이므로, 양측검정이다. 또 t값 $t(t_{\frac{\alpha}{2}, df})$를 구하는데 유의수준을 양쪽에서 같이 나눈다.

[예제 1] (모평균의 차이의 검정)

어떤 연구자는 남자 간호사에 대한 수당이 여자 간호사의 수당보다 많다고 한다. 임의로 남자 12명, 여자 9명을 뽑아 조사한 것이 (표)에 나타나 있다. 연구자의 주장을 지지할만큼 충분한 표본 증거가 되는가? 1% 유의수준에서 검정하여라.

(표) 남.여 간호사 수당

	남자	여자
표본크기	12	9
표본평균	71,000	69,500
표본 표준편차	1,000	1,500

풀이 주어진 정보로부터 , $n_1 = 12$, $n_2 = 9$, $\overline{x_1} = 71,000$,

$\overline{x_2} = 69,500$, $s_1 = 1,000$, $s_2 = 1,500$,

$\alpha = 0.01$, $df = 12+9-2 = 19$, $t_{0.01,19} = 2.539$,

$$s_P^2 = \frac{(n_1-1)s_1^2+(n_2-1)s_2^2}{n_1+n_2-2}$$

$$= \frac{(12-1)\times 1,000^2+(9-1)\times 1,000^2}{12+9-2} = 1526315,$$

$s_P = 1235.4415$이고, $\sqrt{\frac{1}{n_1}+\frac{1}{n_2}} = \sqrt{\frac{1}{12}+\frac{1}{9}} = 0.4410$이다.

$H_0 : u_1 \leq u_2$

$H_1 : u_1 > u_2$

$$T.S : t = \frac{\overline{x_1}-\overline{x_2}}{s_P\sqrt{\frac{1}{n_1}+\frac{1}{n_2}}} = \frac{71000-69500}{1235.4415\times 0.4410} = 2.7532$$

$D.R$: 유의수준 $\alpha = 0.01$에 대해 계산된 검정통계값

$t = 2.7532 > t_{0.01,19} = 2.539$이므로 H_0를 기각한다.

결론 : $2.7532 > 2.539$이므로 H_0를 기각한다.

1% 유의수준에서 남자 간호사의 수당이 여자 간호사의 수당보다 많다고 할 수 있다. 즉, 표본평균의 차이는 의미있게 0이 아니다. ▣

[예제 2] (모평균의 차이의 검정)

어떤 프로선수가 다섯 게임을 하는데 가벼운 공을 갖고 205, 220, 200, 210, 201점을 얻었고, 무거운 공을 갖고 218, 204, 223, 198, 211점을 얻었다. 5% 유의수준에서 무거운 공을 갖고 게임한 경우가 평균으로 더 높은 점수를 얻었다고 결론 내릴 수 있는가?

풀이 주어진 정보로부터 , $n_1 = 5$, $n_2 = 5$, $\overline{x_1} = 207.20$,

$\overline{x_2} = 210.80$, $s_1 = 8.17$, $s_2 = 10.13$,

$\alpha = 0.05$, $df = 5+5-2 = 8$, $t_{0.05,8} = 1.86$

$$s_P^2 = \frac{(n_1-1)s_1^2+(n_2-1)s_2^2}{n_1+n_2-2} = \frac{4\times 8.17^2+4\times 10.13^2}{5+5-2} = 84.6829,$$

$s_P = 9.2023$이고, $\sqrt{\dfrac{1}{n_1}+\dfrac{1}{n_2}} = \sqrt{\dfrac{1}{5}+\dfrac{1}{5}} = 0.6325$이다.

$H_0 : u_1 \leq u_2$

$H_1 : u_1 < u_2$

$$T.S : t = \frac{\overline{x_1}-\overline{x_2}}{s_P\sqrt{\dfrac{1}{n_1}+\dfrac{1}{n_2}}} = \frac{207.20-210.80}{9.2023\times 0.6325} = -0.62$$

$D.R$: 유의수준 $\alpha = 0.05$에 대해 계산된 검정통계값

$t = -0.62 > -t_{0.05,8} = -1.86$이므로 H_0를 기각하지 않는다.

결론 : 두 공 사이에 차이가 없다고 할 수 있다. ▣

연습문제 12-4

해 답

1. 두 야구 선수 A, B의 타율을 조사한 것은 다음과 같다. $\alpha = 0.05$에서 두 선수의 타율은 같다고 할 수 있는가 검정하여라.

선수A	0.91	1.82	1.46	1.95	1.57	1.61	1.32	
선수B	1.03	1.99	1.65	2.07	1.66	1.76	1.28	2.01

2. A, B 두 사람이 어떤 과제를 수행하는데 걸린 시간은 다음과 같다. $\alpha = 0.05$에서 두 사람의 걸린시간의 평균이 차이가 있다고 할 수 있는가 검정하여라.

A	18.1	22.6	19.2	19.3	21.5	18.8	20.4	19.7	
B	20.3	18.9	22.4	24.7	19.8	21.6	22.2	21.3	23.2

3. 두 제품 A, B의 효능을 조사한 점수는 다음과 같다.

A	94	91	88	92	87
B	89	86	83	87	88

평균 효능에 차이가 있는지 $\alpha = 0.05$에서 검정하여라.

4. 의약품 A, B의 판매량을 조사한 것은 다음과 같다.

A	25	17	19	26	21	25	15	30
B	17	19	18	22	24	21	19	

판매량의 평균이 차이가 있는지 $\alpha = 0.05$에서 검정하여라.

5. 어떤 차의 신모델과 구모델의 판매량에 대한 정보는 다음과 같다.

신모델	$n_1 = 10$	$\overline{x_1} = 43$	$s_1 = 1.5$
구모델	$n_2 = 10$	$\overline{x_2} = 44$	$s_2 = 1.6$

이 자료에 대해 $\alpha = 0.05$에서 판매량의 평균이 차이가 있는지 검정하여라.

해답

1. 같다고 할 수 있다
2. 차이가 있다고 할 수 있다.
3. 차이가 있다.
4. 차이가 없다.
5. 차이가 없다.

12.5 두 모평균의 차에 대한 종속 소표본 신뢰구간

이 절에서 t검정이 표본들이 종속일 때, 이용된다. 표본들이 어떤 방법으로 짝을 짓거나 맞출 때, 종속이라고 생각된다. 예를 들면, 교수가 학기 시작할 때, 수학 기본 능력 시험을 보고, 또 학기말에 같은 시험을 다시 본다. 비록 두 자료가 다르더라도 같은 학생들에 대해 조사가 이루어졌다. 같은 실험자료가 이용되었으므로 이들 자료는 종속이라고 한다. 또 다른 종속의 예를 들면 부모들이 어떤 관심있는 변수들에 대해 짝지어질 때이다. 부모들이 서로 다른 두 그룹으로 배치될 수 있다. 예를 들면, 부모들이 나이(혈압 등)에 따라 짝지어질 수 있다. 즉, 같은 나이를 갖는 두 부모들이 짝지어질 때, 한쪽은 한 표본그룹, 다른 쪽은 또 다른 표본그룹에 배치된다. 실험 단위를 짝지을 때 주의를 하여야만 한다. 이 예에서 나이에 따라 짝지었다. 그러나 다른 변수의 영향을 제거하지 않는다. 종속자료에 대한 신뢰구간을 구하는데 앞과 뒤의 차 또는 짝지어진 쌍의 값의 차를 이용한다. 이렇게 하여 신뢰구간을 구하는데 차이들의 단 한가지 표본을 갖게 된다. 차이에 대한 $(1-\alpha)\times 100\%$ 신뢰구간을 구하는데 이용되는 공식은 $\overline{d} \pm t_{\frac{\alpha}{2}, n-1} \frac{s_d}{\sqrt{n}}$로 주어진다. 여기서 $\overline{d}$는 표본차이들의 평균이고, s_d는 차이들의 표준편차이며, n은 쌍의 수, t분포에 대한 df는 $n-1$이다.

참고 오차의 한계는 $E = \pm t_{\frac{\alpha}{2}, n-1} \frac{s_d}{\sqrt{n}}$로 주어진다.

[예제 1] (모평균의 차이의 신뢰구간 구하기)

수학교수가 학기초와 학기말에 수강생들에 대해 같은 문제를 갖고 수학 기초능력 검사를 하려고 한다. 9명의 학생들에 대한 조사결과는 표와 같다. 이 종속자료에 대해 95% 신뢰구간을 구하여라.

(표) 기초능력 검사 성적

학생	1	2	3	4	5	6	7	8	9
학기초	61	58	79	69	62	71	25	48	53
학기말	68	62	83	65	62	74	31	52	51

풀이 우선 차이(학기초 성적-학기말 성적)을 구하고 이 값을 이용하여 (표12-5)를 만든다.

[표12-5] 성적 차이

학생	1	2	3	4	5	6	7	8	9
차이	-7	-4	-4	4	0	-3	-6	-4	2

차이에 대해 $\overline{d} = -2.4444$, $s_d = 3.6780$, $n = 9$, $\alpha = 0.05$,

$\frac{\alpha}{2} = 0.025$, $dg = 9 - 1 = 8$, $t_{0.025,8} = 2.306$, $\frac{s_d}{\sqrt{n}} = 1.226$이다.

따라서, 차이에 대한 95% 신뢰구간은

$-2.4444 \pm 2.306 \times 1.226 = -2.4444 \pm 2.8272$

즉 평균차이는 $[-5.2716,\ 0.3828]$에 있음을 95% 믿을 수 있다. 0이 이 구간에 있으므로 학생들의 수학 기초능력은 의미있게 향상되었다고 $\alpha = 0.05$에서 말할 수 없다. ▣

[예제 2] (차이에 대한 신뢰구간 구하기)

25명의 학생들에 대한 A, B 두 과목 기말고사 성적의 차이를 조사한 결과 $\overline{d} = 25$, $s_d = 20$일 때, 성적 차이에 대한 95% 신뢰구간을 구하여라.

풀이 주어진 정보에서 $\overline{d} = 25$, $n = 25$, $df = 25 - 1 = 24$, $\alpha = 0.05$

$\frac{\alpha}{2} = 0.025$, $t_{0.025,24} = 2.064$이다.

따라서, 차이에 대한 95% 신뢰구간은

$25 \pm 2.064 \frac{20}{\sqrt{25}} = 25 \pm 8.3 \quad \therefore [16.7,\ 33.3]$ ▣

연습문제 12-5

해 답

1. 심장박동에 대한 특별한 약의 효능을 실험하기 위해 6명을 선정하여 그들에게 약을 투여하기 전과 후에 맥박을 조사한 결과는 다음과 같다. 이 자료를 이용하여 투여하기 전과 후에 맥박수의 차이의 평균에 대해 95% 신뢰구간을 추정하여라.

	A	B	C	D	E	F
전	73	69	70	64	69	66
후	78	73	70	69	68	72

1. [0.125, 6.275]

2. 어느 제조회사의 노동자 6명에게 방법 I 과 방법 II 를 이용하여 생산시간을 조사한 것은 다음 표와 같다. 이 자료를 이용하여 두 방법에 대한 생산시간의 차이의 평균을 95% 신뢰구간 추정하여라.

	1	2	3	4	5	6
방법 I	6.0	5.0	7.0	6.2	6.0	6.4
방법 II	5.4	5.2	6.5	5.9	6.0	5.8

2. [-0.052, 0.652]

3. 12명의 학생에게 방법A와 방법B로 기초통계학 수업을 한 후 시험성적을 비교한 것은 다음 표와 같다. 이들 자료를 이용하여 두 수업방법에 대한 시험성적의 평균차이를 98% 신뢰구간 추정하여라.

	1	2	3	4	5	6	7	8	9	10	11	12
방법A	65	40	63	78	67	34	76	57	75	88	77	75
방법B	60	42	65	71	62	35	74	54	71	82	77	67

3. [0.174, 5.666]

4. 5명의 판매원에 대한 성과급을 주기 위해 계획을 세우기 전과 후에 판매량을 조사한 것은 다음과 같다. 이 자료에 따라 평균의 차이에 대한 90% 신뢰구간을 구하여라.

	A	B	C	D	E
전 판매량	15	12	18	15	16
후 판매량	18	14	19	18	18

4. [1.402, 2.998]

12.6 두 모평균의 차에 대한 종속 소표본 검정

소표본 검정으로서 통계값 $t=\frac{\bar{d}-u_d}{s_d/\sqrt{n}}$에 근거한 검정에 관심을 갖는다. 차이의 표본평균에 대한 표본분포가 t분포를 이루고 있는 u_d는 모집단의 차이의 평균을 가정하므로 검정은 차이의 모표준편차가 알려지지 않고 차이의 표본분포가 정규분포를 이루길 요구한다. 표본평균에 대한 검정을 요구한 것은 다음과 같다.

가설검정의 요약

(1) 단측검정(오른쪽)

$H_0: \mu_d=0$

$H_1: u_d>0$

$T.S: t=\frac{\bar{d}-u_d}{s_d/\sqrt{n}}$

$D.R$: 특별한 유의수준 α에 대해 계산된 검정통계값 t가 $t_{\alpha, n-1}$보다 크면 H_0를 기각한다.

결론 : ...

참고 H_1의 부등호의 방향이 오른쪽이므로 오른쪽 단측검정이라고 한다.

(2) 단측검정(왼쪽)

$H_0: u_d \geq 0$

$H_1: u_d<0$

$T.S: t=\frac{\bar{d}-u_d}{s_d/\sqrt{n}}$

$D.R$: 특별한 유의수준 α에 대해 계산된 검정통계값 t가 $-t_{\alpha, n-1}$보다 작으면 H_0를 기각한다.

결론 : ...

참고 H_1의 부등호의 방향이 왼쪽이므로 왼쪽 단측검정이라고 한다.

(3) 양측검정

$H_0 : u_d = 0$

$H_1 : u_d \neq 0$

$T.S : t = \dfrac{\bar{d} - u_d}{s_d / \sqrt{n}}$

$D.R$: 특별한 유의수준 α에 대해 계산된 검정통계값 t가 $-t_{\frac{\alpha}{2}, n-1}$ 보다 작거나 $t(t_{\frac{\alpha}{2}, n-1})$보다 크면 H_0를 기각한다.

결론 : ...

참고 H_1에 있는 기호가 $\neq$이므로, 양측검정이다. 또 임계값 $t(t_{\frac{\alpha}{2}, n-1})$를 구하는데 유의수준이 똑같이 나누어진다.

[예제 1] (모평균의 차이에 대한 검정)

12.5의 예제 1에서 유의수준 1%에서 수학 기본능력 검사의 성적이 학기초보다 학기말에 증가했다고 볼 수 있는지를 검정하여라.

풀이 앞절의 (예제1)의 풀이를 이용하면,

$H_0 : u_d \geq 0$

$H_1 : u_d < 0$

$T.S : t = \dfrac{\bar{d} - u_d}{s_d / \sqrt{n}} = \dfrac{-2.4444}{3.6780 / \sqrt{9}} = -1.9938$

$D.R$: 특별한 유의수준 $\alpha = 0.01$에 대해

$t = -1.9938 > -t_{0.01,8} = -2.896$이므로 H_0를 기각할 수 없다.

결론 : $-1.9938 > -2.896$이므로 1% 유의수준에서 H_0를 기각할 수 없다. 즉, 학기말의 성적이 학기초의 성적보다 의미있게 나아졌다고 볼 수 없다. 학생들의 기본능력 성적이 증가했다고 할 수 없다. ▣

[예제 2] (차이에 대한 검정)

유의수준 5%에서 산업안전 프로그램이 효과가 있는지를 검정하기 위해 프로그램 작동 전후 10개 발전소에 대한 열손실 자료는 (표)와 같다.

(표) 발전소의 열손실 자료

발전소	1	2	3	4	5	6	7	8	9	10
전	45	73	46	124	33	57	83	34	26	17
후	36	60	44	119	35	51	77	29	24	11

풀이 (전-후)를 계산하면, 9, 13, 2, 5, -2, 6, 6, 5, 2, 6이고

$\bar{d} = 5.2$, $\alpha = 0.05$, $n = 10$, $df = 10 - 1 = 9$, $t_{0.05,9} = 1.833$,

$\bar{d} = 5.2$, $s_d = 4.08$

$H_0 : u_d = 0$

$H_1 : u_d > 0$

$$T.S : t = \frac{\bar{d} - u_d}{s_d / \sqrt{n}} = \frac{5.2}{4.608 / \sqrt{10}} = \frac{5.2}{1.2903} = 4.03$$

$D.R$: 유의수준 $\alpha = 0.05$에서 $t = 4.03 > t_{0.05,9} = 1.833$이므로 H_0를 기각한다.

결론 : 프로그램 작동전에 열손실이 더 많다고 볼 수 있다. ▣

연습문제 12-6

1. 10명의 학생에게 방법A와 방법B에 의한 교육을 한 후 성적을 조사한 것은 다음과 같다. 이 자료에 대해 $\alpha = 0.05$에서 두 방법에 대한 성적이 차이가 있는지 검정하여라.

	1	2	3	4	5	6	7	8	9	10
방법A	11.0	5.0	9.8	5.7	6.5	8.2	5.9	6.0	7.5	5.4
방법B	11	5.6	9.7	5.3	6.7	8.5	5.6	5.8	7.1	5.5

2. 8명의 시청자에게 채널A와 채널B의 시청시간을 비교한 것은 다음과 같다. $\alpha = 0.05$에서 시청시간이 차이가 있는지 검정하여라.

	1	2	3	4	5	6	7	8
채널A	4.2	1.7	1.0	3.7	2.1	1.6	3.1	1.1
채널B	1.6	1.3	0.5	1.5	1.3	1.7	1.0	1.8

3. 6명의 학생에게 어떤 과목에 대해 강의하기 전과 후의 시험을 본 성적은 다음과 같다. 이 자료에 대해 $\alpha = 0.1$에서 차이가 있는지 검정하여라.

	1	2	3	4	5	6
전	73	69	70	64	69	66
후	78	73	70	69	68	72

4. 어떤 과목 시험에 대해 17명의 학생이 재시험을 보게 되었다. 그들의 시험성정과 재시험 성적은 다음과 같다. $\alpha = 0.05$에서 차이가 있는지 검정하여라.

	1	2	3	4	5	6	7	8	9	10	11	12	13	14	15	16	17
시험	46	64	89	52	50	60	55	58	61	63	53	77	70	55	54	42	59
재시험	51	70	92	61	58	61	50	68	62	70	54	86	66	56	61	45	65

해 답

1. 차이가 없다.

2. 차이가 있다.

3. 차이가 있다.

4. 차이가 있다.

5. 비타민 B_{12}의 투약 효과를 알기 위해 8명에게 복용을 한 경우와 하지 않은 경우 검사를 한 결과는 다음과 같다. $\alpha = 0.01$에서 차이가 있는지 검정하여라.

	1	2	3	4	5	6	7	8
복용	1.60	1.66	1.75	1.64	1.75	1.79	1.78	1.77
비복용	1.56	1.52	1.52	1.49	1.59	1.56	1.60	1.56

5. 차이가 있다.

Home Work

1. 모평균에 대한 소표본 왼쪽 단측검정에서 표본의 크기는 18이고, $\alpha = 0.01$일 때, 이 검정에 대한 임계값을 구하여라.

2. 모집단이 정규분포를 이룰 때, 다음 정보 $n = 16$, $u_0 = 15$, $\bar{x} = 16$, $s^2 = 16$에 대해 모평균에 대한 검정통계값을 계산하여라.

3. 모집단이 정규분포를 이루고 다음 정보 $n = 16$, $u_0 = 14.239$, $\bar{x} = 16$, $s^2 = 16$에 대해 모평균에 대한 오른쪽 단측검정을 시행할 때, P-값을 구하여라.

4. 어느 간이음식점은 손님이 주문한 후 5분이내에 음식을 제공하려고 한다. 25명의 손님이 주문한 후 음식을 제공받는 시간의 평균은 4.7분이고 표준편차는 0.6분이었다.
   1) 검정통계값을 구하여라.
   2) 이 검정에 대한 P-값을 구하여라.
   3) 검정을 위한 가설을 세워라.
   4) 5% 유의수준에서 주장할 수 있는 음식을 제공받는 시간의 평균은?

5. 공정에서 두 개의 기계가 이용된다. 두 기계에 대한 표본 정보는 다음과 같다. 두 모평균의 차이 $(u_A - u_B)$에 대한 90% 신뢰구간을 구하여라.

	기계 A	기계 B
표본크기	81	64
표본평균	51	48
표본분산	16	12

6. 수학교수는 지난 두 학기 기초통계학 성적의 평균에 차이가 있는지를 알고 싶어한다. 임의로 뽑은 학생들에 대한 조사 결과는 다음 표와 같다.

	1학기	2학기
표본크기	16	9
표본평균	75	73
표본분산	4	6

1, 2학기의 평균성적은 같은 분산을 갖고 정규분포를 이룬다.

1) 두 모집단의 평균 사이의 차이(1학기-2학기)에 대한 점추정을 구하여라.
2) 가설 검정을 위한 가설을 세워라.
3) 적절한 검정에 대한 검정통계값을 구하여라.
4) 적절한 검정에 대한 P-값의 범위를 구하여라.
5) 유의수준 0.05에서 가설 검정을 하여라.
6) 평균의 차이(1학기-2학기)에 대한 90% 신뢰구간을 구하여라.
7) 표본평균의 차이의 분포에 대한 표준오차를 구하여라.
8) 유의수준 0.05에서 적절한 검정에 대한 자유도는?

7. 토플 시험을 준비하는 학원에서 임의로 뽑은 6명의 학생에 대해 등록 전, 후에 본 시험성적은 표와 같다.

학생	1	2	3	4	5	6
전	325	495	525	480	525	480
후	395	520	510	515	550	490

1) 이 표본자료는?
   (ㄱ) 독립자료 (ㄴ) 종속자료 (ㄷ) 충분히 같은 자료
2) u_d는 모평균의 차이(후성적-전성적)를 나타낸다.
   학원 등록이 성적향상에 도움을 주었는지를 알고 싶다면 적절한 가설 검정은?
3) 2)의 가설검정에 대한 검정통계값을 구하여라.
4) 2)의 가설검정에 대한 P-값을 구하여라.
5) 2)의 가설검정에 대해 자유도를 구하여라.
6) 유의수준 5%에서 2)의 가설검정 결론은?
7) 평균의 차이(후성적-전성적)에 대한 99% 신뢰구간을 구하여라.

8. 정규분포로부터 얻은 임의표본은 다음과 같다.

25 39 59 32 46 49

1) 모평균에 대한 99% 신뢰구간을 구하여라.
2) 유의수준 0.05에서 모집단의 평균이 기껏해야 50인 가설을 검정하여라.

9. 두 모델의 차를 비교하는 실험에서 각 모델의 10대의 차는 같은 기름 탱크, 같은 속도로 운전을 했다. 그 결과를 표로 나타내면 다음과 같다.

	모델 A	모델 B
평균거리	550	600
표준편차	15	18

1) 모평균의 차이(모델A-모델B)에 대한 점추정은?
2) 두 평균의 차이에 대한 95% 신뢰구간은?
3) 유의수준 2%에서 두 모델의 차이는 의미있는 차이가 있는가?

10. 어떤 과목에 대해 두 가지 교수법을 시행하여 얻은 결과는 다음과 같다. 두 교수법의 모분산은 같고 성적의 모집단은 정규분포를 이룬다고 한다.

	교수법 I	교수법 II
표본크기	15	13
평균	88.9	82.9
표본편차	32	20

1) 두 모평균의 차이(교수법 I -교수법 II)에 대한 점추정은?
2) 평균의 차이에 대한 95% 신뢰구간은?
3) 5% 유의수준에서 교수법 I 이 학생들의 성적을 더 향상시켰다고 결론 내릴 수 있는가?

11. 어떤 공장의 지배인은 노동자들의 생산성이 마음에 들지 않아 보너스를 주기로 하고 작업을 독려하였다. 보너스를 주기전과 후에 대한 노동생산성은 표와 같다.

노동자	1	2	3	4	5
전	6	10	9	7	6
후	9	11	10	11	8

5% 유의수준에서 생산성이 향상되었는지를 검정하여라.

제 13 장

카이제곱 분포

학습내용

13.1 카이제곱 분포와 적합도에 대한 카이제곱검정
13.2 독립에 대한 카이제곱 검정

13.1 카이제곱 분포와 적합도에 대한 카이제곱검정

카이제곱 분포

카이제곱 (χ^2)분포의 성질을 알아보자.

<χ^2 분포의 성질>

- 연속분포이다.
- 비대칭이다.
- 오른쪽으로 깔린다.
- 분포는 자유도 (df) $n-1$에 달려있다.(n은 표본의 크기)
- χ^2임의변수의 값은 음이 아니다.
- χ^2분포는 자유도에 의해 유일하게 정해지므로 무한히 많은 χ^2분포가 있다.
- n이 커짐에 따라 χ^2분포는 대칭적이 된다.

(그림13-1)은 χ^2분포의 성질을 보여준다.

이 장에서 검정에 대해 χ^2분포를 이용할 것이므로 분포와 관련된 임계값을 구할 수 있어야 한다. 확장된 임계 χ^2값의 표를 χ^2 분포와 관련된 신뢰구간과 가설검정 문제를 푸는데 이용할 수 있다.

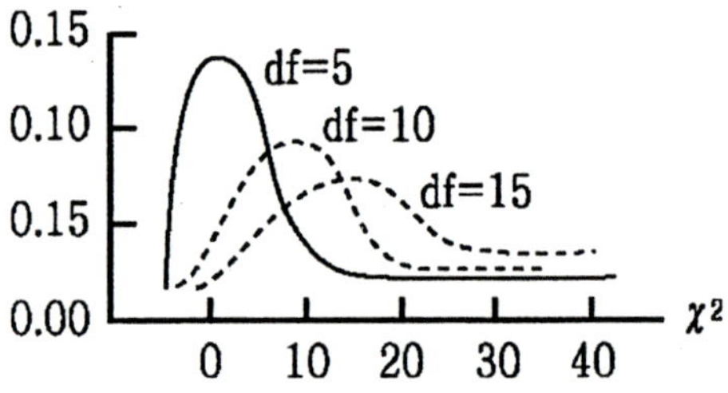

(그림13-1) χ^2분포

이 장에서 가설검정을 시행하기 위해 $\chi^2_{\alpha,\, n-1}$에 익숙할 필요가 있다.

· $\chi^2_{\alpha,\, n-1}$은 자유도 $n-1$이고, χ^2값에 대응하는 오른쪽에 있는 곡선 아래부분의 넓이가 α이다.

(그림13-2)는 기호 $\chi^2_{\alpha,\, n-1}$을 설명하는 것을 보여준다. 적당한 자유도를 갖는 χ^2 임의변수에 대한 값은 부록에 있는 χ^2 분포표로부터 얻을 수 있다.

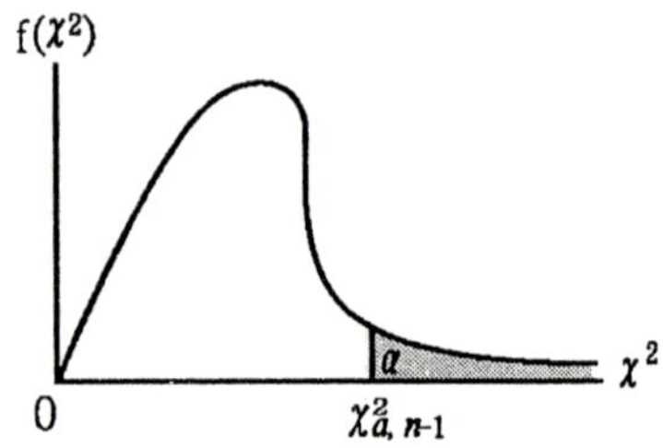

(그림13-2) $\chi^2_{\alpha,\, n-1}$분포

[예제 1] ($\chi^2_{\alpha, n-1}$값 구하기)

다음 값을 구하여라.

(1) $\chi^2_{0.05, 10}$ (2) $\chi^2_{0.95, 20}$

풀이 부록의 표로부터

(1) $\chi^2_{0.05, 10} = 18.3070$

(2) $\chi^2_{0.95, 20} = 10.8508$ ▣

[예제 2] (표 이용 값 구하기)

다음 값을 구하여라.

(1) $\chi^2_{0.995, 25}$ (2) $\chi^2_{0.90, 25}$ (3) $\chi^2_{0.05, 25}$ (4) $\chi^2_{0.01, 25}$

풀이 부록의 표로부터

(1) $\chi^2_{0.995, 25} = 10.517$ (2) $\chi^2_{0.90, 25} = 16.4734$

(3) $\chi^2_{0.05, 25} = 37.6525$ (4) $\chi^2_{0.01, 25} = 44.3141$ ▣

적합도에 대한 카이제곱 검정

관찰된 자료(도수분포 또는 비율)의 표본이 어떤 양상(pattern) 또는 분포에 적합한지를 생각해 본 적이 있는지? 양상이 주어진 분포에 꼭들어 맞는지를 기대할 수 없으므로 자료의 적합도에 대한 차이를 찾아보고 결론을 내릴 수 있다. 적합도가 존재하는 것을 가정할 수 있다. 즉, 특별한 이론분포가 양상을 모델화 하는데 적합한지 또는 가설을 제안할 수 있다. 물론 이것이 귀무가설일 수 있다. 이 표본의 많은 가능한 표본 중의 하나이므로 귀무가설이 참이라고 가정할 때, 모델과 차이에 대한 이 표본을 얻을 기회를 조사할 수 있다. 기회가 작으면 귀무가설을 기각하고 모델이 적당하지 않다고 주장한다. 관찰된 차이의 의미를 어떻게 정해야 하는가? 이것을 정하기 위해 비중이 주어진 범주(category)의 차이로 구성된 통계값을 이용한다. 이 통계값이 자유도 $n-1$인 카이제곱 분포를 갖는다. n은 범주의 수이고, $\chi^2 = \sum \frac{(obs - \exp)^2}{\exp}$

으로 주어진다. 방정식에서 obs는 관찰값, exp는 기대값을 나타낸다.

적합도(goodness of fit)의 검정에 대한 요약은 다음과 같다.

가설검정의 요약

H_0 : 관찰된 자료가 어떤 양상 또는 분포에 적합한지를 지적하는 문장

H_1 : 관찰된 자료가 H_0에 기술된 어떤 양상 또는 분포에 적합하지 않다고 지적하는 문장

$T.S$: $\chi^2 = \sum \frac{(obs - \exp)^2}{\exp}$

$D.R$: 특별한 유의수준 α에 대해, 계산된 검정통계값 χ^2이 $\chi^2_{\alpha, n-1}$보다 크면 H_0를 기각한다.

결론 : ...

참고 χ^2 적합도 검정은 항상 오른쪽 단측검정이다.

[예제 3] (적합도 검정)

국제학생 연맹은 10% 아프리카인, 25% 인도인, 40% 아시아인, 25% 미국인 학생으로 구성되었다고 믿고 있다. 현재 국제학생 연맹은 25명 아프리카인, 15명 인도인, 80명 아시아인, 20명 미국인으로 구성되었다고 한다. 5% 유의수준에서 적합도를 검정하여라.

풀이 $\alpha = 0.05$, $n = 4$(범주의 수), $df = 4-1 = 3$, $\chi^2_{0.05, 3} = 7.815$

현재 학생 수는 140명이다. 기대값은

$140 \times 0.10 = 14$, $140 \times 0.25 = 35$, $140 \times 0.40 = 56$, $140 \times 0.25 = 35$,

관찰값과 기대값은 (표13-1)과 같다.

$$\chi^2 = \frac{(25-14)^2}{14} + \frac{(15-35)^2}{35} + \frac{(80-56)^2}{56} + \frac{(20-35)^2}{35}$$

$$= 36.7857$$

[표13-1] 관찰값과 기대값

	아프리카인	인도인	아시아인	미국인
관찰값	25	15	80	20
기대값	14	35	56	35

검정을 다음과 같이 정리할 수 있다.

H_0 : 학생 연맹의 구성원은 10%의 아프리카인, 25%의 인도인, 40%의 아시아인, 25%의 미국인

H_1 : 귀무가설에 언급된 분포와 같지 않다.

$T.S$: $\chi^2 = \sum \frac{(obs - \exp)^2}{\exp} = 36.7857$

$D.R$: 유의수준 0.05에서 계산된 검정통계값

$\chi^2 = 36.7857 > \chi^2_{0.05,\,3} = 7.815$이므로 H_0를 기각한다.

결론 : 36.7857 > 7.815이므로 귀무가설을 기각한다. 즉 5% 유의수준에서 적합하다는 것을 기각하는데 충분한 표본증거가 된다. ▣

[예제 4] (적합도 검정)

학생극장에 4대의 TV가 있다. 매일 특정한 시간에 4개의 다른 오페라(1, 2, 3, 4)가 TV로 방송된다. 한 학기동안 TV로 오페라를 본 학생의 수는 25%, 30%, 25%, 20%라고 한다. 다음 학기에 300명의 학생에 대한 조사에서

1) 보는 양상(pattern)이 바뀌지 않는다면 각 TV를 통한 오페라를 보는 학생의 수의 기대값을 구하여라.
2) 실제로 관찰된 오페라를 보는 학생의 수는 TV마다 (표)와 같다. 1% 유의수준에서 변화를 나타내는지 검정하여라.

풀이 [표] 관찰값과 기대값

TV	1	2	3	4
관찰 학생 수	80	88	79	53

1) 정보에 따라 기대수는 $300\times0.25 = 75$, $300\times0.3 = 90$, $300\times0.25 = 75$, $300\times0.2 = 60$ 기대값을 표로 나타내면 (표13-2)와 같다.

[표-13-2] 기대수

TV	1	2	3	4
관찰 학생 수	75	90	75	60

2) $\alpha = 0.01$, $n = 4$, $df = 4-1 = 3$, $\chi^2_{0.01,\,3} = 11.345$

관찰값과 기대값을 나타내면 (표13-3)과 같다.

[표13-3] 관찰값과 기대값

TV	1	2	3	4
관찰 학생 수	80	88	79	53
기대수	75	90	75	60

(표13-3)에서

$$\chi^2 = \frac{(80-75)^2}{75} + \frac{(88-90)^2}{90} + \frac{(79-75)^2}{75} + \frac{(53-60)^2}{60}$$

$$= 1.4978$$

따라서, 검정을 다음과 같이 할 수 있다.

H_0 : 오페라를 본 학생들의 비율은 TV 1, 2, 3, 4에 대해 각각 25%, 30%, 25%, 20%이다.

H_1 : H_0에서 기술된 분포는 옳지 않다.

$T.S$: $\chi^2 = \sum \frac{(obs - \exp)^2}{\exp} = 1.4978$

$D.R$: 유의수준 0.01에서 계산된 검정통계값

$\chi^2 = 1.4978 < \chi^2_{\ 0.01,\,3} = 11.345$이므로 H_0를 기각하지 않는다..

결론 : 1.4978 < 11.345이므로 H_0를 기각하지 않는다.

즉, 1% 유의수준에서 오페라를 보는 학생의 분포는 기각하기에 충분한 증거가 되지 못한다. ▣

연습문제 13-1

1. 다음 값을 구하여라.

1) $\chi^2_{0.05,5}$ 2) $\chi^2_{0.01,16}$

3) $\chi^2_{0.025,20}$ 4) $\chi^2_{0.01,1}$

5) $\chi^2_{0.025,1}$ 6) $\chi^2_{0.05,10}$

7) $\chi^2_{0.005,22}$ 8) $\chi^2_{0.05,4}$

2. 어떤 아파트 주민 575명에게 재건축에 대한 의사를 조사한 결과는 다음과 같다. 의견이 각 범주별로 같다고 할 수 있는지 5%의 유의도로 검정하여라.

범주	적극지지	지지	무관심	반대	적극반대
수	161	117	94	123	80

3. 시장분석 결과 작년도 시장점유률은 A회사 35%, B회사 50%, C회사 20%였다. C회사는 새로운 제품을 생산하여 올해 시장에 내놓았다. 선호도를 200명의 소비자에게 조사하였더니 다음 표와 같다. 새로운 상품이 시장에 영향을 끼쳤는지 $\alpha = 0.05$에서 검정하여라.

A	B	C	계
48	98	54	200

4. 어떤 출판사는 책의 표지를 4가지로 디자인하여 서점에 출시하여 소비자의 선호도를 조사하였다. 113명의 소비자를 임의로 뽑아 조사한 결과는 다음과 같다. 5% 유의수준에서 4개의 디자인이 똑같이 선호된다고 볼 수 있는지 적합도 검정을 하여라.

해 답

1.

1) 11.071

3) 34.170

5) 5.024

7) 42.796

2. 의견이 같이 나누어 졌다고 볼 수 없다.

3. C회사 제품이 영향을 끼쳤다.

4. 디자인이 어느 것이 좋다 나쁘다 지적할 수 없다.

디자인	I	II	III	IV	계
소비자 선택	30	36	25	22	113

5. 주사위를 60번 던져 공정한가를 알아보려고 한다. 시행결과는 다음과 같다. $\alpha = 0.05$에서 적합도를 검정하여라.

눈의수	1	2	3	4	5	6
도수	8	14	6	11	12	9

6. 붉은 장미꽃과 노란장미꽃을 선호하는 버릇이 4:1 이라고 한다. 다음 자료는 기대비율을 지지하는가 유의수준 5%에서 적합도를 검정하여라.

장미	Red	Yellow
수	608	172

5. 공정하다.

6. 4 : 1 = 1 기대된다.

13.2 독립에 대한 카이제곱 검정

χ^2독립 검정은 두 변수의 독립에 대한 검정에 이용될 수 있다. 다음 [예]를 통해 알아보자.

예 차의 구입에 대한 남자, 여자 모두 500명의 조사결과는 (표13-4)와 같다.

[표13-4] 차의 구입에 대한 정보

	겉모양	실용성	가격
남자	100	50	35
여자	80	170	65

질문 차를 구입하는데 이용한 세 영역에 대해 남자와 여자가 다른가? 또는 기본적으로 같은가?

이 질문에 대답하는 한 가지 방법은 차 구입에 이용된 영역이 성에 대해 독립인가를 정하는 것이다. 즉, 독립에 대한 검정을 할 수 있다. 귀무가설은 이용된 영역이 성에 독립이라는 것이고, 선택가설은 이용된 영역이 성에 종속이라는 것이다. χ^2독립 검정을 위해 표로 자료가 정리될 때, 분할표(contingency table)라고 한다. (표13-4)는 2개의 행과 3개의 열로 되어 있어서 2×3 분할표라고 한다. 임의의 분할표에 대한 자유도는 (행의 수-1)×(열의 수 -1)이다. 이 예에서 $df=(2-1)\times(3-1)=2$이다.

χ^2독립 검정을 이용하여 독립에 대한 검정을 하기 위해 귀무가설이 참이라는 가정하에 기대값을 계산해야 한다. 이들 기대값을 구하기 위해 행 합과 열 합을 구할 필요가 있다. (표13-5)는 행과 열 합에 대한 관찰값을 보여준다. 이들 행과 열 합계를 주변합(marginal total)이라고 한다.

[표13-5] 행과 열 합의 관찰값

	겉모양	실용성	가격	합계
남자	100	50	35	185
여자	80	170	65	315
합계	180	220	100	500

첫째 행(남자)에 대한 합은 185, 첫째 열(겉모양)에 대한 합은 180이다. 첫째 행과

첫째 열이 만나는 성분(cell)의 기대값은 $\frac{185\times180}{500}=66.6$이다.

두 번째 행과 세 번째 열이 만나는 성분의 기대값은 $\frac{315\times100}{500}=63$ 나머지 각 성분에 대한 기대값을 얻기 위해 이 방법을 계속 사용할 수 있다. (표13-6)은 이와 같이 구한 기대값을 나타낸다.

[표13-6] 행과 열 합의 기대값

	겉모양	실용성	가격	합계
남자	66.6	81.4	37	185
여자	113.4	138.6	63	315
합계	180	220	100	500

χ^2검정 통계값은 적어도 검정과 같은 방법으로 계산된다. 위의 상황에 대한 검정은 다음과 같다.

질문에 대한 답

$\alpha=0.01$을 이용하면, $df=(2-1)(3-1)=2$이고, $\chi^2{}_{0.01,2}=9.210$,

$$\chi^2 = \frac{(100-66.6)^2}{66.6}+\frac{(50-71.4)^2}{81.4}+\frac{(35-37)^2}{37}$$

$$+\frac{(80-113.4)^2}{113.4}+\frac{(170-138.6)^2}{138.6}+\frac{(65-63)^2}{63}=45.9536$$

따라서, 검정을 다음과 같이 한다.

H_0 : 차 구입에 이용된 영역은 성에 독립이다.

H_1 : 차 구입에 이용된 영역은 성에 종속이다.

$T.S$: $\chi^2=\sum\frac{obs-\text{exp})^2}{\text{exp}}=45.9536$

$D.R$: 유의수준 0.01에서 계산된 검정통계값

$\chi^2=45.9536>\chi^2{}_{0.01,2}=9.210$이므로 H_0를 기각한다.

결론 : $45.9536>9.210$이므로 H_0를 기각한다.

즉, 1% 유의수준에서 차 구입에 이용된 영역은 성에 종속임을 주장하는데 충분한 표본증거로 볼 수 있다.

[예제 1] (독립에 대한 카이제곱 검정)

어느 맥주회사에서 세 종류의 맥주를 생산한다. 남자 80명, 여자 70명 모두 150명의 소비자에게 선호도를 조사한 결과는 다음과 같다. $\alpha = 0.05$에서 성과 맥주 선호도는 독립인가 검정하여라.

	A	B	C	계
남자	20	40	20	80
여자	30	30	10	70
계	50	70	30	150

풀이 H_0 : 성과 맥주 선호도는 독립이다.

H_1 : 맥주의 선호도는 성에 달려있다.

기대도수 $= \dfrac{\text{열합계} \times \text{행 합계}}{\text{전체합계}}$ 를 나타내면 다음과 같다.

	A	B	C	계
남자	26.67	37.33	16	80
여자	23.33	32.67	14	70
계	50	70	30	150

$\alpha = 0.05$를 이용하면 $df = (2-1)(3-1) = 2$이고, $\chi^2{}_{0.05,\,2} = 5.991$

$$\chi^2 = \sum \frac{(O-E)^2}{E} = \frac{(20-26.67)^2}{26.67} + \frac{(40-37.66)^2}{37.33}$$

$$+ \frac{(20-16)^2}{16} + \frac{(30-32.67)^2}{32.67} + \frac{(10-14)^2}{14}$$

$$= 1.67 + 0.19 + 1.0 + \cdots + 1.14 = 6.13$$

$\chi^2 = 6.13 > \chi^2{}_{0.05,\,2} = 5.991$이므로,

따라서, H_0를 기각한다. 즉 맥주의 선호도는 성에 달려있다. ■

[예제 2] (독립에 대한 카이제곱 검정)

소득 그룹에 따라 세금에 대한 태도를 조사한 표는 다음과 같다. 관찰된 표본자료를 이용하여 유의수준 5%에서 독립 카이제곱 검정을 하여라.

	I	II	III	IV	계
찬성	33	38	35	25	131
반대	37	36	20	15	108
무관심	32	14	21	14	81
계	102	88	76	54	300

풀이 H_0 : 세금에 대한 태도는 소득 그룹에 독립이다.

H_1 : 세금에 대한 태도는 소득 그룹에 달려있다.

기대도수 $= \dfrac{\text{열합계} \times \text{행 합계}}{\text{전체합계}}$ 를 구하면 다음과 같다.

	I	II	III	IV
찬성	41.76	36.03	31.11	22.11
반대	34.43	29.70	25.65	18.23
무관심	25.82	22.28	19.24	13.67

$\alpha = 0.05$를 이용하면 $df = (4-1)(3-1) = 6$이고, $\chi^2{}_{0.05,\,6} = 12.592$

$$\chi^2 = \sum \frac{(O-E)^2}{E} = \frac{(33-41.76)^2}{41.76} + \frac{(38-36.03)^2}{36.03}$$
$$+ \frac{(35-31.11)^2}{31.11} + \frac{(25-22.11)^2}{22.11} + \frac{(37-34.43)^2}{34.43} + \frac{(36-29.70)^2}{29.70}$$
$$+ \frac{(20-25.65)^2}{25.65} + \frac{(32-25.82)^2}{25.82} + \frac{(14-22.28)^2}{22.28} + \frac{(21-19.24)^2}{19.24}$$
$$+ \frac{(13.67-14)^2}{13.67} = 10.88$$

$\chi^2 = 10.88 < \chi^2{}_{0.05,\,2} = 12.592$이므로,

H_0를 기각할 수 없다. 따라서, 세금에 대한 태도는 소득그룹에 독립이라고 할 수 있다. ▣

연습문제 13-2

1. 1174명의 결혼한 부부에게 결혼에 대해 만족, 불만족의 조사를 남편과 부인에게 한 결과는 다음과 같다. $\alpha = 0.01$에서 남편, 부인의 결혼 만족도에 대해 독립인가 카이제곱 검정하여라.

부인 \ 남편	만족	불만족
만족	696	257
불만족	78	143

2. 체인점 218 점포에서 잃어버린 물건의 수를 요일별로 조사한 것은 다음과 같다. $\alpha = 0.05$에서 잃어버린 물건의 수가 요일별로 독립인가 카이제곱 검정을 하여라.

물건의 수 \ 요일	월	화	수	목	금	토	계
2개미만	10	14	23	13	7	6	73
2-4개	7	10	13	18	14	8	70
5개이상	11	19	10	9	21	5	75
계	28	43	46	40	42	19	218

3. 홈쇼핑 업체가 전화로 270명의 소비자에게 상품의 만족도를 조사한 것은 다음과 같다. $\alpha = 0.025$에서 첫 번째, 두 번째 전화조사와 상품의 만족도는 같은지 카이제곱 검정을 하여라.

	첫번째전화	두번째전화	계
우수함	62	36	98
만족	84	42	126
불만족	24	22	46
계	170	100	270

해 답

1. 독립이 아니다.

2. 요일에 독립이 아니다.

3. 같다.

Home Work

1. 13.2의 [예]에 대해 다음 물음에 답하여라.
   1) 각 성분에 대한 기대값을 구하여라.
   2) 성에 따른 차를 구입하는 세 영역을 이용하는 비율에 차이가 있는지를 검정한다면 H_0, H_1을 기술하여라.
   3) 적합도 검정에 대한 검정 통계값을 계산하여라.
   4) 5% 유의수준에서 검정한다면 기각역은?
   5) 2)에서 언급한 가설에 대해 유의수준 5%에서 적합도 검정을 시행하여라.
   6) 이 검정에 대한 P-값을 추정하여라.

2. 6면의 주사위를 440번 던졌다. 각 결과는 표와 같다.

결과	1	2	3	4	5	6
관찰값	61	83	57	64	85	90

5% 유의수준에서 주사위가 공정한지를 검정하여라.

3. 다음 표는 나에에 따라 여러 가지 콜라를 선호하는 것을 조사한 것이다.

	15살 미만	15살-25살 미만	25살-35살 미만
콜라 1	150	100	200
콜라 2	300	125	200
콜라 3	300	200	300

   1) 15살 미만의 상대도수는?
   2) 15-25살이고, 콜라 3에 대한 도수는?
   3) 15-25살이고, 콜라 3에 대한 성분의 기대도수는?
   4) 나이에 따라 콜라의 선호도의 비율에 차이가 있는지 검정할 때, 검정 통계값은?
   5) 4)의 검정 통계값의 분포에 대한 자유도는?
   6) 4)를 5% 유의 수준에서 검정할 때, 기각역은?
   7) 6)의 검정에 대한 귀무가설은?
   8) 6)의 검정에 대한 결론은?

4. 1, 2, 3, …, 6이 적혀있는 주사위를 300번 굴렸다. 결과는 다음 표와 같다.

결과	1	2	3	4	5	6
관찰값	44	48	47	53	52	56

1) 4의 눈에 대한 상대도수는?
2) 5의 눈에 대한 관찰값은?
3) 5의 눈에 대한 기대값은?
4) 주사위가 공정한지를 검정한다면, 선택가설은?
5) 주사위가 공정한지를 검정한다면, 계산된 검정 통계값은?
6) 주사위가 공정한지를 검정한다면, 검정 통계값의 분포에 대한 자유도는?
7) 주사위가 공정한지를 5% 유의수준에서 검정한다면, 기각역은?
8) 7)에 대한 결론은?

부 록

〈표 I〉 이항분포표

$$P(x) = {}_nC_x(\pi)^x(1-\pi)^{n-x}$$

n	x	.01	.05	.10	.15	.20	.25	.30	.35	.40	.45	.50
1	0	.9900	.9500	.9000	.8500	.8000	.7500	.7000	.6500	.6000	.5500	.5000
	1	.0100	.0500	.1000	.1500	.2000	.2500	.3000	.3500	.4000	.4500	.5000
2	0	.9801	.9025	.8100	.7225	.6400	.5625	.4900	.4225	.3600	.3025	.2500
	1	.0198	.0950	.1800	.2550	.3200	.3750	.4200	.4550	.4800	.4950	.5000
	2	.0001	.0025	.0100	.0225	.0400	.0625	.0900	.1225	.1600	.2025	.2500
3	0	.9703	.8574	.7290	.6141	.5120	.4219	.3430	.2746	.2160	.1664	.1250
	1	.0294	.1354	.2430	.3251	.3840	.4219	.4410	.4436	.4320	.4084	.3750
	2	.0003	.0071	.0270	.0574	.0960	.1406	.1890	.2389	.2880	.3341	.3750
	3	.0000	.0001	.0010	.0034	.0080	.0156	.0270	.0429	.0640	.0911	.1250
4	0	.9606	.8145	.6561	.5220	.4096	.3164	.2401	.1785	.1296	.0915	.0625
	1	.0388	.1715	.2916	.3685	.4096	.4219	.4116	.3845	.3456	.2995	.2500
	2	.0006	.0135	.0486	.0975	.1536	.2109	.2646	.3105	.3456	.3675	.3750
	3	.0000	.0005	.0036	.0115	.0258	.0469	.0756	.1115	.1536	.2005	.2500
	4	.0000	.0000	.0001	.0005	.0016	.0039	.0081	.0150	.0256	.0410	.0625
5	0	.9510	.7738	.5905	.4437	.3277	.2373	.1681	.1160	.0778	.0503	.0312
	1	.0480	.2036	.3280	.3915	.4096	.3955	.3602	.3124	.2592	.2059	.1562
	2	.0010	.0214	.0729	.1382	.2048	.2637	.3087	.3364	.3456	.3369	.3125
	3	.0000	.0011	.0081	.0244	.0512	.0879	.1323	.1811	.2304	.2757	.3125
	4	.0000	.0000	.0004	.0022	.0064	.0146	.0284	.0488	.0768	.1128	.1562
	5	.0000	.0000	.0000	.0001	.0003	.0010	.0024	.0053	.0102	.0185	.0312
6	0	.9415	.7351	.5314	.3771	.2621	.1780	.1176	.0754	.0467	.0277	.0156
	1	.0571	.2321	.3543	.3993	.3932	.3560	.3025	.2437	.1866	.1359	.0938
	2	.0014	.0305	.0984	.1762	.2458	.2966	.3241	.3280	.3110	.2780	.2344
	3	.0000	.0021	.0146	.0415	.0819	.1318	.1852	.2355	.2765	.3032	.3125
	4	.0000	.0001	.0012	.0055	.0154	.0330	.0595	.0951	.1382	.1861	.2344
	5	.0000	.0000	.0001	.0004	.0015	.0044	.0102	.0205	.0369	.0609	.0938
	6	.0000	.0000	.0000	.0000	.0001	.0002	.0007	.0018	.0041	.0083	.0156
7	0	.9321	.6983	.4783	.3206	.2097	.1335	.0824	.0490	.0280	.0152	.0078
	1	.0659	.2573	.3720	.3960	.3670	.3115	.2471	.1848	.1306	.0872	.0547
	2	.0020	.0406	.1240	.2097	.2753	.3115	.3177	.2985	.2613	.2140	.1641
	3	.0000	.0036	.0230	.0617	.1147	.1730	.2269	.2679	.2903	.2918	.2734
	4	.0000	.0002	.0026	.0109	.0287	.0577	.0972	.1442	.1935	.2388	.2734
	5	.0000	.0000	.0002	.0012	.0043	.0115	.0250	.0466	.0774	.1172	.1641
	6	.0000	.0000	.0000	.0001	.0004	.0013	.0036	.0084	.0172	.0320	.0547
	7	.0000	.0000	.0000	.0000	.0000	.0001	.0002	.0006	.0016	.0037	.0078

n	x	.01	.05	.10	.15	.20	.25	.30	.35	.40	.45	.50
8	0	.9227	.6634	.4305	.2725	.1678	.1002	.0576	.0319	.0168	.0084	.0039
	1	.0746	.2793	.3826	.3847	.3355	.2670	.1977	.1373	.0896	.0548	.0312
	2	.0026	.0515	.1488	.2376	.2936	.3115	.2065	.2587	.2090	.1569	.1094
	3	.0001	.0054	.0331	.0839	.1468	.2076	.2541	.2786	.2787	.2568	.2188
	4	.0000	.0004	.0046	.0185	.0459	.0865	.1361	.1875	.2322	.2627	.2734
	5	.0000	.0000	.0004	.0026	.0092	.0231	.0467	.0808	.1239	.1719	.2188
	6	.0000	.0000	.0000	.0002	.0011	.0038	.0100	.0217	.0413	.0403	.1094
	7	.0000	.0000	.0000	.0000	.0001	.0004	.0012	.0033	.0079	.0164	.0312
	8	.0000	.0000	.0000	.0000	.0000	.0000	.0001	.0002	.0007	.0017	.0039
9	0	.9135	.6302	.3874	.2316	.1342	.0751	.0404	.0207	.0101	.0046	.0020
	1	.0830	.2985	.3874	.3679	.3020	.2253	.1556	.1004	.0605	.0339	.0176
	2	.0034	.0629	.1722	.2597	.3020	.3003	.2668	.2162	.1612	.1110	.0703
	3	.0001	.0077	.0446	.1069	.1762	.2336	.2668	.2716	.2508	.2119	.1641
	4	.0000	.0006	.0074	.0283	.0661	.1168	.1715	.2194	.2508	.2600	.2461
	5	.0000	.0000	.0008	.0050	.0165	.0389	.0735	.1181	.1672	.2128	.2461
	6	.0000	.0000	.0001	.0006	.0028	.0087	.0210	.0424	.0743	.1160	.1641
	7	.0000	.0000	.0000	.0000	.0003	.0012	.0039	.0098	.0212	.0407	.0703
	8	.0000	.0000	.0000	.0000	.0000	.0001	.0004	.0013	.0035	.0083	.0176
	9	.0000	.0000	.0000	.0000	.0000	.0000	.0000	.0001	.0003	.0008	.0020
10	0	.9044	.5987	.3487	.1969	.1074	.0563	.0282	.0135	.0060	.0025	.0010
	1	.0914	.3151	.3874	.3474	.2684	.1877	.1211	.0725	.0403	.0207	.0098
	2	.0042	.0746	.1937	.2759	.3020	.2816	.2335	.1757	.1209	.0763	.0439
	3	.0001	.0105	.0574	.1298	.2013	.2503	.2668	.2522	.2150	.1665	.1172
	4	.0000	.0010	.0112	.0401	.0881	.1460	.2001	.2377	.2508	.2384	.2051
	5	.0000	.0001	.0015	.0085	.0264	.0584	.1029	.1536	.2007	.2340	.2461
	6	.0000	.0000	.0001	.0012	.0055	.0162	.0368	.0689	.1115	.1596	.2051
	7	.0000	.0000	.0000	.0001	.0008	.0031	.0090	.0212	.0425	.0746	.1172
	8	.0000	.0000	.0000	.0000	.0001	.0004	.0014	.0043	.0106	.0229	.0439
	9	.0000	.0000	.0000	.0000	.0000	.0000	.0001	.0005	.0016	.0042	.0098
	10	.0000	.0000	.0000	.0000	.0000	.0000	.0000	.0000	.0001	.0003	.0010
11	0	.8953	.5688	.3138	.1673	.0859	.0422	.0198	.0088	.0036	.0014	.0005
	1	.0995	.3293	.3835	.3248	.2362	.1549	.0932	.0518	.0266	.0125	.0054
	2	.0050	.0867	.2131	.2866	.2953	.2581	.1998	.1395	.0887	.0513	.0269
	3	.0002	.0137	.0710	.1517	.2215	.2581	.2568	.2254	.1774	.1259	.0806
	4	.0000	.0010	.0112	.0401	.0881	.1460	.2001	.2377	.2508	.2384	.2051
	5	.0000	.0001	.0025	.0132	.0388	.0803	.1321	.1830	.2207	.2360	.2256
	6	.0000	.0000	.0003	.0023	.0097	.0268	.0566	.0985	.1471	.1931	.2256
	7	.0000	.0000	.0000	.0003	.0017	.0064	.0173	.0379	.0701	.1128	.1611
	8	.0000	.0000	.0000	.0000	.0002	.0011	.0037	.0102	.0234	.0462	.0806
	9	.0000	.0000	.0000	.0000	.0000	.0001	.0005	.0018	.0052	.0126	.0269
	10	.0000	.0000	.0000	.0000	.0000	.0000	.0000	.0002	.0007	.0021	.0054
	11	.0000	.0000	.0000	.0000	.0000	.0000	.0000	.0000	.0000	.0002	.0005

n	x	.01	.05	.10	.15	.20	.25	.30	.35	.40	.45	.50
12	0	.8864	.5404	.2824	.1422	.0687	.0317	.0138	.0057	.0022	.0008	.0002
	1	.1074	.3413	.3766	.3012	.2062	.1267	.0712	.0368	.0174	.0075	.0029
	2	.0060	.0988	.2301	.2924	.2835	.2323	.1678	.1088	.0639	.0339	.0161
	3	.0002	.0173	.0852	.1720	.2362	.2581	.2397	.1954	.1419	.0923	.0537
	4	.0000	.0021	.0213	.0683	.1329	.1936	.2311	.2367	.2128	.1700	.1204
	5	.0000	.0002	.0038	.0193	.0532	.1032	.1585	.2039	.2270	.2225	.1934
	6	.0000	.0000	.0005	.0040	.0155	.0401	.0792	.1281	.1766	.2124	.2256
	7	.0000	.0000	.0000	.0006	.0033	.0115	.0291	.0591	.1009	.1489	.1934
	8	.0000	.0000	.0000	.0001	.0005	.0024	.0078	.0199	.0420	.0762	.1208
	9	.0000	.0000	.0000	.0000	.0001	.0004	.0015	.0048	.0125	.0277	.0537
	10	.0000	.0000	.0000	.0000	.0000	.0000	.0002	.0008	.0025	.0068	.0161
	11	.0000	.0000	.0000	.0000	.0000	.0000	.0000	.0001	.0003	.0010	.0029
	12	.0000	.0000	.0000	.0000	.0000	.0000	.0000	.0000	.0000	.0001	.0002
13	0	.8775	.5133	.2542	.1209	.0550	.0238	.0097	.0037	.0013	.0004	.0001
	1	.1152	.3512	.3672	.2774	.1787	.1029	.0540	.0259	.0113	.0045	.0016
	2	.0070	.1109	.2448	.2937	.2680	.2059	.1388	.0836	.0453	.0220	.0095
	3	.0003	.0214	.0997	.1900	.2457	.2517	.2181	.1651	.1107	.0660	.0349
	4	.0000	.0028	.0277	.0838	.1535	.2097	.2337	.2222	.1845	.1350	.0873
	5	.0000	.0003	.0055	.0266	.0691	.1258	.1803	.2154	.2214	.1989	.1571
	6	.0000	.0000	.0008	.0063	.0230	.0559	.1030	.1546	.1968	.2169	.2095
	7	.0000	.0000	.0001	.0011	.0058	.0186	.0442	.0833	.1312	.1775	.2095
	8	.0000	.0000	.0001	.0001	.0011	.0047	.0142	.0336	.0656	.1089	.1571
	9	.0000	.0000	.0000	.0000	.0001	.0009	.0034	.0101	.0243	.0495	.0873
	10	.0000	.0000	.0000	.0000	.0000	.0001	.0006	.0022	.0065	.0162	.0349
	11	.0000	.0000	.0000	.0000	.0000	.0000	.0001	.0003	.0012	.0036	.0095
	12	.0000	.0000	.0000	.0000	.0000	.0000	.0000	.0000	.0001	.0005	.0016
	13	.0000	.0000	.0000	.0000	.0000	.0000	.0000	.0000	.0000	.0000	.0001
14	0	.8687	.4877	.2288	.1028	.0440	.0178	.0068	.0024	.0008	.0002	.0001
	1	.1229	.3593	.3559	.2539	.1539	.0832	.0407	.0181	.0073	.0027	.0009
	2	.0081	.1229	.2570	.2912	.2501	.1802	.1134	.0634	.0317	.0141	.0056
	3	.0003	.0259	.1142	.2056	.2501	.2402	.1943	.1366	.0845	.0462	.0222
	4	.0000	.0037	.0349	.0998	.1720	.2202	.2290	.2022	.1549	.1040	.0611
	5	.0000	.0004	.0078	.0352	.0860	.1468	.1963	.2178	.2066	.1701	.1222
	6	.0000	.0000	.0013	.0093	.0322	.0734	.1262	.1759	.2066	.2088	.2833
	7	.0000	.0000	.0002	.0019	.0092	.0280	.0618	.1082	.1574	.1952	.2095
	8	.0000	.0000	.0000	.0003	.0020	.0082	.0232	.0510	.0918	.1398	.1833
	9	.0000	.0000	.0000	.0000	.0003	.0018	.0066	.0183	.0408	.0762	.1222
	10	.0000	.0000	.0000	.0000	.0000	.0003	.0014	.0049	.0136	.0312	.0611
	11	.0000	.0000	.0000	.0000	.0000	.0000	.0002	.0010	.0033	.0093	.0222
	12	.0000	.0000	.0000	.0000	.0000	.0000	.0000	.0001	.0005	.0019	.0056
	13	.0000	.0000	.0000	.0000	.0000	.0000	.0000	.0000	.0001	.0002	.0009
	14	.0000	.0000	.0000	.0000	.0000	.0000	.0000	.0000	.0000	.0000	.0001

n	x	.01	.05	.10	.15	.20	.25	.30	.35	.40	.45	.50
15	0	.8601	.4633	.2059	.0874	.0352	.0134	.0047	.0016	.0005	.0001	.0000
	1	.1303	.3658	.3432	.2312	.1319	.0668	.0305	.0126	.0047	.0016	.0005
	2	.0092	.1348	.2669	.2856	.2309	.1559	.0916	.0476	.0219	.0090	.0032
	3	.0004	.0307	.1285	.2184	.2501	.2252	.1700	.1110	.0634	.0318	.0139
	4	.0000	.0049	.0428	.1156	.1876	.2252	.2186	.1792	.1268	.0780	.0417
	5	.0000	.4633	.2059	.0874	.0352	.0134	.0047	.0016	.0005	.0001	.0000
	6	.0000	.0000	.0019	.0132	.0430	.0917	.1472	.1906	.2066	.1914	.1527
	7	.0000	.0000	.0003	.0030	.0138	.0393	.0811	.1319	.1771	.2013	.1964
	8	.0000	.0000	.0000	.0005	.0035	.0131	.0348	.0710	.1181	.1647	.1964
	9	.0000	.0000	.0000	.0001	.0007	.0034	.0116	.0298	.0612	.1048	.1527
	10	.0000	.0000	.0000	.0000	.0001	.0007	.0030	.0096	.0245	.0515	.0916
	11	.0000	.0000	.0000	.0000	.0000	.0001	.0006	.0024	.0074	.0191	.0417
	12	.0000	.0000	.0000	.0000	.0000	.0000	.0001	.0004	.0016	.0052	.0139
	13	.0000	.0000	.0000	.0000	.0000	.0000	.0000	.0001	.0003	.0010	.0032
	14	.0000	.0000	.0000	.0000	.0000	.0000	.0000	.0000	.0000	.0001	.0005
	15	.0000	.0000	.0000	.0000	.0000	.0000	.0000	.0000	.0000	.0000	.0000
16	0	.8515	.4401	.1853	.0743	.0281	.0100	.0033	.0010	.0003	.0001	.0000
	1	.1376	.3706	.3294	.2097	.1126	.0535	.0228	.0087	.0030	.0009	.0002
	2	.0104	.1463	.2745	.2775	.2111	.1336	.0732	.0353	.0150	.0056	.0018
	3	.0005	.0359	.1423	.2285	.2463	.2079	.1465	.0888	.0468	.0215	.0085
	4	.0000	.0061	.0514	.1311	.2001	.2252	.2040	.1553	.1014	.0572	.0278
	5	.0000	.0008	.0137	.0555	.1201	.1802	.2099	.2008	.1623	.1123	.0667
	6	.0000	.0001	.0028	.0180	.0550	.1101	.1649	.1982	.1983	.1684	.1222
	7	.0000	.0000	.0004	.0045	.0197	.0524	.1010	.1524	.1889	.1969	.1746
	8	.0000	.0000	.0001	.0009	.0055	.0197	.0487	.0923	.1417	.1812	.1964
	9	.0000	.0000	.0000	.0001	.0012	.0058	.0185	.0442	.0840	.1318	.1746
	10	.0000	.0000	.0000	.0000	.0002	.0014	.0056	.0167	.0392	.0755	.1222
	11	.0000	.0000	.0000	.0000	.0000	.0002	.0013	.0049	.0142	.0337	.0667
	12	.0000	.0000	.0000	.0000	.0000	.0000	.0002	.0011	.0040	.0115	.0278
	13	.0000	.0000	.0000	.0000	.0000	.0000	.0000	.0002	.0008	.0029	.0085
	14	.0000	.0000	.0000	.0000	.0000	.0000	.0000	.0000	.0001	.0005	.0018
	15	.0000	.0000	.0000	.0000	.0000	.0000	.0000	.0000	.0000	.0001	.0002
	16	.0000	.0000	.0000	.0000	.0000	.0000	.0000	.0000	.0000	.0000	.0000
17	0	.8429	.4181	.1668	.0631	.0225	.0075	.0023	.0007	.0002	.0000	.0000
	1	.1447	.3741	.3150	.1893	.0957	.0426	.0169	.0060	.0019	.0005	.0001
	2	.0117	.1575	.2800	.2673	.1914	.1136	.0581	.0260	.0102	.0035	.0010
	3	.0006	.0415	.1556	.2359	.2393	.1893	.1245	.0701	.0341	.0144	.0052
	4	.0000	.0076	.0605	.1457	.2093	.2209	.1868	.1320	.0796	.0411	.0182
	5	.0000	.0010	.0175	.0668	.1361	.1914	.2081	.1849	.1379	.0875	.0472
	6	.0000	.0000	.0039	.0236	.0680	.1276	.1784	.1991	.1839	.1432	.0944
	7	.0000	.0000	.0007	.0065	.0267	.0668	.1201	.1685	.1927	.1841	.1484
	8	.0000	.0000	.0001	.0014	.0084	.0279	.0644	.1134	.1606	.1883	.1855
	9	.0000	.0000	.0000	.0003	.0021	.0093	.0276	.0611	.1070	.1540	.1855

n	x	.01	.05	.10	.15	.20	.25	.30	.35	.40	.45	.50
17	10	.0000	.0000	.0000	.0000	.0004	.0025	.0095	.0263	.0571	.1008	.1484
	11	.0000	.0000	.0000	.0000	.0001	.0005	.0026	.0090	.0242	.0525	.0944
	12	.0000	.0000	.0000	.0000	.0000	.0001	.0006	.0024	.0081	.0215	.0472
	13	.0000	.0000	.0000	.0000	.0000	.0000	.0001	.0005	.0021	.0068	.0182
	14	.0000	.0000	.0000	.0000	.0000	.0000	.0000	.0001	.0004	.0016	.0052
	15	.0000	.0000	.0000	.0000	.0000	.0000	.0000	.0000	.0001	.0003	.0010
	16	.0000	.0000	.0000	.0000	.0000	.0000	.0000	.0000	.0000	.0000	.0001
	17	.0000	.0000	.0000	.0000	.0000	.0000	.0000	.0000	.0000	.0000	.0000
18	0	.8345	.3972	.1501	.0536	.0180	.0056	.0016	.0004	.0001	.0003	.0010
	1	.1517	.3763	.3002	.1704	.0811	.0338	.0126	.0042	.0012	.0003	.0001
	2	.0130	.1683	.2835	.2556	.1723	.0958	.0458	.0190	.0069	.0022	.0006
	3	.0007	.0473	.1680	.2406	.2297	.1704	.1046	.0547	.0246	.0095	.0001
	4	.0000	.0093	.0700	.1592	.2153	.2130	.1681	.1104	.0614	.0291	.0117
	5	.0000	.0014	.0218	.0787	.1507	.1988	.2017	.1664	.1146	.0666	.0327
	6	.0000	.0002	.0052	.0301	.0816	.1436	.1873	.1941	.1655	.1181	.0708
	7	.0000	.0000	.0010	.0091	.0350	.0820	.1376	.1792	.1892	.1657	.1214
	8	.0000	.0000	.0002	.0022	.0120	.0376	.0811	.1327	.1734	.1864	.1669
	9	.0000	.0000	.0000	.0004	.0033	.0139	.0386	.0794	.1284	.1694	.1855
	10	.0000	.0000	.0000	.0001	.0008	.0042	.0149	.0385	.0771	.1248	.1669
	11	.0000	.0000	.0000	.0000	.0001	.0010	.0046	.0151	.0374	.0742	.1214
	12	.0000	.0000	.0000	.0000	.0000	.0002	.0012	.0047	.0145	.0354	.0708
	13	.0000	.0000	.0000	.0000	.0000	.0000	.0002	.0012	.0045	.0134	.0327
	14	.0000	.0000	.0000	.0000	.0000	.0000	.0000	.0002	.0011	.0039	.0117
	15	.0000	.0000	.0000	.0000	.0000	.0000	.0000	.0000	.0002	.0009	.0031
	16	.0000	.0000	.0000	.0000	.0000	.0000	.0000	.0000	.0000	.0001	.0006
	17	.0000	.0000	.0000	.0000	.0000	.0000	.0000	.0000	.0000	.0000	.0001
	18	.0000	.0000	.0000	.0000	.0000	.0000	.0000	.0000	.0000	.0000	.0000
19	0	.8262	.3774	.1351	.0456	.0144	.0042	.0011	.0003	.0001	.0000	.0000
	1	.1586	.3774	.2852	.1529	.0685	.0268	.0093	.0029	.0008	.0002	.0000
	2	.0144	.1787	.2852	.2428	.1540	.0803	.0358	.0138	.0046	.0013	.0003
	3	.0008	.0533	.1796	.2428	.2182	.1517	.0869	.0422	.0175	.0062	.0018
	4	.0000	.0112	.0798	.1714	.2182	.2023	.1491	.0909	.0467	.0203	.0074
	5	.0000	.0018	.0266	.0907	.1636	.2023	.1916	.1468	.0933	.0497	.0222
	6	.0000	.0002	.0069	.0374	.0955	.1574	.1916	.1844	.1451	.0949	.0518
	7	.0000	.0000	.0014	.0122	.0443	.0974	.1525	.1844	.1797	.1443	.0961
	8	.0000	.0000	.0002	.0032	.0166	.0487	.0981	.1489	.1797	.1771	.1442
	9	.0000	.0000	.0000	.0007	.0051	.0198	.0514	.0980	.1464	.1771	.1762
	10	.0000	.0000	.0000	.0001	.0013	.0066	.0220	.0528	.0976	.1449	.1762
	11	.0000	.0000	.0000	.0000	.0003	.0018	.0077	.0233	.0532	.0970	.1442
	12	.0000	.0000	.0000	.0000	.0000	.0004	.0022	.0083	.0237	.0529	.0961
	13	.0000	.0000	.0000	.0000	.0000	.0001	.0005	.0024	.0085	.0233	.0518
	14	.0000	.0000	.0000	.0000	.0000	.0000	.0001	.0006	.0024	.0082	.0222

n	x	.01	.05	.10	.15	.20	.25	.30	.35	.40	.45	.50
19	15	.0000	.0000	.0000	.0000	.0000	.0000	.0000	.0001	.0005	.0022	.0074
	16	.0000	.0000	.0000	.0000	.0000	.0000	.0000	.0000	.0001	.0005	.0018
	17	.0000	.0000	.0000	.0000	.0000	.0000	.0000	.0000	.0000	.0001	.0003
	18	.0000	.0000	.0000	.0000	.0000	.0000	.0000	.0000	.0000	.0000	.0000
	19	.0000	.0000	.0000	.0000	.0000	.0000	.0000	.0000	.0000	.0000	.0000
20	0	.8179	.3585	.1216	.0388	.0115	.0032	.0008	.0002	.0000	.0000	.0000
	1	.1652	.3774	.2702	.1368	.0576	.0211	.0068	.0020	.0005	.0001	.0000
	2	.0159	.1887	.2852	.2293	.1369	.0669	.0278	.0100	.0031	.0008	.0002
	3	.0010	.0596	.1901	.2428	.2054	.1339	.0718	.0323	.0123	.0040	.0011
	4	.0000	.0133	.0898	.1821	.2182	.1897	.1304	.0738	.0350	.0139	.0046
	5	.0000	.0022	.0319	.1028	.1746	.2023	.1789	.1272	.0746	.0365	.0148
	6	.0000	.0003	.0089	.0454	.1091	.1686	.1916	.1712	.1244	.0746	.0370
	7	.0000	.0000	.0020	.0160	.0545	.1124	.1643	.1844	.1659	.1221	.0739
	8	.0000	.0000	.0004	.0046	.0222	.0609	.1144	.1614	.1797	.1623	.1201
	9	.0000	.0000	.0001	.0011	.0074	.0271	.0654	.1158	.1597	.1771	.1602
	10	.0000	.0000	.0000	.0002	.0020	.0099	.0308	.0686	.1171	.1593	.1762
	11	.0000	.0000	.0000	.0000	.0005	.0030	.0120	.0336	.0710	.1185	.1602
	12	.0000	.0000	.0000	.0000	.0001	.0008	.0039	.0136	.0355	.0727	.1201
	13	.0000	.0000	.0000	.0000	.0000	.0002	.0010	.0045	.0146	.0366	.0739
	14	.0000	.0000	.0000	.0000	.0000	.0000	.0002	.0012	.0049	.0150	.0370
	15	.0000	.0000	.0000	.0000	.0000	.0000	.0000	.0003	.0013	.0049	.0148
	16	.0000	.0000	.0000	.0000	.0000	.0000	.0000	.0000	.0003	.0013	.0046
	17	.0000	.0000	.0000	.0000	.0000	.0000	.0000	.0000	.0000	.0002	.0011
	19	.0000	.0000	.0000	.0000	.0000	.0000	.0000	.0000	.0000	.0000	.0002
	19	.0000	.0000	.0000	.0000	.0000	.0000	.0000	.0000	.0000	.0000	.0000
	20	.0000	.0000	.0000	.0000	.0000	.0000	.0000	.0000	.0000	.0000	.0000

〈표Ⅱ〉 표준 정규분포표

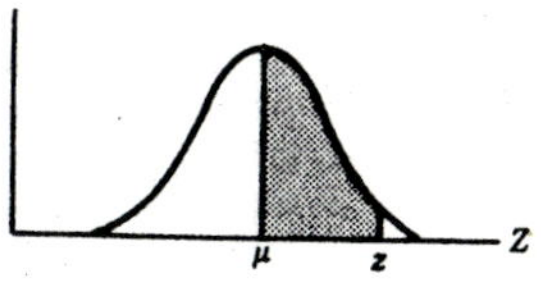

$$Z = \frac{x - \mu}{a}$$

Z	.00	.01	.02	.03	.04	.05	.06	.07	.08	.09
.00	.0000	.0040	.0080	.0120	.0160	.0199	.0239	0.279	.0319	.0359
.10	.0398	.0438	.0478	.0517	.0557	.0596	.0636	.0675	.0714	.0753
.20	.0793	.0832	.0871	.0910	.0948	.0987	.1026	.1064	.1103	.1141
.30	.1179	.1217	.1255	.1293	.1331	.1368	.1406	.1443	.1480	.1517
.40	.1554	.1591	.1628	.1664	.1700	.1736	.1772	.1808	.1844	.1879
.50	.1915	.1950	.1985	.2019	.2054	.2088	.2123	.2157	.2190	.2224
.60	.2257	.2291	.2324	.2357	.2389	.2422	.2454	.2486	.2517	.2549
.70	.2580	.2611	.2642	.2673	.2703	.2734	.2764	.2793	.2823	.2852
.80	.2881	.2910	.2939	.2967	.2995	.3023	.3051	.3078	.3106	.3133
.90	.3159	.3186	.3212	.3238	.3264	.3289	.3315	.3340	.3365	.3389
1.00	.3413	.3438	.3461	.3485	.3508	.331	.3554	.3577	.3599	.3621
1.10	.3643	.3665	.3686	.3708	.3729	.3749	.3770	.3790	.3810	.3830
1.20	.3849	.3869	.3888	.3907	.3925	.3944	.3962	.3980	.3997	.4015
1.30	.4032	.4049	.4066	.4082	.4099	.4115	.4131	.4147	.4162	.4177
1.40	.4192	.4207	.4222	.4236	.4251	.4265	.4279	.4292	.4306	.4319
1.50	.4332	.4345	.4357	.4370	.4382	.4394	.4406	.4418	.4429	.4441
1.60	.4452	.4463	.4474	.4484	.4495	.4505	.4515	.4525	.4535	.4545
1.70	.4554	.4564	.4573	.4582	.4591	.4599	.4608	.4616	.4625	.4633
1.80	.4641	.4649	.4656	.4664	.4671	.4678	.4686	.4693	.4699	.4706
1.90	.4713	.4719	.4726	.4732	.4738	.4744	.4750	.4756	.4761	.4767
2.00	.4772	.4778	.4783	.4788	.4793	.4798	4803	.4808	.4812	.4817
2.10	.4821	.4826	.4830	.4834	.4838	.4842	.4846	.4850	.4854	.4857
2.20	.4861	.4864	.4868	.4871	.4875	.4878	.4881	.4884	.4887	.4890
2.30	.4893	.4896	.4898	.4901	.4904	.4906	.4909	.4911	.4913	.4916
2.40	.4918	.4920	.4922	.4925	.4927	.4929	.4931	.4932	.4934	.4936
2.50	.4938	.4940	.4941	.4943	.4945	.4946	.4948	.4949	.4951	.4952
2.60	.4953	.4955	.4956	.4957	.4959	.4960	.4961	.4962	.4963	.4964
2.70	.4965	.4966	.4967	.4968	.4969	.4970	.4971	.4972	.4973	.4974
2.80	.4974	.4975	.4976	.4977	.4977	.4978	.4979	.4979	.4980	.4981
2.90	.4981	.4982	.4982	.4983	.4984	.4984	.4985	.4985	.4986	.4986
3.00	.4987	.4987	.4987	.4988	.4988	.4989	.4989	.4989	.4990	.4990
3.10	.4990	.4991	.4991	.4991	.4992	.4992	.4992	.4992	.4993	.4993
3.20	.4993	.4993	.4994	.4994	.4994	.4994	.4994	.4995	.4995	.4995
3.30	.4995	.4995	.4995	.4996	.4996	.4996	.4996	.4996	.4996	.4997
3.40	.4997	.4997	.4997	.4997	.4997	.4997	.4997	.4997	.4997	.4998
3.50	.4998	.4998	.4998	.4998	.4998	.4998	.4998	.4998	.4998	.4998
3.60	.4998	.4998	.4999	.4999	.4999	.4999	.4999	.4999	.4999	.4999
3.70	.4999	.4999	.4999	.4999	.4999	.4999	.4999	.4999	.4999	.4999
3.80	.4999	.4999	.4999	.4999	.4999	.4999	.4999	.4999	.4999	.4999

〈표Ⅲ〉 t분포표

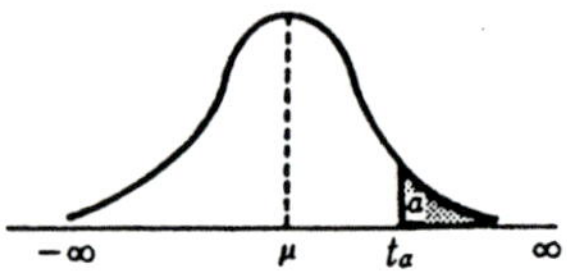

예 : $\alpha = 0.05$, 자유도 $= 10$일 때, $t_\alpha = 1.812$

$$t = \frac{\overline{X} - \mu}{S/\sqrt{n}}$$

자유도	$t_{.100}$	$t_{.050}$	$t_{.025}$	$t_{.010}$	$t_{.005}$
1	3.078	6.314	12.706	31.821	63.657
2	1.886	2.920	4.303	6.965	9.925
3	1.638	2.353	3.182	4.541	5.841
4	1.533	2.132	2.776	3.747	4.604
5	1.476	2.015	2.571	3.365	4.032
6	1.440	1.943	2.447	3.143	3.707
7	1.415	1.895	2.365	2.998	3.499
8	1.397	1.860	2.306	2.896	3.355
9	1.383	1.833	2.262	2.821	3.250
10	1.372	1.812	2.228	2.764	3.169
11	1.363	1.796	2.201	2.718	3.106
12	1.356	1.782	2.179	2.681	3.055
13	1.350	1.771	2.160	2.650	3.012
14	1.345	1.761	2.145	2.624	2.977
15	1.341	1.753	2.131	2.602	2.947
16	1.337	1.746	2.120	2.583	2.921
17	1.333	1.740	2.110	2.567	2.898
18	1.330	1.734	2.101	2.552	2.878
19	1.328	1.729	2.093	2.539	2.861
20	1.325	1.725	2.086	2.528	2.845
21	1.323	1.721	2.080	2.518	2.831
22	1.321	1.717	2.074	2.508	2.819
23	1.319	1.714	2.069	2.500	2.807
24	1.318	1.711	2.064	2.492	2.797
25	1.316	1.708	2.060	2.485	2.787
26	1.315	1.706	2.056	2.479	2.779
27	1.314	1.703	2.052	2.473	2.771
28	1.313	1.701	2.048	2.467	2.763
29	1.311	1.699	2.045	2.462	2.756
∞	1.282	1.645	1.960	2.326	2.576

〈표Ⅳ〉 χ^2 분포표

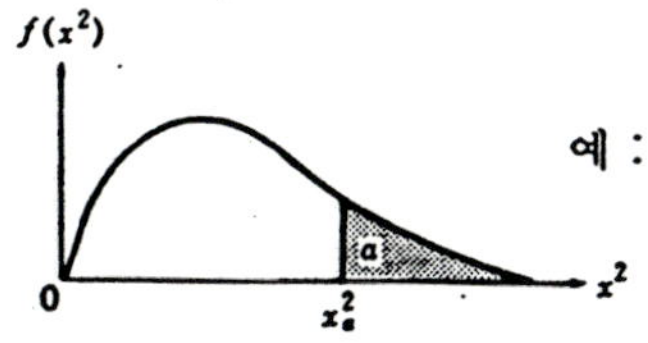

예 : $\alpha = 0.05$, 자유도 = 20일 때, $\chi_\alpha^2 = 31.4104$

자유도	$\chi^2_{.995}$	$\chi^2_{.990}$	$\chi^2_{.975}$	$\chi^2_{.950}$	$\chi^2_{.900}$
1	0.0000393	0.0001571	0.0009821	0.0039321	0.0157908
2	0.100251	0.0201007	0.0506356	0.102587	0.210720
3	0.0717212	0.114832	0.215795	0.351846	0.584375
4	0.206990	0.297110	0.484419	0.710721	1.063623
5	0.411740	0.554300	0.831211	1.145476	1.61031
6	0.675727	0.872085	1.237347	1.63539	2.20413
7	0.989265	1.239043	1.68987	2.16735	2.83311
8	1.344419	1.646482	2.17973	2.73264	3.48954
9	1.734926	2.087912	2.70039	3.32511	4.16816
10	2.15586	2.55821	3.24697	3.94030	4.86518
11	2.60321	3.05347	3.81575	4.57481	5.57779
12	3.07382	3.57056	4.40379	5.22603	6.30380
13	3.56503	4.10691	5.00874	5.89186	7.04150
14	4.07468	4.66043	5.62872	6.57063	7.78953
15	4.60094	5.22935	6.26214	7.26094	8.54675
16	5.14224	5.81221	6.90766	7.96164	9.31223
17	5.69724	6.40776	7.56418	8.67176	10.0852
18	6.26481	7.01491	8.23075	9.39046	10.8649
19	6.84398	7.63273	8.90655	10.1170	11.6509
20	7.43386	8.26040	9.59083	10.8508	12.4426
21	8.03366	8.89720	10.28293	11.5913	13.2396
22	8.64272	9.54249	10.9823	12.3380	14.0415
23	9.26042	10.19567	11.6885	13.0905	14.8479
24	9.88623	10.8564	12.4011	13.8484	15.6587
25	10.517	11.5240	13.1197	14.6114	16.4734
26	11.1603	12.1981	13.8439	15.3791	17.2919
27	11.8076	12.8786	14.5733	16.1513	18.1138
28	12.4613	13.5648	15.3079	16.9279	18.9392
29	13.1211	14.2565	16.0471	17.7083	19.7677
30	13.7867	14.9535	16.7908	18.4926	20.5992
40	20.7065	22.1643	24.4331	26.5093	29.0505
50	27.9907	29.7067	32.3574	34.7642	37.6886
60	35.5346	37.4848	40.4817	43.1879	46.4589
70	43.2752	45.4418	48.7576	51.7393	55.3290
80	51.1720	53.5400	57.1532	60.3915	64.2778
90	59.1963	61.7541	65.6466	69.1260	73.2912
100	67.3276	70.0648	74.2219	77.9295	82.3581

자유도	$\chi^2_{.100}$	$\chi^2_{.050}$	$\chi^2_{.025}$	$\chi^2_{.010}$	$\chi^2_{.005}$
1	2.70554	3.84146	5.02389	6.63490	7.87944
2	4.60517	5.99147	7.37776	9.21034	10.5966
3	6.25139	7.81473	9.34840	11.3449	12.8381
4	7.77944	9.48773	11.1433	13.2767	14.8602
5	9.23635	11.0705	12.8325	15.0863	16.7496
6	10.6446	12.5916	14.4494	16.8119	18.5476
7	12.0170	14.0671	16.0128	18.4753	20.2777
8	13.3616	15.5073	17.5346	20.0902	21.9550
9	14.6837	16.9190	19.0228	21.6660	23.5893
10	15.9871	18.3070	20.4831	23.2093	25.1882
11	17.2750	19.6751	21.9200	24.7250	26.7569
12	18.5494	21.0261	23.3367	26.2170	28.2995
13	19.8119	22.3621	24.7356	27.6883	29.8194
14	21.0642	23.6848	26.1190	29.1413	31.3193
15	22.3072	24.9958	27.4884	30.5779	32.8013
16	23.5418	26.2962	28.8454	31.9999	34.2672
17	24.7690	27.5871	30.1910	33.4087	35.7185
18	25.9894	28.8693	31.5264	34.8053	37.1564
19	27.2036	30.1435	32.8523	36.1908	38.5822
20	28.4120	31.4104	34.1696	37.5662	39.9968
21	29.6151	32.6705	35.4789	38.9321	41.4010
22	30.9133	33.9244	36.7807	40.2894	42.7956
23	32.0069	35.1725	38.0757	41.2894	44.1813
24	33.1963	36.4151	39.3641	42.9798	45.5585
25	34.3816	37.6525	40.6465	44.3141	46.9278
26	35.5631	38.8852	41.9232	45.6417	48.2898
27	36.7412	40.1133	43.1944	46.9630	49.6449
28	37.9159	41.3372	44.4607	48.2782	50.9933
29	39.0875	42.5569	45.7222	49.5879	52.3356
30	40.2560	43.7729	46.9792	50.8922	53.6720
40	51.8050	55.7585	59.3417	63.6907	66.7659
50	63.1671	67.5048	71.4202	76.1539	79.4900
60	74.3970	79.0819	83.2976	88.3794	91.9517
70	85.5271	90.5312	95.0231	100.425	104.215
80	96.5782	101.879	106.629	112.329	116.321
90	107.565	113.145	118.136	124.116	128.299
100	118.498	124.342	129.561	135.807	140.169

■ 찾아보기 ■

ㅈ)

ㅊ)

ㅋ)

ㅍ)

ㅎ)

기타)

풍요로운 생활을 위한 **基礎 統計學의 入門**

(정가 22,000원)

2004년 3월 2일 인쇄
2004년 3월 6일 발행

저 자 : 김 병 무
발행인 : 신 동 수
발행처 : 도서출판 **신성**

주 소 : 서울시 동작구 흑석1동 223-66
전 화 : 814-7655, 824-3009. FAX : 812-7109
등록일자 : 1989년 10월 27일 등록번호 : 14-85호